이순신과 임진왜란

이순신과 임진왜란
- 우리 땅에서 왜적을 토벌치말라니 통분하옵니다. -

이순신역사연구회 지음

비봉출판사

3권 차례 우리 땅에서 왜적을 토벌치말라니 통분하옵니다.

제12부. 명나라 조승훈 군의 평양성전투

1. 명군의 참전 소식/ 10
2. 선조가 들은 왕성탄과 평양성의 비보/ 13
3. 거느린 군사가 없는 도원수 김명원/ 19
4. 대동강 패전에 대한 자기반성이 없다/ 24
5. 〈당포파왜병장〉을 제대로 해독하지 못한 조정/ 28
6. 의주 행재소 시절의 시작/ 33
7. 〈징비록〉으로 보는 평양성전투/ 44
8. 광해 분조의 '말굽형 압박 전략'/ 53
9. 조선 수군의 승전보에 고무된 명나라 조정/ 56
10. 평양성 패전에 대한 제2차 어전회의/ 71

제13부. 명군의 평양성 탈환과 선조의
　　　　가토 기요마사(加藤淸正) 공포증

1. 명·왜 간의 강화회담/ 82
2. 평양성 탈환전(제2차 평양성전투)/ 87
3. 〈선조실록〉으로 조명하는 평양성 탈환전/ 94
4. 명나라에 보고한 조선군의 현황/ 101
5. 의주를 떠나 남행길에 오른 선조/ 104

제14부. 이여송 군의 벽제관전투

1. 한성으로 향하는 이여송 군/ 124
2. 〈선조실록〉으로 보는 벽제관전투/ 134
3. 남진을 둘러싼 군신(君臣) 간의 공방/ 143
4. 행주대첩 전후 조선군의 지휘체계/ 170

제15부. 행주대첩·한성 수복·왜군의 퇴각

1. 조선군의 포위망에 갇힌 '독 안에 든 왜군' / 181
2. 평양에서 개성으로 돌아온 이여송/ 188
3. 명군의 한성 입성/ 195
4. 〈징비록〉으로 조명하는 '제2차 진주성전투' / 199
5. 〈선조실록〉으로 조명하는 길주대첩과 행주대첩/ 206
6. 강화회담 반대를 위해 의주로 가는 선조/ 216
7. 세자에게 '국가 經·營의 정도를 가르치겠다' 는 송응창/ 229
8. 조선왕은 '고집스러운 오랑캐' / 240

제16부. 웅천포해전

1. 평양성전투/ 258
2. 조정의 명령으로 출동한 이순신 함대/ 264

3. 웅천포해전 장계/ 270
4. 날씨와의 전쟁/ 279
5. 이억기 함대를 구원하지 않은 원균 함대/ 291
6. 웅천포해전 무렵의 군영 經·營/ 301
7. 조선 수군과 함께 한 행주산성전투/ 312

제17부. 견내량 막아서기 작전

1. 남해안에 집결한 왜군 16만/ 324
2. 환상의 견내량 봉쇄작전/ 328
3. 제2차 진주성전투/ 344
4. 다시 원점으로 – 본국으로의 철수/ 348
5. 6차출동 기간의 군영 經·營 일기/ 354
6. 이 무렵 〈행록〉에 기록된 이순신의 모습/ 394

제18부. 3도수군통제영의 창업 經·營

1. 3도수군통제영의 해군력 증강 계획서/ 398
2. 經·營의 史학으로 본 충무공의 조총 제작/ 404
3. 히데요시의 군영 經·營/ 408
4. 3도수군통제사가 되다/ 425

1권 : 삼가 적을 무찌른 일로 아뢰나이다.
　제1부. 옥포·합포·적진포해전
　제2부. 사천포·당포·당항포·율포해전
　제3부. 한산도해전
　제4부. 안골포해전

2권 : 죽더라도 천자의 나라에 가서 죽겠노라.
　제5부. 부산포해전
　제6부. 분실된 개전 초 충무공의 장계
　제7부. 임진왜란은 부산에서 막을 수 있었다
　제8부. 임진왜란은 한강에서 막을 수 있었다
　제9부. 임진왜란은 임진강에서 막을 수 있었다
　제10부. 선조 시대의 캄캄하고 어두운 국가 經·營
　제11부. 임진왜란은 평양에서 막을 수 있었다

4권 : 신에게는 아직도 열두 척의 배가 남아 있나이다.
　제19부. 제2차 당항포해전
　제20부. '태산명동(泰山鳴動)'에 '서일필(鼠一匹)'로
　　　　　 끝난 영등·장문포의 수륙전
　제21부. 백의종군의 남행길 천리
　제22부. 칠천량에서 불타는 조선 함대
　제23부. 신산(神算)의 울돌목(명량)해전
　제24부. 조·명의 4로군(四路軍) 전략과 히데요시의 죽음
　제25부. 성자(聖者)의 승천(昇天)-노량해전

제12부. 명나라 조승훈 군의 평양성전투

제12부에서부터 제15부까지는 1592년 6월~1593년 5월에 있었던 육전 쪽의 전략 전술을 비롯한 당시의 정세와 전황에 대해 살펴보고자 한다.

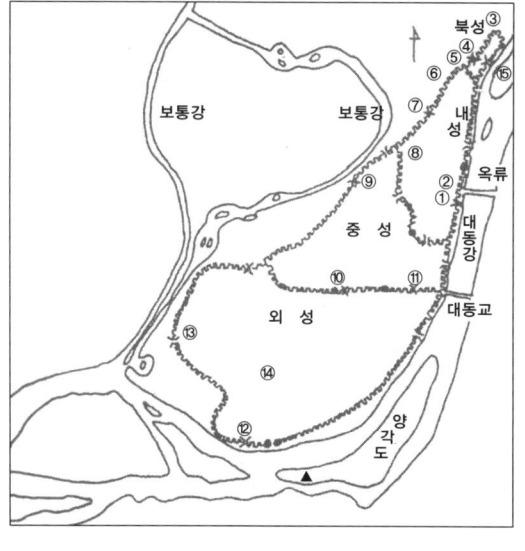

〈평양성 배치도〉
(KBS 〈역사스페셜〉)

①대동문 ②연광정
③최승대 ④현무문
⑤부벽루 ⑥을밀대
⑦칠성문 ⑧만수대
⑨보통문 ⑩정양문
⑪함구문 ⑫거피문
⑬다경문 ⑭평양역
⑮능라도

1. 명군의 참전 소식

평양성이 왜군에게 넘어간 것은 1592년 6월 15일이다. 조선 조정은 그 이전에 화약무기를 갖추고 관군과 평양성 백성들을 동원해서 평양성을 지켰어야 했다. 이 같은 상황에서 명나라 조승훈(祖承訓) 군이 평양성에 들어와 함께 싸웠다면 평양성은 3만의 왜군에게는 난공불락이었을 것이고, 임진왜란은 대반전을 맞았을 것이다.

「6월 14일. 임금이 이날 아침에 영변에 있었다. 양사(兩司)가 공동으로 태천(泰川)으로 가자고 주청하였는데, 한편으로는 명나라 군대의 소식을 들을 수 있고 또 한편으로는 왜적의 소식을 들을 수 있기 때문이었다. 임금이 그대로 따랐다. 임금이 마침내 요동으로 건너갈 계획을 정하고 선전관을 보내어 중전을 맞아 돌아오도록 하였다.」 -〈선조실록〉(1592. 6. 14.)-

선조는 중전과 함께 명나라로 들어갈 예정이었다. 그렇다면 선조는 조선을 포기했다는 것인가?

「임금이 대신에게 명하여 내부(內附: 중국에 들어가 의탁함)를 청하는 자문(咨文: 관청과 관청 사이에 오가는 공문)을 작성하여 요동 도사(都事)에게 발송하도록 하고, 영의정 최흥원, 참판 윤자신(尹自新) 등에게 명하여 종묘사직의 신주를 받들고 세자를 모시고 강계로 가서 보전하도록 하고, 조정의 신하들을 나누어 세자를 따라가게 하였다.

임금이 문 밖으로 나와 말을 타고 박천으로 떠날 무렵에, 상례(相禮) 유조인(柳祖訒)이 말 앞에서 울면서 말하기를 "세자로 하여금 대가를 따르도록 하여 환란을 함께 하소서."라고 하니, 임금이 가여운 마음으로 오랫동안 서서 위로하고 타이르자 세자가 이별을 나누는 장소에 서서 소리 없이 눈물을 흘리니, 여러 신하들도 모두 눈물을 흘리면서 이별하였다.」

-〈선조실록〉(1592. 6. 14.)-

세자의 분조가 산골 벽촌 강계로 가서 신주단지에 제사를 지내고 있다면 조선왕국의 국가 經·營은 누가 맡아서 하겠는가. 아무튼 조선의 장래는 한 치 앞도 보이지 않을 만큼 캄캄하고 어두워져 갔다.

명나라의 구원군 소식

「해평군(海平君) 윤근수(尹根壽)가 급보를 올렸다.

"관전보(寬奠堡: 명나라의 국경 보루)의 차인(差人: 특사) 유괴(劉魁)가 관전참장(寬奠參將) 동양정(佟養正)의 패문(牌文: 공문)을 가지고 의순관(義順館: 의주 관아의 명나라 관리를 맞는 건물)에 도착하였는데, 그 패문에는 '진수총병(鎭守摠兵) 양소훈(楊紹勳)이 양원(兩院)과 회합하여 이미 병사를 출발시켰으니 앞서 의주로 가서 호응 협력하라.'는 등의 말이 있고, 유괴는 '명나라 군사(天兵)가 내일 저녁에 강가에 도착하고 모레는 강을 건너게 될 것이며, 부총(副摠) 조승훈도 오늘 강연보(江沿堡: 압록강 연안 요새)에 도착할 것이다.'고 하였습니다."」

-〈선조실록〉(1592. 6. 14.)-

명나라 요동군 조승훈 부대가 곧 압록강을 건넌다는 소식이 왔다.

「임금이 유성룡에게 지시하였다.
"오늘 윤근수 등의 장계를 보니 명나라 병사가 오늘 강을 건널 것이고 겸하여 호군(犒軍: 명나라 조정에서 조선의 군사들을 먹이고 입히는 일)을 위해서 은(銀)을 내려준 것이 2만 냥이나 되는 것을 알았다. 경은 중도에서 영접하여 접대할 때에 감사하다는 뜻을 간곡히 표하도록 하라."」 −〈선조실록〉(1592. 6. 14.)−

당시 명나라 병사의 기본급이 월 3.6냥이었기에 2만 냥은 5천명 병사의 1개월 치 기본급에 해당한다. 조선은 이를 군사원조로 받아 요긴하게 사용했다. 유성룡은 평양에서 정주로 가는 도중에 선조의 명령을 받았다.

「임금이 좌의정 윤두수에게 지시하였다.
"지금 윤근수 등의 장계를 보니, 명나라 병사가 오늘 강을 건너고 조 총병(祖摠兵: 조승훈은 부총병이지만 높여서 '총병'으로 부르고 있다)도 오며, 겸하여 호군(犒軍)할 은을 하사한 것이 2만 냥이나 된다고 하였다. 이것은 군사들의 기세를 크게 신장키시기에 충분하니 경은 이런 뜻을 널리 알려서 모든 군사들로 하여금 용기백배하게 하여 오직 강(대동강)의 여울을 지키는 데 힘써 뜻밖의 일에 대비하고, 시일을 지연시켜 명나라 군사가 오기를 기다리게 하라. 이것이야말로 하나의 큰 기회이니 이웃 고을의 군기와 화약도 조치하여 들여보내도록 하라."」

−〈선조실록〉(1592. 6. 14.)−

선조는 윤두수(이 무렵 윤두수는 이미 평양성을 왜적에게 내어주고 행재소로 오고 있었다)에게도 조승훈 군과 군자금 2만 냥 관계 희소식을 알리면서 '이것이야말로 절호의 기회이니' 하면서 명나라 군사가 올 때까지 평양성을 잘 지키라고 당부하였다. 하지만 평양성은 이미 6월 15일에 왜군의 수중에 들어갔으므로 이 같은 희소식도 사후약방문(死後藥方文)이 되고 말았다.

한편 6월 14일은 이순신이 〈당포파왜병장〉을 올려 보낸 날이다. 이날 주야를 달려서 올라간 장계가 6월 24일 전후하여 평양성에 도착했다면 조선군의 사기는 충전했을 것이고, 그 소식을 동대원(東大院)의 왜군들이 알았다면 왜군의 사기는 땅에 떨어졌을 것이다. 그러나 유감스럽게도 장계가 도착하기도 전에 평양성이 떨어졌기 때문에 이 같은 일은 일어나지 않았다.

2. 선조가 들은 왕성탄과 평양성의 비보

「6월 15일. 임금이 박천에 있었다.
유성룡이 평양으로부터 와서 임금을 뵙고 말했다.
유성룡: "신이 안주에 도착하여 명나라 군사를 기다려야 되는데 가던 길에 행재소를 지나게 되었으므로 뵙고 말씀드릴 일이 있어서 뵙기를 청한 것입니다.
선조: 무슨 일을 말하고 싶은가?
유성룡: 길에서 어떤 사람을 만났는데 '어제 새벽에 우리 군사가 부벽루 얕은 여울에서 적장을 죽이고 말 1백여 필을 빼앗았다.'고 하였습니다.

선조: 윤두수의 장계를 보니 인심이 흉흉하다고 한다.
유성룡: 얕은 여울을 방어하지 못했다는 말을 듣고 인심이 놀라 동요했다고 합니다.
선조: 그곳에 병사를 증강하지 않을 것인가?
유성룡: 김명원은 장수의 그릇은 되지만 장재(將才: 작전력)에는 부족하고, 허숙·김억추는 물러나 움츠린다고 합니다. 지금 마땅히 군령을 엄히 하여 한 걸음이라도 퇴각하는 자는 바로 참수한다면 모든 장수들이 반드시 명령을 따라서, 명나라 병사가 오면 반드시 성공할 기세가 있을 것입니다.
선조: 나도 역시 성공할 수 있을 것으로 생각한다."」

-〈선조실록〉(1592. 6. 15.)-

임금과 유성룡이 왕성탄 패전 소식(평양성을 내어준 것은 아직 모르고)과 강동 지역 조선군의 후퇴소식을 들었다. 그 대책으로 '한 걸음이라도 퇴각하는 사람은 참수해야 한다'고 했는데, 왕성탄과 평양성이 왜군들의 수중에 넘어갔고, 강동 지역 조선 장수들은 대동강 상류의 산 속(낭림산맥)으로 숨은 후였기 때문에 이 같은 대책도 사후 약방문이 되었다.

이원익이 왕성탄 여울에서 올린 급보

「평양의 강여울 방어가 무너지자 이원익 등이 미쳐 장계할 겨를이 없어 그 종사관 좌랑 이호민(李好閔)을 보내어 빨리 달리어 그 사실을 보고하도록 하니 임금이 불러들여 만나보았다.
선조: 지금 들으니 왜적이 강여울을 건넜다고 하던데, 사실인

가?

이호민: 신이 직접 눈으로 보고 왔습니다.

선조: 우리가 이미 승전했는데 왜적이 어떻게 건너왔는가?

이호민: 왜적이 패전한 것을 분하게 여겨 일시에 병사를 출동시켜 여울을 건넜습니다.」　　－〈선조실록〉(1592. 6. 15.)－

'우리가 이미 승전했는데' 라고 했는데, 6월 14일 동대원을 야습한 전투를 두고 선조는 그 동안 승전해 온 것으로 알고 있었다. 선조는 '이렇듯 '임금이 듣기 좋아하는 방식의 보고' 만을 받아오다가 이 시점에 와서야 동대원 전투가 패전이었음을 알게 되었다.

「선조: 건너온 왜적의 수는 얼마나 되는가?

이호민: 신이 모란봉에서 바라보니 다섯 항렬로 건너오는데 칼날이 번쩍거렸습니다. 그 여울이 매우 험하여 건너기가 어려운데 요즘 마침 몹시 가물어 강여울이 매우 얕아졌기 때문에 건널 수 있었습니다.

선조: 왜적이 비록 강여울을 건넜지만 평양은 지킬 수 있겠는가?

이호민: 오는 도중에 보니 지방 병사들이 나아가서 강여울을 지키려고 이미 성(城)을 나갔는데 강여울의 방어가 무너졌으므로 대다수의 군사가 무너져 흩어졌습니다. 소신이 목격한 바로써 말씀드리자면 강을 건넌 왜적은 2백여 기(騎)쯤 되며, 이천(李薦)과 이원익(李元翼)이 순산으로 와서 흩어진 병졸들을 끌어 모으려고 한다고 합니다.」

－〈선조실록〉(1592. 6. 15.)－

평양성에 있던 조선군 3~4천 명 중 2천 명이 성을 나와서 대동강변 50여 리에 걸쳐 있는 얕은 여울 3~4곳을 수비했다고 보자.

우선 왜군 기마대 200기 정도가 강을 건너 올 때의 상황은, 동대원에 있던 2~3만의 왜군 중 일부가 그간 만들어 놓은 뗏목들을 강변으로 옮기고 있었을 것이다. 또 다른 부대는 강가로 나와서 총포에 화약을 최대한 많이 쑤셔 넣고 강 건너 평양성을 향해 사격했으며, 사무라이들은 강가로 몰려나와 일본도를 흔들며 현란한 칼 빛 시위를 벌였을 때다.

다른 한편, 그 무렵 강 상류를 건넌 왜군은 강동 쪽의 한응인과 김응서 등을 압박해서 강 상류 쪽으로 퇴각시키고 있었다.

이 같은 상황이 되자 대동강과 평양성 등의 조선군은 누가 먼저라고 할 것 없이 앞 다퉈 도망을 갔다.

「이날 임금이 가산(嘉山)으로 떠나려고 했는데 날이 이미 저물었고, 또 내전의 행차가 멀리 덕천에서 돌아오자마자 바로 출발하기가 곤란하여 이튿날 떠나려고 하니, 대신이 건의하기를 "선발대가 이미 출발하였는데 지금 만약 행차를 정지하시면 사졸들이 반드시 더욱 무너져 흩어질 것입니다. 오늘은 밤중에라도 부득이 거동하셔야 합니다."라고 하니, 임금이 드디어 출발하였다.」 -〈선조실록〉(1592. 6. 15.)-

이호민으로부터 급보를 받고 급히 의주로 가려 했지만 날도 저물었고, 또 막 도착한 중전 일행의 피곤을 생각해서 출발을 다음날로 미루려고 하였다. 그러나 그렇게 하면 이미 출발한 선발대가 도망칠 우려도 있었기에 곧바로 출발했다. 모두들 공포에 휩싸인 모습이다.

「이날 밤에 임금이 박천에서 가산으로 떠나가서 새벽닭이 울 무렵에 군(郡)에 들어왔다. 박천에서 처음 출발할 적에 마을 도적들이 간혹 조정 대신의 짐바리를 노략질한 자가 있었다고 하였다.」 －〈선조실록〉(1592. 6. 15.)－

야간 이동 중에 도적을 맞았다. 조정의 권위는 지속적으로 실추되고 있다.

「6월 16일. 이날 아침에 임금이 가산에 있었다. 임금이 정주에 도착하였다. 궁인 중에는 그냥 걸어서 간 사람도 있었다.」
－〈선조실록〉(1592. 6. 16.)－

궁인은 몇 명 되지 않다. 하지만 말(馬)이 없었기 때문에 걸어서 이동한 궁인들도 있었다.

「6월 17일. 임금이 정주에 있었다.
임금이 대신에게 지시하였다.
"어제 말한 요동의 자문(咨文: 공문)을 속히 지어 통역관(通事)으로 하여금 가지고 가게 하라. 이덕형이 이미 요동에 도착하였으니 통역관으로 하여금 요동에 도착하면 이덕형에게 전해 주게 하라. 그리고 이곽(李郭)을 즉각 의주로 보내어 병마의 군량과 꼴 등 일체 잡물을 미리 준비하여 번거롭고 요란스럽지 않도록 하라."」 －〈선조실록〉(1592. 6. 17.)－

이덕형과 이곽 등을 의주로 보내서 명군을 위해 군량과 꼴 등을 준비하게 했다.

「청원사(請援使: 구원병을 요청하러 간 사신) 이덕형이 급보를 올렸다.

"신이 명령을 받은 뒤에 마부와 말이 거의 다 도망쳐 흩어졌기 때문에 어렵게 행진하여 오늘 사시(巳時:상오 10시경)에야 비로소 의주에 도착했습니다. 마침 광영유격(廣甯遊擊) 사유(史儒)와 독전참장(督戰參將) 대조변(戴朝弁)이 병사 1천 명을 거느리고 강을 건너기에, 신이 통역관 홍수언(洪秀彦)을 통하여 말하기를 '왜적이 성(평양성) 밑에 이른 지가 벌써 7~8일이 되었습니다. 지금 만약 천천히 간다면 앞으로 10여 일 뒤에나 도착할 수 있을 것이니 비단 고립된 성이 매우 위태로울 뿐만 아니라, 왜적은 병사를 움직임에 으레 술일(戌日)을 이용하여 오는데, 22일이 술일이니 반드시 20일 이전에 도착하여야만 나아가 구원할 수 있을 것입니다.' 라고 하니, 대답하기를 '20일에는 그곳에 도착할 것이다' 고 하였습니다."」

-〈선조실록〉(1592. 6. 17.)-

이덕형이 왕명을 받아 의주로 출발하려고 했으나 마부가 도망을 치고 말이 흩어진 탓에 의주 도착이 늦어졌다. 이덕형과 명나라 장수는 평양성이 함락된 것을 모르는 상태에서 6월 20일 경이면 명군이 평양에 도착할 것으로 알고 논의했다.

「예조판서 윤근수, 참판 유근(柳根)이 급보를 올렸다.

"이달 15일에 명나라 병마가 이른 아침부터 강을 건너 미시(未時: 하오 2시경)에 다 건넜습니다. 독전참장 대조변과 선봉 유격 사유(史儒)가 거느린 군사는 1천 29명이며, 말이 1천 93필, 수하(手下)의 집기(執旗)·천총(千摠)·파총(把摠) 등이 도합 10명이며, 답응(答應) 이하도 몇 명 있었습니다. 신들이 예를 행한 뒤에 22일(戌日) 전까지 속히 구원해야 한다고 요청하니, 대답하기를, '만약 그렇다면 우리가 20일에 맞추어 평양에 도착하겠다' 고 하였습니다."」 -〈선조실록〉(1592. 6. 17.)-

요동군의 주력은 기마병이므로 빨리 달리면 6월 20일까지는 평양성에 도착할 수 있었다. 그러나 평양성은 이미 왜군의 수중으로 넘어갔고, 군량미와 장마 등 여러 가지 사정으로 조승훈 군은 한 달이나 늦은 7월 17일에야 평양성에 도착한다.

「6월 18일. 임금이 정주를 떠나 곽산을 지나 선천에 도착하였다.」 -〈선조실록〉(1592. 6. 18.)-

3. 거느린 군사가 없는 도원수 김명원

「도원수 김명원이 급보를 올렸다.
"명나라 병사 1천 명이 이미 강을 건넜으나 전면의 각 고을들이 다 비었고 창고의 곡식도 흩어져 없어졌으며 군졸도 도망하여 숨어버렸기 때문에 결코 맞아 싸울 길이 없습니다. 지금 이윤덕(李潤德) 등에게 공문을 보내어 통지하려고 합니다만 심부름할 사람도 없습니다. 신은 본래 용렬하니 만 번 죽어도 스스로 달게 여길 뿐입니다. 그리고 이일·이빈은 있는 곳을 알 수 없으므로 격문을 전하여 서둘러 명나라 병사의 향도(안내자)가 되라고 하였습니다."

(*사관은 말한다.

김명원은 젊어서부터 장수의 명망이 있었지만 남을 거스르지 않고 옹골차지 못했으며, 결단력이 없어 실제로는 군사들을 제어하는 재능이 없었다. 그런데 창졸간에 도원수의 병부(兵符)를 주었다. 왜적이 강을 위협하자 만사가 와해되어 한강·임진·대동강에 이르기까지 도처마다 패주하였다.

이일(李鎰)은 누차 패전한 끝에 정신이 혼몽해졌고, 이빈(李贇)은 더욱 겁쟁이였으며 임진에서 패전한 것은 실로 이 사람이 배를 타고 먼저 도망하였기 때문인데, 그들이 간 곳을 모르는 것이 어찌 괴이하겠는가.

감사 송언신(宋彦愼)은 한 도의 주인으로서 처음부터 넋을 잃어 한 가지 일도 제대로 조처하지 못했고, 평양성을 빠져나갈 때에는 가족들이 떠난 희천으로 깊숙이 들어가 마침내 그림자조차 찾을 수 없었다. 그런데도 김명원의 보고에는 다만 이일 등만을 들어 말하였으니 매우 엉성하다.)」

─〈선조실록〉(1592. 6. 18.)─

김명원이 도원수가 된 것은 1592년 4월 29일이다. 그의 부하 육성 능력이 얼마나 빈약했으면 두 달이 다 되도록 명군 1천 명을 안내할 친위부대조차 구성하지 못했을까.

「인성부원군 정철(鄭澈), 풍원부원군 유성룡, 대사간 정곤수, 지평 신경진(辛慶晉) 등이 만나 뵙기를 청하였다.

임금이 불러 물었다. "경들은 무슨 할 말이 있는가?"

정철과 성룡: 국사가 이 지경에 이른 것은 모두 신들의 죄이므로 하려고 해도 할 말이 없습니다.

선조: 명나라 병사는 가까이 오는데 접대할 계책이 없으니 어떻게 처리할 것인가?
유성룡: 여러 고을이 텅 비어 곳곳마다 분탕질이니 참으로 몹시 놀라운 일입니다.」　　　　－〈선조실록〉(1592. 6. 18.)－

김명원은 명군 1천 명을 인도할 군사력도 없다고 했지만, 유성룡은 청천강 이북의 좁은 지역에서조차 분탕질을 막지 못한다고 탄식했다. 조선왕국의 국가 經·營이 말씀이 아니다.

「요동 유격 사유(史儒)와 원임참장(原任參將) 곽몽징(郭夢徵)이 기병 1천을 거느리고 임반관(林畔館: 선천에 있는 관아 건물)에 도착하니, 임금이 곤룡포에 익선관 차림으로 서로 만나 재배를 끝냈다.
선조: 내가 나라를 잘 지키지 못하여 오늘의 환란을 오게 하여 귀국 대신들이 행차하는 수고로움을 끼쳤으니 황공하기 그지없소이다.
사유와 곽몽징: 평양을 일찍 구원하지 못하는 것이 한스럽습니다. 조 총병(조승훈 부총병)이 의주에 도착하면 우리들이 돌아가서 조 대인(조승훈)과 의논하여 결정하겠습니다. 귀국은 어떻게 계획하고 있습니까?
선조: 나라의 존망이 대인들의 진퇴에 달렸으니, 지휘를 삼가 받겠소이다.
이때에 어떤 사람은 명나라 병사가 전진하여 도원수와 합세하는 것이 좋다고 하고, 어떤 사람은 마땅히 저들의 분부를 들어야 한다고 말하여 의논이 어지러웠다.
그러자 곽몽징이 말했다. "귀국의 군신은 모여서 송사하는 것과 같으니 지극히 무례하오이다." 라고 하니, 임금이 손을 저어 논의를 금지시켰다. 사유가 병사를 거느리고 의주로 돌아갔다.」　　　　　　　　　　　-〈선조실록〉(1592. 6. 18.)-

군의 작전에 대해 문신들이 이러쿵저러쿵하다가 망신만 당했다.

조선 조정은 왜군의 규모조차 모르는가?

「임금의 행차가 저녁에 선천에서 유숙하였다. 요동 순안어사(巡按御使) 이시자(李時孶)가 지휘(指揮: 직책명) 송국신(宋國臣)을 보내어 공문을 가지고 왔는데, 그 공문에서 말하였다.
"왜 8도의 관찰사가 왜적에 대하여 언급한 것이 한 마디도 없고, 8도의 군현에서 어찌 한 사람도 대의를 부르짖는 자가 없는가. 어느 날 아무 도(道)가 함락되었고, 아무 주(州)가 함락되었으며, 어떤 사람이 왜적에게 죽고, 어떤 사람이 왜적에게 붙었으며, 왜적의 장수는 몇 명이고, 군사는 몇 만 명인가? 우리나라는 본시 개산대포(開山大砲)·대장군포 등이 있고, 맹장과 정병들이 안개처럼 벌여 구름처럼 달리니, 왜병 백만 명쯤이야 헤아려 볼 것도 없다…."고 하였다.」 -〈선조실록〉(1592. 6. 18.)-

'왜적의 장수가 몇 명이고, 군사는 몇 만 명인가?' 라고 물었는데, 그간 구원병 요청 차 다녀간 조선 사신들에게도 수차례에 걸쳐 물어 보았지만 원하는 대답을 듣지 못했던 것 같다. 조선 조정은 명나라 쪽의 이 같은 질문을 받고서도 왜군의 규모를 제대로 파악하지 못했고, 그 결과 조승훈의 군대는 평양성 전투에서 큰 낭패를 겪게 된다.

한응인이 보고한 대동강 전투

「순검사 한응인(韓應寅)이 급보를 올렸다.

"14일 신시(申時: 오후 4시 경)에 왜적이 왕성탄·능라도로부터 건너오자 장수와 병졸들이 일시에 무너져 흩어졌습니다. 왕성탄 조방장 박석명(朴錫命)과 수탄장(守灘將) 오응정(吳應鼎) 등이 패전하여 돌아오는데 마탄(馬灘)의 수탄장 김응서(金應瑞)가 퇴각하여 도망치자 박석명 등도 자산(慈山)으로 달아났습니다.

평양이 이미 포위당했으니 앉아서 강여울을 지키는 것은 소용이 없습니다. 흩어진 장수들을 소집하기 위해 직로(평양→의주 간의 국도)로 출발하고자 합니다."」

−〈선조실록〉(1592. 6. 18.)−

한응인과 박석명은 임진강에 있다가 강동으로 와서 왕성탄 상류를 지키고 있었다. 김응서는 6월 11일 먼저 상류 쪽으로 퇴각했고, 6월 14일에는 박석명이 퇴각했다. 한응인은 '이들 장수들을 소집한다'는 이유로 자산까지 갔다가 다시 의주로 향했다. 한응인이 임진강에서 데려온 130명의 군사들은 얼마나 남았을까?

왜군의 대동강 도하(渡河)를 명군에게 알림

「예조판서 윤근수, 홍문관 부응교 심희수가 급보를 올렸다.

"신들이 17일 새벽에 강(압록강)을 건너가 조 총병(祖承訓)을 보고 왜적이 이미 대동강을 건넜다고 알리니, 총병이 '오늘이나 내일 군마가 강을 건널 터이니 군량과 꼴을 준비하여 기다리라'고 하였습니다."」　　　　　　　-〈선조실록〉(1592. 6. 18.)-

　그때까지 조·명 양측은 평양성이 건재한 것으로 알았고, 또 그곳에는 군량과 꼴이 비축되어 있을 것으로 믿었다. 하지만 평양성이 왜군의 수중으로 넘어갔다면 군량과 꼴도 문제가 될 뿐 아니라 5천의 명군이 3만 명의 왜군이 지키고 있는 평양성을 공격해야 하는 입장이 되므로 조승훈 군의 패전은 예정된 것이었다.

4. 대동강 패전에 대한 자기반성이 없다

　「6월 19일. 임금이 선천을 떠나 차련관(車輦館: 선천과 용천 사이에 있는 관아 건물)에 도착하였다. 평양이 이미 함락되자 이날 좌의정 윤두수가 행재소로 달려와서 말하기를 "신이 평양을 사수하지 못하여 오늘의 변이 있게 하였으니 군율을 받겠습니다." 하니, 임금이 대답하기를 "나라의 형세가 이미 기울었는데 경은 어찌 그런 말을 하는가."고 하였다.
　(*사관은 말한다.
　윤두수는 일이 이미 틀린 줄 알고 마침내 성 안의 늙은이와 어린 아이들을 먼저 나가도록 하고, 이어서 군기 등 물건을 모두 해자 속에 빠뜨리도록 하였다.)」
　　　　　　　　　　　　　　-〈선조실록〉(1592. 6. 19.)-

　평양성에서 도망쳐 온 윤두수가 행재소에 도착했다. 선조는 '나라의 형세가 이미 기울었는데' 하면서 윤두수에게 패전의 책임을 전혀 묻지 않았다. 이는 선조가 군 통수권자(군영 經·營자)로서 패전의 원인을 분석해 내는 안목이 전혀 없었기 때문이다.

'왕성탄을 건너서 야습을 하라!' 는 등 거의 모든 기획(Plan)과 작전을 구상하고 지시한 사람이 바로 선조 자신이었고, 이를 실천한(Do) 사람이 윤두수였다. 그런데 선조는 '나라의 운세가 이미 기울었는데' 하면서 평양성 패전을 운세 소관으로 돌렸고, 자체 평가(See)를 생략했다. 때문에 조선 제일의 거성을 싸워 보지도 못하고 군량미 10만석과 함께 왜군에게 고스란히 넘겨주면서도 얻은 교훈이 없었다.

「우부승지 이곽이 급보를 올렸다.
"신이 16일에 명을 받들고 나와 18일에야 비로소 의주에 도착하였습니다. 참장 곽몽징과 왕수관이 병사를 거느리고 이미 도착하였기에, 신이 역관을 시켜 말하기를 '이달 13일에 우리 군사가 밤을 이용하여 왜적의 군영을 쳐부수었더니(윤두수가 평양에 있을 때이다), 그날 저녁에 왜적이 더욱 흉독(凶毒)을 부려 평양이 함락당하였다. 우리 임금은 명나라 병사가 와서 구원해 주기를 고대하고 있다'고 하니, 참장이 말하기를 '오늘 만약 군량이 마련되면 내일 기동하겠다'고 하였습니다."」
-〈선조실록〉(1592. 6. 19.)-

평양성 함락 소식을 들은 명나라 쪽은 '오늘 만약 군량이 마련된다면' 하면서 조선이 군량미를 제대로 공급할 수 있을지에 대해 우려하기 시작했다.

근왕군 6만이 수원에 이르렀다는 장계

「6월 21일. 임금이 용천에 있었다.

경상도 관찰사 김수(金睟), 전라도 관찰사 이광(李洸), 충청도 관찰사 윤선각(尹先覺)이 급보를 올렸다.

"신들이 기병, 보병과 6만여 명 군사들을 거느리고 이달 3일에 수원에 진을 쳤는데 양천(陽川), 북포(北浦)를 경유하여 군사를 움직이려고 합니다. 앞뒤 양쪽에서 들이치는 계책을 조정에서 급속히 지휘해 주소서."

(*사관은 말한다.

김수 등이 올 적에 행군함에 규율이 없어 앞뒤가 서로 호응하지 못하였다. 선봉 백광언(白光彦)·이지시(李之詩) 등은 땔나무 하고 물 긷는 왜적 10여 명의 목을 베고서 더욱 왜적을 경시하여 교만한 기색이 있었다. 김수는 이미 누차 패전하여 수하에 군사도 없어 형세가 고단하고 기운이 꺾였으며, 이광은 본래 용렬하고 겁이 많아 계책을 세워 대응할 줄 몰랐기 때문에 조정에 명령을 청하여 진퇴할 계획을 세운 것이다.)」

-〈선조실록〉(1592. 6. 21.)-

장계를 쓴 날짜는 6월 3일이고(이튿날부터 패전) 도착한 날은 6월 21일이므로 장계를 받아본 조정에서는 근왕군의 패전 사실을 알지 못했다. 문신으로 구성된 3도 감사들은 그만한 규모를 지휘할 능력이 없었고, 병사들은 질과 양, 그리고 무장 등 어느 쪽에서든 왜군들의 상대가 되지 못했다.

근왕군이 진주성 같은 큰 성을 의지해서 화약무기를 사용했다면 나름대로 성과를 거둘 수 있었을 것이다. 그러나 시문놀이에 젖어온 조정은 이 같은 수비전을 구상해 내지 못했기에 6만 명의 조선군은 들판의 소 떼처럼 산산이 무너져 흩어지고 말았다.

윤두수가 김시민이 진주성을 지켜냈듯이 평양성을 지키면서 조승훈의 5천 군과 합세했다면 평양성은 난공불락이었을 것이다.

임금을 모시는 사람들은 수십 명

「영의정 최흥원이 급보를 올렸다.
"신들이 세자를 호위하여 14일에는 운산에서, 15일에는 개평에서 유숙하고 오늘은 희천으로 떠납니다. 시강원(侍講院) 관원을 담당 부처로 하여금 뽑아 보내주도록 하시고, 사직 참봉이 뒤떨어지고 오지 아니하니 역시 뽑아 보내주소서."」
-〈선조실록〉(1592. 6. 21.)-

세자의 분조(分朝)도 형편이 말씀이 아니다. 서연(書筵)을 계속하기 위해서인지 시강원 관원을 보내 달라고 청하고 있다. 또 종묘 신주들을 모시는 참봉이 도망을 갔는지 새로운 사람을 보내 달라고 했다.

「(*사관은 말한다.
당초 임금이 서울을 나올 적에, 일반 선비들과 백성들만이 나라의 형세가 다시 진작되지 못할 것이라고 말한 것이 아니라, 유식(有識)한 사람들도 결국은 반드시 멸망할 것이라고 여겨, 조정 대신들 중에 호종(扈從)하려는 자가 백 명 중 한두 사람도 없었다. 인심이 이미 떠났으니 다 책망할 수는 없으나 이때에 호종한 사람이 문무관을 통틀어 수십 명에 지나지 않았으며, 세자를 따른 사람도 역시 10여 명에 불과했다고 한다.)」
-〈선조실록〉(1592. 6. 21.)-

5. 〈당포파왜병장〉을 제대로 해독하지 못한 조정

이순신의 장계 〈옥포파왜병장〉이 평양에 도착한 것은 5월 23일인데, 여수에서 12일 만에 도착한 것이다. 반면에 〈당포파왜병장〉은 6월 14일 올려 보냈는데 행재소(용천)에 도착한 것은 6월 21일 경인데, 이렇게 빨리 도착할 수 있었던 것은 두 번째 길이어서 해로에도 익숙했고, 게다가 계절풍을 등에 업고 밤낮으로 달렸기 때문이다.

〈선조실록〉에 기록되어 있는 〈당포파왜병장〉에 대한 내용들을 살펴보면 해전의 이치에 맹(盲)했던 조정 관리들의 수준을 짐작해 볼 수 있다.

장사결진(長蛇結陣)을 장사진(長蛇陣)으로 표기

「29일에 이순신과 원균이 재차 노량에서 회합하여 적선 1척을 만나 불살랐다. 또 바닷가 한 산에 왜적 1백여 명이 장사진(長蛇陣)을 치고 있고 전선 12척이 벼랑을 따라 쭉 정박하고 있었다. 때마침 일찍 들어온 조수가 빠져나가 바닷물이 얕아져서 큰 배는 나아갈 수 없었다. 순신이 "우리가 거짓 퇴각하면 왜적들이 반드시 배를 타고 우리를 추격할 것이니 그들을 바다 한가운데로 유인하여 큰 군함으로 합동하여 공격하면 승전(勝戰)하지 못할 리가 없다." 하고서 배를 돌렸다.

1리를 가기도 전에 왜적들이 과연 배를 타고 추격해 왔다. 아군은 거북선으로 돌진하여 먼저 크고 작은 총통들을 쏘아대어 왜적의 배를 모조리 불살라버렸다. 나머지 왜적들은 멀리서 바라보고 발을 구르며 울부짖었다. 한창 전투할 적에 철환(鐵丸)이 이순신의 왼쪽 어깨에 명중하였다.」

-〈선조실록〉(1592. 6. 21.)-

〈당포파왜병장〉에는 왜군들의 왜성의 축성 장면이 '장사결진(長蛇結陣)'으로 기록(제1권, 제2부, 3.사천포 해전, 축성되는 왜성)되어 있다. 그런데 실록에서는 '장사진(長蛇陣)'으로 잘못 기록되어 있는데, 당시의 조정이나 훗날의 사관(史官)도 왜성에 대한 이해가 부족했음이다. '장사결진'이란 긴 뱀이 똬리를 틀고 있듯이 진을 친 모습을 말하고, '장사진'이란 긴 뱀이 한 일자(一) 모양으로 길게 뻗어 있는 모습을 말하는 것으로 전혀 다른 것이다. 또 '첫 번째 거북선 특집'(제1권, 제2부, 4.거북선의 출전) 부분도 송두리째 빠져 있다.

당포해전에서의 '直衝…以龍口仰放玄字鐵丸'이 누락

「2일 당포에 적선 20척이 강 연안에 죽 정박하였는데, 그 중에 큰 배 한 척은 층루를 설치하고 밖에는 붉은 비단 휘장을 드리워 놓고서, 적장이 금관에 비단옷을 입고 손에 금부채를 들고 모든 왜적들을 지휘하고 있었다. 중위장 권준이 배를 재촉하여 바로 그 밑으로 돌진하여 그 배를 쳐부수고, 적장을 보고 활을 쏘니 적장이 거꾸러졌다. 4일에 당포 앞바다로 나아가자 전라우수사 이억기가 전선 25척을 거느리고 와서 회합하니 여러 장수들 가운데 기운이 증가되지 않는 이가 없었다.」

－〈선조실록〉(1592. 6. 21.)－

'두 번째 거북선 특집'(제1권, 제2부, 6. 당포해전, 두 번째 거북선 특집)에 대한 기록도 빠져 있는데, 당시 행재소의 수준으로는 이를 해독할 수 없었기 때문이다.

당항포해전에서의 '又衝…仰放銃筒'이 누락되었다

「5일에 바깥 바다로 나가다가 적선이 고성(固城) 당항포 앞바다로 옮겨 정박하였다는 것을 듣고, 이순신이 배 3척을 먼저 보내어 형세를 정탐하도록 하였는데, 바로 포(砲)를 쏘아 신호를 보냈다. 그러자 모든 군사들이 노를 재촉하여 앞뒤를 고기꾸러미처럼 연이어 나아가 소소강(召所江)에 이르니 적선 26척이 강 연안에 죽 벌여 있었다.

그 중에 큰 배 한 척은 위에 3층 판각(板閣)을 설치하고 뒤에는 검은 비단 휘장을 드리우고 앞에는 푸른 일산을 세워 놓았으며, 휘장 안에는 여러 왜적들이 죽 나열하여 시립하고 있었다. 모든 군사들이 처음 교전하고 거짓 패한 척하여 퇴각하니, 층각을 세운 큰 배가 돛을 달고 먼저 나왔다. 모든 군사들이 양쪽에서 공격하니 적장이 화살을 맞고 죽었다.

그러자 모든 군사들이 승세를 타 불을 질러 적선 1백여 척을 소각해 버리고 왜적의 머리 2백 10여 급을 베었으며 물에 빠져 죽은 적들은 그 수를 다 헤아릴 수 없었다. 6일에 잔여 왜적을 바깥 바다에서 추격하여 또 한 척을 불살라버렸으며, 9일에 모든 군사들은 전투를 중지하고 본진으로 돌아왔다.」

－〈선조실록〉(1592. 6. 21.)－

〈선조실록〉에 기술된 '한산도해전'

이순신이 한산도해전을 끝내고 〈견내량파왜병장〉을 올린 것은 7월 15일(제1권, 제4부, 6.의주로 달려가는 〈견내량파왜병장〉)이고, 장계가 의주 행재소에 도착한 것은 7월 20일 경이다. 그런데 〈선조실록〉에는 〈당포파왜병장〉에 잇달아 수록되어 있다.

「7월 6일에 이순신이 이억기와 노량에서 회합하였는데, 원균은 깨어진 배(破船) 7척을 수리하느라 먼저 와서 정박해 있었다. 적선 70여 척이 영등포(永登浦)에서 견내량(見乃梁)으로 옮겨 정박해 있다는 것을 들었다.

8일에 수군이 바다 가운데 이르니, 왜적들이 아군이 강성한 것을 보고 노를 재촉하여 돌아가자 모든 군사가 추격해서 가보니, 적선 70여 척이 내양(內洋)에 벌여 진을 치고 있는데 지세(地勢)가 협착한데다가 험악한 섬들도 많아 배를 운행하기가 어려웠다. 그래서 아군이 진격하기도 하고 퇴각하기도 하면서 그들을 유인하니, 왜적들이 과연 총출동하여 추격하기에 한산(閑山) 앞바다로 끌어냈다.

아군이 죽 벌여서 학익진(鶴翼陣)을 치고 기(旗)를 휘두르며 북을 치고 떠들면서 일시에 나란히 진격하여, 크고 작은 총통

(銃筒)들을 연속적으로 쏘아대어 먼저 적선 3척을 쳐부수니 왜적들이 사기가 꺾이어 조금 퇴각하자, 장수와 군졸들이 환호성을 지르면서 발을 구르고 뛰었다. 예기(銳氣)를 이용하여 왜적들을 무찌르고 화살과 탄환을 번갈아 발사하여 적선 63척을 불살라버리니, 잔여 왜적 4백여 명은 배를 버리고 육지로 올라가 달아났다.

　10일에 안골포에 도착하니 적선 40척이 바다 가운데 벌여 정박하고 있었다. 그 중에 첫째 배는 배 위에 3층 큰 집을 지었고, 둘째 배는 2층 집을 지었으며, 그 나머지 모든 배들은 물고기 비늘처럼 차례대로 진을 결성하였는데 그 지역이 협착하였다. 아군이 두세 차례 유인하였으나 왜적은 두려워서 감히 나오지 않았다. 우리 군사들이 들락날락하면서 공격하여 적선을 거의 다 불살라 버렸다. 이 전투에서 3진(陣)이 머리를 벤 것이 2백 50여 급이고 물에 빠져 죽은 자도 그 수효를 다 기록할 수 없었다. 잔여 왜적들은 밤을 이용하여 도망쳐 달아났.

　순신 등이 그의 군관(軍官) 이충(李沖)을 보내어 급보를 올리고 수급(首級)을 바치니, 행조(行朝)에서는 위아래가 뛸 듯이 기뻐하여 경하(慶賀)하지 않는 사람이 없었다. 이충이 오자 임금이 영남(嶺南)의 일을 질문하니, 대답하기를, "감사 김수(金睟)가 함양(咸陽)에 있다고 들었습니다만 소식이 통하지 않고 있습니다. 적이 직로를 따라 올라오기 때문에 좌·우도가 두 조각으로 갈라져서 호령이 통하지 않는다고 합니다"라고 하였다.」
　　　　　　　　　　　　　　-〈선조실록〉(1592. 6. 21.)-

'거북선+학익진의 원리'는 해독하지 못했지만 대첩을 이루었음은 알게 되었다.

6. 의주 행재소 시절의 시작

「6월 22일. 임금이 용천을 떠나 의주에 도착하여 목사(牧使)의 관아 건물에 좌정하였다. 이때 고을 사람들은 평양이 포위당했다는 소식을 듣고 두려워하여 인심이 흉흉하였는데, 명나라 병사들이 강을 건너 성 안으로 들어와서 약탈하자 백성들은 모두 산골짜기로 피해 들어가 성안이 텅 비었다.

목사 황진(黃璡)과 판관 권탁(權晫) 등이 관아 사람들과 관아 여종 두어 명을 직접 거느리고 임금의 수라를 장만하였으며, 호종한 관원들은 성 안의 빈집에 분산 거처하였다. 꼴과 땔나무가 계속 조달되지 아니하여 비록 행재소라고는 하지만 적막하기가 빈 성(城)과 같았다.」 -〈선조실록〉(1592. 6. 22.)-

선조의 마지막 승부수는 '명나라 행'

「6월 23일. 임금이 지시하기를 "요동으로 건너가는 것을 비록 갑작스럽게는 정할 수 없으나 모든 일을 충분히 예비하도록 하라"고 하니, 예조판서 윤근수가 "요동으로 건너가면 낭패"라면서 강력히 말하고, 유성룡도 역시 그 불가함을 강력히 말하면서 건의하기를 "북도·하삼도·강변 등이 있으나 두루 다니시다 보면 수복할 수 있는 길이 있을 듯합니다" 하고는, 드디어 서로 눈물을 흘리며 목이 메도록 울었다.」

-〈선조실록〉(1592. 6. 23.)-

대신들이 목이 메도록 울며 명나라 행을 반대했지만 임금의 고집은 막무가내였다.

임금이 명나라로 가게 되면 세상은 새로운 임금과 왕조를 기다릴 것이며, 대신들은 자진(自盡)을 하든지 아니면 산 속으로 들어가 고사리로 연명해 갈 수밖에 없다. 선조는 이 같은 점에 대해서도 잘 알았다. 하지만 더 이상 조정 대신들의 국가 經·營 능력을 믿을 수가 없었고, 그래서 마지막 수단으로 명나라로 가는 수밖에 없다고 판단했다. 그러나 經·史의 史學으로 조명해 보면, 당시의 상황은 선조의 기송사장(記誦詞章)형 국가 經·營으로 기인된 것이다.

압록강을 봉쇄한 명나라

「이어서 지시하기를 "명나라 장수에게 말하여 강 저쪽에 정박해 있는 배의 절반을 나누어 강 이쪽에 정박시키도록 하고, 복태마(卜駄: 짐을 싣는 말)는 본 고을에서 빌려 쓰도록 하고, 호위하는 병마는 이웃 고을에서 뽑아 시위(侍衛)하게 하라"고 하였다. 대개 이때 명나라 장수가 우리나라의 피난하는 사람들이 마음대로 강을 건너는 것을 염려하여 강에 정박해 있는 배를 모두 강가 건너편에 정박시켰기 때문에 이런 지시가 있었다.」
-〈선조실록〉(1592. 6. 23.)-

명나라 측에서는 조선의 난민들이 요동으로 건너오는 것을 막는다는 이유로 조선의 배들까지 끌고 가서 건너편 요동 쪽 강변에 매어두었다. 이는 왜군 첩자나 선발대가 압록강을 건너오는 것에 대비하기 위해서이기도 했다. 또한 조선 조정이 함부로 건너오지 못하게 하려는 저의도 있었다.

이에 대해 선조는 "배의 절반을 찾아오게 하고, 호위하는 병마를 두어 자신의 명나라 행 용도로만 사용할 수 있게 하라!"는 절충안을 제시했다.

왜군들의 꿍꿍이를 해독하지 못한 김명원

「도원수 김명원이 급보를 올렸다.

"신은 정주에 도착한 뒤로 정탐시킬 만한 사람이 없어서 왜적의 오고 가는 것을 전연 듣지 못하다가 어제 군관 등을 시켜서 정탐하게 했더니, 뒤에 있는 왜적들의 소식은 전혀 알 수가 없고 평양의 적은 아직 출몰하는 자취가 없었습니다."」

-〈선조실록〉(1592. 6. 23.)-

'정탐시킬 만한 사람이 없다'고 했는데, 결코 그렇지 않았다. 각 관아의 조직과 피난민, 지방에서 오는 장계 등 정보를 얻고자 했다면 이 모두가 중요 정보원이자 정보처로 활용할 수 있었을 것이다. 그런데 임진강가에 있으면서도 왜군의 병력 규모와 왜군이 평양으로 향한 것도 모르고 있었던 것을 보면 정보관리 능력에 문제가 많았음을 알 수 있다.

'평양의 적은 아직 출몰하는 자취가 없다'고 했는데, 김명원은 정보 분석력이 없었기 때문에 왜군들의 꿍꿍이속(전략·전술)을 해독해 내지 못했고, 평양성의 왜군을 2천 명 정도로 판단했다.

뿔뿔이 흩어진 무장들

「김명원이 급보를 올렸다.
 "병사(兵使) 이빈이 더위를 먹어 아직 회복되지 않았고 또한 다른 장수가 없기 때문에 신의 종사관인 판관 윤안성(尹安性)을 대신 보냅니다. 이일·김억추·박석명 등이 아직 다 오지 않았는데 이일은 간 곳도 알 수 없습니다. 이 사람들은 모두 나라의 은혜를 입어 소관(小官)과 비할 바가 아닌데, 전투할 때마다 불리하면 행재소로 곧바로 가지 않고 모두들 궁벽한 지름길을 경유하여 항상 피난하려는 계획만 있으니, 신하의 직분으로 헤아려 보건대 더욱 마음이 아픕니다."」

-〈선조실록〉(1592. 6. 23.)-

김명원이 거론한 사람들은 모두 무장들이고, 김명원을 도원수로 보필해 싸워 왔다. 그러나 이날 현재 모두 뿔뿔이 흩어져서 각자 살아남기에 바쁜 모습이다. 이순신과 비교해 보면 김명원은 정보 관리력, 부하 육성력, 그리고 리더십에도 많은 문제가 있었음을 알 수 있다.

수상(水上)과 해상(海上)에 관심을 갖기 시작하는 조정

「6월 26일. 임금이 대신들에게 묻기를 "이곳으로 온 것은 오로지 요동으로 가기 위해서였는데 이미 요동으로 갈 수 없다면 수상(水上)도 극히 위험하니 배를 타고 항해(航海)하는 것이 어떻겠는가? 은밀히 의논하라"고 하자, 윤두수 등이 건의하기를

"왜적이 평양에 있으니 바닷길로 가게 되면 왜적에게 저지당할까 두렵습니다. 황해감사에게 바닷길을 정탐하고 와서 보고하도록 한 뒤에 결정하는 것이 어떻겠습니까? 만약 왜적이 가까이 오면 창성으로 피하는 것이 좋겠습니다"고 하니, 대답하기를 "그렇게 하면 더딜 것 같다. 끝내 가지 않는다 하더라도 준비하고 기다리는 것이 좋으니 지금 배를 준비하도록 하라"고 하였다.」　　　　　　　　　　　-〈선조실록〉(1592. 6. 26.)-

　〈당포파왜병장〉이 도착하고 닷새 만에 일어나고 있는 변화상이다. 선조가 '수상도 극히 위험하니'라고 한 것은 압록강을 건너 요동으로 들어가는 것은 명군의 봉쇄나 왜군의 추격 등으로 위험하다고 본 것 같다. '항해하는 것'은 바닷길을 통해 하삼도·요동·산동으로 항해할 가능성을 의미하는 것으로 보인다.

　윤두수는 평양의 왜군이 이 같은 해로를 막아서지 않을까 걱정하고 있다. 하지만 평양성의 왜군들에게는 해로를 막아설 배가 없었으며 '황해감사가 정탐하여 보고하도록 한다'는 것도 작은 섬에 숨어 있던 조인덕 황해감사로서는 실천해 내기 어려운 과제였다. 윤두수 등이 제안한 '창성으로 피하는 방안'에 대해 많은 논의가 있었지만 그 역시 해결책이 못 되었다.

　한편 선조는 의주·용강·철산·정주·영유의 배들이 자신의 해로행(海路行) 구상을 감당해 줄 것으로 기대하기 시작했다.

송언신의 윤두수·김명원 고발

　「전 평안도 관찰사 송언신(宋言愼)이 급보를 올렸다.

(*사관: 송언신은 평양이 함락된 뒤에 그의 행방을 알 수 없어서 조정에서 이미 교체시켰는데, 교체된 줄도 모르고 이처럼 장계를 올린 것이다.)

"14일 왜적이 왕성탄을 건너오자 도순찰사 이원익과 방어사 이빈(李賓)이 왕성탄에서 흩어져 떠났습니다. 성중이 요란스러울 즈음에 대장(大將: 윤두수)이 신에게 '성 안의 노약자를 모두 어육(魚肉)이 되게 할 수는 없으니 성문을 열어 조금씩 내보내도록 하는 것이 좋겠다'고 하기에, 신은 그 폐단이 큰 혼란에 이를 줄을 깨닫지 못하고 노약자를 내보내고 장정들은 내보내지 못하게 했습니다. 그런데 한참 뒤에 하인이 와서 보고하기를 '좌상(左相: 윤두수)도 이미 성을 빠져나가 배를 타고 돌아갔다'고 하였습니다."」 ―〈선조실록〉(1592. 6. 26.)―

왜적들이 왕성탄을 건너오자 이원익·이빈이 먼저 도망을 갔고, 도망치면서 평양성의 성주(城主) 격인 송언신 평안감사에게는 일언반구의 작전 상의도 없었던 것 같다.

윤두수가 "성 안의 노약자를 내보내라"고 했지만 몇 살부터 몇 살까지를 노약자로 볼 것인지 구분하는 것도 어렵다. 게다가 생사를 기약하기 힘든 가족들 간의 생이별이라 아비규환 속에 온갖 뇌물과 압력이 난무했을 것이다. 또 돈이 없는 사람들은 먼저 노약자를 성 밖으로 내보낸 후 지키는 이가 없는 성벽에서 밧줄을 타고 내려와 노약자 가족과 합류했을 것이다.

윤두수와 송언신은 병법의 이치에 어두웠기 때문에 백성들이 이렇게 썰물처럼 빠져 나갈 줄은 예상하지 못했다. 그 결과 평양성은 빈 성이 되었다. 빈 성이 되자 윤두수와 송언신 등은 소수의 군졸들과 함께 평양성을 빠져 나갔다.

「 "도중에서 도원수 김명원 등이 말을 타고 나가는 것만 보았을 뿐 미처 접촉하여 이야기는 하지 못했습니다. 성문 위로 돌아오니 병사(兵使)와 서윤(庶尹)은 이미 나가버리고 다만 판관만 있을 뿐, 성 위에는 이미 한 사람도 없었습니다. 성 안은 이미 크게 혼란하여 눈앞의 하인들도 점점 도망가 한 사람도 옆에 없었습니다."」　　　　　　-〈선조실록〉(1592. 6. 26.)-

　김명원은 송언신에게 말 한 마디 없이 빠져 나갔는데, 임진강에서 박충간이 도망가던 모습과 닮았다. 마치 붓글씨 쓰기와 시문놀이를 하다가 밤이 깊어지자 각자 뿔뿔이 흩어져 귀가하듯이 윤두수·김명원은 평양성을 빠져 나갔다.
　임진강 전선을 돌파당한 후 한응인·박석명·이일 등이 강동으로 물러난 것이나, 대동강 상류 마탄이 공격을 받자 한응인·김응서·김억추 등이 강동→자산으로 물러난 것도 영락없는 '시문놀이 현장 빠져 나오기'였고, 조정이 한성을 버리고 개성→평양→의주로 온 것도 '시문놀이 현장 옮기기'의 연속이다. 그래서 의주까지 물러났지만 군사적으로 전혀 나아진 것 없이 조선왕국은 오히려 왜소하고 초라해져만 갔다.
　아래는 송언신 평안감사 자신도 왜소하고 초라하게 변해가는 모습이다.

「 "밤 삼경에 말 한 필과 중 하나를 데리고 간신히 보통문을 빠져 나왔습니다. 신의 어미가 영변(寧邊)에 있으므로(노모가 미리 피난 가 있었다) 신이 영변으로 달려가니, 이날 마침 영변 백성들이 난을 일으켜 관리들이 모두 흩어졌습니다. 그래서 희천으로 들어가 정병(精兵) 40여 명을 뽑아 오는데 중로에서 다 도망갔으며, 운산에 도착하니 창고 곡식을 이미 다 나누어 주고 군수는 먼저 도망갔습니다. 신은 죄를 지어 진퇴가 낭패였습니다만, 지방의 관원으로서 오래도록 떠나 있는 것은 마땅치 않으므로 행재소로 직행하고자 합니다."

윤두수가 아뢰기를 "신은 육로를 경유하여 왔는데 송언신은 신이 배를 타고 갔다고 말하니 그 까닭을 모르겠습니다"라고 하니, 임금이 "알았다"고 대답하였다.」

-〈선조실록〉(1592. 6. 26.)-

송언신은 '행재소로 직행하고자 합니다'라고 했는데, 행재소로 가서 시문놀이를 계속하겠다는 심사로 보인다. 윤두수는 '신은 육로로 왔다'며 반론을 제기했지만, 그 자신은 말을 타고 강변길을 따라 왔을 것이다. 그러나 목숨을 걸고서라도 지켜냈어야 할 평양성을 버리고 그의 일행과 화물은 배로 왔기에 이랬든 저랬든 별 의미가 없는 반론이다.

평양성 패전에 대해 죄 줄 사람이 없다

「양사에서 건의하였다.

"평양이 함락된 뒤에 그 방백(方伯: 관찰사)은 행재소로 달려 왔어야 했는데도 전 관찰사 송언신은 패전하여 흩어진 직후부터 계속 산속 마을(山邑)만을 찾아 오직 깊숙이 들어가지 못할까 염려하여 마치 군졸이 도망치듯이 하고 군부(君父)가 고생하는 것은 생각하지도 않은 채 열흘이 지난 뒤에야 감히 태연히 장황한 말을 늘어놓아 스스로 비호하는 태도를 취하였으니, 그가 임금을 잊어버리고 나라를 저버린 죄가 큽니다. 잡아다가 국문하여 죄를 정하소서.

 태천 현감 김호수(金虎秀)는 임금의 행차가 지나갈 때에 음식을 대접해 드리지 아니하였으니, 역시 명을 내려 잡아다 국문하소서."

 임금이 대답하였다.

 "이 사람들에게 죄가 없지 않으나 지금은 그와 같이 할 수 없다. 태천현감 김호수를 죄 주면 이 고을을 버리는 것이니 더욱 할 수 없다."」　　　　　　　　　-〈선조실록〉(1592. 6. 26.)-

 실록에는 태천 현감, 송언신, 윤두수, 그리고 그 누구도 평양성 패전에 대해 죄를 받았다는 기록이 보이지 않는다. 있다면 대동강 사격전 때 '병선을 정비하지 않았다고 해서 공방리(工房吏) 한 사람을 베어 죽였다'는 것이 유일한 처벌 사례로 보인다(제2권, 제11부, 2. 선상에서의 강화회담, 망신당한 현자포).

지금 당장 전라도로 가는 선단을 준비하라!

 드디어 요동 반도가 아닌 전라도 행이 선택되었다.

「윤두수가 선천·곽산 등을 경유하여 그 다음 바닷길로 남쪽 지방으로 갈 것을 청하였다.

 임금이 대답하였다. "만약 간다면 수로를 따라서 갈 것이고 선천·곽산을 경유하여 가지는 않겠다. 이곳 의주로부터 가는 것이 어떻겠는가? 충청·전라도로 가서 정박하면 역시 군사들을 모집하여 부흥을 도모할 수 있을 것이다. 그 사이에 반드시 육지로 올라가서 가야 할 곳도 있을 터이니, 이곳 의주에서부터 가는 것이 좋지 않겠는가."

그리고 또 말했다.

"인근 고을의 수령들에게 배와 격군을 준비하도록 하라. 비록 준비하였다가 쓰지 않더라도 미리 준비하는 것이 좋겠다."

-〈선조실록〉(1592. 6. 26.)-

'죽어도 명나라에 가서 죽겠다'던 선조였다. 온 조정이 울면서 온갖 이유를 들어 불가함을 주장했지만 결코 고집을 굽히지 않았던 임금이다. 그런데 〈당포파왜병장〉을 받아 본 지 5일 만에 남으로 가겠다는 결론을 내렸다. 남쪽으로 가는 방법도 의주에서 곧장 충청·전라도로 간다는 것이기에 바다 사정에 자신이 없었던 조정 대신들은 순간 기가 죽었을 것이다.

「윤두수 등이 건의하였다.

"다시 생각해보니 장산곶 근처는 뱃길이 대단히 험하여 평상시에도 평안도 배들이 언제나 장산곶에서 파선당하곤 했으니 전하께서 이곳을 지나서는 안 됩니다. 용천을 경유하여 급히 안악에 정박하고 육로로 올라가서 해주를 지나 아산에 도착하는 것이 좋겠습니다. 한편으로는 선전관을 보내어 사공들을 소집하도록 하기 바랍니다."

임금이 대답하였다.

"알았다. 그와 같이 하겠으니 실행하든 않든 간에 속히 준비하라."」

-〈선조실록〉(1592. 6. 26.)-

당시에는 해역마다 세습으로 이어오는 수로 안내인 겸 뱃사공이 있었는데 장산곶은 위험한 해로였기에 이곳 수로 안내인은 유명했다. 선조는 그간 이순신의 장계를 가지고 달려온 사람들과의 대화를 통해서 수로 안내인들의 역할에 대해서도 귀담아 들은 바 있었다. 나이 40세의 선조가 나이 59세의 윤두수보다 새로운 지식에 민감했던 것일까?

거짓 정보에 속은 김명원과 조선 조정

「도원수 김명원이 급보를 올렸다.

"중흥사(重興寺)의 중(승려) 행사(行思)가 환속하여 유중립(柳中立)으로 이름을 짓고서 성(평양성) 안으로 들어가 적정(賊情)을 염탐하려는 뜻을 가지더니, 이윽고 들어갔다가 돌아와서 말하기를 '보통문으로 들어가니 왜인 5~6명이 죽 벌여 앉아 누구냐고 묻지도 않았습니다. 여러 곳을 두루 살펴보니 인가는 전부 비었고 외지에서 온 잡인들이 많이 모여 있었습니다. 왜장이 관아의 높은 자리에 앉아 있었는데 장표(章標)를 앞 다투어 받기에 나도 그것을 받아 가지고 나왔습니다.

이어서 그들의 하는 짓을 보니, 여러 장수들은 객사의 상방(上房)과 대동문의 서윤(庶尹) 관아와 학당 등 여러 곳에 나뉘어 거처하는데, 장춘원(長春院)을 헐어내어 군영으로 개조하느라 토목공사를 일으켜 오랫동안 주둔할 계획임을 암시하였으니, 당분간은 서쪽으로 올 것 같지 않습니다.

오는 길에 영유 사람을 만났는데, 그가 말하기를, 오늘 성 안에 들어가 우연히 사람들의 말을 들으니, 왜적들이 서로 이야기하기를 금년에는 철이 늦어 전진하기 어려우니 서울로 올라가 새해를 맞은 뒤 명년에 요동을 침범하겠다고 했다고 하였습니다."

조정에서 유중립에게 상을 주어 사과(司果: 오위에 속한 정6품의 군직. 정원은 21명으로 현직에 있지 않은 무관 문관 음관으로 임명)로 삼았다.」 　　　　　　　　　　　　　-〈선조실록〉(1592. 6. 28.)-

'서울로 올라가 새해를 맞은 뒤 명년에 요동을 침범하겠다' 고 했다는데, 당시 고니시 군의 형편은 ①평안도를 영지화(領地化) 해야 했고, ②이듬해 요동을 공격하려면 할 일이 태산 같았다. 그런데 왜 한성으로 돌아간다는 것일까?

한성에 처자식이나 부모가 있어서 설을 쇠러 가는 것도 아닐 것이고, 만약 설을 쇠러 간다면 그 사이 조·명군이 평양성을 탈환해 버릴 것이기에 군사학의 이치상 도저히 있을 수 없는 가정이다. 그러나 김명원과 조정은 환속한 중 유중립(柳中立)이 가지고 온 정보가 고니시 측에서 흘린 거짓 정보임을 꿰뚫어보지 못했다.

7. 〈징비록〉으로 보는 평양성전투

「7월에 요동 부총병 조승훈이 군사 5천 명을 거느리고 도우러 온다는 기별이 왔다. 이때 나는 치질 때문에 괴로움이 심하여 자리에 누워 일어날 수 없었으므로, 임금께서는 좌상(윤두수)으로 하여금 나가서 연도(沿道) 군사들의 식량을 보살피라고 하셨다. 나는 종사관 신경진(辛慶晉)으로 하여금 임금에게 아뢰도록 하기를 "행재소에 시임대신(時任大臣)으로 다만 윤두수 한 사람만이 남아 있을 뿐이므로 그가 나가서는 안 됩니다. 신이 이미 명나라 장수를 접대하라는 명령을 받고 있사오니, 비록 병이 들었다고 해도 그래도 신이 억지로라도 한번 가볼까 하나이다."고 하니, 임금께서 이를 허락하셨다.

7월 7일에 병을 무릅쓰고 행궁으로 가서 임금에게 절하고 하직하니, 임금께서 부르시므로 엉금엉금 기어 들어가서(치질 때문에) 아뢰기를 "명나라 군사가 지나가는 길인 소곶(所串) 남쪽으로부터 정주·가산까지는 5천 명의 군사가 지나갈 동안에 하루 이틀 먹을 식량은 준비되겠으나, 안주·숙천·순안의 세 고을은 양식을 저장한 것이 없사오니, 명나라 군사가 여기를 지날 때에는 마땅히 먼저 안주 이남에서 먹을 식량으로 3일 동안 먹을 식량은 준비해야겠습니다. 만약 구원병이 평양에 이르러서 그날로 수복한다면 성 안에는 좁쌀이 많으므로 식량을 보급할 수 있을 것이며, 또한 비록 성을 포위한 채 여러 날이 지난다 하더라도, 평양의 서쪽 세 고을(강여, 용강, 함종) 곡식을 힘껏 옮겨다가 군대가 있는 곳에 공급할 수 있으므로 군량이 모자라지는 않을 것입니다. 이러한 사정을 이곳에 있는 여러 신하들로 하여금 명나라 장수와 서로 의논하여 융통성 있게 계획하시고 편리한 대로 시행하소서"라고 하니, 임금께서는 "그렇게 하겠다"고 말씀하셨다.」　　　　　　　　　　　　　　　－〈징비록〉－

'7월 7일 병을 무릅쓰고'라고 하였는데, 이날까지도 명나라의 5천 명 군사들을 위한 군량이 제대로 준비되지 못했다. '만약 구원병이 평양에 이르러 그날로 수복한다면'이라고 하였는데, 명나라 군사 5천 명이 왜군 2만 명이 지키고 있는 평양성을 수복하기란 불가능한 일이었지만, 조선 조정은 평양성의 왜군을 2천 명 정도로 보고서 이 같은 작전을 세웠다.

'성을 포위하고 여러 날이 지난다 하더라도 평양 서쪽의 세 고을의 곡식으로 공급할 수 있다'고 했지만, 막상 전투가 벌어지자 조승훈 군은 일거에 큰 타격을 입고 정신없이 요동으로 돌아갔다.

「그 앞을 물러나오니, 임금께서는 안에 분부하여 웅담과 납약을 내어주시고, 내의원의 노복 용운(龍雲)이라는 사람은 나를 성문 밖 5리까지 전송하면서 통곡하였는데 내가 전문령(箭門嶺)에 오르도록 울음소리가 그대로 들렸다.」 －〈징비록〉－

내의원도 치질로 고통스러워하면서 떠나는 유성룡을 보내며 통곡하였다.

고공책(考功冊)

「저녁 때 소곶역(所串驛)에 이르니 아전과 군사들이 다 도망가 흩어져서 그림자도 보이지 않았다. 군관을 시켜서 가서 촌락을 수색하라고 하였더니, 몇 사람을 데리고 왔다. 나는 힘써 타일러 말하기를 "나라에서 평소 너희들을 어루만져 기른 것은 오늘 같은 날에 쓰려는 때문인데 어찌 차마 도망하여 피할 수 있단 말이냐? 또 명나라 구원병이 곧 이르게 되어 나라일이 정말로 급하게 되었으니, 이때야말로 너희들이 수고를 다하여 공을 세울 때이다"라고 하고는 공로를 기록한 책자(功冊子) 한 권을 꺼내어 먼저 온 사람의 성명을 써서 보여주며 말하기를, "뒷날 이것으로써 그 공로를 등급 매겨 임금에게 알려 상줄 것을 의논하고, 여기에 기록되어 있지 않은 사람은 하나하나 조사하여 벌을 줄 것이니, 어느 한 사람도 그 죄를 면할 수 없을 것이다"라고 하였다.

그랬더니 조금 뒤에 사람들이 잇달아 와서 모두 말하기를 "소인들은 볼일이 있어서 잠시 나갔었습니다. 어찌 감히 할 일을 피하겠습니까? 원컨대 저희들의 이름을 책에 써 넣어 주십시오"라고 하였다.

나는 사람들의 마음을 수습할 수 있겠음을 알고 곧 공문을 각처로 보내어 이 같은 예로 고공책(考功冊)을 비치해 놓고 공로의 많고 적은 것을 써 두었다가 보고하는 데 참고하여 시행하도록 하였다.」 −〈징비록〉−

행정 經·營 시스템이 무너져 있었으므로 관청과 민가가 온통 비어 있었다. 그래서 집집을 뒤져서 숨어 있는 사람들을 찾아내어 '고공책'을 활용해서 협조를 받았다.

「명령을 들은 사람들은 다투어 나와서 땔나무와 마초(馬草)를 운반하여 집을 짓기도 하고 가마솥을 걸어놓기도 하여, 며칠 동안에 모든 일이 차츰 이루어져 나갔다. 이때 나는 난리를 만난 백성들은 다급하게 부려서는 안 된다고 생각하여 다만 정성을 다하여 잘 타이르고 한 사람도 매질하지 않았다.

그 길로 나아가 정주에 이르니, 홍종록(洪宗祿)이 구성 사람들을 다 불러 모아 말에게 먹일 콩과 좁쌀을 운반토록 하여 정주·가산에 도착시킨 것이 2천여 섬이나 되었다. 나는 오히려 구원병이 안주에 온 이후의 일을 걱정하였는데, 마침 충청도 아산 창고에 있던 세미(稅米) 1천 2백 섬이 배에 실려 행재소로 가다가 정주의 입암(立巖)에 이르러 정박해 있었다.
　나는 매우 기뻐하며 곧 행재소로 달려가서 임금에게 아뢰기를 "먼 곳에 있는 곡식이 마치 약속한 듯이 이르렀사오니, 이는 하늘이 중흥(中興)의 운을 돕는 것 같습니다. 청컨대 함께 가져다가 군량을 보충하게 하소서"라고 하였다.
　이어서 수문장 강사웅을 입암(立巖)으로 달려가게 하여 2백 섬은 정주로, 2백 섬은 가산으로, 8백 섬은 안주로 나누어 옮기게 하였는데, 안주는 왜적이 있는 곳과 가까우므로 당분간 배를 머물러 있으면서 기다리게 하였다.」　　　　－〈징비록〉－

천신만고로 노력한 결과 군량미와 말먹이, 그리고 취사 준비 등이 순조롭게 진척되고 있는 것 같다. 그러나 유성룡이 이러한 노력을 하고 있을 때 평양성의 왜군 2만은 조승훈 군을 단숨에 격파할 계책을 준비하고 있었다.

「이때 왜적은 평양성으로 들어가서 오래도록 나오지 않았는데 순찰사 이원익은 병사 이빈과 함께 순안에 주둔하고, 도원수 김명원은 숙천에 있었고, 나는 안주에 있었다.」　－〈징비록〉－

왜군들은 평양성에 틀어박혀 오래도록 나오지 않았다. 왜 그랬을까? 차츰 살펴보겠지만 이유는 여러 가지였다.

고니시군이 준비한 함정

「7월 19일에 조 총병(조승훈 부총병)의 군사가 평양성을 치다가 이롭지 못하여 물러가고, 사유격(史遊擊: 史儒)이 전사하였다. 이보다 먼저 조승훈이 의주에 이르자 사유는 그 부대의 선봉이 되었다.

조승훈은 요동(遼東)의 용맹스러운 장수로서 여러 번 북쪽 오랑캐와 싸워서 공을 세웠으므로, 이번 행군에서도 왜적을 반드시 물리칠 수 있을 것이라 말하면서 가산에 이르러 우리나라 사람에게 묻기를 "평양성에 있는 왜적이 벌써 달아나지나 않았는지 모르겠다"고 하므로, "아직 물러가지 않았습니다"라고 대답하니, 조승훈은 술잔을 들고 하늘을 우러러 축도하기를 "적군이 아직도 있다고 하니, 이는 틀림없이 하늘이 나로 하여금 큰 공을 이루도록 하심이다"라고 하였다.

이날 그는 순안으로부터 삼경에 군사를 출발시켜 나아가 평양성을 공격하였다. 마침 큰 비가 와서 성 위에는 지키는 군사가 없었다.」　　　　　　　　　　　　　　－〈징비록〉－

조승훈이 이렇게 큰소리 칠 수 있었던 것은 조선 측에서 평양성에 있는 왜군의 규모를 2천 명 정도라고 알려주었기 때문이다. '큰 비가 와서 성 위에는 지키는 군사가 없었다'고 했는데, 왜국의 기후는 비가 많은데, 그런 왜국의 고니시 군이 비 때문에 보초도 세우지 않았을 것이라고 생각한 것 자체가 상식 밖이다. 결국 '성 위에 지키는 군사가 보이지 않은 것'은 고니시가 준비한 함정이었다.

왜국식으로 요새화된 평양성의 골목길

「명나라 군사는 칠성문으로부터 성 안으로 들어갔는데, 길은 좁고 꼬불꼬불한 골목길이어서 말을 달릴 수가 없었다. 왜적들은 좁고 험한 곳에 의지하여 어지럽게 조총을 쏘았는데 사유격(史遊擊: 史儒)은 총알을 맞고 그 자리에서 쓰러져 죽었고, 적은 급히 쫓아오지는 않았으나 뒤에 있는 군사들 중에서 진흙 구덩이에 빠져 스스로 빠져나올 수 없었던 사람들은 모두 적에게 죽임을 당하고 말았다.」 −〈징비록〉−

왜국은 임진왜란을 일으키기 50년 전에 조총을 수입해서 내전에 사용하면서 3교대 밀집 사격법을 개발했다. 여기에 왜국식 백병전과 기마전, 그리고 왜성의 구조를 활용한 그들만의 독특한 공수(攻守) 시스템을 개발·발전시켜 왔다. 고니시는 평양성을 점령한 후 이 같은 왜국식 전술 개념에 맞추어 평양성의 골목길들을 고쳐서 요새화 했고, 성으로 들어온 조승훈 군에게 세찬 공격을 퍼부어 완승을 거두었다.

요동으로 돌아가는 조승훈

「조승훈은 남은 군사를 이끌고 돌아서서 순안·숙천을 지나 밤중에 안주성 밖에 이르러 말을 세우고 통역관 박의검(朴義儉)을 불러 말하기를 "우리 군사는 오늘 왜적을 많이 죽였으나 불행히도 사유격(史遊擊)이 부상당하여 죽고, 날씨도 이롭지 못하여 큰 비가 와서 진흙투성이가 되어 왜적을 섬멸시킬 수 없었으나, 장차 반드시 군사를 더 보태어 다시 쳐들어갈 것이다. 너의 재상(유성룡)에게 말하여 동요하지 말라고 하고, 부교(浮橋)도

철거해서도 안 된다"고 하고는 말을 달려 두 강(청천강과 대정강)
을 건너 군사를 공강정(控江亭)에 주둔시켰다.
 대개 조승훈은 싸움에 패하여 속으로 겁을 집어내고 적병이
뒤쫓아 올까 두려워서 두 강을 앞에 두어 가로막으려고 했기 때
문에 이와 같이 서둘렀던 것이다. 나는 신 종사관(辛慶晉)으로
하여금 가서 위로하게 하고, 또 양식과 음식을 실어 보냈다.
 조승훈이 공강정에 머문 지 2일 동안은 날마다 밤에 큰 비가
왔다. 여러 군사들은 들판에서 노숙하고 있었으므로 옷과 갑옷
이 다 젖게 되어 조승훈을 원망하였는데, 얼마 후 물러나 요동
으로 돌아갔다. 나는 인심이 동요될까 두려워서 임금에게 주청
하여 그대로 안주에 머물면서 후군이 오는 것을 기다리기로 하
였다.」   -〈징비록〉-

 조승훈은 패전 후에도 체면상 큰소리를 쳤지만 평양성의 왜군이
2만이나 되고 왜국식 시스템 공수법(攻守法)에 놀랐다. 또 평양성의
수비군이 '왜군+조선인'으로 구성되어 있음에도 놀랐다. 놀라움과
두려움 속에 조승훈은 하룻저녁에 무려 정주까지 퇴각해 돌아갔다.
 곧 다시 오겠다며 큰소리를 쳤지만, 나름대로는 조선 측이 무슨
이유로 평양성에 주둔해 있던 2만 명 규모의 왜군을 2천 명이라고
속였는지, 또 평양성에서 조선 활과 편전을 쏘며 명군을 공격했던
조선 사람들의 정체는 무엇인지, 이에 대해 명나라 조정에 보고·고
발해야 할 필요성도 느꼈기 때문에 급히 요동으로 돌아갔던 것이다.

〈임진전란사〉에서의 평양성전투

「7월에 명나라에서는 조승훈으로 하여금 3천 명을 거느리고 가서 공격하게 하였는데, 이 군사들은 지리에 익숙하지 못하고 또 일본 군사들의 공격 전법을 여진족의 수준 정도로 얕잡아 보았으며, 또 이때에 장맛비로 산 계곡에는 급류가 흐르고 논밭은 진흙바닥이 되어 인마(人馬)의 고생이 많았음에도 불구하고 조승훈은 적들을 가볍게 보았다.

이때에 척후장으로 나가 있던 순안 군수 황원은 도원수 김명원에게 급보하기를 "왜적이 모두 한성 쪽을 향하여 떠나갔으며, 평양에 남아 있는 군사는 매우 적고, 그들에게 잡혀 있는 여인이 성 위에 올라와서 우리 관군을 향해 외치기를, 이때를 놓치지 말고 급히 공격하면 성공할 것이라는 말을 여러 번 하였소이다"라고 하니, 조승훈이 이 보고를 전하여 듣고 더욱 득의만만하게 되었다.

그는 의주에서 순안에 진군한 다음 먼저 군을 초(哨: 1哨는 111명)로 나누고 각 초마다 조선군사 100명씩을 붙여서 길을 안내하게 하였다. 이날 삼경에 순안을 떠나 수 십리 길을 급히 달리다가 이대로 더욱 진군할 것인지 또는 잠깐 쉬면서 적정을 자세히 살핀 다음 행동할 것인지를 두고 여러 부장들과 의논하려고 했으나, 이때 마침 군중에 점술사가 있어서 점을 잘 친다고 하기에 그에게 점괘를 물어본즉, 그는 점을 쳐보고 나서 말하기를 "오늘이 17일인데 이날이야말로 가장 좋은 날이로다. 물러가지 말라"고 하니, 그는 또다시 기뻐하여 그대로 평양성을 향하여 단숨에 진군하였다.

이때 김명원은 관군과 의병을 합한 3천 명으로 명나라 군사와 같이 진격하게 되었다.」

－국방부전사편찬위원회 발행, 〈임진전란사〉－

'평양성의 왜군이 매우 적다'는 말은 왜군의 계략이고, 점술사가 한 말은 미신이다. 조승훈이 이 같은 말을 믿었던 것을 보면, 그는 현명한 장수는 못된다. '김명원은 관군과 의병을 합한 3천'이라 하였는데, 이것이 당시 조정이 거느리고 있는 직할군의 실세였다.

8. 광해 분조의 '말굽형 압박 전략'

다음은 〈임진전란사〉에서 정리한 세자 광해군의 세자 분조(分朝)가 1592년 7월부터 12월에 걸쳐서 평양성 왜군들에게 펼친 포위 및 압박 작전의 일정이다.

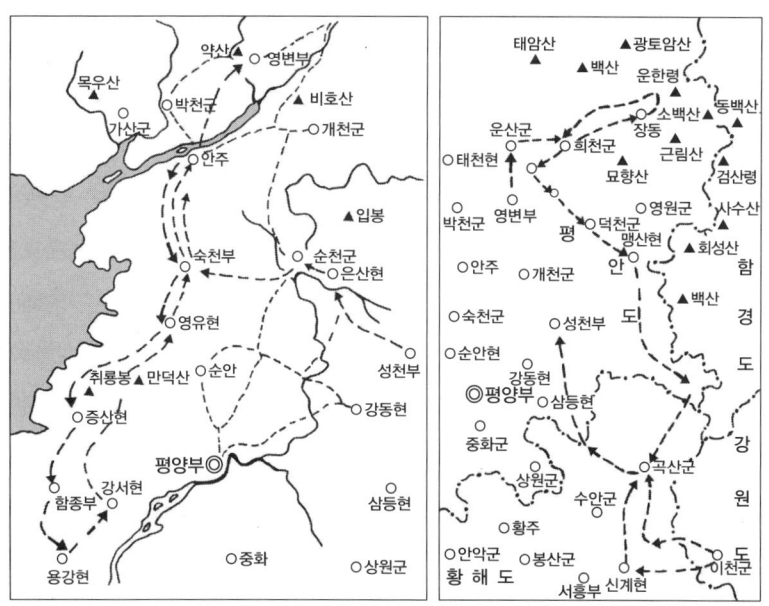

〈선조실록〉에서 광해 분조의 체류일정을 정리해 보면 평양성을 말굽형으로 압박해서 왜군들이 의주를 공격하지 못하도록 발을 묶었음을 알 수 있다.

이듬해 왜군이 한성으로 퇴각하자 분조의 말굽형 포위망도 왜군을 따라 남하했는데, 서쪽은 강화도를 막아서 행주대첩을 총지휘했고, 동쪽은 팔당에서 남한강과 북한강을 막아서서 왜군의 식량 등 보급 물자의 수송을 차단했다. 그러자 한성의 왜군들은 식량과 물자가 부족해서 결국에는 한성을 포기하고 남으로 퇴각하게 된다.

강서 지역의 의병 봉기

「1592년 7월 6일. 임금이 의주에 있었다.
비변사에서 건의하였다.
"김신원(金信元)이 삼현(三縣: 삼화, 강서, 함종)에 간 것은 본래 조정에서 명한 것이 아니었습니다. 그런데 그가 지금 급보하기를 '죽을힘을 다해서 의병을 규합하겠다'고 하였습니다. 현재 중국 군사의 군량과 말먹이가 한창 급하니, 삼현의 곡식을 정주·안주 등으로 배로 운반하도록 재촉해야 합니다. 신원에게 중국 군사가 평양으로 가면 그곳의 군량도 힘써 조처하라고 지시하기 바랍니다."
임금이 대답하였다. "건의한 대로 하라."」
-〈선조실록〉(1592. 7. 6.)-

김신원은 윤두수의 종사관이었다. 평양성이 함락될 때 윤두수에게 안악으로 갈 것을 권했다가 뜻이 통하지 않자 혼자 강서 쪽으로 피난갔다. 그 후 의병을 일으켜 이 지역을 지키고 있었고, 이일(李鎰) 역시 평양성 함락 후 이 지역에 들어와 의병을 지도하고 있었다. 앞서 유성룡이 '만약 구원병이 평양에 이르러서 그날로 수복을 한다면, 평양 서쪽 세 고을(삼현: 삼화, 강서, 함종)의 곡식을 옮겨다 가…' 라고 한 것은 이 고을들이 건재했기 때문이다. 또 서해안 해로의 확보, 의주를 공격하려는 평양성 왜군들의 견제 등 여러 가지 전술·전략적인 역할을 하고 있었다.

강동 지역의 의병 봉기

「비변사에서 건의하였다.

"삼현(三縣)에서 지금 의병을 일으켜 나아가 평양성을 탈취하려는 계획을 세우고 있다 하니 매우 기쁘고 다행스럽습니다. 훈련정(訓練正) 이사명(李思命)이 마침 그곳에 왔기 때문에 여러 사람들이 그를 추대하여 조방장으로 삼았다고 합니다. 이 사람은 전에 군공(軍功)이 있으니 당상관으로 올려주고 그대로 조방장(助防將)이라 부르게 하여 도원수의 지휘를 받게 하소서. 그리하면 강동·성천·은산·자산·순천·덕천 등의 지방에 어찌 의병이 없겠습니까. 순천·덕천의 수령들은 모두 무신들이니, 그들에게 향병(鄕兵)을 불러 모아 장수를 정하여 위무(慰撫), 통어(統御)하면서 동서에서 맞붙어 싸우는 형세를 이루도록 하라는 뜻으로 도원수에게 지시하소서."

임금이 그 건의를 따랐다.」 -〈선조실록〉(1592. 7. 6.)-

이렇게 해서 강동 지역에서도 '말굽형 압박 작전'이 시작되었는데, 평양성의 고니시 군은 '말굽 작전'의 견제로 인해 의주 공격과 평안도에 대한 영지화(領地化) 작업에 차질을 빚게 되었다. 그 와중에 명군이 언제 공격해 올지 몰라서 전전긍긍했는데, 다행히 조승훈

군이 자신들의 계략에 걸려든 덕에 손쉽게 승리를 거두었고, 잠깐이나마 안도의 한숨을 내쉴 수 있었다.

9. 조선 수군의 승전보에 고무된 명나라 조정

「7월 8일. 임금이 의주에 있었다. 왕세자는 곡산(谷山)에 있었다.」 　　　　　　　　　　　　　-〈선조실록〉(1592. 7. 8.)-

이날은 한산도해전이 있었던 날이다.

「비변사에서 건의하였다.
"전라우도 수사 이억기가 좌수사 이순신, 경상우수사 원균과 힘을 합쳐 적선 39척을 쳐부수었습니다. 수급을 바친 것은 단지 9급뿐이지만 왜란 이후 전투에서 이긴 공이 이보다 더한 것이 없습니다. 이억기에게 특별히 상(賞)을 내려주소서.
장계를 받들고 온 이흥상(李興祥)은 멀리서 행재소에 도달하였고 또 군공(軍功)이 있으니 6품에 상당하는 관직을 제수하고, 진무 이근석(李根碩)에게도 합당한 관직을 제수하소서. 장계에 기록되어 있는 군공에 대해서는 해당 부서로 하여금 마련하게 하는 것이 어떻겠습니까?"
임금이 그 건의대로 따랐다. 이어서 억기 등이 노획한 회갑(盔甲: 투구와 갑옷) 따위의 물건을 중국 장수에게 가져가 보여주었다.」 　　　　　　　　　　-〈선조실록〉(1592. 7. 9.)-

이순신의 승전 장계에 이어 이억기의 장계 내용을 보고받은 명나라 조정은 그 동안 품고 있던 '조·왜 공모설'에 대한 의혹을 거두게 되는데, 조선 수군의 잇따른 승전보는 명나라로 하여금 '이제는 조선이 제 몫을 하고 있다'는 판단을 하게 하는 결정적인 역할을 했다.

조선왕이 오려면 1백 명만 거느리고 오라!

「이에 앞서 우리나라가 내부(內附: 중국에 들어가 의탁함)하겠다는 뜻으로 중국에 자문(咨文: 공문)을 보냈는데, 이때에 와서 명나라 병부(兵部)에서 요동도사에게 공문을 보내 물었다. 그 공문 내용은 다음과 같다.

"조선이 대대로 동방에서 왕위를 누려 대국(大國)으로 일컬어져 왔는데 어찌하여 왜(倭)가 한번 쳐들어오자 풍문만 듣고 달아났는가. 몹시 놀랍고 이상하다. 만약 조선이 사직을 지키지 못하여 갑자기 도망해 올 경우 나라를 지켜야 할 신하의 입장에서는, 막자니 의지해 살 곳이 없어 우러러 의뢰하는 먼 변방 나라의 마음을 잃게 될 것이고, 받아들이자니 이 또한 가벼운 일이 아니므로, 신하로서 마음대로 처리할 수 있는 것이 아니다. 더구나 왜놈들은 너무도 교활하고 저들의 길잡이가 된 중국인도 많으니, 만약 기회를 틈타 사술(詐術)을 부려 마구 침입해 오면 해를 끼침이 적지 않을 것이다.

만일 조선이 위급하여 참으로 도망해 오면 정리상 막기가 어렵다. 당연히 여러 해 공순했던 점을 생각하여 칙령으로 용납할 것이니, 반드시 인원수를 참작하여 1백 명을 넘지 않도록 하게 하라. 성지(聖旨: 명 황제의 교지)에 '왜적이 조선을 함몰시킴에 국왕이 도피하였으니, 나의 마음이 답답하고 애처롭다. 원병(援兵)을 벌써 파견하였고 또 사람을 차출하여 보내면서 그 나라의 대신(大臣)에게 충성을 다하여 나라를 수호하고 각처의 병마(兵馬)를 힘껏 모아 성지(城池)를 굳게 지키고 험한 곳을 막아서 힘써 회복을 도모하라고 타이르도록 하였다. 어찌 앉아서 망하는 것을 보고만 있을 수 있겠는가.' 라고 하였다."」
  -〈선조실록〉(1592. 7. 11.)-

명나라가 드디어 조선왕에 대한 입국을 허가했다. 그런데 수행 인원의 규모를 고을 현감이 다스리는 관아 수준인 1백 명 정도로 제한했다. 또 황제의 명으로 명군이 조선에 가서 함께 싸우고 지키기로 했으니 조선왕이 명에 와서 할 일이 없다고 보았다. 즉, 조선왕이 오더라도 명나라에 눌러 앉아 조선을 통치하는 것은 아닐 것이므로, 만부득이 오게 되는 경우에는 정부 조직을 제외한 가족·비서진·호위무사·몸종들만 데리고 와서 요동의 구연성이나 봉황성에 있는 빈 관아 건물에 머물게 하라는 통고였다.

「7월 12일. 임금이 의주에 있었다. 왕세자는 이천에 있었다. 이때 중국 군사가 잇따라 왔는데 비가 그치지 않아 도로가 진흙탕이 되었다. 임금이 예조로 하여금 산천(山川)에 기청제(祈晴祭)를 지내도록 하였다.」 -〈선조실록〉(1592. 7. 12.)-

'도로가 진흙탕'이 되었기에 조승훈 군은 행군에 애를 먹었다.

「7월 14일. 임금이 의주에 있었다. 왕세자는 이천에 있었다.

김포 현령 이조(李調)는 병란이 일어난 뒤로부터 민병을 모으고 군기를 정련(精鍊)하여 목숨을 걸고 지키면서 물러가지 않으니, 적이 감히 그 지역에 접근하지 못하였고 온 고을이 이에 힘입어 온전하였다. 비변사에서 이 소문을 듣고 표창할 것을 주청하니, 임금이 당상관을 제수하라고 명하였다.」
―〈선조실록〉(1592. 7. 14.)―

남해에서 조선 수군이 제해권을 확보하자 조선 각 지역에서는 의병 활동이 조직화되기 시작했고, 특히 평양의 서쪽인 삼현 지방과 한성의 서쪽 김포 지역 등에서 일어난 의병들은 '선단형 의병'을 조직해서 내 고장 지키기에 나섰다. 그런데 이때, 강화도의 경기수사는 무엇을 하고 있었는지에 대한 언급이 없으니 여전히 수수께끼다.

「7월 15일. 임금이 의주에 있었다. 왕세자는 이천에 있었다.」 ―〈선조실록〉(1592. 7. 15.)―

이날은 이순신이 〈견내량파왜병장〉을 올린 날이다.

「김포 현령 이조(李調)를 통정대부 행김포현령(行金浦縣令: 어떤 품계의 사람이 인사규정상 한 단계 낮은 품계의 사람이 담당하게 되어 있는 직책을 담당하는 경우 '行'이라 하고, 자기 품계보다 한 단계 높은 품계의 사람이 담당하도록 정해져 있는 직책을 담당하는 경우 '守'라고 한다)에, 김명원을 의정부 좌참찬에, 유영경(柳永慶)을 승정원 승지에 제수하였다.」 ―〈선조실록〉(1592. 7. 15.)―

김포 현령이 승진했는데 이는 조정에서 김포 지역의 중요성을 간파했음이다. 김명원을 정1품인 좌찬성으로 품계를 올려준 것은 조승훈과의 평양성 탈환전을 앞둔 시점에서 그의 리더십을 강화시켜 주려는 조치였다.

「7월 16일. 임금이 의주 행궁에 있었다. 왕세자는 이천에 있었다.

평양의 왜적 소굴 근처의 촌 백성 중에 간혹 적에게 왕래하면서 장표(章標: 어떤 부대인가를 나타내는 표식)를 받고 그들의 교사(敎唆: 꼬임의 말)를 듣는 자가 있었다. 김덕복(金德福), 유희지(劉希之)란 자는 멀리 창성에 살면서 적에게 가서 장표를 받았다. 비변사에서 본 고을로 하여금 법에 따라 엄히 벌을 주게 하자고 청하였다.」 -〈선조실록〉(1592. 7. 16.)-

김덕복, 유희지는 압록강 연안에 있던 왜군 첩보 조직의 일원이다. 왜군들이 첩보활동에 적극적이었던 데 비해 김명원 등 조선 조정은 평양성의 왜군을 2천 명 정도로 알았기 때문에 첩보조직의 필요성조차 느끼지 못하고 있었다.

「7월 17일. 임금이 의주에 있었다. 왕세자는 이천에 있었다.」 -〈선조실록〉(1592. 7. 17.)-

이날 평양성에서는 조승훈 군이 패전하였다.

평양성의 왜군 규모를 2천 명으로 알고 있는 조정

「7월 18일. 임금이 의주에 있었다. 왕세자는 이천에 있었다. 비변사(備廳)에서 건의하였다.

"흉적(왜군)이 교전하기 전에 먼저 달아날 징후가 있습니다. 만일 이 흉적을 놓치게 되면 사람과 귀신의 분노를 씻지 못할 뿐 아니라 후일의 환란도 염려하지 않을 수 없습니다. 승지 유영경이 황해도의 군량을 조처하는 일로 명을 받고 나갔습니다. 이제 또 통정대부(通政大夫) 중에서 합당한 사람을 순찰사로 차출하여 산군(山郡)을 경유, 경기 고을에 도달하여, 군졸과 군량을 끌어 모으고 배들을 정리했다가 중국 군사의 경성(한성) 수복 작전에 쓰이도록 한다면 훌륭한 계책이 될 듯합니다."」

-〈선조실록〉(1592. 7. 18.)-

비변사의 관리들도 평양성의 왜군 2천 명이 싸우기 전에 도망갈 것으로 생각하고는 전투 단계는 생략한 채 곧바로 추격전에 필요한 군량미 확보 문제를 거론했다.

「임금이 지시하였다.

"명나라 군사가 이미 평양으로 전진하였으니 글을 내려 보내어 결전의 시기를 미리 하삼도(충청·경상·전라도)에 알려주어 혹은 요격하고 혹은 후미를 공격하게 하라. 남은 적이 수로(水路)를 경유하여 가거든 영남수사(嶺南水使: 경상도 앞바다에 나가 있는 이순신·이억기·원균의 수군)가 수군으로써 추격하라고 선전관을 보내어 속히 분명하게 알려주도록 하라."

비변사에서 회답 건의하였다.

"결전의 시기는 반드시 확실히 알아서 통지해 주어야 시기에 임하여 뒤집혀지는 걱정이 없을 것입니다. 이번에 가는 선전관은 수로를 경유하여 가다가 부원군 유성룡과 도원수 김명원을 만나보고 결전의 시기를 자세히 탐지한 후 가게 해야 합니다."
　임금이 대답하였다.
　"속히 시행하고 선전관도 뽑아서 보내도록 하라."」
－〈선조실록〉(1592. 7. 19.)－

　선조 역시 평양성의 왜군을 2천 명 정도로 알았기에 승리를 확신했다. 그러한 심정으로 조선 수군에게도 총진군령을 내렸고, 어명을 받은 선전관들이 한산도로 달려 내려갔다. 하지만 회심의 총진군령은 조승훈의 패전으로 부질없는 시문놀이로 끝나고 말았다.

조승훈 군의 패전 소식과 제1차 어전회의

「이에 앞서 부총병 조승훈, 유격장군 사유(史儒)·왕수관(王守官) 등이 평양에 진격하여 17일 동틀 녘에 평양으로 돌격, 성에 포(砲)를 쏘고 관문(關門)을 부수면서 길을 나누어 쳐들어가 몸을 돌보지 않고 전투를 독려하였다. 사유가 사졸보다 앞장서서 천총(千摠) 마세륭(馬世隆)·장국충(張國忠) 두 무관과 함께 손수 적병 수십 급을 베었으나 사유와 마·장 두 사람이 탄환에 맞아 전사하였다. 따라서 군사들이 후퇴하여 무너졌다. 승훈은 빨리 달려서 하루 만에 대정강에 도착하여 전군을 거느리고 돌아가 버렸다.」　　　　　　　　　　　－〈선조실록〉(1592. 7. 20.)－

　사유와 마세륭·장국충 등 선봉에 섰던 장수들이 조총의 밀집사격을 받아 전사했는데, 이를 보면 조승훈 군 역시 조총의 성능과 위력에 대해 제대로 알지 못하고 있었던 것 같다.

화가 난 요동군 사령관

「병조참지 심희수(沈喜壽)를 파견하여 구련성(九連城)에 가서 양 총병(楊紹勳)에게 공문을 바치고, 조 총병을 거듭 타일러 평양에 머물면서 공격하도록 간절히 고하였다. 희수가 돌아와서 보고하였다.

"양 총병이 크게 노하여 목소리와 얼굴빛이 모두 사나워져서 '옛날부터 대국이 소국을 위하여 많은 병마를 수고스럽게 움직여 2~3천리 밖의 위급한 상황을 구제한 일이 어디 있었던가. 황제의 은혜가 망극하니 맹세코 은혜를 보답하기에 겨를이 없어야 할 것이다. 그런데도 너희 나라의 장수와 관리들은 이를 생각지 않고, 군기·군량·전선을 맡은 여러 신하들은 모두 뒤떨어져 있으면서 전진(戰陣)에 나아가려 하지 않고 우리 군사들만 몰아서 적과 싸우도록 했다.'고 하였습니다."」

-〈선조실록〉(1592. 7. 20.)-

요동군 사령관 양소훈은 "우리 군사들만 몰아서 적과 싸우도록 했다"며 화를 냈는데, 명나라 입장에서 보면 응당 화를 낼만한 일이었다. 이렇게 되기까지의 자초지종은 평양성 진군 때 김명원의 조선군은 명군의 뒤를 따라다녔고, 그러다가 먼저 도망을 갔기에 그렇게 된 것이다.

조선의 입장에서는 김명원이 거느린 군사의 규모로는 평양성 탈환 작전의 선봉으로 내세울 수 없었다. 게다가 조선식 전쟁 방식은 문신들은 뒤에서 지휘하고 무인들을 하인 부리듯 앞에 나가 싸우게 하는 시스템이었기 때문에 평양성 탈환전 때도 문신인 김명원은 평양에서 100리 후방인 순안에, 유성룡은 평양에서 200리 밖인 정주에, 문신 집단으로 구성된 조선 조정은 400리 밖인 의주에 머물러 있었던 것이다.

「 "또 '적군 중에 총을 잘 쏘는 자가 많이 있었는데도 나에게 진작 말하지 않았는데, 도대체 무슨 생각에서 그렇게 했는가?' 라고 하였습니다."」 -〈선조실록〉(1592. 7. 20.)-

'적군 중에 총을 잘 쏘는 자가 많이 있었다' 고 했다. 양소훈이 이렇게 생각하게 된 이유를 살펴보면, 우선 평양성의 왜군을 1만 5천 명으로 보고 조총수의 비율을 20%로 보면 3천 명이다. 이들 3천 명이 3교대 밀집 사격에 나섰고, 또 일본 활·조선 활·조선 편전들과 함께 시스템 사격으로 공격을 퍼부었기에 총 잘 쏘는 자가 많았던 것처럼 느껴진 것이다. 하지만 조선 조정 역시 평양성의 왜군을 2천 명 정도로 알았고, 또 조총의 3교대 밀집 사격법에 대해 모르고 있었기 때문에 양소훈의 항의에 묵묵부답일 수밖에 없었다.

「 "그리고는 곧바로 하나의 작은 문건을 신에게 보여주었는데, 그것은 조 총병(祖承訓)이 양 총병(楊紹勳)에게 올린 것이었습니다. 문건의 내용 가운데 '조선의 한 작은 병영이 투항했다' 는 따위의 말이 있었습니다. 신이 결코 그럴 리가 없다는 뜻을 반복하여 말하자, 그의 얼굴빛이 조금 누그러지면서 '너희 나라는 본래 예의의 나라로 일컬어졌는데 어찌 적을 감싸고 안에서 서로 호응할 리가 있겠는가. 저 쪽 군중(조승훈의 부대)에 양득공(楊得功)이란 자가 있는데, 나의 친병(親兵)이다. 마땅히 그에게 자세히 들어보고 따져서 처리하겠다.'고 하였습니다."
임금이 지시하였다.
"이를 보니 매우 놀랍다. 어떻게 조처해야 될 것인지 대신에게 하문하라."」　　　　　　　－〈선조실록〉(1592. 7. 20.)－

'하나의 작은 문건'은 조승훈이 양소훈에게 올린 것으로 조선 측이 왜군과 내통했을 가능성에 대해 고발한 문건이다. '작은 병영이 투항한 것'이 아니라 평양성에는 1만 명에 가까운 조선인 징용병과 부역자가 있었다.

심희수는 평양성의 왜군이 2천 명 정도라는 것 외에는 별로 아는 것이 없었기에 양소훈의 이 같은 질책에 답을 하지 못하고 쩔쩔맸다. 이러한 모습을 본 양소훈은 양국의 체면과 입장을 고려해서 "너희 나라는 예의의 나라인데…" 하면서 얼버무렸다.

그러나 이 문제는 명나라 조정에도 보고해야 할 중요한 사안이었기 때문에 자신의 친병으로 조승훈 군에 파견되어 있던 양득공을 통해 더 조사해 보고 처리하겠다고 했다.

선조는 조승훈의 패전 소식만으로도 놀라고 낙담했지만, 생각하지도 못했던 양소훈의 항의를 받자 더욱 놀랐다.

「좌의정 윤두수가 건의하였다.
"양총병이 심희수에게 대답한 말을 보고는 놀라움을 이기지 못하겠습니다. 신이 외람되이 대신의 반열에 있으니 홍수언과 함께 양총병의 진영에 가서 우리나라의 실정을 변명하겠습니다. 또 심희수를 조 총병이 주둔하고 있는 곳으로 질러가게 하여 간절한 실정을 고하게 하고, 그간의 곡절(曲折)도 변명하도록 해야 할 것입니다."
임금이 건의한 대로 하라고 하였다.」
-〈선조실록〉(1592. 7. 20.)-

윤두수는 양소훈에게, 심희수는 조승훈에게 달려가서 오해를 풀도록 했다.

「비변사에서 건의하였다.
"찰원(察院: 군사 감찰기구)에 곡절을 변명하는 것이 타당할 듯하지만, 조 총병이 곧장 찰원에 간 것에 대해 화를 낸다면 해가 적지 않을 것입니다. 그러나 일에는 기회가 있는 만큼 양 총병이 잘 받아들여서 오해를 푼다면 다시 찰원에 갈 필요가 없습니다. 그가 만약 먼저 들은 말을 고집함으로써 진실을 밝힐 방도가 없다면 찰원에 대강 이야기해 두는 것도 무방하니, 형편을 보아 조처하도록 하는 것이 어떻겠습니까?"
임금이 지시하였다.
"조 총병이 화를 낼지도 모르니 경솔히 하지 말라."」
-〈선조실록〉(1592. 7. 20.)-

명나라 찰원에 가서 '조선과 왜국의 공모설'에 대한 변론을 하고자 했지만 조승훈이 화를 내지 않을까 걱정이 되었다.

「좌의정 윤두수가 보고하였다.
"신이 양 총병이 주둔하고 있는 구련성의 촌가(村家)에 도착하여 양 총병을 만나 말했습니다.
'우리나라 임금은 사 유격(史儒)이 힘써 싸우다가 운명했다는 소식을 듣고 이는 오로지 우리나라 때문이어서 놀랍고 애통함을 이기지 못하고 있습니다. 저희 임금이 서쪽으로 파천(西遷)한 뒤부터 중국 조정을 우러러봄이 마치 어린아이가 부모를 우러러보는 것과 같으며, 중국 조정도 특히 애처롭게 여겨 수천의 병마를 동원하여 멀리 와서 구원하기에 이르렀습니다. 이런 은전(恩典)은 지난 역사에서는 찾아볼 수가 없는 것입니다.

사 대인(史儒)은 용맹을 믿고 곧장 전진하다가 끝내 진중에서 전사하기에 이르렀으니, 이는 모두 우리나라에 복이 없기 때문입니다. 이에 온 나라의 군신(君臣)들이 하늘을 우러러 통곡하였습니다. 어제 작은 나라의 신하 심희수를 통하여 뜻밖에도 사실에 가깝지 않은 말을 들었기에, 과군(寡君: 다른 나라 사람에게 자기 나라 임금을 부르는 말)께서는 파천(播遷)한 중에 더욱 괴롭고 슬퍼하였습니다. 이에 급히 신하를 뽑아 보내어 문안하고 겸하여 그 사유를 말하는 것이니, 대인(楊紹勳)께서는 살펴주십시오.' 라고 하였습니다.

이에 양 총병이 말했습니다.

'사 유격이 진중에서 죽은 것은 적을 업신여겼기 때문이지만, 법령이 엄하지 않고 장수와 군사들이 삼가지 않아 전투에 패하여 승리를 잃은 것은 모두 장수의 허물이다. 6월에 군사를 출동시킨 것은 주(周)나라 이후에는 없었던 일이다. 다만 귀국이 지성으로 공순히 섬겼기 때문에 우리 조정에서 특별히 돌봐서 더운 계절에 군사를 출동한 것이다. 그런데 연일 비가 내려 활과 화살이 모두 풀어지고 길이 질척거려 행군하기가 어려웠으며, 게다가 그대 나라의 백성들이 싸우지도 않고 무너졌으니, 이는 천시(天時)·지리(地利)·인화(人和)를 모두 잃은 것이다.

부득이 후일에 상처가 아물고 활과 화살을 수리하여 인심이 진정되기를 기다려 군마를 정리해서 다시 와서 전쟁을 도울 것이니, 그대 나라에서는 마음을 놓으시오.' 라고 하였습니다."」
－〈선조실록〉(1592. 7. 20.)－

윤두수와 양소훈이 외교적 시각에서 수습책을 절충하고 있다.

「 "신이 또 말했습니다.
'접전(接戰)하던 시초에 조 대인(祖承訓)이 우리 군사 중에서 용맹한 자 5백 명을 뽑게 하여 중국 군사 5초(哨: 哨는 111명 단위의 군사 편제)에 대하여 각 초마다 우리 군사 1백 명으로 선봉을 삼아 길을 인도하게 하였습니다. 접전한 뒤에 중국 군사는 사 유격과 두 파총이 전사한 것을 보고는 먼저 무너져 달아나자 우리 군사도 이를 따라 달아났으니, 우리 군사에게만 잘못이 있는 것은 아닙니다.' 라고 하였습니다.
그러자 양 총병이 말했습니다.
'그대 나라가 처음에 왜놈들은 단지 철환과 장검만 쓰고 다른 기술은 없으며, 그 수효도 1~2천 명에 지나지 않는다고 하였다. 그런데 지금 중국 군사 중에 화살에 맞아 죽은 자가 매우 많고 왜적의 수효도 1만 명이 넘는다고 하는데, 왜 이렇게 속였는가?' 라고 하였습니다."」 －〈선조실록〉(1592. 7. 20.)－

구체적인 절충에 들어가서 윤두수는 조선군은 먼저 도망가는 명군을 뒤따랐기 때문에 "오직 명나라 군사들만 적과 싸우게 했다"는 것은 '사실에 가깝지 않다' 고 변명했다. 그러자 양소훈은 '왜군들의 다른 기술' (조총의 3교대 사격+조선 활의 시스템적 사격 체계)과 '평양성의 왜군 규모에 대한 거짓 정보' 등을 거론하며 "조선은 왜 이렇게 속였는가?"라며 따졌다.

> ""신은 대답하였습니다.
> '아군(조선군)의 전사자가 전후로 얼마나 되는지는 모릅니다. 그러나 화살에 맞아 죽은 자는 없었습니다. 지금 중국 군사가 화살에 맞은 것은 그 까닭을 모르겠습니다. 평양의 왜적이 쏘았다는 것은 아마 사로잡힌 우리나라 사람이 쏜 것을 말할 겁니다. 적의 수효에 대하여는 절도사가 보고한 것이 이와 같습니다.' 라고 하였더니,…"」 -〈선조실록〉(1592. 7. 20.)-

'화살에 맞은 조선 군사가 없다'고 했는데, 조선군은 실제 전투에는 나서지 않았기 때문에 조총과 일본도에 의한 사상자가 없었다. 윤두수는 "아마 사로잡힌 우리나라 사람이 쏜 것"이라는 대답과 함께 "적의 수효에 대해서는 절도사(이빈 병마절도사)가 보고한 것"이라고 설명했다.

> ""양 총병이 말하기를 '활을 쏜 일은 과연 그럴 리가 없지 않을 것이다. 적의 수효는 장수(병마절도사)가 보고한 것이라 하였는데, 볼 수 있겠소?' 라고 하였습니다.
> 신이 즉시 절도사의 장계를 보여주었더니, 총병이 한참 후에 '이제야 내가 알았소' 라고 하였습니다."」
> -〈선조실록〉(1592. 7. 20.)-

이빈 병마사의 장계를 확인한 양소훈은 그 장계에도 평양성의 왜군이 1~2천 명으로 기록되어 있었기 때문에 자초지종을 알게 되었다. 이렇게 해서 조선 조정이 명나라를 속이고 있다는 오해는 풀리기 시작했다.

「 "신이 또 말했습니다.
'그 중 한 작은 군영이 적에게 투항했다는 말은 더욱 이치에 맞지 않습니다. 중국 군사와 우리 군사가 양쪽에 진영을 치고서 승부가 가려지지도 않았는데 어찌 적에게 투항할 리가 있겠습니까. 더구나 작은 군영이 있지도 않은데 그런 일이 있었겠습니까?'
그러자 양 총병이 말했습니다.
'조 총병 한쪽만의 보고를 어찌 다 믿을 수 있겠는가. 그의 군중에 있는 천총(千摠) 양득공은 나의 친속(親屬)인데 하루 이틀 사이에 당도하면 분명히 알 수 있을 것이다. 국왕은 마음을 놓으라고 하시오' 라고 하였습니다."」
-〈선조실록〉(1592. 7. 20.)-

양소훈은 오해를 많이 풀었고, 긍정적인 방향으로 문제를 해결하겠다고 약속했다.

「 "신이 말하기를 '조 총병이 군사를 거느리고 다시 온다는데 사실인지 모르겠습니다' 라고 하였더니, 양 총병이 말하기를, '장사들이 이미 죽었고 현재 남아 있는 군졸들 가운데도 부상당한 자가 많으므로 또다시 전투에 나가게 할 수는 없소. 다른 군사로 바꾸어 두 부대의 군마를 의주에 주둔시켜 국왕을 경호하게 하다가 급한 변고가 있으면 즉시 대응하도록 하겠소' 라고 하였습니다."」
-〈선조실록〉(1592. 7. 20.)-

명나라에서는 조승훈의 패전에 대해 많은 검토를 했다. 그 후 다방면으로 업그레이드시킨 전략·전술이 이여송 군의 제2차 평양성전투이다.

「7월 21일, 임금이 의주에 있었다. 왕세자는 이천에 있었다. 임금이 지시를 내렸다.
"도원수·감사·병사에게 선전관을 보내어 '중국 군사가 이미 퇴각하였으니 서로 협력하여 나아가 평양을 도로 빼앗으려 하지 말라.'고 문서로 지시하라. 충청·전라도는 인성부원군(정철)을 도체찰사의 칭호로 파견하여 조처하는 것이 어떨지 의논하여 보고하도록 하라."
좌의정 윤두수가 회답 보고하였다.
"전하의 지시가 타당합니다"고 하였다.」
-〈선조실록〉(1592. 7. 21.)-

조승훈 군이 평양에서 물러나자 선조는 조선군 단독으로 평양성을 공격하지 말라고 했다. 한편 7월, 전라도에서는 웅치·이치·금산성 전투가 있었고, 바다에서는 한산도·안골포 해전이 있었다. 이 같은 전투로 충청·전라도가 더욱 중시되었기에 호남 유림의 존경을 받고 있던 정철을 도체찰사에 제수했다.

10. 평양성 패전에 대한 제2차 어전회의

시간이 지나면서 조선 조정에는 다음에서와 같이 평양성 패전 관계 정보들이 더 많이 입수되었고, 조정은 입수된 정보들을 토대로 패전에 대한 분석과 대책을 논의했다.

「선조: 중국 장수가 패하고는 도리어 우리나라에 탓을 돌리니 국사가 불행하게 되었다.

윤근수: 우리나라의 군량과 배를 관리하는 관원들 중에 한 사람도 전장(戰場)에 들어간 사람이 없었고, 출동시킨 군대까지도 겁을 내어 전진하지 않았으니, 큰 나라 장수들이 성을 내는 것은 당연합니다.

선조: 출동시킨 군대란 절도사(이빈)를 말하는 것인가?

윤근수: 평양 전투에서 큰 나라 장수는 우리 군대를 다섯 부대로 나누어 동시에 함께 진격하여 습격하도록 하였는데, 성 아래에 도착하자 4개 부대는 도착도 하지 않았다고 합니다.

선조: 그렇다면 절도사(이빈)가 속인 것인가? 판서가 한 말을 나는 지금 처음 들었다. 아군이 전진하지 않았으니 조 총병이 성을 내는 것은 참으로 당연하다. 절도사는 그 책임을 면하지 못할 것이다.

윤근수: 절도사에게는 죄를 줄 수 없을 듯하고, 4개 부대의 영장(領將)은 죄를 주어야 합니다. 들건대 큰 나라 장수가 돌아올 적에 별장 김응함(金應諴: 명량해전 때 중위장)이라는 자가 먼저 나왔기 때문에(후퇴하였기 때문에) 병사(이빈)가 우선 곤장을 때렸다고 합니다.」   -〈선조실록〉(1592. 7. 26.)-

조승훈이 패전하게 된 데에는 이빈 병마사의 잘못도 한 원인이었음이 밝혀졌다. 그러나 보다 자세히 살펴보면 이는 김응함의 잘못에 기인한 것이다. 또 더욱 자세히 보면 조선군은 억지로 끌려나온 오합지졸의 군대였고, 조정의 권위는 극도로 실추되어 있었기에 지휘 체계 전반에 문제가 있었음을 알게 된다.

「선조: 감사와 병사는 어째서 빨리 보고하지 않았는가?
윤근수: 감사와 병사는 실상을 자세히 알지 못합니다.」
―〈선조실록〉(1592. 7. 26.)―

감사는 이원익이다. 이원익은 이 무렵 평안도 후방 고을들을 다니면서 군사와 군량을 모으느라 조승훈의 패전 사실을 보고할 형편이 못 되었을 수도 있다. 이빈 병사는 장계는 올리지 않았지만 김명원 등에게 공문이나 구두로 보고했으며, 그 내용을 윤근수가 임금에게 보고하게 된 것은 아닐까?

「선조: 평양성에서 화살을 쏜 자가 있었다는 것은 무슨 까닭인가?
윤근수: 큰 나라 장수가 말하기를 '적병들이 처음에는 목궁(木弓)으로 화살을 쏘았는데 화살의 힘이 세지 않았다. 그런데 흰 깃발을 휘두르며 오는 자가 있자 편전(片箭)·장전(長箭)으로 어지럽게 쏘아댔다. 이는 반드시 너희 나라 사람이 적병에게 투항한 것이다'고 하였습니다.」
―〈선조실록〉(1592. 7. 26.)―

조선 활(長箭)은 물소 뿔을 붙여 만들었기 때문에 다른 나라의 활보다 사거리가 길었다. 오늘날의 활터를 보더라도 과녁과의 거리는 150m 정도에 이른다. 특별히 팔 힘이 센 궁수라면 물소 뿔 부분을 강화해서 더 멀리 쏘았을 것이며, 그래서 '흑각궁의 신비' 등 조선 활의 위력을 말해 주는 전설도 많다.

이에 비해 왜국의 활인 목궁(木弓)은 활의 크기는 조선 활보다 두 배나 길었지만 과녁과의 거리는 100m 정도로 사거리가 짧았다.

편전(片箭)은 중국과 일본에는 없는 조선 특유의 것이다. 조승훈 군은 이 같은 점들을 잘 알고 있었다. 때문에 평양성에서 왜군 측이 편전·장전으로 자신들을 공격한 것에 대해 의심을 품게 된 것이다.

「윤근수: 중국 장수가 또 '그 날은 군사를 움직여서는 안 되는 데 함부로 접전한 까닭에 패배하였다'고 하였습니다.
선조: 무슨 까닭인가?
윤근수: 그 날은 큰 비가 와서 말의 배까지 물이 차올랐습니다. 조 총병이 순안현에서 10리를 와서 회군하려 할 적에 한 명의 군졸이 말을 가로막으며 억지로 싸우기를 청한 까닭에 전진하여 싸웠다고 합니다.」 　-〈선조실록〉(1592. 7. 26.)-

'한 명의 군졸'은 군졸 복색으로 평양성을 탐색하고 돌아온 조승훈의 첩보대장으로 여겨진다. 그렇지 않고서야 일반 군졸의 신분으로 어찌 조승훈의 앞길을 막을 수 있겠는가. 그렇게 보면 '말을 가로 막은 것'이 아니라 조승훈이 행군을 멈추고 보고를 받은 것이다. 두 사람이 중국말이나 만주 말로 대화하는 모습이 멀리 떨어져 있던 조선 병사들에게는 마치 그가 말을 막았던 것처럼 보였을 뿐이다.

「선조: 큰 나라 군사가 바로 오지 않고 가산에서 머물러 주둔한 것은 무엇 때문인가?
윤근수: 조 총병은 다시 전진하여 싸우려고 했는데 양 총병이 소환(召還)했기 때문입니다.」 　-〈선조실록〉(1592. 7. 26.)-

조승훈은 가산에 머물면서 양 총병(楊紹勳)의 작전지시를 기다렸고 양소훈은 곧 소환령을 내렸다. 양소훈이 소환명령을 내린 이유는 조승훈이 보고한 내용이 대단히 심각한 사안이라고 판단했기 때문이다. 이때 양소훈은 의주 건너편 구연성에 와 있었다.

「선조: 큰 나라 군사가 일단 압록강을 건너가면, 혹 다시 안 오는 것은 아닌가?
윤근수: 우선은 남쪽 지방의 병사(南兵)들을 기다렸다가 후일에 거사할 계획을 하고 있습니다.
신점(申點): 남병(南兵)이란 곧 포수(砲手)들입니다. 해마다 1천 5백 명이 산해관에 와서 방어하는데, 소신이 올 때 들은 바로는 곧 해주위(海州衛)에 당도할 것이라 하였습니다.」
-〈선조실록〉(1592. 7. 26.)-

'남군 포수'는 절강성과 양자강 지역에 배치되어 있던 명나라의 화약무기(총포) 부대이다. 조승훈 군은 요동지역 소속으로 화약무기가 아닌 기마군이 주축이 된 부대였다. 이듬해 다시 조선으로 출정해 온 명군의 규모는 이여송의 3만 5천 군인데, 이 부대는 '남병의 화약무기 부대와 요동 기마부대의 혼성군'이었다.

「선조: 평양의 적병은 얼마나 되는가?
윤근수: 우리나라의 염탐꾼들은 모두 숫자가 적다고 하는데 중국 군사들은 수만 명에 이른다고 합니다.」
-〈선조실록〉(1592. 7. 26.)-

왜군이 동대원에 나타난 6월 초부터 50일 동안의 〈선조실록〉 기록들을 살펴보면 왜군의 수는 계속해서 2~3천 명 정도로 언급되어 있다. 더 소급해서 살펴보면, 임진강 전투 때에도 조정에서는 한성과 경기 지역에 주둔해 있는 왜군의 규모를 몰랐으며, 한반도에 건너온 전체 왜군의 규모도 모른 채 전란을 치렀다.

반면에, 명나라 측은 병법에 밝은 무장들이 실전을 통해서 왜군의 실체를 파악했다. 물론 명나라 조정에도 보고되는 숫자였기에 다소 부풀려졌을 수는 있지만 대체로 신뢰할 수 있는 정보였다.

「임금이 묻기를 "혹시 왜적이 지친 군사를 내보내어 약함을 보인 까닭에 염탐하는 자가 망령되이 숫자가 적다고 한 것은 아닌가? 그리고 중국 군사 가운데 성에 올라갔다가 전사한 자가 몇 명이나 되는가?" 하니…」 -〈선조실록〉(1592. 7. 26.)-

왜군 측은 조승훈 군을 평양성의 뒷골목으로 유인하기 위하여 의도적으로 성 위에 보초를 세우지 않는 등 여러 가지 약한 모습을 보였다. 환속한 중 유중립(柳中立)으로부터 전해진 "금년에는 철이 늦어 전진하기 어려우니 서울로 올라가 새해를 맞은 뒤 명년에 요동을 침범하겠다"고 했다는 보고나, 순안군수가 도원수 김명원에게 "왜적이 모두 한성을 향해 떠났으며, 평양에 남아 있는 왜병은 극히 적고…" 등의 정보들도 사실은 전부 왜군 측이 꾸며낸 역정보였다.

「…윤근수가 보고하였다. "성에 올라간 사람은 모두 정병(精兵)이었는데 점검하여 헤아려보니 3백 명을 잃었다고 합니다. 사유(史儒)는 용력(勇力)이 남보다 뛰어나 일찍이 달적(㺚賊)과의 전투에서 많은 공을 세웠는데 불행히 죽었으니, 가슴이 아프다 하겠습니다. 또 기마병(馬兵)을 많이 두는 것은 오직 양 총병의 분부에 달려 있습니다"고 하였다.」

－〈선조실록〉(1592. 7. 26.)－

3백 명을 잃었다면 부상병은 1천 명 정도는 되었을 것이다. '마병을 많이 둔 것'은 요동군의 주력이 기마대였기 때문이다. '달적(㺚賊)'이란 '달단족(㺚靼族)'으로 여진족의 일종으로 보이며, 사유(史儒)는 여진족을 상대로 기마전에 능했던 것 같다. 그러나 그 역시 신립처럼 왜군의 3교대 밀집사격에 당했다.

「임금이 비변사에 지시하기를 "지금 예조판서의 장계를 통하여 4초(哨)의 군사가 약속을 하고서도 가지 않았다는 말을 들었다. 병사로 하여금 적발하여 군율로 죄를 주게 하라"고 하였다.
비변사에서 회답 건의하기를 "신들의 생각도 그렇게 해야 한다고 여기지만 군정(軍政)이 소란스러울까 걱정되니, 우선은 중지하기 바랍니다"고 하니, 대답하기를 "그 뜻이 매우 옳다. 서서히 하라"고 하였다.」 －〈선조실록〉(1592. 7. 26.)－

조선군은 3~4천 명 정도였고, 이들을 군율로 다스리면 그나마 '소란'이 일어날 것이 우려되어 군율의 시행을 중지했다.

「윤근수가 보고하였다. "김명원(金命元)은 중국 군사를 다시 청할 필요가 없다고 하였고, 유성룡은 청하는 것이 옳다고 하였습니다."」 －〈선조실록〉(1592. 7. 26.)－

김명원이 명군을 달가워하지 않은 이유에 대한 기록은 없지만, 그가 명군의 필요성을 느끼지 못했던 이유는 그 역시 평양성에 있는 왜군의 수를 2천 명 정도로 알았던 것이 그 이유 중 하나였을 것이다.

명나라는 해전에 밝은 나라

「신점(申點)이 보고하였다.

"신이 산해관(山海關) 주사(主事)를 만났더니, 주사가 말하기를 '옛날 당 태종은 극서(極西)의 나라로서(당나라 수도 장안은 중국의 서쪽 끝에 있었다) 극동(極東)의 나라(고구려)를 쳤으니 이기지 못한 것이 당연하지만, 지금 우리나라는 그렇지 않다. 태조 황제(명나라 주원장)는 수군(水軍)으로 천하를 평정하였으니 그대는 신중히 하라'고 하였습니다."」

-〈선조실록〉(1592. 7. 26.)-

양자강 유역에서 일어난 명나라는 역사·지리적으로 해전에 밝았다. 때문에 한산도에서의 승전으로 왜국의 명나라 침공이 사실상 물건너갔음을 간파했고, 조승훈 사건은 있을 수 있는 병가지상사(兵家之常事)쯤으로 돌리면서 속히 마무리 지었다.

하지만 명나라에서는 조선 조정이 제공하는 왜군들의 규모나 전략·전술 등에 대한 정보와 작전을 믿을 수 없었다. 그래서 심유경(沈惟敬)을 보내어 이들 분야를 조사하고, 그 조사를 토대로 이여송의 평양성 탈환작전을 감행하게 된다.

3도체찰사 정철의 시문놀이

「7월 29일. 임금이 의주에 있었다. 임금이 행궁(行宮)의 동헌에 나와 3도 도체찰사(都體察使) 정철을 불러들여 만나보았다.
선조: 경(卿)은 잘 가도록 하라. 성공하면 국가의 다행이다. 수로(水路)를 따라 가겠는가?
정철: 해서(海西: 황해도)의 적세(賊勢)를 탐지한 다음 수로를 따라 가려고 합니다.
선조: 평양의 전투에서 이제 또 이기지 못하였으니 나랏일이 어찌 이리도 불행하단 말인가? 경은 잘 가도록 하라. 국가의 회복은 오로지 경에게 달려 있다. 종사관과 군관(軍官)은 경의 마음대로 하라. 단지 이곳에는 사람이 없는 까닭에 발송하지 못한다.
정철: 용렬한 소신이 제대로 조처하지 못할까 두렵습니다.」
-〈선조실록〉(1592. 7. 29.)-

이렇게 길을 떠난 정철은 종사관과 군관을 구하는 데 시일이 걸려서 그랬는지 아래의 기록에서 보듯이 이틀이면 갈 길을 열흘이나 걸려서 영유에 도착했다.

「*사신은 말한다.
(정철이 길에 오른 지 열흘 만에 영유(永柔)에 도착하여 그곳의 현비(縣婢: 관기)를 보고는 끌어다 앉히고 시를 지어 주기를,

미인이 청강의 일 물으려 하나	(佳人欲問淸江事)
청강의 일 말하려니 눈물이 절로 난다	(欲說淸江淚自潸)
천리 먼 땅에서 님 그리는 꿈꾸었으나	(中夜戀君千里夢)
북쪽으로는 첩첩 산 넘기가 어렵구나	(北歸難渡萬重山)

라고 하였다.

청강은 정철이 지난날 귀양 갔던 강계(江界)의 별명이다. 아, 임금은 파천(播遷)하고 종묘사직은 폐허가 되었는데 지금이 참으로 흥얼거리며 시구(詩句)나 찾을 때인가. 몸은 대신으로서 3도를 체찰(體察)하게 되었으니 임무 또한 무겁다.

그런데 도리어 일개 기녀(妓女)와 마주 앉아 이야기한 것이 겨우 청강에 불과하였으니, 이때를 당하여 눈물을 흘릴 만한 일이 어찌 자신이 배척당한 한 가지 일뿐이겠는가. 더구나 세상을 원망하여 하는 말이 '넘기가 어렵다(難渡)'는 두 글자 속에 들어 있으니, 그가 평생 동안 마음에 품었던 것을 대체로 알 수 있다. 그런 그에게 국가 회복의 큰 공 이루기를 기대하기란 애초에 어려운 일이었다.)」　　　　　　　　　　　-〈선조실록〉(1592. 7. 29.)-

정철은 배편을 기다리는 중에 관기의 치마에 시(詩)를 써주며 시문놀이를 즐겼다. 아무튼 훗날의 사관은 정철이 영유까지 오는데 봄날 꽃놀이 가듯 열흘씩이나 걸렸고, 영유에서는 관비와 시문놀이나 했다고 준엄하게 비판하고 있다.

제13부. 명군의 평양성 탈환과 선조의 가토 기요마사(加藤淸正) 공포증

〈평양성 전투에서 왜군을 무찌르고 칠성문(七星門)으로 입성하는 명나라 군〉
(〈태합기〉에서)

1. 명·왜 간의 강화회담

아래는 〈징비록〉에서 인용한 것이다.

「이일(李鎰)을 순변사로 삼고 이빈을 불러 행재소로 돌아오게 하였다. 이일은 이보다 먼저 대동강 여울을 지키다가 평양성이 함락되자 대동강을 건너 남쪽으로 내려가 황해도로 들어가서 안악을 거쳐 해주에 이르렀다. 그는 또 해주로부터 강원의 이천에 이르렀다.

그는 세자를 모시고 군사 수백 명을 모은 다음, 왜적이 평양성으로 들어와서 오랫동안 나오지 않고 있고 장차 명나라 구원병이 오게 된다는 말을 듣고는 드디어 평양 가까이로 돌아와서 진을 임원역(林原驛)에 쳤는데, 여기는 평양성 동북쪽 10여 리 떨어져 있는 곳이었다. 그는 여기에서 의병장 고충경(高忠卿) 등과 함께 세력을 연합하여 (평양성에서 나오는) 왜적을 쳐서 꽤 많이 베어 죽였다.

이때 이빈은 순안에 있었는데, 늘 군사를 내보내어 (평양에서 나오는 왜군을 상대로) 싸울 때마다 번번이 패배하니 무군사(撫軍司: 비변사의 한 관청)의 종사관(從事官)들이 다 이일을 이빈과 교체시키려 하였다.

도원수 김명원은 홀로 이빈을 그대로 맡겨두자고 주장하여 무군사와의 논의가 맞지 않아 자못 서로 격돌할 기색까지 보였다. 조정에서는 나로 하여금 순안 군중으로 가서 이를 진정시키라고 하였다. 그런데 나는 당시 조정의 공론이 다 이일이 이빈

보다 낫다고들 말하고, 또 명나라 구원병이 곧 나온다는 말이
들리므로, 그렇다면 이빈이 그 임무를 이겨내지 못할 것으로 염
려되어 드디어 이일로 하여금 그를 대신하게 하였다. 그리고 박
명현(朴名賢)이 대신 이일의 군사를 거느리게 하고 이빈을 행재
소로 돌아오게 하였다.」　　　　　　　　　　　－〈징비록〉－

심유경(沈惟敬)의 등장과 제1차 강화회담

「9월(1593)에 명나라 유격(遊擊) 심유경(沈惟敬)이 왔다. 이보
다 앞서 조승훈이 패전하고 돌아가자 왜적들은 더욱 교만해져
서 우리 군사에게 글을 보냈는데 '염소 떼가 호랑이를 친다'는
말이 있었다. 염소는 명나라 군사를 비유한 것이고, 호랑이는
자신들을 자랑한 것이었다. 왜적들은 가까운 시일에 서쪽(의주
쪽) 방면으로 내려간다고 떠들므로 의주 사람들은 다 피난할 짐
을 지고 서 있는 형편이었다.

심유경은 원래 절강성(양자강 하류 지역) 백성이었는데, 석상서
(石尙書: 石星)는 평소 그가 왜국의 실정을 잘 안다고 하여 유격
장군이란 직위를 주어 내보냈던 것이다. 그는 순안에 이르러 급
히 왜적의 장수에게 글을 보내어 성지(聖旨: 명나라 황제의 교지)
로써 '조선이 일본에 무슨 잘못을 저지른 일이 있는가? 일본은
어찌하여 마음대로 군사를 일으켰느냐?'고 문책하였다.

이때 왜적의 변고가 갑자기 일어나고, 또 그 잔인하고 혹독
함을 사람마다 두려워하여 감히 그들의 병영을 엿보는 사람이
없었는데, 심유경은 노란 보자기에 편지를 싸서 집안 하인(家
丁) 한 사람을 시켜 등에 지고 말을 달려가게 하여 보통문으로

부터 성안으로 들어가게 하였다. 왜적의 장수 소서행장은 그 편지를 보고 즉시 '직접 만나서 일을 의논하자'고 회답해 왔다. 심유경이 곧 가려고 하자 많은 사람들이 그것은 위험한 일이니 그만 두라고 권했다.

심유경은 웃으면서 말하기를 "저들이 어찌 나를 해칠 수 있으랴!"고 하면서 3, 4명의 부하를 데리고 평양성으로 갔다. 소서행장·평의지(平義智)·현소(玄蘇) 등은 군대의 위세를 성대히 베풀고 나와서 평양성 북쪽 십리 밖의 강복산 밑에 모였다.

우리 군사들은 대흥산 꼭대기에 올라가서 그 광경을 바라보았는데 왜적의 군사가 매우 많았고 창칼이 눈빛처럼 번뜩였다. 심유경이 말을 내려 왜적의 진중으로 들어가니, 왜적들이 떼를 지어 사면에 둘러서므로 붙잡히게 되는 것은 아닌가 하고 의심하였다. 날이 저물어 심유경이 돌아왔는데, 왜적들이 그를 전송하는 예가 매우 공손하였다.

그 다음날 소서행장은 글을 보내어 안부를 묻고 또 말하기를, '대인(大人: 심유경)께서는 시퍼런 칼날 속에서도 낯빛 하나 변하지 않으시니 비록 일본 사람이라 하더라도 이보다 더할 수는 없겠습니다'라고 하였다. 심유경은 이에 대답하기를 "너희들은 당(唐)나라 때 곽영공(郭令公: 당나라의 명장 郭子儀를 말함. 현종 때 안녹산의 난리를 평정한 인물)이 있었다는 말을 듣지 못하였는가? 그는 혼자서 회흘(回紇)의 만군(萬軍) 속으로 들어가서도 조금도 두려워하지 않았는데, 내가 어찌 너희를 두려워하겠는가"라고 하였다.

그리고는 왜적과 약속하여 말하기를 "내가 돌아가서 우리 황제(神宗)에게 보고하면 마땅히 처분이 있을 것이니, 50일을 기한으로 정하여 왜군은 평양성 북쪽 십리 밖으로 나와서 재물을 약탈하는 일이 없도록 하고, 조선 군사도 그 십리 안으로 들어가서 싸우지 말도록 할 것이다"라고 하였다. 그리고는 곧 그곳 경계에 나무로 금지 푯말(禁標)을 만들어 세워놓고 갔으나, 우리나라 사람들은 그 내용을 알 수 없었다.」 -〈징비록〉-

당시 만주 지역의 수비를 담당하고 있던 명의 요동군은 기마군 중심의 부대로서 약 3만 명 규모였다. 조승훈 군은 그 선발대로 동원되었다가 크게 패했는데, 심유경은 평양성 탈환을 위해 화약무기 부대의 필요성을 절감했다. 이에 고니시와의 회담을 통해 화약무기 부대가 합류할 수 있는 최소한의 시간을 벌고자 했고, 결국 50일 동안 왜군들의 발을 평양성에 묶어놓는 데 성공했다. 심유경으로부터 이같은 보고를 받은 명나라 조정에서는 즉각 양자강(절강성 지역)의 화약무기 부대가 동원된 이여송의 3만 5천군을 파병하게 된다.

제2차 강화회담

「12월에 명나라가 크게 군사를 일으켜 병부우시랑(兵部右侍郎: 국방부 차관급) 송응창(宋應昌)을 경략(經略: 최고 군영 經·營者)으로 삼고, 병부원외랑(兵部員外郎) 유황상(劉黃裳), 주사(主事) 원황(袁黃)을 찬획군무(贊畫軍務: 참모장)로 삼아 요동에 주둔하게 하고, 제독(提督) 이여송(李如松)을 대장(大將)으로 삼아 삼영장(三營將)인 이여백(李如柏: 이여송의 동생)·장세작(張世爵)·양원(楊元)과 남방(양자강 하류지역) 장수 낙상지(駱尙志)·오유충(吳惟忠)·왕필적(王必迪) 등을 거느리고 압록강을 건너오니, 그 군사의 수가 4만여 명이었다.

이보다 먼저 심유경이 돌아간 뒤에 왜적들은 과연 군사를 거두고 움직이지 않았는데, 약속한 50일이 지나도 심유경이 오지 않으니 왜적들은 의심하여 "새해 초에는 말을 몰아 압록강에서 물을 먹이겠다"는 소문을 퍼뜨렸다. 왜적에게 잡혔다가 도망쳐서 돌아온 사람들도 다 "왜적들이 성(안주성, 의주성 등)을 공격할 때 쓰는 기구를 크게 수리한다"고 하므로, 사람들은 더욱 두려워하였다.

11월 말에 심유경이 또 와서 평양성으로 들어가 며칠을 머물며 다시 서로 약속을 하고 돌아갔으나, 그가 약속한 내용은 알려지지 않았다. 그런데 이때에 이르러 명나라 구원병이 안주에 이르러 병영을 성 남쪽에 설치하니, 그 깃발과 무기가 정돈되고 엄숙함이 귀신같았다.

내가 제독(이여송)에게 앞으로의 일을 의논하고자 만나보기를 청하니, 제독이 동헌에 앉아서 들어오라고 하기에, 만나 보니 풍채가 뛰어난 장부(丈夫)였다.

〈이여송의 초상화〉

의자에 마주 앉아 나는 소매 속에서 평양 지도를 꺼내 놓고 그 지방의 지세와 군사가 들어갈 수 있는 길을 가리켜 보이니,

제독은 귀를 기울여 주의 깊게 듣고 있다가, 내가 가리키는 곳마다 붉은 글씨(朱筆)로 점을 찍어 표시해 두고는 나를 보고 말하기를 "왜병들이 믿는 것은 단지 조총뿐이지만 우리는 대포를 쓰고 있다. 대포는 모두 5, 6리(약 2km)를 날아간다. 왜적들이 어찌 당해 내겠는가?"라고 하였다.

내가 물러나온 후에 제독은 다음과 같은 시를 적은 부채를 보내왔다.

提兵星夜渡江干	군사 거느리고 압록강 건너온 것은
爲說三韓國未安	삼한의 나라가 불안해서요
明主日望旌節報	황제께선 날마다 승첩 소식 기다리므로
微臣夜釋酒杯歡	미천한 신하 밤에도 술 마시지 못한다오
着來殺氣心猶壯	살기 품고 왔건만 마음 오히려 장해지니
此去妖氛骨已寒	이제부턴 요망한 적들 뼈가 시릴 것이오
談笑敢言非勝筭	담소 중에도 승산 아닌 것 감히 말 않고
夢中遙憶跨征鞍	꿈속에도 말 달리는 싸움터만 나온다오

이때 성 안에는 명나라 군사들로 가득 찼다. 나는 백상루(百祥樓: 안주성의 한 건물)에 있었는데, 밤중에 갑자기 명나라 사람이 군사상의 비밀약속 세 조목을 가지고 와서 내보였다. 그의 성명을 물었으나 그는 알려 주지 않고 가버렸다.」

－〈징비록〉－

2. 평양성 탈환전(제2차 평양성전투)

「제독(이여송)이 부총병 사대수(査大受)로 하여금 먼저 순안으로 가서 왜적을 속여 말하기를 "명나라 조정에서 이미 화친하기를 허락하였고 유격장군 심유경도 곧 올 것이다"라고 하니 왜적은 기뻐하였으며, 현소(玄蘇)가 시를 지어 올렸는데 그 시는 이러하였다.

扶桑息戰服中華　일본이 싸움 그치고 중국 굴복시키니
四海九州同一家　마침내 천지가 한 집안으로 되었구나
喜氣還消寰外雪　기쁜 기운이 땅 위의 눈을 녹이니
乾坤春早太平花　이른 봄 음양의 기운으로 태평화가 피었네

라고 하였다.
　이때는 계사년(선조 26년, 1593년) 정월 초하루였다.
　왜적은 그 소장(小將) 평호관(平好官: 고니시 유키나가의 부하인 竹內吉兵衛)으로 하여금 20여 명의 왜적을 거느리고 순안으로 나와서 심유격을 맞이하게 하였다. 사총병(査總兵)은 그들을 유인하여 함께 술을 마시다가 복병을 일으켜 그들을 닥치는 대로 몰아쳐서 평호관을 사로잡고 따라온 왜적들을 거의 다 베어 죽였다. 그 중에서 세 사람이 도망쳐서 달려가자, 왜적들은 그때서야 명나라 군사가 쳐들어온 것을 알고 크게 소란해졌다.
　이때 명나라 대군은 벌써 숙천에 이르렀는데, 날이 저물어 진영을 치고 밥을 짓고 있던 중에 보고가 도착하였다. 제독이 화살을 쏘아 시위 소리로써 진격의 신호를 보내고 곧 몇 명의 기병을 거느리고 순안을 향해 달려 나가니, 여러 진영의 군사들이 뒤따라 출발하였다.」　　　　　　　－〈징비록〉－

산천을 놀라게 한 명군의 대포소리

「이튿날 아침에 나아가 평양을 포위하고 보통문과 칠성문을 치니, 적병은 성 위에 올라 붉은 깃발과 흰 깃발을 세우고 막아 싸웠다. 명나라 군사는 대포와 화전(火箭)으로 이를 공격하니, 대포 소리가 땅을 진동시켜 수십 리 사이의 크고 작은 산들이 모두 요동쳤다. 화전은 공중에서 베틀의 올처럼 펼쳐져서 연기가 하늘을 가렸고, 화살이 성 안으로 떨어지니 곳곳에서 불이 일어나 수목(樹木)이 모두 불타올랐다.

낙상지·오유충 등은 자기 부하 군사를 거느리고 개미처럼 성에 붙어 올랐는데, 앞선 군사가 떨어지면 뒤따르는 군사가 또 올라 물러나는 군사가 없었다. 적병의 칼과 창이 고슴도치의 가시처럼 성가퀴(城堞: 적을 공격하기 위하여 성 위에 덧쌓은 낮은 담)에서 아래로 드리워져 있었으나, 명나라 군사들이 더욱 힘차게 싸우니, 마침내 적들은 지탱해내지 못하고 내성(內城)으로 물러갔는데, 칼날에 베이고 불에 타서 죽은 군사가 매우 많았다.

명나라 군사가 성 안으로 들어가 내성을 공격하였다. 적병은 성 위에 토벽(土壁)을 쌓고 구멍을 많이 뚫었는데 바라보니 마치 벌집과 같았다. 적들이 구멍 틈으로 충탄을 함부로 쏘니 명나라 군사가 많이 상하였다. 제독은 궁지(窮地)에 빠진 적병이 죽을힘을 다 내지 않을까 염려하여 군사를 거두어 성 밖으로 나가서 적군의 달아날 길을 열어주니, 적군은 그날 밤에 얼음을 타고 강(대동강)을 건너서 도주해 버렸다.」　　　－〈징비록〉－

〈얼음이 언 대동강을 건너 평양성을 탈출하는 고니시 군〉 - 〈태합기〉에서 -

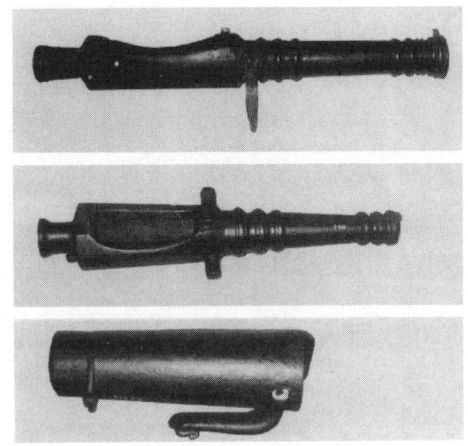

〈불랑기자포(佛狼機子砲). 여러 개의 자포를 장탄해 놓고 속사(速射)했다. 유성룡도 의주에서 불랑기포를 제작한 적이 있고, 조선 해군에서도 제작했다〉

이여송의 추격 금지령

「이보다 앞서 내가 안주에 있을 때, 명나라 대군이 장차 나온다는 말을 듣고는 황해도 방어사 이시언(李時言), 김경로(金敬老)에게 비밀히 통지하여 적군이 돌아가는 길을 요격하도록 하였다. 그리고 이들에게 경계하여 말하기를 "그대들 양군은 길가에 복병하고 있다가 적군이 지나가는 것을 기다려 그 뒤를 추격하면 적군은 굶주리고 피곤한 채로 도망쳐 가니 싸울 생각도 못할 것이므로 빠짐없이 잡힐 것이다"라고 하였더니, 시언은 곧 중화로 갔으나 경로는 딴 일을 핑계 삼아 따르지 않으려고 하였다.

나는 또 군관 강덕관(姜德寬)을 보내어 독촉하였더니, 경로는 마지못해서 중화로 갔다가 적군이 물러가기 하루 전날, 황해도 순찰사 유영경(柳永慶)의 공문에 의하면, 그만 재령으로 달아났다고 한다. 이때 유영경은 해주에 있으면서 경로가 자기를 호위해 주기를 바랐고, 경로는 적군과 싸우기를 꺼려서 피해 갔던 것이다.

적의 장수 평행장·평의지·현소·평조신 등은 남은 군사를 거느리고 밤을 새워 달아났는데, 기운은 빠지고 발은 부르터 절룩거리며 가면서 혹은 밭고랑 사이에 배를 대고 기어가기도 하고, 입을 가리키면서 밥을 빌기도 하였으나, 우리나라에서는 한 사람도 나와서 (이들을) 치는 자가 없었다.

명나라 군사도 또한 추격하지 않았는데, 홀로 이시언만이 그 뒤를 쫓았으나 감히 가까이 가지는 못하고, 다만 굶주리고 병들어 뒤떨어진 적병 60여 명만 베어 죽였을 뿐이었다.

이때에 왜적의 장수로서 서울에 남아 있던 사람은 평수가(平秀嘉: 우키타 히데이에)뿐이었는데, 평수가는 관백(關白: 히데요시)의 조카라고도 하고 혹은 사위라고도 하였다. 나이 어려서 군무(軍務)를 주관하지 못했기 때문에 군무의 주관은 행장(行長:

고니시 유키나가)에게 있었고 청정(淸正: 가토 기요마사)은 함경도에 있어 돌아오지 않았었다. 만약 소서행장·의지(義智)·현소(玄蘇) 등을 사로잡았더라면 서울의 왜적은 저절로 무너졌을 것이다.

〈우키타 히데이에(字喜多秀嘉): 字嘉多直家의 아들로서 히데요시의 양자가 되었다. 임진왜란 때 왜군의 원수(元帥)로서 서울에 주둔하고 있었으며, 훗날 정유재란 때에는 왜군의 감군(監軍)으로서 남원성 공격전에 참가하였다.〉

그렇게 되면 가등청정은 돌아갈 길이 끊어져 군사들의 마음은 흉흉하여 두려워하게 되었을 것이고, 그들이 바닷가를 따라 도망하더라도 스스로 빠져나갈 수 없었을 것이다. 한강 이남에 주둔하고 있던 왜적들은 차례로 부서져서 명나라 군사가 북을 올리며 천천히 따라가기만 해도 바로 부산까지 이르러 싫도록 술을 마실 수 있었을 것이고, 잠깐 동안에 온 나라 강산 안의 왜적이 숙청되었을 것이니, 어찌 몇 해 동안을 두고 어지럽게 싸웠을 리 있었겠는가? 한 사람(김경로)의 잘못한 일이 온 천하에 관계되었으니, 실로 통분하고 애석한 일이다.

나는 장계를 올려 김경로의 목을 베자고 청하였다. 그 이유는, 당시 나는 평안도 체찰사로 있었고 김경로는 나의 관할 아래 있지 않았기 때문에, 먼저 이를 청했던 것이다. 조정에서는 선전관 이순일(李純一)을 파견하여 표신(標信)을 가지고 개성부에 이르러 그를 죽이려 하다가 먼저 제독에게 알렸더니, 제독은 말하기를 "그의 죄는 마땅히 죽여야겠으나 왜적이 아직 섬멸되지 않았으므로 한 사람의 무사라도 죽이기는 아까우니, 우선 백의종군하게 하여 그로 하여금 공을 세워 그 죄를 벗도록 함이 옳을 것이다"라고 하면서 공문을 만들어 이순일에게 주어 돌려보냈다.」
-〈징비록〉-

이시언, 김경로 등이 쫓겨 가는 왜군들을 추격하지 않았던 가장 큰 이유는 이여송이 군령으로 내린 추격 금지령 때문이었고, 이여송이 김경로를 죽이지 않았던 이유도 그 때문이었다.

이빈을 다시 순변사로

「이일(李鎰)을 순변사 직책에서 갈고 이빈으로 하여금 그를 대신하게 하였다. 평양성 싸움에서 명나라 군사가 보통문으로부터 성 안으로 들어갔었는데, 군사를 거두게 되자 다 물러나와 성 밖에 주둔하였기 때문에 밤에 왜적들이 도망쳐 가버렸는데도 그 다음날 아침에야 비로소 알게 되었다. 이 제독은 우리 군사들이 잘 경비하여 지키지 않아서 왜적이 도망가는 것도 알지 못하게 했다고 나무랐다.

이때에 명나라 장수로서 일찍이 순안으로 왕래하며 이빈과 서로 친하게 지내던 사람들이 "이일은 장수 재목이 못 되고 이빈이 좋겠다"고 다투어 말하니, 제독은 공문을 보내어 그런 사정을 말하였다. 이에 조정에서는 좌상 윤두수로 하여금 평양에 이르러서 이일의 죄를 묻게 하고 군법으로 다스리려 하였으나,

얼마 뒤에 풀어 주고 다시 이빈으로 이일의 소임(순변사)을 대신하게 하고, 군사 3천 명을 뽑아 거느리고 제독 이여송을 따라 남쪽으로 가게 하였다.」 -〈징비록〉-

이여송은 고니시와의 협상에서 '왜군의 뒤를 추격하지 않는다'는 약속을 한 후, 이일과 김응서 군이 왜군을 추격하지 못하도록 군령을 내렸다. 하지만 이 같은 군령은 '당당한 것'이 아니었기에 이여송은 '조선 군사들이 경비를 소홀히 해서 왜적이 도망가는 것을 알지 못했다'고 했다. 명나라 장수로서 순안으로 왕래하며 이빈과 친숙하게 지냈던 사람들은 '이일은 장수 재목이 못 된다'며 이일을 비판했다. 이에 조선 조정에서 이일의 죄를 군법으로 다스리려 했지만 이여송의 만류로 파직시키는 선에서 일을 마무리 지었다.

3. 〈선조실록〉으로 조명하는 평양성 탈환전

「처음에 제독 이여송이 군사 3만 명을 거느리고 부총병 양원(楊元)을 중협대장(中協大將)으로, 부총병 이여백(李如栢)을 좌익대장(左翼大將)으로, 부총병 장세작(張世爵)을 우익대장(右翼大將)으로 삼았다. 또 부총병 임자강(任自强)·조승훈(祖承勳)·손수렴(孫守廉)·사대수(査大受)와 참장 이여매(李如梅)·이여오(李如梧)·방시춘(方時春)·양소선(楊紹先)·이방춘(李芳春)·낙상지(駱尙志)·갈봉하(葛逢夏)·동양중(佟養中)과 유격 오유충(吳惟忠)·이영(李寧)·양심(梁心)·조문명(趙文明)·고철(高徹)·시조경(施朝卿)·척금(戚金)·심유(沈惟)·고승(高昇)·전세정(錢世禎)·누대유(婁大有)·주역(周易)·왕문(王問) 등 여러 장수를 그들에게 소속시켰다.

 임진년 12월 25일에 압록강을 건너와 계사년 1월 5일에 순안현에 머물면서 먼저 부총병 사대수를 보내어 왜장과 부산원에서 만나자고 약속하도록 했는데, 평양성의 적장 평행장이 그의 비장(裨將) 평후관(平後寬)을 시켜서 가서 영접하게 하였다. 사대수가 그를 사로잡아 제독의 군중으로 보냈는데, 밤에 적 몇 명이 기회를 틈타 도망치자 여러 군사들이 쫓아가서 죽이고, 평후관을 단단히 가두었다.

 6일 새벽에 제독이 군사를 진격시켜 평양성 밑에 닿게 한 후 여러 장수들을 나누어 성을 에워싸고 백기(白旗)에다 "조선 군민으로서 자진하여 기(旗) 아래로 투항하는 자는 죽이지 않겠다"는 글을 써서 세워 놓았다.

 왜적이 1천여 명의 군사를 내어 성 북쪽에 있는 모란봉에 웅거하여 청백기를 세우고 함성을 지르며 포를 쏘았다. 또 군사 약 5천여 명을 나누어 북성에서부터 보통문까지 성 위에 줄을 지어 서서 앞에는 녹각책자(鹿角柵子: 목제 바리케이트)를 박고 방패로 가린 채 칼을 번뜩였다.

 그 가운데 큰 투구를 쓴 자(大頭兒)가 강한 군사 수백여 명을 거느리고 대장기를 세우고 나팔을 불고 북을 울리면서 성 위를 순시하고 여러 적들을 지휘하였다. 제독이 한 부대를 내보내어 모란봉을 경유하여 올라가 쳐다보며 공격하는 것처럼 하게 했더니 적은 높은 지세를 이용하여 아래를 향해 조총을 쏘아댔으므로 군사들은 물러났다.

 적이 성을 나와서 추격하므로 명나라 군사가 쇠방패 수십 개를 버리고 가자 적이 그것을 다투어 가지므로 명나라 군사가 되돌아서서 공격하니 적이 성으로 들어갔다. 포시(哺時: 오후 4시경)에 제독이 징을 울려 군사를 거두어 군영으로 돌아왔다.

이날 밤에 적 수백여 명이 재갈을 물고 몰래 나와 우영(右營)을 습격했는데, 명나라 군사가 일시에 기(旗)를 거두고 등불을 끄고 거마목(拒馬木) 아래에서 일제히 화전을 발사하니 밝은 빛이 마치 대낮과 같았으므로 적은 도망쳐서 성으로 되돌아갔다.

7일에 세 진영이 함께 출동하여 보통문에 이르러 성을 공격한 다음 짐짓 물러나는 척하니, 적들이 문을 열고 나와서 추격하므로 명나라 군사가 되돌아서서 싸워 30여급을 목 베고 문 입구까지 추격하다가 되돌아왔다.

8일 이른 아침에 제독이 향을 피우고 좋은 날을 점쳐서 택한 다음 삼군(三軍)이 아침밥을 먹은 후 세 진영의 장수와 함께 각 해당 장수들을 나누어 통솔하여 성 밖 서북쪽을 포위하였다. 유격장군 오유충과 원임부총병 사대수는 모란봉을 공격하고, 중군 양원과 우협도독 장세작은 칠성문을 공격하고, 좌협도독 이여백과 참장 이방춘은 보통문을 공격하고, 부총병 조승훈과 유격 낙상지는 조선의 병사(兵使) 이일, 방어사(防禦使) 김응서 등과 함구문(舍毬門)을 공격하였다. 여러 군사가 비늘처럼 늘어서서 차례차례 진격했는데, 빙판길을 바라보니 말발굽에 날리는 얼음 조각과 잡다한 티끌이 흰 안개처럼 공중에 가득하였으며, 해가 떠올라 투구와 갑옷에 내려 비치자 은빛이 찬란하고 현란하게 빛나 매우 장관이었다.

적도 성가퀴(적을 공격하기 위해 성 위에 덧쌓은 낮은 담) 위에서 오색 깃발을 많이 펼치고 긴 창과 큰 칼을 묶어 날을 가지런히 하여 밖으로 향하게 해놓고 항거하며 지킬 계획을 하였다. 제독이 친병(親兵) 1백여 기(騎)를 거느리고 성 아래로 바짝 진격하여 장사(將士)들을 지휘하였다.

조금 있다가 대포 1호를 발사하자 각 진에서 잇달아 일제히 발사하니 그 소리가 우레와 같아 산악이 흔들리는 듯하였으며, 어지럽게 화전을 발사하자 연기와 화염이 수십 리에 가득하여 지척을 분간할 수 없었다. 단지 고함소리만 포 소리에 섞여 들리는 것이 수많은 벌떼들이 윙윙대는 것 같았다.

잠시 후에 서풍이 갑자기 일어 포연을 거두어 곧바로 성안으로 몰려갔는데 세찬 바람에 불길이 몹시 거세었다. 먼저 토굴에 불이 붙으니 붉은 화염이 하늘에 뻗치고 부근으로 번져 모두 태웠으며 성 위의 적의 깃발도 잠깐 사이에 바람에 쓰러졌다.

제독이 여러 군사들을 고무시켜 성에 다가가자 적이 성가퀴 안에 엎드려 있다가 어지럽게 탄환을 쏘고 끓인 물을 붓고 큰 돌을 굴리며 저항하였다. 많은 군사들이 조금 퇴각하자 제독이 손수 겁을 먹고 퇴각하는 자 중 한 사람의 목을 베어 진(陣) 앞에서 돌려가며 보인 다음, 제독이 앞장서서 진격하면서 "먼저 성에 오르는 자는 은 5천 냥을 상으로 주겠다!"고 소리쳤다.

오유충은 탄환을 맞아 가슴을 다쳤는데도 전투를 더욱 힘써 독려하였으며, 낙상지는 함구문 쪽의 성을 따라 긴 창을 가지고 마패(麻牌)를 짊어지고 몸을 솟구쳐 성가퀴에 오르는데 적이 던진 큰 돌을 발에 맞아 다쳤지만 그것을 무릅쓰고 곧바로 올라갔다. 여러 군사들이 북을 치고 함성을 지르며 그를 따르니, 적이 감히 저항하지 못하였다.

절강의 군사가 먼저 올라가 적의 깃발을 뽑고 명나라 군사의 기를 세웠다. 제독이 좌협 도지휘 장세작 등과 칠성문을 공격하였으나 적이 문루에 웅거하였으므로 쉽게 빼앗지 못하자 대포를 쏘며 공격하도록 명하였다. 포 2발이 명중되자 문루가 부서져 쓰러지며 모두 타버렸다.

제독이 군사를 정돈하여 들어가자 여러 군사들이 승세를 틈타 앞 다투어 진격하니 기병과 보병이 구름같이 모여 사방에서 적을 쳐 죽였다. 적들은 기세가 위축되어 달아나 장막 속으로 들어가자 명나라 군사들이 차례로 태워서 모두 죽이니 냄새가 십여 리 밖까지 났다.

　　적장 행장이 도망쳐서 연광정(鍊光亭) 토굴 속으로 들어갔는데. 제독이 땔 나무를 운반해 와서 사방에 쌓아넣게 한 후 장차 불로 공격할 계획을 하였으나, 칠성문과 보통문 등 여러 굴(窟) 속에 있던 적들이 굳게 지키므로 쉽게 함락시킬 수 없었다. 그러자 제독이 여러 군사들을 모아 위로 쳐다보며 공격하게 하니 적들은 굴 안에서 탄환을 쏘았는데 맞아 죽은 명나라 군사의 시체가 서로 잇달았고 제독이 탄 말도 탄환에 맞았으므로, 여러 장수들이 제독에게 조금 후퇴하여 군사들을 휴식시키자고 청하였다.」　　　　　　　　　　　　－〈선조실록〉(1593. 1. 11.)－

　'적장 행장이 도망쳐서 연광정 토굴 속으로 들어갔다'고 하였는는데, 연광정은 내성(內城)에 있는 건물이다. 고니시 군은 평양성에 주둔해 있는 동안 평양성을 왜성의 구조처럼 토치카 형태로 고친 것 같다.

　「포시(哺時: 저녁 때)에 제독은 적의 소굴을 함락시키기 어렵고 많은 군사들이 주리고 피곤하다고 하여 군사를 물려 병영으로 돌아왔다. 그리고 장대선(張大膳: 절강성 출신으로 고니시 군의 중국어 통역관)을 시켜 행장 등에게 지시하기를, "우리 병력으로 한번 거사하여 충분히 섬멸시킬 수 있지만 차마 인명을 모두 죽일 수 없어 우선 물러나 너희들의 살길을 열어주니, 속히 여러 장수들을 거느리고 성문을 나와서 나의 분부를 듣도록 하라. 그렇게 하면 용서해 줄 뿐만 아니라 후한 상을 주겠다"고 하니, 행장 등이 회보하기를 "우리들이 퇴군하고자 하니 후면을 차단하지 말기 바란다"고 하였으므로, 제독이 이를 허락하였다.

그날 저녁 통역관을 시켜서 평안병사 이일에게 분부하여 중화 일로의 우리나라 복병을 철수하게 하였다. 밤중에 행장·현소·의지·조신 등이 남은 적을 거느리고 얼음을 타고 대동강을 건너 탈출하였다. 중화와 황주 일대에 연이어 주둔해 있던 적들이 평양의 포성을 듣고 먼저 철수하였다.」 —〈징비록〉—

제독 이여송이 '평안병사 이일(李鎰)에게 분부하여 중화 일로의 복병을 철수하게 하였다' 는데, 이 같은 과정을 알게 된 것은 뒷날에 가서이다. 앞서 살펴보았듯이, 평양성 탈환 직후에는 이일이 단독으로 군사를 철수시켰기 때문에 왜군들이 무사히 도망가게 된 줄 알고 군법으로 다스리고자 했으나, 이여송의 반대로 이일은 파직만 당했다. 그리고 그를 대신하여 이빈을 순변사로 삼게 된 것이다.

「황주 판관 정엽(鄭曄)이 행장의 후미를 끊어 왜적의 목 90여 급을 베었다. 적은 굶주리고 군색함이 심하여 인가에 들어가기도 하고, 사찰에 묵기도 하였다가 참살당한 자가 또 30여 급이었다. 봉산의 동선현에 이르러서는 적들은 더욱 피곤했지만 황해의 직로를 차단하는 자가 전혀 없었기 때문에 저 괴수들은 온전하게 철수할 수 있었다.

이번에 명나라 군사가 전투에서 참획(斬獲)한 것이 모두 1,285급이며, 사로잡은 자가 2명이고, 아울러 절강인(浙江人) 장대선을 사로잡았고, 빼앗은 말이 2,985필이고, 본국의 사로

잡혔던 남녀를 구출해 낸 것이 1,225명이었다.」　-〈징비록〉-

이여송의 추격 금지령으로 황해도의 직로를 차단하는 자가 전혀 없었다.

통곡하는 이여송, 느림보 이여송

「9일에 제독이 여러 군사들을 거느리고 성에 들어가 먼저 앞장서서 나아가다가 죽은 장졸들에게 제사를 지내고 몸소 통곡하였으며, 고아와 과부들을 위문하였다.
다음날 기자묘(箕子廟)에 제사를 지낸 후 비로소 선봉의 여러 장수들을 독려해 보내어 적을 추격하게 했는데, 황주까지 갔다가 돌아왔다.」　-〈징비록〉-

이여송이 전사자를 위한 제사와 기자묘에 대한 제사를 지낸 것까지는 이해가 간다. 하지만 이 같은 행사로 인해 왜군에 대한 추격이 늦춰졌고 황주까지만 추격했다가 다시 돌아온 것을 보면 다분히 의도적으로 추격을 회피하고 있는 모습이다.

조선 백성 사망자 1만여 명?

「이 전투에서 남쪽(절강성 지역)의 군사들이 날래고 용감하게 싸웠기 때문에 이들에 힘입어 승리할 수 있었으나, 명나라 군사의 사상자도 많았으며, 굶주려 부르짖고 피를 흘리는 자가 길에 잇달았다. 뒤에 산동도어사(山東都御史) 주유한(周維韓)과 이과 급사중(吏科給事中) 양정란(楊廷蘭) 등이 올린 보고서에서, 이여송이 평양의 전투에서 벤 수급 중 절반이 조선 백성이며, 불에 타 죽거나 물에 빠져 죽은 1만여 명도 모두 조선 백성이라고 하였다. 중국 조정에서는 포정(布政) 한취선(韓就善)과 순안(巡安) 주유한(周維翰) 등으로 하여금 직접 평양에 가서 진위를 조사하게 하고, 또 본국(조선)도 사실에 의거하여 보고하게 하였는데, 본국에서도 해명을 하였다.」　　-〈선조실록〉(1593. 1. 11.)-

고니시 군에게 징용당한 조선인 1만여 명이 현장에서 목 베임을 당한 것 같다. 명나라에서는 이에 대한 진위 여부를 가리기 위해 조선 조정에 이 문제를 거론했으나 조선 조정은 이여송을 위해서, 그리고 명과의 정치·외교적 문제를 고려하여 그렇지 않다고 해명했다.

4. 명나라에 보고한 조선군의 현황

「원 주사(袁主事: 원황)가 묻기를 "8도에 있는 군사의 총수는 얼마나 되며, 왜놈에게 잃은 것은 얼마이고, 현재 남아있는 군사는 얼마이고, 어느 곳에 주둔하고 있는가? 왕경(王京: 한성) 앞뒤 좌우에 조선의 군사가 있는가 없는가, 또 대동강 저쪽에 군사가 있는가? 있다면 얼마나 있는가? 경상도에 아직 남아있는 군사의 수는 얼마나 되며 어느 곳에 있는가?"라고 하였다.

이에 대하여 숫자로 회답 보고한 것은 다음과 같다.

'경기도 강화부에 주둔한 전라도절도사 최원(崔遠)의 군사 4천 명, 경기도순찰사 권징(權徵)의 군사 4백 명, 창의사 김천일(金千鎰)의 군사 3천 명, 의병장 우성전(禹性傳)의 군사 2천 명, 수원부에 주차한 전라도순찰사 권율(權慄)의 군사 4천명(이상은 경성의 서쪽에 있으며 경성과의 거리는 하루거리이다.-원주). 양주에 주차한 방어사 고언백(高彦伯)의 군사 2천 명, 양근군(楊根郡)에 주차한 의병장 이일(李軼)의 군사 6백 명(이상은 왕경 동쪽에 있으며 경성과의 거리는 하루거리이다.-원주). 여주에 주차한 경기순찰사 성영(成泳)의 군사 3천 명, 안성군에 주차한 조방장 홍계남(洪季男)의 군사 3백 명(이상은 왕경에서 하루 반 거리에 있다.-원주). 충청도 직산현에 주차한 본도 절도사 이옥(李沃)의 군사 2천 8백명, 평택현 등지의 장수와 관리들이 각각 수백 명을 거느리고 있는데, 합해서 약 3천여 명, 각처의 의병이 각각 수백 명을 거느리고 있는데 합해서 약 5천여 명이다(이상은 왕경 남쪽에 있으며 경성과의 거리는 2~3일이나 4~5일 거리이다.-원주).

경상좌도 안동부에 주차한 본도 순찰사 한효순(韓孝純)의 군사 1만 명, 울산군에 주차한 본도 절도사 박진(朴晉)의 군사 2만 5천 명, 창녕현에 주차한 의병장 성안(成安)의 의병 1천 명, 영산현에 주차한 의병장 신갑의 군사 1만 5천 명, 창원부에 주차한 본도 절도사 김시민(金時敏)의 군사 1만 5천 명, 합천군에 주차한 의병장 정인홍(鄭仁弘)의 군사 3천 명, 의령현(宜寧縣)에 주차한 의병장 곽재우(郭再祐)의 군사 2천 명, 거창현에 주차한 의병장 김면(金沔)의 군사 5천 명(이상은 왕경의 남쪽에 있으며 경성과의 거리는 7~8일이나 12~13일 거리이다.-원주). 전라도 순천부 앞바다에 주차한 본도 좌수사 이순신(李舜臣)의 수군 5

천 명, 우수사 이억기(李億祺)의 수군 1만 명 및 각 처에 나누어 주둔한 방비군(措備軍) 1만 명(이상은 왕경 남쪽에 있으며, 경성과의 거리는 8~9일이나 13~14일 거리이다.-원주). 함경도 함흥부에 주차한 본도 절도사 성윤문(成允文)의 군사 5천 명, 경성부(鏡城府)에 주차한 평사(評事) 정문부(鄭文孚)의 군사 5천 명, 안변부(安邊府)에 주차한 별장(別將) 김우고(金友皐)의 군사 1백 명, 조방장 김신원(金信元)의 군사 1백 명(이상은 경성 북쪽에 있으며 경성과의 거리는 15~16일이나 24~25일 거리이다.-원주). 강원도 인제현에 주차한 본도 순찰사 강신(姜紳)의 군사 2천 명(왕경 동쪽에 있으며 경성과의 거리는 4일 거리이다.-원주).

평안도 순안현에 주차한 본도 절도사 이일(李鎰)의 군사 4천 4백 명 내에 사수(射手) 1,280명, 법흥사에 주차한 본도 좌방어사 정희운(鄭希雲)의 군사 2천 명 내에 사수 223명·포수 50명, 의병장 이주(李柱)의 군사 3백 명 내에 사수 70명, 소모관 조호익(曺好益)의 군사 3백 명(이상은 평양부 동쪽에 있으며 평양부와는 하루거리이다.-원주). 용강현에 주차한 우방어사 김응서(金應瑞)의 군사 7천 명 내에 사수 770명, 조방장 이사명(李思命)의 군사 1천 명 내에 사수 90명, 대동강 하류에 주차한 수군장 김억추(金億秋)의 군사 3백 명 내에 사수 120명(이상은 평양부 서쪽에 있으며 평양부와의 거리는 하루나 반나절 거리이다.-원주). 황해도 황주에 주차한 본도 좌방어사 이시언(李時言)의 군사 1천 8백 명, 재령군에 주차한 우방어사 김경로(金敬老)의 군사 3천 명, 연안부에 주차한 본도 순찰사 이정암(李廷馣)의 군사 4천 명이다(이상은 왕경에서 서북쪽, 평양부에서 남쪽에 있으며 왕경과의 거리는 7~8일 거리이며, 평양성과의 거리는 1~2일이나 4~5일 거리인데 모두 대동강 남쪽에 잇달아 있다.-원주).'

위의 각처 군마(軍馬)는 합계 17만 2천 4백 명인데, 적의 향방이나 기회에 따라서 진격하므로 주둔하거나 가는 곳을 확실하게 지적할 수 없으며, 또한 군사의 수효도 첨가되거나 나뉘어져서 많고 적음이 일정치 않다.」 -〈선조실록〉(1593. 1. 11.)-

모두 17만 2천 4백 명이다. 여러 가지 현지 사정으로 가감이 있을 것이라고 했는데, 총병력의 규모에서 조선에 상륙한 왜군 16만과 비슷한 규모이다.

5. 의주를 떠나 남행길에 오른 선조

「임금이 의주를 출발하였다. 출발하기에 이르러 용만관(龍灣館)으로 거둥하여 궐패(闕牌: 중국 천자를 상징하는 패)를 설치하고 다섯 번 절을 하고 세 번 머리를 조아렸다. 예를 끝낸 다음에 장 도사(요동도사 張三畏)를 접견하니, 장 도사가 말하기를 "제가 교외에서 행차를 전송해야 마땅하나 국왕께서 그렇게 하지 말도록 청하셨기에 그렇게 하지 않겠습니다." 하고는 대문에 이르러 절을 하고 전송하였다.」 -〈선조실록〉(1593. 1. 18.)-

면사첩(免死帖) 1만여 통

「임금이 신안관(新安館)으로 나가서 명나라 장수 황응양(黃應

賜)·오종도(吳宗道)·유준언(兪俊彦)을 접견했다.

황응양: "나는 남방에서 군사를 징발하느라 대군과 함께 오지 못했습니다. 제독(이여송)은 요동(遼東) 사람이므로 흑백을 가리지 못하고 그저 사람 죽이기만 좋아합니다. 그래서 내가 면사첩(免死帖) 1만여 개를 가지고 오로지 백성들을 살리기 위해 왔습니다. 어리석은 백성들이 혹시 죽음이 두려워 적에게 붙었다 하더라도 만일 그가 적의 길잡이가 아닌 이상 나는 모두에게 이 증서를 주어 편안히 살게 하고 본업으로 돌아가 일하도록 허락하겠습니다. 지름길이 있으면 가리켜 주어 대군(大軍)의 앞으로 돌아 나가도록 해주면 좋겠습니다.

선조: 지름길이 있기는 하지만 적들이 꽉 들어차서 우리나라 사람들도 다니지 못합니다.

황응양: 꼭 길잡이 두 명과 말 서너 필을 보내준다면 나에게 묘한 꾀가 있으니 가는 것은 문제가 없습니다. 듣자니 귀국 사람들은 무난히 성 안 출입을 한다고 하니 내가 먼저 경성에 가서 변복을 하고 성 안으로 들어가 백성들을 불러 위로하고 수도를 도로 찾을 수 있도록 도모하겠습니다."」

—〈선조실록〉(1593. 1. 23.)—

명나라 조정에서는 한성 수복을 앞둔 시점에서 이여송의 평양성 공격 때와 같은 조선인 징용자들에 대한 살육을 방지하고, 또 내부 호응자들을 규합하기 위해서 황응양에게 면사첩을 주어 위와 같은 임무를 맡겼다. 그러나 선조는 면사첩이나 내부 호응자의 중요성에 대한 이해가 전혀 없었기 때문에, 명나라 장수의 지름길 안내자 요청에 별로 관심을 보이지 않았다.

선조의 남진을 촉구하는 송응창

「경략 송응창(宋應昌)이 자문(咨文: 공문)을 보내왔다.

"평양에서 비록 승리했으나 왕경(王京: 한성)은 아직도 적들이 점거하고 있다. 또 들으니 각 도의 왜놈들이 우리 군사의 위세가 두려워 도망쳐서 왕경으로 모여들고 있다고 하니, 이는 하늘이 그들을 한꺼번에 멸망시키려는 것이다.

왕은 속히 명령을 내려 군사와 백성들에게 선포하여 다음과 같이 타이르도록 해야 할 것이다.

'대대로 선왕(先王)의 은택을 받다가 하루아침에 왜적들에게 짓밟혀 치욕을 당하였으니 진실로 인심이 있는 자는 급히 분발해야 할 것이다.

수도에 있는 자들은 큰 나라 군사가 진격해 오기를 기다렸다가 혹은 성문(城門)을 열거나 안에서 호응할 것이며, 각 도에 있는 자들은 혹은 의병을 거느리고 왜적의 머리를 베는 데 조력할 것이며, 자기 친척과 옛 친구가 수도에 있는 자들은 서로 안에서 호응하기를 비밀히 약속하여 다 함께 정탐꾼이 되어 황제의 군사에게 협조하도록 하라.

일이 성공하면 중흥(中興)과 개국공신(開國功臣)의 공로로 크게 표창을 베풀 것이다.'

이와 같이 한다면 아마 호걸(豪傑)들이 소문만 듣고도 일거에 일어나 소리치며 호응하여 흉악한 왜적을 쳐 없애어 치욕을 씻고 옛 강토를 회복할 수 있을 것이다. 귀국의 임금과 신하들은 복수를 위해 간난신고(艱難辛苦)를 참고 속히 연계를 도모해야 할 것이다."라고 하였다.」　　－〈선조실록〉(1593. 1. 25.)－

송응창은 선조가 하루 속히 남진해서 조선의 관민을 격려하고, 면사첩 등을 활용하여 한성 등지에서 호응할 세력을 육성하라고 촉구해 왔다. 그런데 이에 대한 선조의 반응은 놀랍게도 자신의 책무를 남에게 떠넘기는 것이었다.

「임금이 승정원에 지시하였다.
 "의주에 있을 때부터 여러 번 답답한 심정을 말하였다. 지금 옮겨온 뒤로부터는 병세가 한층 깊어져서 정신은 더욱 없어지고, 눈은 전보다 더욱 어두워졌다. 시름시름 앓으면서 누워서 일어나지도 못하니 하루도 못 넘길 것 같다. 이런 기력을 가지고는 애당초 견뎌낼 형편이 못 된다.
 건의하고 보고하는 모든 글(啓辭: 서면보고)들을 다 살펴보지 못하니 아주 안타깝고 답답하다. 전부터 건의하는 글이 있을 때마다 '그대로 승인한다(依允)'는 두 마디로 대답하는 데 불과하고 한 번도 그에 대하여 옳다거나 그르다거나 하지 못했다.
 그래도 꼼꼼하게 마음을 쓴 것이라곤 군량에 관한 한 가지 문제에 불과하고 큰 나라 조정에 군사를 요청한 것뿐이다. 이로 보더라도 속병(病心)이 든 사람이라는 것을 알 수 있다. 만약 조금이라도 견뎌낼 만한 형편이라면 지금이 어떠한 때라고 감히 이런 말을 하겠는가?
 이미 병이 들어 허수아비 같은 폐인으로 되어버렸으니 안타깝고 답답하기 그지없다. 나의 마음속은 하늘이 내려다보고 있다. 비록 즉시 왕위를 물려줄 수는 없다 하더라도 세자가 이미 나라의 일을 임시로 맡아보도록 하라는 지시를 받았으니, 마땅히 전에 내린 지시대로 해당 관청의 건의와 정사에 관한 모든 것을 다 세자에게 문의해서 결재를 받아 처리하도록 하라.

그리고 이 일은 비변사에 말하지 말고 서둘러 시행하도록 하라."」
―〈선조실록〉(1593. 1. 26.)―

송응창은 선조의 남진이 가져올 전략상의 이점을 고려해서 선조에게 남진(南進)을 요청했지만, 선조는 건강을 이유로 세자에게 남진을 대리(代理)하게 하라고 했다. 그러나 이것은 파워 게임에서 중대한 의미를 갖는 사안이므로 신하들의 입장에서는 여간 중대한 문제가 아니었다. 당연히 맹렬한 반대가 이어졌는바, 그에 대한 선조의 반론을 보자.

「임금이 말하였다.
"이처럼 시끄럽게 하지 말라. 결코 하루라도 부당하게 임금 자리에 있을 수는 없다. 대체로 기력이 이러하니 아무리 억지로 힘쓰려고 해도 어찌할 도리가 없다. 만약 조금이라도 감당할 만한 형편이라면 왜 이런 말을 하겠는가?
설사 경들이 나를 억지로 이 자리에 그대로 있게 하더라도, 광병(狂病)을 앓고 있는 나로서는 아무 일이나 가타부타 하지 않고 단지 '그래, 그래'라고만 할 뿐이라면 나라의 일을 망치게 될 터인데, 그리 된다면 무슨 이로움이 있겠는가.
하찮은 벼슬자리도 청탁까지 해가며 얻으려 해도 오히려 얻지 못할까봐 걱정인데, 예로부터 임금 치고 그 누가 자기의 위엄과 권력을 내던지고 스스로 피할 리가 있겠는가? 이렇게 하는 것은 반드시 절박한 사정이 있기 때문이다. 다만 병이 이러하기 때문이니, 이 역시 하늘의 뜻이다.
세자는 어질고 효성스러운데다 총명하며 학문에도 통달하였으며 나이도 이미 스무 살(弱冠)이나 되었으니 나의 일을 충분

히 성사시킬 수 있을 것이다. 나라를 다시 일으켜 세우는 대업
도 이에 달려 있다.

　오늘 경들이 나를 억지로 임금 자리에 그대로 눌러 있도록
하여 장차 나라를 다시 망치게 한다면 아마 충신(忠臣)이 아닐
것이다. 안타깝기 그지없다. 이것은 왕위를 물려주는 일이 아니
라 다만 전날에 세자에게 임시로 나라 일을 대신 맡아보게 하라
고 했던 지시대로 하는 것뿐이다. 내 뜻은 이미 정해진 지 오래
되었으니 속히 시행하고 다시는 번거롭게 거론하지 말라."」
　　　　　　　　　　　　　　-〈선조실록〉(1593. 1. 27.)-

　선조의 건강을 내세운 '세자의 남진 대리론'은 '충신'을 들먹일
정도로 강경하고도 고집스럽게 계속되고 있다.

윤두수의 왜성 연구

　「좌의정 윤두수가 또 급히 보고하였다.
　"신이 행재소(行在所)에 있을 때 매번 왜적의 토굴은 빼앗기
가 쉽지 않다는 말을 들었는데, 평양에 와서 왜적이 쌓은 것을
죽 살펴보니 이름은 토굴(土窟)이라 하지만 사실은 땅을 파서
만든 것이 아니었습니다. 대동문 안의 것은 돌로 쌓았고, 보통
문의 것은 흙으로 쌓았는데, 다만 평지에다 터를 잡았을 뿐이었
습니다.
　어느 것이나 다 돌로 쌓거나 흙으로 쌓은 위에 외를 엮어 벽
을 만들고 앞뒤로 흙을 바른 다음 그 위에 풀 혹은 기와를 덮었
으며, 벽 가운데는 구멍을 뚫어 총통 놓을 자리를 마련하였으므

로 그 안에 들어 있는 군사가 몇 명이나 되는지 바깥에서는 정확히 알 수 없으며, 구멍을 바라보면 언제나 총을 놓고 있는 것 같은 모양이었으므로 사람들이 감히 접근하지 못하게 되어 있었습니다. 그 교활한 꾀가 형언할 수 없기에 감히 그림을 그려서 보냅니다."」 　　　　　　　－〈선조실록〉(1593. 1. 27.)－

왜군들은 대동문과 보통문도 왜성의 구조로 고친 것 같다.

세자의 남진 대리론을 반대하는 대신들

「영의정 이하가, 나라 일을 임시로 대리하게 하라는 지시를 취소하라고 세 번이나 주청하였다. 임금이 대답하였다.

"이런 쓸 데 없는 말을 할 필요가 없다. 어찌 사람에게 할 수 없는 일을 억지로 하도록 할 수 있는가. 대신을 귀히 여기는 것은 그 임무가 국가를 편안하게 하는 것이기 때문이다. 경들의 이 말은 아마도 대신답지 못한 말인 것 같다. 필부의 뜻도 오히려 빼앗을 수 없다고 하였다. 그런데 경들은 어찌 골병이 들어 등신 같은 나를 구박할 수 있단 말인가?

천리 먼 변방에서 반년 동안 온갖 풍상(風霜)과 고초를 다 겪고서도 죽지 않은 것만도 이상한 일이라 하겠는데 심화 병, 눈 병, 머리 병, 다리 병이 엎치고 덮치어 반신(半身)이 온전하지 못하고 온몸이 다 아파서 방에 드러누워 있으면서 그저 땅속으로 들어가기만 기다리고 있다."」

　　　　　　　－〈선조실록〉(1593. 1. 28.)－

영의정 이하 대신들이 '세자의 남진 대리론'을 반대한 것을 보면 임금의 건강은 남진에 지장이 될 정도는 아니었던 것 같다.

허문(虛文)과 말절(末節)을 숭상하는 학풍을 개탄

「임금이 비망기를 내렸다.

"아침저녁으로 죽기를 기다리는 사람이 말을 하는 것은 부당하지만 마침 눈으로 본 것이 있어서 잠자코 있을 수가 없다. 평양을 이미 되찾았으니 이곳을 마땅히 근본이 되는 곳으로 삼아야 할 것인데도 조정에서는 전혀 대책이 없다. 대신(大臣)이나 중신(重臣)들로 하여금 그 성에 들어가 지키면서 남은 백성들을 불러 모아 성벽(城壁)을 보수하게 함으로써 영구히 지킬 계책을 세워야 할 것이다.

곁에서 들으니, 적들이 성 위에다 잇달아 보루를 설치했다고 하는데 절대로 허물지 말고 우리가 이용하도록 하는 것이 좋겠다. 그리고 기자묘(箕子墓)는 적의 난리를 겪었으니 제사를 지내지 않을 수 없다.

또 황해도에 병사(兵使)를 두어야 한다는 문제에 대해서는 앞서 의주에 있을 때 지시를 내렸고 곧바로 조인득(趙仁得)을 병사로 임명하여 해주성에 들어가 지키게 하였다. 이것은 왜적을 방어하기 위한 계책일 뿐만 아니라 병란을 겪은 나머지 동요하는 인심을 은연히 진압하자는 의도에서였다.

그리고 명나라 군사는 이미 경성에 이르렀을 터이지만 한준(韓準)은 틀림없이 미처 도착하지 못했을 것이다. 곧 도승지 유근(柳根)의 품계를 올려 경성안무사(京城安撫使)로 임명하고 겸하여 이 제독(이여송)에게 안부를 묻게 하고, 밤낮으로 길을 재촉하여 경성에 들어가 남아 있는 백성들을 위로하고 모든 일을 처리하게 해야 할 것이다. 측근 신하를 파견하면 백성들이 보고 듣기에도 더욱 절실할 것이다.

그리고 우리나라는 허튼 글(虛文)과 지엽말단의 예절(末節)만을 숭상하고 무략(武略)에는 관심을 기울이지 않은 관계로 오늘날의 화란을 겪게 되었다. 요즈음 올라온 글(疏)에는 여러 가지 폐단들이 낱낱이 열거되어 있었지만 이에 대해 말한 사람은 한 사람도 없었다. 만약 이런 풍습을 그대로 둔다면 오늘은 비록 나라를 회복한다고 하더라도 뒷날에 지켜 내리라고 장담할 수 없을 것이다.

왜적의 장기란 오직 화포(火砲: 조총)뿐이다. 우리 군사들이 왜적을 만나기만 하면 대뜸 놀라서 흩어지는 것은 단지 이 때문이다. 이제 도사(都司) 장삼외(張三畏)나 이 제독(이여송) 앞으로 공문을 보내어 염초를 구워내는 법과 총(銃)을 만들고 탄환을 쏘는 방법을 꼭 배워야 할 것이다. 한편으로 지시를 내려 그 방법을 잘 습득한 사람은 당상관으로 올려주는 것이 어떻겠는가? 나의 이런 생각을 전날에 좌상(윤두수)을 만나 직접 말했지만 아직도 그것을 집행하지 않고 있다.

대체로 요즈음의 기풍을 보면, 이런 변고를 겪었으면서도 사(私)를 버리고 공(公)을 받들려는 혁사봉공(革私奉公)의 생각들이 전혀 없다."」   -〈선조실록〉(1593. 1. 28.)-

허문과 말절을 숭상함은 '문서놀이(탁상공론)형 행정'이다. 이 같은 풍토를 개혁하려면 임금이 앞장서서 남진에 나설 필요가 있었다. 그런데 대신들이 보기에는 임금이 천리 밖에 있는 정주에서 전쟁을 지휘하고 있었으니, 이것은 '허문과 말절 숭상' 못지않은 문제로 비춰졌을 것이다.

「비변사에서 건의하였다.

"새로 큰 변고를 겪었으니 조정에 있는 모든 신하들이 마음을 씻고 생각을 가다듬어 지난날의 폐습에서 벗어나 오로지 나라를 위하여 몸을 바칠 생각만 하더라도 오히려 일이 제대로 되지 못할까봐 두려운데, 사사로움을 따르고 거짓을 꾸미는 폐습이 아직도 완전히 없어지지 못하고 있습니다.

신들이 외람되이 중요한 자리에 있으면서 밤낮으로 근심하고 두려워하던 차에, 이제 지시를 받고 보니 더욱더 황송하여 말씀드릴 바를 모르겠습니다.

중신을 보내어 평양성의 백성들을 위무하고 성벽을 보수하는 문제는 감사 이원익(李元翼)이 일처리에 정밀하여 본래부터 본도의 인심을 얻었으므로 모든 일을 흠잡을 데 없이 잘해 나갈 것입니다.

또한 감사가 순변사(巡邊使)와 이곳에 같이 있고 대장(大將) 몇 사람도 그곳에 있는데 또다시 중신을 보낸다는 것은 크게 이롭지 못합니다. 모든 것이 거덜난 뒤인데 지시를 받고 높은 관리들이 많이 나가 오래 머물면 공급하는 일도 걱정되지 않을 수 없을 것 같습니다. 그러니 이원익으로 하여금 조치하도록 하는 것이 적당할 것 같습니다.

기자묘에 제사를 드리는 문제, 황해도 병사의 문제, 유근의 품계를 올려서 들여보내는 문제, 장 도사에게 자문(咨文)을 보내어 염초 굽는 법을 배우는 문제 등은 모두 지시대로 시행하도록 할 것입니다."」 —〈선조실록〉(1593. 1. 28.)—

평안감사 이원익은 '허문과 말절을 숭상하지 않고, 일을 처리함에 정밀하여 인심을 얻었으며, 모든 일을 흠잡을 데 없이 잘해 나갈 것'이라고 칭송하고 있다.

「임금이 예조에 지시하였다.
"지금 윤두수의 보고서를 보니 송 시랑(宋應昌)이 의주에 머물러 있고 정주에는 오지 않는다고 한다. 만약 오지 않는다면 시종하는 신하를 얼마 거느리고 의주에 가서 만나보지 않을 수 없다. 경략은 바로 큰 나라 조정의 중신으로서 우리나라를 구원하기 위해서 왔는데 내가 며칠이면 갈 수 있는 가까운 거리에 있으면서 맞이하여 찾아보지 않는다면 어찌 태만하다는 책망을 면할 수 있겠는가. 미리 의논을 정하여 기다리도록 하라."」
-〈선조실록〉(1593. 1. 29.)-

선조는 송응창이 압록강을 건너오면 의주까지 가서 송응창에게 평양성 탈환 등에 관한 감사 표시를 하고자 했다. 그런데 송응창은 선조가 속히 남진하여 이여송의 한성 탈환전을 도와주기를 희망하고 있었다. 때문에 한성으로부터 천리 밖의 거리인 정주에서 오히려 의주로 올라오겠다는 선조의 태도는 송응창의 입장에서 보면 매우 답답한 노릇이었다. 선조가 공허한 예절(명분)을 앞세운 반면, 송응창은 실용적인 작전을 우선시했음을 알게 해주는 대목이다.

「사간원에서 건의하였다.
"신들은 송 시랑이 보낸 자문(咨文)과 예조판서(윤근수)가 올린 보고서를 보았습니다. 송 시랑의 의도는 본래 전하께서 군사와 백성을 독려하여 거느리고 평양으로 전진하였으면 하는 것이었지 사실 서로 만나려는 생각은 아니었습니다. 심지어 나와서 영접하지 말라고까지 하였으니 그가 우리나라를 위하여 생각하는 것이 지극합니다.

지금 만약 구구한 예절에 구애되어 시일을 끌면서 시랑이 오기를 기다리다가 나라 중흥의 큰 계책을 앉아서 그르친다면 그것도 벌써 옳지 않은 일인데, 더구나 이미 진주(進駐)하겠다는 자문을 보내고서 이제 또 강가(의주)로 간다는 것은 일의 원칙으로 보아도 온당치 않습니다.

지금은 시랑이 충고하는 말을 받아들여 전하께서는 조서를 맞이한 다음 즉시 삼현(三縣: 삼화, 강서, 함종)으로 진주하시고 세자는 해주(海州)로 가는 것이 상책입니다. 한편으로는 늙은이들의 기대를 들어주시고 한편으로는 불안해하는 인심을 안정시키면서 추세를 보아 점차로 나아간다면, (시랑 송응창을) 길 위에서 접대하는 폐단도 덜뿐 아니라 나라의 백년대계를 위해서도 실로 유익할 것이니, 의심하지 말고 결단하시기 바랍니다."

임금이 말했다.

"세자가 해주로 가는 문제는 건의한 대로 하라. 나는 경솔히 나아가기 곤란하니 천천히 보아가면서 처리할 것이다."」

―〈선조실록〉(1593. 1. 30.)―

송응창은 선조가 의주로 오지 않고 곧바로 평양으로 진군하기를 간절히 바랬다. 그러나 선조는 세자에게 남진을 대리케 하고, 자신은 정주에서 군량미 운송과 명군 접대, 그리고 송응창과 외교에 임해야 된다고 생각했다.

「예조에서 건의하였다.

"송 시랑이 의주에 머무르고 있는데 그곳까지 가서 맞이하려는 전하의 의도는 매우 훌륭합니다. 그러나 전날 송 시랑이 자문을 보내기를 "전하는 평양으로 진주하여 요해지를 점거하고 싸움을 도와야 한다"고 하였는데, 이제 시랑이 정주에 오지 않는다는 말을 듣고 갑자기 가서 맞이하려고 하신다면, 우리 쪽의 예절로는 비록 당연하다고 하더라도, 저들로서는 협력하는 일이 늦어질까 걱정되어 중지하도록 할 생각이 있을 것은 당연합니다.

전하께서는 정주에 머물러 계시면서 송 시랑을 기다린다는 뜻으로 이미 회답 자문을 보냈으니, 다시 시랑의 회답을 기다려 보고 나서 그 다음에 의논하여 조처하는 것이 옳을 것 같습니다."

임금이 그 의견을 따랐다.」　-〈선조실록〉(1593. 1. 30.)-

여인들은 풀어주고, 노인들은 죽이고, 젊은이들은 왜인처럼 머리를 깎게 했다

「경기 순찰사 권징(權徵)이 급보를 올렸다.

"제독의 대군이 이달 23일 개성부에 도착하였고, 파주에 주둔해 있던 적은 이달 23일 수도를 향해 갔다고 합니다. 그리고 김화·금성에 있던 적들은 17일부터 이틀간 연달아 올라와 동대문 밖에 진을 치고 사로잡아갔던 여자 15명을 모두 포천현 앞길에 버렸습니다. 성(城) 안에 있던 적들도 동대문 밖과 남대문 밖의 사한리(沙漢里)와 한강 등지에 나와서 진을 쳤고, 사대문 밖에는 뾰족한 나무를 세워 방어시설(鹿角)을 만들어 놓았고, 수도 안의 젊은 사람들은 머리를 깎아버리고 노인들은 다 죽였으며, 짐바리를 잇달아 한강 건너편으로 내보내고 있다고 하였습니다." −〈선조실록〉(1593. 1. 30.)−

한성의 왜군들은 군량미가 바닥이 나고 있는 상황에서 한성 방어전을 준비하고 있었다.

김경로의 죄를 묻지 말라는 이여송

「풍원부원군 유성룡이 급보를 올렸다.
"내리신 지시의 사연을 신이 이 제독에게 보고하자 제독이 사람을 시켜 말을 전하기를 '경로(敬老)의 죄는 본래 사형에 처해야 할 것이다. 그러나 수도를 수복하지 못한 상황에서 장사한 사람도 아쉬우니 내가 곧 국왕에게 자문(咨文)을 보내어 용서해주도록 요청하겠다' 고 하였습니다. 그리고는 패문을 신에게 보여주며 꼭 경로로 하여금 여기 와서 머리 조아려 사죄하고 공을 세워 속죄하도록 하라고 하였습니다.
신이 또 말하기를 '군율은 엄하게 하지 않을 수 없습니다. 경로의 죄는 본래 사형에 처해야 할 것입니다. 다만 장수이기 때문에 감히 대인에게 먼저 보고한 것입니다. 그의 죄는 용서하기 어렵습니다' 고 하니, 제독이 웃으면서 '비록 그렇기는 하나 이번에는 당분간 죽이지 말고 그로 하여금 공을 세우게 해야 할 것이오' 라고 하였습니다.
오늘 새벽에 신이 원수 등과 함께 제독에게 안부를 물었더니, 제독이 패문을 내보여주고 또 자문 초고를 보여주었는데, 그 뜻은 패문의 사연과 같았습니다.
　삼가 생각건대, 경로의 죄는 죽여도 아까울 것이 없는데 지금 또 군사를 헤쳐 버리고 홀몸으로 왔기에 고언백(高彦伯)·이시언(李時言) 등과 함께 수도로 쫓아가며 길을 끊도록 하였으나 군사가 없다는 핑계로 머뭇거리면서 전진하지 않고 있으므로 신이 곤장을 때려서 전진하도록 독촉하였습니다. 그가 지금 있는 파주로 군관을 급히 보내어 잡아오게 하였으나 대국 장수의 패문이 이와 같으니 이제는 갑자기 처단하기가 어렵게 되었고, 표신(標信)을 이미 내려 보내준 터에 그대로 머물러 있게 내버려 두는 것도 거북합니다. 그렇다고 조정에 문의하지 않고 도로 올려 보낼 수도 없으니 어떻게 처리해야 할지 모르겠습니다."」
　　　　　　　　　　　　　－〈선조실록〉(1593. 1. 30.)－

　고니시 군이 평양성에서 후퇴할 때 이여송은 김경로 등에게도 왜군에 대한 추격 금지령을 내렸고, 그 후 이여송은 김경로에게 조선군의 군율을 어긴 죄를 벗게 해주었다.

「사간원에서 건의하기를 "삼현에 나아가 머물러 있으면서 형편을 보아가며 점차 나아가기 바랍니다."라고 하였다.
　임금이 말하기를 "내가 만약 이곳을 떠나면 큰 나라 조정 사람들을 접대하고 군량을 운반하며 싸움에 협력하는 등의 일에 더욱 힘을 쓸 수 없게 될 것이니, 우선은 정세를 보아가면서 처리하는 것이 무방할 것이다."라고 하였다.」
　　　　　　　　　　　　　－〈선조실록〉(1593. 2. 1.)－

　선조는 여전히 자신이 정주에 있으면서 명나라 조정에서 오는 사신들의 접대와 군량미 운반, 호응 협력에 노력해야 한다고 주장했다.

군량미 수송 문제로 곤장을 맞은 조정 대신

「(명나라의) 호부(戶部) 주사(主事)인 애자신(艾自新)이 군량 운반을 계속하지 않았다는 이유로 군량 담당 관리 지중추부사 김응남(金應南), 호조참판 민여경(閔汝慶), 의주목사 황진(黃璡)에게 곤장을 때렸다.」 -〈선조실록〉(1593. 2. 1.)-

선조가 우려했던 바와 같이, 군량미 운반 문제로 조선의 대신과 고위 관리들이 명나라 군량미 담당 총책임자에게 곤장을 맞는 충격적인 사건이 일어났다.

「호조에서 건의하였다.
"지금 강에 얼음이 거의 풀려서 정주의 배는 이미 다 물에 띄워놓고 일제히 출발하도록 독촉하고 있습니다. 용천에 가서 의주의 곡식을 실어 와야겠으나, 곡식은 많고 배는 적어서 전부 다 배로 실어 나르기는 곤란합니다. 한편, 육로로 운반할 때에는 큰 나라 장수의 패문에서 지적한 방법대로 각 역참(驛站)에 사람을 배치하여 서로 연달아 실어 나르도록 하라는 승인이 이미 내렸습니다.

비변사에서 올린 글을 보니, 운반하는 일이 중지되곤 하는 일이 자주 생긴다고 하니, 의주로부터 중화에 이르는 연도(沿道)의 각 역참에 적당한 관리를 1명씩 파견하여 그 고을 수령과 같이 창고 곡식의 출납부와 각 촌의 인구대장을 상고하여 빠진 장정들과 마소들을 징발하되, 남자가 부족하면 여자를 징발해서라도 각 역참에 늘여 세워 놓고 군량이 도착하는 대로 마소에도 싣고 머리에 이고 등에 지고 하여 즉시즉시 교대로 운반하는 것이 마땅할 것입니다."」　　　　 -〈선조실록〉(1593. 2. 1.)-

조정 대신이 곤장을 맞은 후 군량미 운반에 비상이 걸린 것 같다. 또 정주·용천·의주 지역 포구들은 얼음이 녹아서 해상 운송이 가능해졌고, 또 육로로는 장정과 마소, 그리고 여자들을 징발해서 운반하고자 했다.

선조의 가토 기요마사(加藤淸正) 공포증

「선조: "송 시랑(병부시랑 宋應昌)을 경들은 어떤 사람이라고 생각하는가? 바로 중국의 원수(元帥)이다. 오늘날 내가 산천을 집으로 삼고 있는 마당에 어찌 국왕으로 자처할 수 있겠는가. 가까운 곳에 있으면서 만나보지도 않은 채 어찌 곧장 제멋대로 앞으로 나아갈 수 있겠는가. 앞으로 나아가야 한다는 논의가 나로서는 석연치 않다."」
　　　　　　　　　　　　　　　-〈선조실록〉(1593. 2. 4.)-

처음에는 건강상의 이유로 남진을 거부했던 선조가 언제부터인지 줄곧 예절론을 내세우고 있는 모습이다. 선조는 명나라 원수인 송응창을 만나서 고맙다는 인사라도 해야 옳지 않겠느냐며 신하들을 설득하고 있다.

「정창연(鄭昌衍: 대사헌): "전하의 지시가 참으로 지당하십니다. 그러나 시랑이 끝내 의주로 오지 않는다면 세월만 보내다가 앞으로 나아갈 기회를 앉아서 잃게 될까봐 두렵습니다."

이산보(李山甫: 이조판서): "신이 전일 요동에 갔을 때 석 상서(石 尙書: 명나라 병부상서 石星)의 말을 들으니 '송 시랑은 끝내 너희 나라로 가지 않을 것이다' 고 하였습니다. 만약 오지 않는다면 앞으로 나아가 서로 호응하여 협력하는 것이 마땅할 것 같습니다."」 -〈선조실록〉(1593. 2. 4.)-

신하들은 송응창이 의주로 오지 않을 가능성도 있다면서 의주행을 단념하고 속히 남진해서 민심과 전란을 수습할 것을 주청했다.

「선조: "북쪽에 있는 왜적(加藤淸正 군)이 달아나기 전에 앞으로 나아간다면 어떻게 되겠는가?"

최흥원(崔興源: 영의정): "북쪽에 있는 적들이 도망가지 않았다 하더라도 앞으로 나아간다면 호응하여 협력하는 일이 반드시 편리하고 유익한 점이 많을 것입니다."

선조: "대신들을 각 고을에 배치하여 그들로 하여금 군량 운반을 독려하게 하고 있는데 어찌 호응하여 협력할 사람이 없을까봐 걱정하는가."

최흥원: "단지 호응 협력하는 일뿐만 아니라 난리가 난 뒤에는 인심을 수습하는 것이 급하니 반드시 앞으로 나아가야만 진정시킬 수 있습니다."

선조: "앞으로 나아가려면 어디로 가야겠는가?"

최흥원: "평양은 몹시 파괴되었으므로 머물러 있을 수가 없습니다. 신이 지난해에 용강(龍岡)에 가보았는데 물자나 사람이

아주 많아서 진주(進駐)하기에 합당하며, 강서(江西) 또한 평양에 가까우니, 이 두 고을 중 하나에 진주하실 수 있습니다."

선조: "삼현으로 가게 하려는 것은 평양으로 들어가라는 뜻인가? 이 고을을 거쳐 다른 고을로 가라는 뜻인가?"

최흥원: "적이 만약 패주한다면 삼현에 오래 머물 필요가 없으니 황해도로 나아가는 것이 좋을 것이며, 황해도에도 오래 머물 필요가 없어지면 점차 개성부로 진주해야 할 것입니다. 신들이 앞으로 나아갈 것을 청하는 것은 종묘사직을 위해서이지 다른 뜻은 없습니다."

선조: "북쪽의 적을 뒤에다 두고 앞으로 나아가게 하려고 하니 그 뜻을 이해하지 못하겠다."

최흥원: "당초에는 평양에 있는 왜적 때문에 앞으로 나아가지 못했지만, 지금은 북쪽에 있는 적 때문에 또 앞으로 나아갈 수 없다고 하니, 그렇다면 끝내 진주할 때가 없을 것입니다. 이 한 구석에 머물러 있다가 만약 뜻밖의 환란이라도 생기게 되면 어떻게 하시겠습니까?"

선조: "이 지역에는 큰 나라 군사가 있으니 믿을 만하다. 설사 금년에는 큰 나라 군사의 위세를 힘입어 적을 소탕한다고 하더라도 명년에 만약 다시 쳐들어온다면 조정에서 어떻게 막아내겠는지 모르겠다."

이산보: "인심을 수습하면 적을 막아낼 수 있을 것입니다."」

-〈선조실록〉(1593. 2. 4.)-

제14부. 이여송 군의 벽제관전투

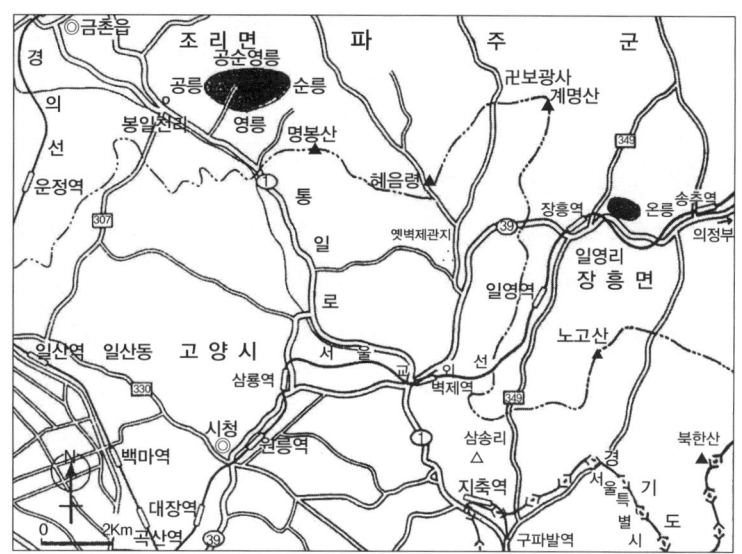

〈1593년 1월. 한성의 왜군들은 한성 수복을 위해 남하해 온 명나라 이여송 군을 상대로 벽제관에서 자신들의 장기인 조총의 3교대 밀집사격을 선보이며 승리를 거뒀다. 조총의 밀집사격을 제대로 경험한 이여송은 그 후 왜군과의 접전을 가능한 한 피하고자 했을 만큼 왜군의 조총은 명군에게도 위력을 떨쳤다.

벽제관 전적지는 오늘날의 서울 북쪽 삼송리-벽제역-옛 벽제관지-혜음령 일대인데, 옛 지형이 크게 변하지 않았다〉

1. 한성으로 향하는 이여송 군

「이 제독(이여송)이 파주에 진군하여 적군과 벽제관 남쪽에서 싸웠으나 이기지 못하였고, 개성으로 돌아와서 진을 쳤다. 처음에 평양이 수복되니 대동강 이남의 연도(沿道)에 있던 적들은 모두 도망쳐 가버렸다. 제독은 적군을 추격하고자 하여 나에게 말하기를 "대군이 지금 앞으로 진격하려 하는데, 듣건대 앞길에 군량과 마초가 없다고 하니 의정(議政: 유성룡)은 대신으로서 마땅히 나라 일을 생각해야 될 것이므로 수고를 꺼리지 말고 급히 가서 군량을 준비하여 소홀해서 잘못되는 일이 없도록 하시오"라고 하였다.

나는 제독과 작별하고 나왔다. 이때 명나라 군대의 선봉은 벌써 대동강을 건너 남쪽으로 가고 있었는데, 어지럽게 달리면서 길을 막으므로 전진할 수가 없었다. 나는 옆길로 돌아서 서둘러 명나라 군대 앞으로 나아가 그날 밤에 중화를 거쳐 황주에 이르니, 벌써 삼경(밤 12시경)이 되었다.

이때 적병이 갓 물러간 뒤여서 지나는 곳마다 황폐하고 텅 비어 인민들이 모이지 않았으므로 어떻게 해볼 계책이 서지 않았다. 나는 급히 공문을 황해감사 유영경에게 보내어 군량 운반을 재촉하고, 또한 공문을 평안감사 이원익에게 보내어 김응서 등이 거느린 군사 중에서 전투할 수 없는 이들을 징발하여 평양으로부터 곡식을 운반하여 명군을 뒤쫓아 와서 황주에 도착하게 했다.

또한 평안도 세 고을의 곡식을 배로 운반하여 청룡포(靑龍浦)

를 거쳐 황해도에 도착하게 하였다. 그러나 일이 미리 준비된 것이 아니고 때가 임박하여 창졸히 서둘러댄 것인지라, 대군은 곧 뒤따라오게 되니 군량이 결핍되지나 않을까 걱정이 되어 애가 쓰이고 속이 탔다.

　유영경이 저장한 곡식은 자못 많았는데 적군의 약탈을 두려워하여 산골짜기에 쌓아 두었던 것이다. 백성을 독려하여 운반해 와서 군대가 지나가는 연도에 군량이 모자라지 않게 하였더니, 이윽고 대군이 개성부에 들어왔다.」　　　　　-〈징비록〉-

'곡식은 적군의 약탈이 두려워서 산골짜기에 쌓아 두었다'고 하였는데, 왜군(구로다 나가마사(黑田長政)군 1만 명)들이 황해도의 몇 곳에만 주둔하고 있었기 때문에 산골짜기는 그나마 안전했다.

벽제관전투

「정월 24일에 적군은 (서울로 돌아와서) 우리 백성들이 내응할까 의심하고, 또한 평양에서의 패전에 분노하여 서울에 남아 있던 백성들을 모두 죽이고 공사(公私)의 집들을 거의 불살라버렸다. 그리고 서도(西道: 황해도) 일대에 진을 치고 있었던 적군들도 모두 서울로 모여 명나라 군사를 막으려 하고 있었다.
　나는 제독에게 빨리 진격할 것을 연달아 청했으나 제독은 머뭇거린 지 여러 날 만에야 파주까지 이르렀다. 이튿날 부총병 사대수가 우리 장수 고언백과 함께 군사 수백 명을 거느리고 먼저 가서 적군을 정탐하였는데, 적군과 벽제역 남쪽 여석령(礪石嶺)에서 만나 적병 1백여 명의 목을 베었다.

제독이 이 소식을 듣자 대군은 머물러 둔 채 혼자서 가정(家丁: 집안에서 부리는 노복)과 말 탄 군사 1천여 명을 거느리고 달려갔었는데, 혜음령(惠陰嶺)을 지나다가 말이 넘어져서 땅에 굴러떨어지니 그의 부하들이 함께 부축해서 일으켰다.

이때 적군은 많은 군사를 여석령 뒤에 숨겨 두고 다만 수백 명만 고개 위에 있었다. 제독은 이를 바라보고 자기 군사를 지휘하여 부대를 좌우로 나누어 앞으로 나아가니 적병도 또한 고개 위로부터 내려와서 서로가 점점 가까워졌는데, 산의 배후에 숨어 있던 적병이 갑자기 산 위로 올라오니 수효가 1만여 명이나 되었다. 명나라 군사가 이를 바라보고 속으로 두려워하였으나 때는 이미 접전에 들어가 있어서 어찌할 수가 없었다.

이때 제독이 거느린 군사는 모두 북방의 기병으로서 화기(火器: 화약무기)도 없고 다만 짤막하고 무딘 칼만 가졌을 뿐이었는데, 적병은 보병으로서 그들의 칼은 모두 서너 자나 되는 예리하기 비길 데 없는 것이었다.

이들과 충돌하여 싸우는데, 적병은 긴 칼을 좌우로 휘둘러 치니 사람과 말이 모두 쓰러져서 감히 그들의 날카로운 기세를 대적할 수가 없었다. 제독은 형세가 위급한 것을 보고 뒤에 있는 군사를 불렀으나 아직 이르지 않았는데, 먼저 군사가 이미 패하여 사상자가 매우 많았고, 왜적도 지쳐서 군사를 거두고 급히 추격하지 않았다.

날이 저물 때 제독 이여송은 파주로 돌아와서 비록 그 패한 일을 숨겼으나, 그러나 심기가 매우 우울하였고, 밤에는 가정(家丁)으로서 친히 믿던 사람들이 전사한 것을 슬퍼하여 통곡하였다.

그 다음날 제독은 군사를 동파로부터 후퇴시키려 하였다. 내

가 우의정 유홍(兪泓)·도원수 김명원·장수 이빈 등과 함께 그
장막 밑에 이르니…」　　　　　　　　　　　　　-〈징비록〉-

　유성룡·유홍·김명원·이빈 등은 이여송 군의 후군이 되어 뒤따르
고 있다가 앞으로 나아가서 이여송의 장막에 이르렀다.

「…제독 이여송은 일어서서 장막 밖으로 나가려 하므로 여러
장수들이 좌우에 늘어섰다. 나는 힘써 간하기를 "이기고 지는
일은 병가에게는 항상 있는 일(兵家之常事)입니다. 마땅히 형세
를 보아서 다시 나아가셔야지 어찌 가볍게 움직이려 하십니
까?"라고 하니, 이여송은 말하기를 "우리 군사는 어제 적을 많
이 죽였으니 불리한 일은 없지만, 다만 이곳은 비가 온 뒤 진창
(겨울비가 왔고, 그 위를 말들이 지나갔기에 진창이 된 듯함)이 되어서
군사를 주둔시키기에 불편하므로 동파로 돌아가서 군사를 쉬게
하였다가 진격하려고 한다"고 하였다.」　　　　-〈징비록〉-

한성의 왜군은 20만?

「나와 여러 사람들이 (군사를 퇴각하지 말라고) 힘껏 반대하니,
제독은 자기가 이미 본국에 상주(上奏)한 글의 초고를 내어 보
이는데, 그 가운데 '서울에 있는 적병의 군사만 20여 만 명이
되니, 적병은 많고 우리 군사는 적어서 대적할 수 없으며…'
하는 구절이 있었고, 또한 말미에는 '신(臣)의 병이 대단히 심
하오니 다른 사람으로 임무를 대신하게 해주소서.' 하는 말이
있었다.

내가 "적병이 매우 적은데 어떻게 20만 명이나 있겠습니까?"라고 하니, 제독이 말하기를 "내가 어찌 알 수 있겠는가? 곧 너희 나라 사람이 한 말이다"라고 하였는데, 그것은 핑계의 말이었다.」
-〈징비록〉-

이여송은 한성의 왜군 규모를 '왜군 10만+조선 징병 10만'으로 본 것 같다. 이여송은 그 가운데 3만의 왜군 수비대가 벽제관 주변 야산에 매복하고 있다가 '조총수+사무라이+기마대에 의한 시스템식 공격'을 가해 왔기에 명의 선봉군이 낭패를 겪었다고 생각했다.

이 같은 왜군 수비대는 삼송리·구파발·홍제동 고개에도 배치되어 있었을 것이다. 때문에 이여송 군이 계속 진군했다면, 기마대가 주력인 이여송의 3만군은 한성에 이르기도 전에 신립의 8천 기마대처럼 궤멸적인 타격을 입었을 것이다.

이에 비해 유성룡은 '적병이 매우 적은데'라며 여전히 조선 쪽 정보관리 부재의 실상을 드러내는 발언을 했다. 벽제관에서 맞닥뜨린 왜군만 해도 3만 명 수준이었기에 이여송은 이러한 유성룡의 주장을 믿을 수 없었다.

조승훈의 평양성 공격 때에도 조선 측에서는 평양성의 왜군이 2~3천 명 정도라고 했다. 이 정보를 믿은 조승훈 군은 결국 큰 낭패를 당했는데, 명군 측은 그 후로 조선 측에서 제공하는 정보들을 불신하게 되었다.

이여송의 평양성 공격을 앞두고 명군 측은 고니시 군의 병력 규모를 가늠해 보기 위해 심유경으로 하여금 "추위에 고생하는 왜군 병사들에게 털모자(방한모)를 선물하겠다"는 제안을 하게 했다. 고니시 측으로부터 "1만 5천 개의 털모자가 필요하다"는 답변을 들은 명군은 결국 털모자 선물을 통해 왜군의 숫자를 확인할 수 있었다.

장세작이 화를 낸 이유

「명나라의 여러 장수들 중에서도 장제작(張世爵)이 제독에게 가장 강력하게 군사를 퇴각하자고 권했는데, 우리가 굳이 반대하고 물러가지 않는다고 하여 순변사 이빈을 발길로 차며 물러가라고 꾸짖었는데 그 말소리와 낯빛이 모두 사나웠다.」
-〈징비록〉-

순변사 이빈은 조선군 3천을 거느리고 뒤따르고 있었기 때문에 벽제관 전투에서 피해를 입지 않았다. 장세작은, 실제 전투에는 참여하지도 않은 겁쟁이들 주제에 말만 많다고 화를 냈던 것이다.

「이때 큰 비가 날마다 내렸는데, 또한 적군이 길가의 여러 산들을 불살라 모두 민둥민둥하게 풀 한 포기도 없었고, 더욱이 말에 병이 생겨 며칠 사이에 쓰러져 죽은 말이 거의 1만 필이나 되었다.
이날 삼영(三營: 명군)의 군사들이 임진강을 다시 건너와서 동파역 앞에 진을 쳤다가, 이튿날 동파로부터 또 개성부로 돌아가고자 하므로, 나는 또 힘써 반대하여 말하기를 "대군이 한 번 물러가게 되면 적군은 기세가 더욱 교만해지고, 우리의 원근(遠近) 지방의 인심이 놀라고 두려워하여 임진강 이북 지방도 또한 보전하지 못할 것이오니, 원컨대 잠시 동파에 머물러 있다가 적군의 틈을 살펴보고서 움직이도록 하기 바랍니다"라고 하니, 제독은 거짓으로 허락하는 체 하였으나, 내가 물러나오자 결국 개성부로 돌아갔고, 여러 진영들도 모두 개성으로 퇴각하였다.

단지 부총병 사대수(査大受)와 유격장군 관승선(貫承宣)의 군사 수백 명만 임진강을 지키고 있을 뿐이었다.

　나는 그래도 동파에 머물러 있으면서 날마다 사람을 제독에게 보내어 다시 진병(進兵)하기를 요청하였으나, 제독은 거짓으로 응답하기를, "날이 개고 길이 마르면 당연히 진병할 것이다"고 하였다. 그러나 실상은 진병할 의사가 없었던 것이다.」
-〈징비록〉-

　매일 큰 비가 내렸다. 말들이 병들어 거의 1만 필이나 죽게 된 것은 만주(요동) 지역 말들이 비가 많은 조선에 와서 풍토병에 걸렸던 것 같다. 아무튼 1만 필은 이여송 기마군의 절반에 해당하는 숫자이다. 그렇다면 그 같은 큰 비에 병사들의 건강인들 괜찮았겠는가. 왜군들이 퇴각하면서 마을 집들과 길가의 산들을 불태워버렸다. 때문에 비를 피할 곳도 없었다. 군용 천막이 있었겠지만 방수가 제대로 되지 않아 빗물이 줄줄 샜을 만큼 도움이 되지 못했을 것이다.

보급 지연으로 목이 베일 뻔한 사건

　「대군이 개성부에 도착한 지 오래 되어 군량이 이미 다 떨어졌는데, 다만 수로로 조(栗)와 마초(馬草)를 강화도에서 구해 왔다. 또 충청도·전라도의 조세로 바쳐진 양곡을 배로 운반하였는데 조금씩 조금씩 도착하였으나 오는 대로 곧 떨어져서 형세가 더욱 급해졌다.

　어느 날 여러 장수들이 군량이 떨어진 것을 핑계 삼아 제독

제14부 이여송 군의 벽제관전투

에게 군사를 돌이킬 것을 청하니, 제독은 노하여 나와 호조판서 이성중(李誠中), 그리고 경기 좌감사 이정형(李廷馨)을 불러 뜰 아래 꿇어앉히고 큰 소리로 꾸짖으면서 군법을 시행하고자 하므로, 나는 마음 속 깊이 사죄하기를 마지않았으나 곧바로 나라 일이 이 지경에 이른 것을 생각하며 나도 몰래 눈물을 흘렸다.

　제독도 민망하게 여겨서 다시 여러 장수들에게 노한 빛으로 말하기를 "너희들이 전 날에 나를 따라 서하(西夏)를 정벌할 때에는 군사가 여러 날을 먹지 못했지만 오히려 감히 돌아가자고 말하지 않고 마침내 큰 공을 세우지 않았던가! 지금 조선에 와서는 마침 며칠 동안 양식이 보급되지 않았다고 해서 어찌 갑자기 군사를 돌이키자고 하는가! 너희들은 가고 싶거든 가라! 나는 적군을 쳐 없애지 않고는 돌아가지 않을 것이며, 마땅히 말가죽으로 나의 시체를 싸서(馬革裹屍) 돌아갈 따름이다!"라고 하니, 여러 사람들이 모두 머리를 조아리며 사과하였다.

　나는 (제독과 작별하고) 문 밖으로 나와서 군량을 제 때에 보급하지 못한 죄로 개성 경력(經歷) 심예겸에게 곤장을 쳤는데, 곧 잇달아 군량을 실은 배 수십 척이 강화로부터 서강(西江)의 뒤편에 닿아 가까스로 무사하게 되었다. 이날 저녁에 제독은 총병 장세작을 시켜서 나를 불러 위로하였고, 군사에 관한 일도 의논하였다.」　　　　　　　　　　　　　　　－〈징비록〉－

전시작전 중에 군량과 마초 등을 제 때 보급하지 못한 죄는 참수형이 가해질 수 있는 중죄이다. 만약 이성중과 이정형이 명나라의 관리였다면 더욱 큰 문책을 받았을지도 모른다. 아무튼 아슬아슬하게 넘어갔다.

가토 기요마사 군이 평양을 공격한다?

「제독이 평양으로 돌아갔다.
　이때 적의 장수 청정(淸正: 가토 기요마사)은 아직 함경도에 있었는데, 어떤 사람이 말을 전하기를 "청정이 장차 함흥으로부터 양덕·맹산을 넘어 평양을 습격해 오려고 한다"고 하였다.
　당시에 제독은 북쪽으로 돌아갈 생각은 하고 있었으나 그 기회를 얻지 못하고 있었는데, 이 말로 인하여 공공연히 말하기를 "평양은 근본이 되는 곳이므로, 이곳(평양)을 만약 지키지 못하게 되면 대군이 돌아갈 길이 없게 될 것이니 평양을 구원하지 않을 수 없다"고 하고는 마침내 군대를 돌이켜 평양으로 돌아가고, 왕필적(王必迪)만 남겨 두어 개성을 지키도록 하였다.
　그리고 접반사 이덕형에게 이르기를 "조선 군대는 형세가 외롭고 구원병도 없으니 마땅히 모두 강(임진강) 북쪽으로 돌아오게 하라"고 하였다.」
　　　　　　　　　　　　　　　　　　　　－〈징비록〉－

　이 무렵은 가토 군이 평양성으로 쳐들어온다는 소문이 퍼져 있을 때다. 이에 선조는 평양으로의 남진을 중단하고 이일로 하여금 양덕과 맹산을 지키게 했다. 이여송은 조선의 이 같은 작전을 핑계 삼아 평양으로 후퇴했다. 그러나 이 무렵 유성룡은 임진강에 와 있었기에 이일 등의 양덕과 맹산 지역에 대한 수비전을 잘 모르고 있었다.

조·명군 간의 시각차

「이때 전라도 순찰사 권율은 고양군의 행주에 있었고, 순변사 이빈은 파주에 있었으며, 고언백·이시언 등은 해유령에 있었고, 원수 김명원은 임진강 남쪽에 있었다.

나는 종사관 신경진을 시켜 달려가서 제독을 보고 군사를 퇴각해서는 안 될 이유 다섯 가지를 말하게 했는데, 곧 "우리나라 선왕(先王)의 분묘들이 모두 경기도에 있는데 지금 적군의 점령지가 되어서 신(神)과 사람들이 함께 회복하기를 바라는 마음이 간절하므로 차마 버릴 수 없으니 이것이 그 첫째 이유요, 경기 남쪽에 남아 있는 백성들은 날마다 황제의 군대가 오기만을 바라고 있는데, 갑자기 물러갔다는 말을 듣게 된다면 다시는 굳게 지킬 생각이 없어져 서로 이끌고 적군에게로 돌아갈 것이니 이것이 그 둘째 이유요, 우리나라의 강토는 한 자, 한 치의 땅일지라도 쉽사리 버릴 수 없는 것이니 이것이 그 셋째 이유요, 우리나라의 장수와 군사들이 비록 힘은 약하지만 바야흐로 명나라 구원병에게 의지하여 함께 진격할 계획을 세우고 있는데 군대를 거두어 물러간다는 명령을 한 번 듣게 되면 반드시 원망하고 분개하여 흩어져 버릴 것이니 이것이 그 넷째 이유요, 대군이 한 번 물러간 후에 적병이 그 후방으로 쳐들어오게 되면 비록 임진강 북쪽 지방마저도 또한 보전하지 못할 것이니 이것이 그 다섯째 이유입니다"라고 하였더니, 제독은 아무 말 없이 듣고만 있다가 떠나가 버렸다.」 －〈징비록〉－

이여송은 유성룡의 이 같은 설득에는 큰 관심이 없었는데 나름대로는 다음과 같은 세 가지 이유가 있었다.

첫째, 병력 부족에 대한 고민이 있었다.

압록강을 건너온 명군은 약 5만 명이었지만 그 후 평양과 개성 등

지에 분산 주둔했고, 벽제관 패전 등의 여파로 한성을 공격할 병력
은 최대 3만 명 수준이었다. 이에 비해 한성의 왜군은 10만 명 수준
이라는 것이 이여송에게는 큰 부담이었다. 당초 압록강을 건너올 때
5~6만이 더 오기로 되어 있었다. 그래서 경략 송응창은 요동에 머
물면서 증원군의 파병을 독려하고 있었고, 이여송은 그 경과를 기다
려야 했던 것이다.

둘째, 요동의 기마군이 왜군 조총부대에 비해 열세에 있다는 것을
알았다.

벽제관 전투에서 요동의 기마대가 왜군 조총부대의 밀집사격에
취약하다는 것을 깨달았고, 말들이 풍토병으로 반 정도나 죽었다.
그 와중에 가토(加藤清正) 군의 조총부대가 평양성을 공격할 것이라
는 소문이 전해지자 명군으로서는 그나마 보유하고 있는 조총부대
를 평양성과 개성 등지의 수비전에 투입해야 한다는 고민을 하게 된
것이다.

셋째, 명·왜 간의 강화회담에도 신경을 써야 했다.

조선 조정과 유성룡의 안중에는 강화회담이 없었다. 그러나 명·
왜 간에는 강화회담이 진행되고 있었기 때문에 그에 대한 성과를 위
해서도 작전에 신중을 기해야 했다.

2. 〈선조실록〉으로 보는 벽제관전투

조선군 보초병의 거짓 보고

「접대도감(接待都監)에서 보고하였다.

"오늘 남방 군사의 천호(千戶) 오유산(吳惟珊)이 군사 징발에 관한 문제로 지나가던 길에 말하기를 '지난달 27일 정오에 관군(명군)이 귀국 초병(哨兵)의 허튼 보고에 속아서 왜적은 이미 물러가고 경기 지방은 텅 비었으려니 생각하고 군사를 거느리고 앞으로 나아갔었다. 그런데 왜적이 미리 매복하고 있었으므로 길이 끊기고 포위당하여 습격을 받았다. 그리하여 왜적을 참수하기는 겨우 1백 20여 명 했는데, 대국 군사의 사상자는 1천 5백여 명이나 되었다. 제독은 지금 임진강 가에 머물고 있는데 눈이 저렇게 내리니 반드시 개성으로 후퇴하여 주둔할 것이다'고 하였습니다. 오유산은 바로 원 주사(袁主事: 袁黃)가 뽑아보낸 정탐꾼입니다. 남방 군사들은 제독과 사이가 나쁘므로 그의 말이 틀림없으리라고 믿기는 어려우나, 그가 말한 바로는 그러했습니다.

그리고 또 말하기를 '장수가 죽은 것은 14명인데 성명은 아직 모르겠고, 우리 군사 가운데는 사상자가 하나도 없다'고 하였습니다." －〈선조실록〉(1593. 2. 5.)－

'경기는 텅 비었다'고 거짓보고를 했다고 한다. 그 초병이 가보지도 않고 거짓말을 했는지, 그 초병도 속았는지, 아니면 왜군의 병력이 많다고 하면 명군의 진격이 멈춰질 것을 우려해서 거짓말을 한 것인지 확실치는 않다. 하지만 세 가지 모두 가능성이 높은 가정이다.

천리 밖에서 지휘하는 선조 임금

「사간원에서 건의하였다.

"평양성을 평정한 뒤부터 큰 나라 군사가 파죽지세로 전진하였으나 성공을 하지 못한 것은 단지 마초와 군량을 계속 공급받지 못했기 때문입니다.

호조판서 이성중(李誠中)은 시종 이 업무를 담당하면서 전하의 지시를 여러 차례 받았으나 일 처리에 재능이 부족하여 미리 조처하지 못하였고, 일이 급하게 되어서야 직접 감독하겠다고 요청하였지만, 운반을 독촉한 보람이 별로 없었습니다. 심지어는 휴정(休靜: 서산대사)의 승군(僧軍)까지 까닭 없이 놓아 보내고 일을 시키지 않았으며, 형편이 급박하게 되었는데도 급보를 올리지 않았으니 크게 잘못하였습니다. 이성중의 과오를 추궁하고 본 도 및 황해도의 승군을 급히 선발하여 힘을 합해 운반하도록 하기 바랍니다."

임금이 그 의견을 따랐다.」　　－〈선조실록〉(1593. 2. 5.)－

평양성 수복 전후부터 조선군에는 총진군령이 내려져 있었다. 그런데 총진군령 발동의 주체인 선조는 한성으로부터 천리 밖이나 떨어진 거리에서 조선군을 지휘하고 있었다. 때문에 임금의 명령은 제대로 이행되지 않았고 승병부대가 무단 해산되는 등 숱한 작전상의 차질을 빚었다.

「비변사에서 건의하였다.

"지금 이덕형의 장계를 보니, 김응서는 자기의 군사를 모두 거느리고 군량과 말먹이를 운반하도록 하라는 지시를 받고서도 지금까지 1섬도 도착한 것이 없다고 합니다. 여러 장수들이 명을 따르지 않음이 이렇게도 심하니 매우 통분하옵니다. 김응서

한테서 가선대부의 품계를 빼앗은 다음 이원익으로 하여금 그를 잡아와 군영에서 엄중하게 형장을 친 다음, 군량 운반을 독려하기 위해 급히 달려가게 하라고 지시를 내리는 것이 마땅할 것이옵니다."」　　　　　　　－〈선조실록〉(1593. 2. 5.)－

비변사에서는 김응서가 군량미를 운반하라는 명을 받고도 실적이 없으니 벼슬을 빼앗고 곤장을 때려야 한다고 주청하고 있다. 그런데 〈징비록〉에는 '김응서 등이 거느린 군사들이 곡식을 운반' 했다고 기록되어 있다. 즉, 행재소가 천리 밖에 떨어져 있었던 탓으로 사실 관계를 잘 모르고 탄핵을 한 것이다.

「비변사에서 건의하였다.
"도원수 김명원의 장계를 보니, 이 제독이 벽제에 갔다가 두 파총(把摠)이 희생당하자 동파로 물러나 뒤따라오는 군사를 기다리고 있다고 하였습니다. 우리나라의 장수로서 따라간 사람은 고언백 등 몇 명뿐입니다. 김응서는 싸움을 잘하는 용맹한 장수인데 애당초 원수가 순찰할 때 데리고 가지 않았으니 그 의도를 모르겠습니다. 김응서로 하여금 수하의 친병(親兵) 약간 명을 거느리고 제독의 군대보다 앞서 가서 협력하여 적을 소탕하게 하라고 이원익에게 지시를 내려 그가 잘 헤아려 처리하게 하소서."」　　　　　　　－〈선조실록〉(1593. 2. 5.)－

'김응서를 당초 원수(김명원)가 대동하지 않은 것' 은 그 이전에 김응서가 왕명에 의해 군량미 운반을 맡았기 때문이다. 그런데 비변사에서는 김응서의 군량미 운반 실적이 없다며 삭탈과 곤장까지 주청하고서는 같은 날 같은 비변사에서 왜 또 이 같은 주청을 하고 있을까?

하나는 병조판서 이덕형(평양 주재)의 장계를 근거로 주청한 것이고, 다른 하나는 도원수 김명원(개성 주재)의 장계를 근거로 주청한 것이다. 비변사가 두 곳에 있는 것도 아닌데도 이러한 일이 생긴 것은 행재소가 천리 밖에 있었던 탓에 군사 정보가 난맥상이 되었기 때문이다.

「비변사에서 건의하였다.

"전날 제독이 평양에 있을 때 통역관에게 말하기를 '국왕이 만약 안주로 온다면 여러 신하들은 반드시 모두 마음을 쓸 것이다'고 하였습니다. 이것으로 본다면, 중국 장수들은 조정이 한 귀퉁이에 멀리 떨어져 있는 것을 불편하게 여기는 것 같습니다. 사람들은 혹 '북쪽의 왜적이 뒤에 있으니 급히 앞으로 나아가는 것은 옳은 계책이 아닌 것 같다'고도 하지만, 아마도 그렇지는 않을 듯합니다. 북쪽의 왜적이 다시 기승을 부린다 하더라도 만약 황해도 이동(以東)으로 나아가 머무신다면 그래도 앞으로 나아갈 길이 있겠지만, 만약 이곳에 머물러 계시다가 동쪽으로 나가는 길에 적들이 꽉 들어차게 된다면 그 근심은 더욱 커질 것이니, 신들의 생각으로는, 제독의 의견에 따라 빨리 앞으로 나아가시는 것이 무방할 듯합니다."」

-〈선조실록〉(1593. 2. 5.)-

대신들은 선조에게 이여송의 공문대로 남진할 것을 주청했다. 그러나 선조는 '가토 군 공포증'을 떨쳐내지 못하고 끝내 이여송의 요청을 거절했다.

굶주린 조선 백성을 구한 이여송

「처음에 이 제독은 평양을 되찾고 승승장구하였다. 정월 10일 밤에는 개성부에 들어가 그곳 사람들이 굶주리는 것을 보고 은(銀) 100냥과 쌀 100섬을 내어 장세작을 시켜 나누어 주어 구제하게 하고, 패문(牌文: 공문)으로 유정(劉綎)의 군사에게 진군할 것을 독촉하였다.」　　　　　－〈선조실록〉(1593. 2. 5.)－

이여송이 굶고 있는 개성 사람들을 구제한 것은 전략적으로 중요 후방 지역인 개성을 안정시키고, 안정시킨 후 장정들을 뽑아 군대와 보급부대를 강화하려는 군영 經·營의 일환이었다. 이 같은 군영 經·營은 선조가 실천했어야 했지만, 선조는 여전히 천리 밖에 머물러 있었다.

벽제역-벽제관-해음령의 대혈투

「26일, 임진강 하류로부터 여울을 건너가서 파주에 나아가 자리를 잡았다.
　27일 이른 아침에 제독은 직접 수도로 가는 도로 형편을 살펴보기 위해 자기 혼자 말을 타고 벽제를 향해 달려갔다.
　이때 수도에는 아직 수만 명의 적들이 있었는데, 제독은 먼저 사대수(査大受)·조승훈이 거느리는 정예 기병 3천여 명과 우리나라의 방어사 고언백을 파견하였는데, 영서역(迎曙驛) 앞에서 적과 마주쳐서 사대수와 고언백이 군사를 풀어 급습하여 적을 6백여 명이나 죽이거나 생포하였다. 여러 장수들은 이로 인하여 더욱 적을 우습게 여겼다.

적장은 자기 선봉이 사대수에게 격파되었다는 소식을 듣고는 전군을 다 모아서 여석현(礪石峴)에 와서 진을 쳤다.

사대수는 적병의 형세가 대단한 것을 보고 벽제로 물러나 진을 쳤는데, 적병은 산과 들에 널려 점점 더 가까이 압축해 왔다.

제독은 한창 행군하던 중 길 위에서 고언백의 군관을 만나 적의 형세를 자세히 듣고는 벽제로 달려가다가 길에서 말이 거꾸러지는 바람에 땅에 굴러 떨어져 뺨을 다쳤다. 이때 남방의 절강 포수들은 아직 한 사람도 도착하지 못하였고 다만 수하의 정예 기병 1천여 기(騎)만 있을 뿐이었다.

제독은 즉시 이미 도착한 군사들을 지휘하여 앞으로 나가서 들에 진을 치고 적과 대치하고 먼저 신기전을 쏘았다. 처음 한 차례의 싸움에서는 적들이 약간 물러섰으나 이미 큰 나라 군사의 숫자가 적은 것을 보았으므로 좌우로 흩어져 나오면서 죽음을 무릅쓰고 돌격하여 곧바로 중앙의 정예부대를 공격해 왔다. 큰 나라 군사들은 무기와 갑옷, 투구도 전혀 없었으므로 맨손으로 싸웠다. 제독이 수하의 날랜 장수 수십 명과 함께 직접 말을 달리면서 쏘아댔으나 형세가 지탱할 수 없게 되어 군사들을 지휘하여 네 번이나 퇴각하였다. 제독이 뒤에 서서 돌아올 때 적 3천여 명이 곧장 제독에게 육박해 왔다. 제독은 쏘면서 물러서곤 하였다.

적군이 마침내 승리의 기세를 타고 마구 살상하니, 명나라 군사들은 수백 명이나 죽었다. 이비어(李備禦)와 마천총(馬千摠)이 다 적에게 죽었으므로 제독은 말에서 내려 통곡하였다. 벽제에 두었던 우리나라의 군량은 거의 다 산실(散失)되었다.

이에 앞서 제독은 군량이 넉넉지 못하다고 해서 군사를 갈라서 그 반은 동파에 머물러 있게 하고 반은 강을 건너게 하였는데, 이때에 와서 형세가 급하게 되자 황급히 사람을 보내어 재촉해 불렀으나, 뒤에 머물러 있던 군사가 겨우 옹암(瓮巖)을 지났을 때 앞의 군사는 이미 패해서 돌아왔다.

적들은 혜음령까지 추격해 왔다가 대군이 있는 것을 바라보고는 감히 고개를 넘지 못하고 도성으로 달아나버렸다.

이때 명나라 군사는 멀리서 오느라고 지쳤고, 또 말들이 돌림병에 걸려서 군마가 1만 2천여 필이나 죽었으며, 벽제에서 패하게 되자 사상자가 아주 많았다. 얼마 후에 청정이 함경도로부터 돌아와 수도에서 진을 합쳤으므로 적의 기세가 더욱 왕성해졌는데, 이 때문에 제독은 감히 다시 칠 생각을 하지 못하였다.」   -〈선조실록〉(1593. 2. 5.)-

'말들이 돌림병에 걸려서 군마가 1만 2천 필이나 죽었다' 고 했는데, 보유 마필의 50% 수준이다. 이 정도라면 요동 기마대는 회복하기 어려울 만큼 대 타격을 받은 것이다.

원려(遠慮)를 하지 않은 사람은 선조 자신

「임금이 승정원에 지시하였다.

"북쪽에 있는 왜적은 사람의 등에 난 상처와 같으므로 제때에 섬멸하지 않으면 안 될 것이다. 그런데 비변사에서는 오직 놈들이 물러갈 날짜만 기다리고 있으니, 호응하고 협력하는 조치가 충분하지 못한 것 같다. 나는 속병을 앓고 있는 사람이기에 혼자서만 깊이 근심하고 있다. 이일(李鎰), 김응서 두 사람 가운데 한 사람을 북도방어사로 삼아 들여보내는 것이 좋을 것이다. 만약 큰 나라 장수가 물으면 형세를 솔직히 말해준들 무슨 해로울 것이 있겠으며, 그렇다고 나를 나무라겠는가.

송 경략에게 빨리 그 형세와 사유를 자세히 설명하고, 군사를 청하여 북도로 들어가 공격하거나 혹은 길을 차단하거나 하는 것이 좋을 것이다.

대체로 적이 평양성에서 한 번 패해서 도망친 뒤로부터는 원려(遠慮: 다가올 일에 대비하는 생각)를 하지 않고 각처에 진을 치고 있던 군사들이 일시에 해산하니, 수많은 군사들과 승군들이 어디로 갔는지 모르지만 원수도 지휘하지 않고 조정에서도 그 까닭을 따져보지 않으면서 생각조차 하지 않고 있으니, 참으로 한심한 일이다."」　　　　　　　-〈선조실록〉(1593. 2. 6.)-

가토 군의 공격에 대비하여 이일이나 김응서를 보내라고 하였는데, 선조의 '가토 공포증'은 계속되고 있다. 선조는 이 같은 조치가 명군에게 무슨 방해가 되겠느냐고 했지만, 이여송은 이를 핑계 삼아 평양으로 퇴각했다.

'원려를 하지 않고 각처에 진을 치고 있던 군사들이 일시에 해산하니…' 라는 말은 평양성의 외곽을 포위하고 있던 의병·승병·관군들이 평양성 전투 후 뿔뿔이 흩어져 귀향했음을 말한다. 평양성 탈환 후 조선 조정에서는 평양성에 조선군 사령부를 설치해서 이들을 지휘하고 보급품을 공급해 주었어야 했다.

전쟁 경험이 많았던 이여송은 조선 조정에 이 같은 역할을 요청했지만 선조는 남진을 거부했고, 이는 외곽 부대들의 자진 해산을 방치하는 결과를 낳았다. 이렇게 정리해 보면 '원려를 하지 않은 사람'은 선조 자신이었다.

3. 남진을 둘러싼 군신(君臣) 간의 공방

「접대도감(接待都監)에서 보고하였다.
"오늘 송 시랑이 보내온 가정(家丁) 정자화(程子化) 등 4명이 단단히 봉인한 문서 한 통을 가지고 왜적을 평정하는 이 제독에게로 급히 갔습니다. 그들이 동쪽으로 가는 이유를 물었더니, 자화가 대답하기를, '제독이 전날 군사를 더 징발해 달라고 요청하였기 때문에 경략이 이미 남방 군사 6만 명을 징병하여 밤을 새워가며 오는데, 이달 9일에는 반드시 산해관을 통과할 것이고 월말에는 이곳에 도착할 것입니다. 그래서 제독에게 보고하러 갑니다' 라고 하였습니다."」 -〈선조실록〉(1593. 2. 6.)-

이여송은 자신이 보유한 3만 명의 군사들로는 한성 수복이 어렵다고 판단했고 이를 송응창에게 보고했다. 이에 명나라는 화약무기 중심으로 편성된 '남방 군사 6만 명'을 추가로 투입하려고 했다. 하지만 그 후 행주산성에서 패한 왜군이 남으로 퇴각하면서 추가 파병은 이루어지지 않았다.

「강원도 감사 강신(姜紳)이 급히 보고하였다.
"북도에 있던 왜적 4~5백 명이 철령(鐵嶺)을 넘어 회양으로부터 추지령(楸池嶺)을 넘어와서 불의에 통천(通川)으로 들이닥쳤다고 합니다. 이는 틀림없이 북도에 있던 적들이 평양과 개성의 왜적이 소멸 당했다는 소식을 듣고는 감히 서울로는 가지 못하고 영동(嶺東)으로부터 남쪽으로 내려가려는 계책일 것입니다."」　　　　　　　　　　　　-〈선조실록〉(1593. 2. 6.)-

고니시 군이 평양과 개성에서 패퇴하자 가토 군도 퇴각할 준비를 하고 있었다. 그러나 선조는 '가토 공포증'에 젖어서 가토 군의 움직임을 파악하지 못했다.

「비변사에서 건의하였다.
"이제 들으니 양 총병(楊摠兵: 楊元)이 제독의 군중으로부터 올라오는데 군량과 마초를 공급하지 못하여 군사 일이 많이 잘못되어가고 있으므로 군사를 철수하는 문제를 송 경략에게 문의하여 결정하려 한다고 합니다. 나라의 존망에 관한 문제가 이번 걸음에 달렸으니 사정이 매우 급박합니다.
신들의 생각으로는 전하께서 양 대장을 직접 만나 친히 나아가서 군량과 마초의 운반을 독촉하겠다는 뜻과 군사를 철수하면 안 된다는 뜻을 간곡하게 말씀드린 다음, 그 길로 삼현(三縣: 삼화, 강서, 함종) 근처로 나아가 군량과 마초의 운반을 독촉하는 한편, 직접 나아가 운반을 독려하겠다는 뜻으로 제독에게 자문(咨文)을 띄운다면 아마 제독의 군중에서도 우리나라에 대한 노여움과 의혹이 조금은 풀릴 것입니다."
임금이 말했다. "알았다. 일이 급박하다는 뜻을 좌의정에게 일러주어 평안도, 황해도의 군량을 독촉하여 운반하게 하라"」
　　　　　　　　　　　　-〈선조실록〉(1593. 2. 7.)-

이여송 군은 보급 지연 문제로 요동으로 돌아가겠다고 하였다. 조정 대신들은 이를 국가의 존망이 걸린 중대 사안으로 보고 선조에게 '삼현 근처로 나아가 운반을 독려한다면 이여송 군의 노여움이 풀릴 것'이라고 주청했다. 하지만 가토 군에 대한 두려움을 떨쳐내지 못한 선조는 윤두수를 대신 보내 군량미 운반을 독려토록 하라고 하였다.

만약 선조가 이여송이나 조정 대신들의 요청대로 조정을 이끌고 삼현으로 나아가 머물렀다면, 우선 각종 사항들에 대한 임금의 결재가 신속히 이루어졌을 것이다. 또 임금을 대동한 최소 100여 명 정도의 관리들이 수습활동을 지휘할 수 있었을 것이기에 효과적인 전시 지원 체제를 확립할 수 있었을 것이다. 하지만 몇 사람의 관리만을 대동한 윤두수가 임금을 대신하여 삼현으로 갔다.

「비변사에서 재차 건의하였다.

"정승들이 군량 운반을 독촉하는 일은 이미 유홍(俞泓)과 유성룡이 하고 있으나 그래도 잘 되지 않습니다. 꼭 전하께서 직접 나아간 다음에야 명령이 쉽게 통하여 군사와 백성들이 우러러 보고 명령을 따를 것이며 또한 모두들 놀라워서 일을 부지런히 하며 감히 태만하지 않을 것입니다.

이뿐만이 아닙니다. 전에 제독이 평양에 있을 때 '국왕이 만약 안주로 온다면 모든 신하들이 반드시 다 마음을 쓰게 될 것이다'라고 한 말로 보더라도 그의 뜻을 알만합니다.

이제 만약 여기에 머물면서 다만 신하들만 보내어 군량 운반을 독촉하게 한다면 모든 군사들의 노여움을 풀 수가 없을 것입니다. 명나라 군사와 말들이 우리나라의 변고 때문에 죽고 병들고 다친 것이 만 명이나 천 명 정도만이 아닙니다. 그런데 결국 군량과 마초를 공급하지 못하여 한없이 낭패를 보고 있는데도 전하께서는 먼 곳에 머물러 계시면서 나아가시지 않으니 매우 거북한 일입니다.

그리고 제독이 만약 군사를 철수하여 돌아간다면 우리 신하들로서는 그대로 머물러 있어 달라고 요청하기도 어려울 것 같습니다. 전하께서 가까운 곳에 나아가 머무신다면 또한 형세를 보아 손을 쓸 수도 있을 것입니다. 나라의 존망이 이번 조치에 달려 있으므로, 황공하오나 재차 문의 드립니다."

임금이 말했다. "이러한 때에 나더러 어디로 가라는 것인가? 유 원외(劉員外)와 동 참장(佟參將)은 내가 정주에 와 있는 것도 나무라는데 하물며 다른 곳으로 가겠는가. 나를 독촉하지 말고 밖에서 살펴서 해야 할 모든 일들이나 더욱 힘쓰도록 하라."」

-〈선조실록〉(1593. 2. 7.)-

비변사는 다시 '전하께서 직접 나아간 다음에야 명령이 쉽게 통할 것' 이라고 했다. 이에 대해 선조는 '전날 유 원외(劉黃裳)와 동 참장(佟參將) 등은 내가 정주에 와 있는 것도 나무랐다' 고 반론했다. 선조가 말한 '전날' 은 지난 1월 평양성 탈환전인데, 상황이 달라진 이 무렵까지 그때의 말을 인용하면서 천리 밖에 있을 것을 고집하고 있다.

명군 퇴각에 대한 조·명 간의 입장 차

「도체찰사 유성룡이 급보를 올렸다.
"어제 제독이 개성부로 돌아가 군사들과 말을 조금 쉬게 하려고 하기에, 신이 이덕형(李德馨)과 함께 여러 가지로 간절히 말했습니다. 대군이 한번 물러나면 민심이 흩어진다고 하였더니, 이제독은 성을 내면서 말하기를, '나는 군사들을 쉬게 했다가 다시 진격하려고 할 뿐이다. 어찌 물러갈 생각을 하겠는가? 그대들은 어찌하여 사세도 모르면서 이렇게 시끄럽게 말하는가?' 하고는 그대로 정지하여 머물러 있었습니다.

초저녁에 통역관(通事)을 불러서 곁에 있는 사람들을 물리친 다음, 나아가서 공을 세울 계책을 은밀히 말해 주었는데 그 말이 아주 자세하였습니다. 그리고 또 말하기를 '정월(正月)은 본래 나의 운수가 불길했는데 그것이 맞아 떨어져서 이번에 내가 말에서 떨어졌으며 또 적을 치는 데도 불리하였다. 반드시 다음 달에 가서야 군사를 전진시킬 수 있을 것이다. 작은 나라 신하에게 이 말을 전하되 자기만 알고 있고 다른 사람에게는 누설하지 말도록 하라'고 하였습니다.

오늘 군사와 말들이 많이 죽었으므로 직접 제사를 지내고는 마침 날씨가 약간 음침해지자 제독이 사람을 보내어 말하기를 '비가 오면 이곳에는 집이 없어서 머물 수가 없다. 개성으로 돌아가 군사들을 쉬게 한 다음 전진하겠다'고 하였습니다. 조금 더 머물러 있기를 청했으나 끝내 듣지 않고 단지 남방 포수들만 강변에 머물러 있게 하고 군사와 말들은 다 개성부로 돌아가게 하였으니, 무슨 의도인지 모르겠습니다."」

-〈선조실록〉(1593. 2. 7.)-

이여송이 '그대들은 사세를 모른다'고 한 것은 앞에서 살펴본 유성룡의 (명군이 퇴각해서는 안 되는) 다섯 가지 이유와 이여송의 (퇴각해야 하는) 세 가지 이유 간의 입장 차이에서 비롯된 것이다.

'정월(正月)은 본래 나의 운수가 불길했다'는 말은 당시의 정서로 보면 충분히 납득이 간다. 또 '군사와 말들이 많이 죽었으므로 직접 제사를 지냈다'고 했는데, 이여송의 입장에서는 응당 제사를 지내고 명복을 빌어주는 것이 지휘관으로서의 책무이자 인간적인 도리였다.

'남방의 포수들만 강변에 머물러 있게' 하였는데, 왜군의 보병·기병·조총수들을 화약무기를 사용하여 방어하게 한 것이다. 또 북방의 기마대는 말을 잃었기 때문에 보병으로 재편성해서 훈련을 하고 있는 중이었다.

이상과 같이 정리해 보면, 이여송과 유성룡 간에는 의견 차이가 날 수밖에 없었다. 그래서 이여송은 '그대들은 사세를 모른다'고 했고, 유성룡은 '다 개성부로 돌아가게 하였으니 무슨 의도인지 모르겠습니다'라고 한 것이다.

남진 대리론(代理論)의 문제를 제기한 비변사

「비변사에서 건의하였다.

"어제 세자를 앞으로 나아가 머물러 있게 하라는 지시를 내렸습니다. 신들이 여러 관리들과 더불어 거듭 토의한 결과 모두들 몹시 난처하다고 하였습니다.

당초 신들이 전하에게 앞으로 나아가실 것을 청한 기본 이유는 제독에게 사의를 표하자는 데도 있었지만 또한 주선하실 일도 없지 않기 때문이었습니다.

세자로 말하자면, 전에 분조(分朝)를 맡아볼 때에도 매사에 겸손하여 중대하지 않은 일도 모두 품의하여 시행하려고 하여 긴급한 일에 부딪히면 제때에 대응하지 못하여 지장이 많았습니다.

그리고 전날 따라다니던 재상들은 이미 다 흩어져 갔고 단지 한두 사람이 남아 있을 뿐이며, 행조(行朝)에서 호종하는 재상 반열에 있는 사람 역시 몇 명 되지 않습니다. 이 때문에 분조의 체모를 갖추기가 어렵습니다.

사세가 이와 같을 뿐만 아니라 세자가 멀리 갈라져 있는 것이 미안하다는 점은 신들이 전에 이미 다 말씀드렸습니다."」
−〈선조실록〉(1593. 2. 8.)−

비변사에서는 세자가 대리로 남진한다면 '긴급한 일에 부딪히면 제때에 대응하기 어렵다' 면서 반대했다.

「비변사에서 건의하였다.
"군량과 마초를 운반하는 일과 관련하여 계책이란 계책은 다 써보았고 생각이란 생각은 다 해보았으나 더 이상 손을 써볼 대책이 없습니다. 다만 얼마 전에 무과에 급제한 사람들이 거의 4천 명에 이르는데, 이 사람들은 화살을 한 번 쏘아 맞춰 과거에 급제하고는 물러가 편안히 집에 앉아 있습니다. 군사로서 싸움터에 나가 있는 자들을 제외하고 그 나머지는 모두 군량 20말씩을 순안, 평양으로부터 곧바로 제독의 군영까지 운반하게 하기 바랍니다."」　　　−〈선조실록〉(1593. 2. 8.)−

군량이 부족한 것도 문제였고, 쌓아둔 군량미를 운반하는 것도 어려운 문제였다. 육로 길은 눈 때문에 길이 얼거나 진창이 되었기에 달구지는 물론이고 지거나 이고서 옮기기도 어려웠다. 해로(海路) 길도 얼어붙은 곳이 많았다.

무과에 급제한 4천 명이 집에 들어가 편안히 앉아 있었다는 사실로 보아 행정력 마비의 실상을 보는 것 같다. 또 그 인력을 순안, 평양에서 제독의 군영까지 군량미를 운반하는 인부로 사용하려는 대책 또한 문제다.

함경도 식민지화 經·營에 실패한 가토 군

「병부(兵部: 명나라 병부)에 자문(咨文)을 보냈다.

"이달 4일에 함경도 관찰사 윤탁연(尹卓然)과 평안도 좌방어사 이일(李鎰) 등이 연이어 올린 급보에 의하면, '덕원부사 등 관리들과 김신원(金信元) 등이 연이어 올린 급보를 자세히 보건대, 영흥(永興: 함경남도) 이남의 각처에 주둔하고 있던 적들이 모두 각각 무리를 거느리고 함흥부로 향해 갔는데, 틀림없이 힘을 합쳐 서쪽으로 나아갈 계책일 것입니다'고 하였습니다.

이것을 보고 가만히 생각하건대, 본 부 및 서쪽으로 뻗은 산령(山嶺)의 길목을 파수하는 군사들이 아주 적고 약하여 결코 지켜내기 어려울 것 같습니다.

내가 생각하건대, 하늘의 징벌이 문득 가해져 평양이 이미 회복되고 여러 도에 있는 왜적들이 이미 다 넋을 잃었으니, 함경도에 머물러 있던 적들은 사지(死地)에서 벗어나 도망가기에도 겨를이 없을 터인데, 원래 남도에 와 있던 왜적들이 평양의 적들이 패했다는 소식을 듣자 모두 다 북쪽으로 가서 함흥부에 모여드니 그들의 흉악하고 교활한 모략은 헤아리기가 어렵습니다.

지금 수많은 군사들이 승승장구하여 곧바로 수도에 있는 적을 치고 있으므로 평안도와 황해도의 정예 군사들은 모두 싸우러 나가고 늙고 약한 군사와 백성들만 본 도 각처에 남아 있습니다. 적이 만약 그것을 알고 빈틈을 타서 마구 쳐들어와 대군의 뒤를 쳐서 끊는다면 큰 나라 군사는 깊이 들어가 앞뒤로 적을 맞게 될 것이니 참으로 작은 걱정이 아닙니다.

 귀부(貴部: 명나라 병부)에서는 현재의 이러한 사태를 잘 살피어 해당 장수들에게 알리고, 군사를 선발 조절하되, 즉시 남방 군사의 포수 2~3천 명을 배정하여 평안도에 주둔시킴으로써 먼저 근거지와 요해처를 굳건히 지키게 하고 우리나라 군사와 함께 적이 모여 있는 곳으로 전진하여 기미를 보아 소탕하도록 하기 바랍니다."」 -〈선조실록〉(1593. 2. 8.)-

 윤탁연(尹卓然)·이일·김신원 등은 맹산과 양덕 일대에서 가토 군의 서진에 대비하고 있었다. 그런데 왜군들이 함흥으로 집결하는 것을 보고 '서쪽으로 향할 계획임이 확실하다'고 장계를 올렸다. 선조는 이 같은 장계에 근거해서 명나라 병부에 남방 군사 2~3천을 평안도에 주둔시켜 함경도에 집결한 왜군들의 평양성 공격에 대비하게 할 것을 요청했다.

 「함경도 소모사(召募使: 모병 담당 특사) 강찬(姜璨)이 급보를 올렸다.

 "본 도의 왜적들은 길주(吉州) 이남의 각 고을에 머물러 있었는데, 영흥에 머물러 있던 왜적 8백여 명은 지난 17일 함흥으로 향했고, 문천에 머물러 있던 왜적 수천여 명이 교대하여 영흥을 지키고 있습니다. 정평에 있던 왜적 역시 관청 건물들을 모조리 불태워버리고 함흥에 있던 적과 합쳤습니다.

 안변에 있던 적들은 두 왕자와 황혁(黃赫)을 데리고 덕원·고

원·영흥을 거쳐 곧바로 함흥으로 갔고, 교대하여 영흥을 지키고 있던 왜적들은 사방으로 나와서 약탈을 하고 있습니다. 망경루(望京樓) 아래에 쌓아 두었던 적의 군량은 계속 고원으로 운반하고 있으니 그 흉악한 꾀를 헤아릴 수 없습니다."」

-〈선조실록〉(1593. 2. 8.)-

가토 군이 길주 이남의 각 고을에 머물러 있었던 것은 정문부(鄭文孚) 등의 민·관병의 공격을 받아 길주 이남으로 쫓겨 내려왔기 때문이다. 또 '관청 건물을 모조리 불태운 것'은 산악지대로 형성된 함경도 지역의 식민지화 經·營이 어렵다는 것을 알고 철수 준비를 하는 과정에서 있었던 일이다. 그러나 조선 측은 이 같은 동태를 전혀 읽어내지 못했다.

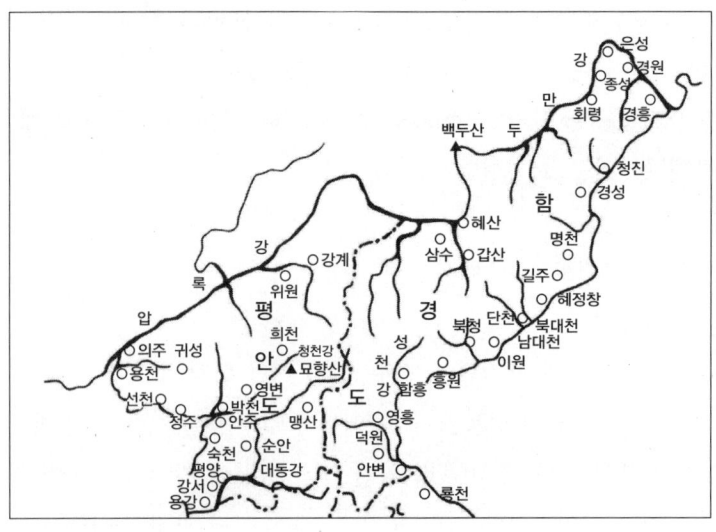

「비변사에서 건의하였다.

"사헌부에서 건의한 강계의 토병과 원주민 금군(禁軍: 조정의 금군으로 근무할 예비군)들을 남김없이 징발하여 설한령(雪寒嶺)을 방어하는 일은 이미 거행하였습니다. 그리고 각 고을의 산쟁이 (山尺: 산에서 살아가는 사람)도 그 수가 수백 명을 밑돌지 않는다고 합니다.

이번에 건의한 대로 낱낱이 찾아내야 하겠으나, 이일이 벌써 설한령 아래로 간 상황에서 이제 만약 장수 한 명을 또 보낸다면 그저 더 소란스럽기만 할 뿐이니, 이일에게 공문을 띄워 알려주도록 해야 할 것입니다. 평양과 개성의 장사꾼들로 마소를 가지고 있는 자들과 들어가 농사를 짓는 백성들, 여러 급의 관리들 따위도 홍세공(洪世恭), 황섬(黃暹), 윤형(尹洞)을 시켜 찾아내어 곡식을 운반하게 하고, 홍세공 등으로 하여금 겸하여 민간의 곡식을 모집하게 하기 바랍니다."」

−〈선조실록〉(1593. 2. 9.)−

함경도의 왜군들이 평양성을 공격해 올 것에 대비하여 이일 등이 '설한령−맹산−양덕을 잇는 낭림산맥 방어선'을 막아서고 있는 상황이다.

"평양으로 진군하라!"는 명나라 신종

「시랑 송응창이 우리나라에 자문(咨文: 공문)을 보내왔다.
"왜놈들이 조선을 점거하고 중국을 침범하려고 몰래 꾀하여 조선의 임금과 신하들이 종묘사직을 잃고 수도를 떠나 강가에서 구원을 바라고 있다는 병부의 요청에 근거하여, 우리 황제께서는 공순(恭順)한 속국을 불쌍히 여기시어 장수를 임명하고 군사를 일으켜 국경을 넘어 토벌하라고 하였습니다.
　대군이 평양에 이르자마자 한번 북을 크게 울려 평양을 회복하였습니다. 전후하여 계속된 보고에 의하면, 대략 사로잡거나 죽인 왜적이 1천 6백여 명이 넘고, 그 외에 불에 타서 죽고 물에 빠져 죽은 자도 만 명이나 되니, 중국의 위엄은 이미 크게 떨쳤습니다. 그러나 평양을 이미 찾았으니 방비를 엄하게 해야 할 것입니다.
　황제께서는 '그런데도(평양을 수복하였는데도) 어찌 조선의 임금과 신하들은 전과 같이 떠돌아다닌다는 말인가. 조선 국왕으로 하여금 평양에 돌아가 있도록 타이름으로써 한편으로는 큰 나라 조정이 작은 나라를 사랑하는 어진 뜻을 보이고, 다른 한편으로는 작은 나라 백성들이 임금을 위하는 뜻을 결속시키도록 하라' 고 하셨습니다.
　조선 국왕은 즉시 작은 나라의 신하와 군사와 백성들을 거느리고 평양으로 돌아가 머물면서 성을 지키는 동시에 파죽지세로 의병의 대오를 정돈하고 격려하여 왜적을 쳐 없앰으로써 기어코 난리를 평정할 것이며, 수도를 회복하면 곧 나아가 지키도록 해야 할 것입니다."」　　　　－〈선조실록〉(1593. 2. 11.)－

　'어찌 조선의 임금과 신하들은 전과 같이 떠돌아다닌다는 말인가', '조선 국왕을 타일러…' 등의 내용으로 볼 때 명 황제(神宗: 신종)는 매우 강경한 어조로 선조의 남진을 촉구하고 있다.
　송응창은 이에 덧붙여 '평양으로 돌아가… 의병을 격려하여' 라면서 선조의 남진을 재차 강조했는데, 선조가 서둘러 이행했다면 휴정(서산대사)의 승병들이 뿔뿔이 흩어져서 귀향하는 일은 없었을 것이다. 또한 승병들이 귀향하지 않았다면 김응서는 군량미 운반에 신경

쓰지 않고 이여송을 따라서 전투에 나설 수 있었을 것이다.

「영의정 최흥원(崔興源), 겸호조판서 홍성민(洪聖民), 아천군(鵝川君) 이증(李增), 병조판서 이항복, 이조판서 이산보(李山甫), 이조참판 구사맹(具思孟), 호조참판 윤자신(尹自新), 우참찬 성혼(成渾), 형조참판 이희득(李希得), 한성부 좌윤 정언지(鄭彦智), 공조참판 박응복(朴應福), 이조참의 심충겸(沈忠謙), 예조참판 이충원(李忠元), 돈령부 동지 유자신(柳自新), 호조참의 민준(閔濬), 병조참지 홍기상(洪麒祥) 등이 건의하였다.

"신들은 전하께서 앞으로 나아가 호응 협력해야 한다는 뜻을 어리석음을 무릅쓰고 건의하였으나 아직 승인을 받지 못하였습니다. 신들은 물론 전하의 뜻이 어디에 있는지 알고 있습니다.

그러나 생각건대, 우리나라는 중국의 한없는 은혜를 입어 잃었던 나라를 다시 찾게 되었으니, 십중팔구는 회복될 형세입니다. 그런데 단지 군량과 마초를 이어대지 못하여 군사와 말들이 죽고 상하게 되었으며, 대군이 물러나 주둔하고 있으니 자못 군사를 되돌릴 기색이 보입니다.

전선의 소식이 조정에 닿기 어렵고 한 번 명령을 내린 것이 열흘이 지나서야 비로소 통하게 되니, 이런 식으로 응원하고서야 어떻게 일을 성사시킬 수 있겠습니까. 나라의 존망이 이 한 가지 일에 달려 있으니 지극히 답답하고 안타깝습니다.

사세가 이러할 뿐만 아니라, 세상의 모든 일이란 일단 근본만 확립되면 나머지는 저절로 시행되어 풀리는 법입니다. 쇠잔한 나라를 일으켜 세우고 난리를 평정하는 일은 반드시 대담하게 곧장 나아가야만 성공할 수 있는 것입니다.

지금 북도의 적들(淸正의 군사들)이 아직 물러가지 않았으나 우리나라와 중국에서 길목을 차단할 군사들이 연이어 나아가고 있으며, 큰 나라 조정에서는 또 장차 3천 명의 군사를 징발하여 보내어 행재소(行在所)를 호위하게 하고 나아가고 물러나는 것을 모두 우리나라의 처분에 맡기겠다고 한 이상, 뜻밖의 적들이 많이 나타날 걱정은 없을 듯합니다.

혹시 만일의 위험이 있다고 하더라도 여기에 머물러 있다고 해서 반드시 안전한 것도 아니며, 앞으로 나아간다고 해서 반드시 위태로운 것도 아닙니다. 그러므로 신들의 생각으로는 빨리 앞으로 나아가 삼현에 주재하거나 아니면 안악(安岳)이나 해주에 주재하거나 한다면 앞길이 점차 가까워질 것이므로 나라를 다스리고 싸움을 응원하는 두 가지가 다 편리하게 될 것입니다.(*비록 언사는 정중하나 임금이 근거 없이 겁을 먹고 남진하지 않으려는 것을 통렬히 비난하고 있는 내용이다.)

불행히 큰 나라 장수(李如松)가 회군하려는 생각이 있다고 하더라도 직접 군문에 나아가 지성으로 간곡히 청하고 아울러 호응 협력하는 일을 처리한다면 하늘의 뜻에 보답할 수 있고 사람의 마음도 흡족하게 할 수 있을 것입니다.

지난 때에 세자를 앞으로 나아가도록 하라는 지시를 여러 번 받았지만, 만약 세자가 나아가는 것이 실제로 유익하다면야 신등이 어찌 감히 전하의 지시를 억지로 거스르겠습니까. 다만 두 전하가 갈라져 있는 것은 형편으로 보아 불편하고 지시하고 호응 협력하는데도 지장이 많을 것이기 때문에 신하와 백성들은 오직 전하께서 앞으로 나아가기만 바라고 있는 것입니다."

임금이 말했다.

"이러한 때에 어찌 이곳을 버리고 갈 수 있겠는가. 만약 갈 수 있다면 무엇 때문에 여기서 머뭇거리고 있겠는가."

재차 건의하였으나 승인하지 않았다.」
-〈선조실록〉(1593. 2. 12.)-

　영의정과 온 조정이 나서서 행재소가 멀리 떨어진 정주에 있기 때문에 '한 번 명령을 내린 것이 열흘이 지나서야 비로소 통하게 된다'고 하였다. 대신들은 '중국군 3천 명의 군사를 징발하여 보내어 행재소(行在所)를 호위하게 할 것이기에 남진하더라도 뜻밖의 적들이 많이 나타날 걱정은 없을 것'으로 보았고, 명나라도 이 같은 호위부대를 배치할 것이니 안심하고 남진해 줄 것을 요청했다. 그러나 선조는 이 같은 요구를 재차 거절했다.

한 귀퉁이에 머무시니…

　「13일 영의정 최흥원, 겸 호조판서 홍성민, 아천군 이증(李增), 병조판서 이항복, 이조판서 이산보, 이조참판 구사맹, 호조참판 윤자신, 우참찬 성혼, 형조참판 이희득, 이조참의 심충겸, 대사간 이해수(李海壽), 동부승지 이호민(李好閔), 집의(執義) 구성(具成), 홍문관 교리 이수광(李睟光)을 불러 만나보았다.
선조: 중국 군사들은 전진하지 않고 군량은 다 떨어졌으니 어떻게 해야겠는가?
최흥원: 처음에도 오히려 넉넉지 못했는데 더구나 지금은 주둔한 지가 오래되었고 중국에서 오는 군량과 마초 또한 운반할 수가 없으니 매우 안타깝습니다. 제독이 비록 군대를 돌려세우지 않더라도 군사와 말이 굶주리게 되면 역시 어찌할 수가 없습니다. 전하께서 앞으로 나아가시어 호응 협력하는 것이

아주 옳을 것입니다.
이항복: 군사를 돌려세우지 않는다는 말을 신은 믿지 않습니다. 만약 군사와 말이 굶주리게 된다면 군사를 돌려세우는 것이 상책입니다.
홍성민: 지금 한 구석에 머물러 계시니 한 번 지시가 내리더라도 전해지는 데 열흘이나 한 달이 걸리기 일쑤입니다. 어제 글을 올린 것도 모든 사람들이 안타까워하기 때문입니다.」
-〈선조실록〉(1593. 2. 13.)-

'한 번 지시가 전해지는 데 열흘이나 한 달이 걸리기 일쑤' 였다.

「선조: 큰 나라 장수들이 끊임없이 오가고 있는데 어찌 내버리고 갈 수 있겠는가. 유 원외랑(劉員外郞) 역시 앞으로 나아가는 것은 불가하다고 하였다.
이해수: 이와 같은 말을 어찌 일일이 듣고 따를 수 있겠습니까. 큰 나라 장수를 접대하는 일은 가벼운 일이고 앞으로 나아가 호응하고 협력하는 일은 나라의 큰 계책입니다. 만약 줄곧 물러나 움츠리고 있다면 비록 나라는 회복되더라도 중흥의 업적은 이룩할 수 없습니다.
전하께서 지시를 내려도 비변사에서 그것을 집행하지 않고, 비변사에서 공문을 띄워도 고을들에서 집행하지 않으니, 오늘의 계책으로서는 앞으로 나아가 주재하면서 독려하는 것보다 더 좋은 방도가 없습니다.」 -〈선조실록〉(1593. 2. 13.)-

선조는 전날 유 원외랑(劉黃裳)의 말을 인용해서 '앞으로 나아가는 것은 불가하다' 고 했다. 이에 대해 이해수는 지금의 행동은 '물러나 움츠리고 있는 것'이라고 비판했다.

「이산보: 만약 평양으로 진주하신다면 군사 일에 호응 협력할 수 있으며, 큰 나라 장수를 접대할 수도 있고, 공급물자도 이웃 고을에서 마련할 수 있을 것입니다.
중흥의 업적을 이룩하려 하시면서 뒤로 물러나 팔짱을 끼고 가만히 앉아서 다른 사람이 이루어 주기만을 바라서는 안 됩니다. 송 시랑은 강을 건너올 기약이 없으며, 제독은 죽음을 무릅쓰고 바삐 돌아다니고 있으나 군량과 마초를 이어대지 못하여 군사와 말이 굶주리고 있습니다.
만약 전하께서 앞으로 나아간다면 군사들은 모두 그 소문을 듣고서 반드시 분발할 것입니다.
이호민: 앞으로 나아갈 것을 요청한 송 시랑의 자문이 매우 절절합니다.」 −〈선조실록〉(1593. 2. 13.)−

대신들은 선조의 고집을 꺾기 위해서 '뒤로 물러나 팔짱을 끼고 가만히 앉아서 다른 사람이 이루어 주기만을 바라서는 안 된다'는 직설적인 쓴 소리와 함께 '이여송은 죽음을 무릅쓰고 바삐 돌아다니고 있으나 군량과 마초가 없다'며 선조의 안일한 태도를 비판하였다. 아울러 '앞으로 나아갈 것을 요청한 송응창의 자문이 매우 절절하다'면서 상황의 심각성을 강조했다.

「선조: 만약 제독이 양식이 떨어져서 돌아가게 된다면 내가 어떻게 말릴 수 있겠는가. 나는 매번 군량이 넉넉해야만 적을 칠 수 있다고 말해 왔지만 지금 이 모양이 되었다.
이해수: 군량 문제로 전하가 지시를 내리신 것이 한두 번이 아

니며, 언관(言官) 또한 이 문제에 대해 건의하였으나, 이성중(李誠中)은 호조(戶曹)의 일을 책임진 판서로서 대책을 세우지 못하였고 이희득(李希得)도 마초를 주관하는 관리로서 끝내 성과가 없으니, 엄중하게 추궁해야 할 것입니다.」
-〈선조실록〉(1593. 2. 13.)-

호조판서나 형조참판이 몇 사람의 관리와 함께 독려해서 될 일이 아니지만, 행재소가 평양 근처로 남진해 가서 온 조정의 힘으로 엄하게 추궁해야 한다는 진언이다.

「신충겸: 이산보가 매번 자기를 보내달라고 청했습니다.
이산보: 지시를 받고 나갈 때에는 분개해 하지 않는 사람이 없으나, 나간 뒤에는 결국 성과를 올리는 사람이 없는 것은 이 일이 매우 어렵기 때문이라고 짐작됩니다.」
-〈선조실록〉(1593. 2. 13.)-

이조판서 이산보는 현장에 가서 몇 사람의 관리와 함께 독려해 보았지만 성과가 나지 않았다고 하면서, 그 누구도 임금을 대신할 수 없다고 말했다.

「성혼: 전하의 행차가 앞으로 나아갔으면 하는 것이 오늘 상하 일반의 심정입니다. 옛 도읍(한성)이 함락되었을 때에도 남아 있던 백성들은 행차가 돌아오기를 매일같이 바라고 있었습니다. 더구나 큰 나라 장수가 군사를 돌려세운다면 나라를 다시 회복할 수 없는 데야 더 말할 게 있겠습니까.
옛날에는 군사를 움직일 때에는 국왕이 군사 대오를 따라다녔지 지금처럼 물러나 주재한 적이 없었습니다. 신의 생각으로는 평양이나 개성 등지로 나아가 주재하시는 것이 마땅할 듯합니다.」　　　　　　　　－〈선조실록〉(1593. 2. 13.)－

　한성의 백성들도 국왕이 돌아오기만을 기다리고 있다면서 '옛날에 군사를 움직일 때에는 국왕이 군대를 따라다녔지 지금처럼 물러나 주재한 적이 없었다'고까지 하였다. 한마디로 당신은 '겁쟁이 임금'이라는 말이다. 이는 당시의 정서상 신하가 임금에게 가한, 임금이 신하로부터 받을 수 있는, 최악의 비판이자 모욕이었다.

「심충겸: 제독은 죽음을 무릅쓰고 악전고투하고 있는데 전하께서는 멀리 물러나 계시니 큰 나라 장병들이 불만을 품을까 두렵습니다.」　　　　　　　　－〈선조실록〉(1593. 2. 13.)－

심충경의 지적도 심각한 말이다.

「선조: 만약 나아간다면 직로로 나아가 머물러야 할 것이다. 집들은 비록 모조리 거덜났지만 옛 사람들도 오히려 와신상담(臥薪嘗膽)한 일이 있었으니 어찌 감히 편안한 데로 나아가려는 생각을 할 수 있겠는가. 다만 먹을 양식이 있는가를 알아본 다음에 나아가는 것이 좋을 것이다.」
　　　　　　　　－〈선조실록〉(1593. 2. 13.)－

　대신들의 강도 높은 비판이 이어지자 선조는 드디어 와신상담의 예까지 들면서, 자신이 남진을 하지 않으려는 것이 아니라 양식 조달이 급선무라고 또다시 핑계를 대고 있다.

「최흥원 등이 물러나와 차자(箚子)를 올리고 사헌부와 사간원에서 합동으로 나아가 주재할 것을 청하였다.
임금이 대답하기를 "천천히 형세를 보아 처리하도록 하라"고 하였다.」　　　　　　　　　　－〈선조실록〉(1593. 2. 13.)－

드디어 이 문제와는 직접적인 관련이 없는 사헌부와 사간원에서까지 남진을 주청하고 나왔다.

세자는 정주에, 임금은 남진

「임금이 승정원에 지시하였다.
"조정에서는 내가 삼현(三縣)이나 안악, 해주 등지로 나아가 주재할 것을 여러 차례 요청하였으나, 나는 나아가 주재하는 것이 물론 좋기는 하나 세상일은 형세를 살펴서 처리해야 한다고 본다. 우리나라는 큰 나라 군사 덕분에 보전되고 있는데 지금 송 시랑(宋應昌)이 뒤에 있고 평안도의 모든 길로는 큰 나라 장수들이 끊임없이 오가고 있으니, 우선은 정주에 머물러 있으면서 접대도 하고 호응 협력도 해야 할 것 같다. 지금 다 버려두고 삼현으로 옮겨가 주재한다면 마치 숨어서 피하는 것 같이 되니, 이것이 첫째로 옳지 않은 점이다.
북도의 왜적이 소멸되지 않아서 마치 사람의 등 뒤에서 겨누고 있는 칼과 같다. 만약 놈들이 재를 넘어 서쪽으로 나와서 수도에 있는 적들과 양쪽에서 달려들어 큰 나라 군사를 친다면 큰 나라 군사는 앞뒤로 적의 공격을 받게 될 것이니 이것은 위험한 길이다. 그런데 내가 그 속으로 경솔히 들어가게 되는 것이 되므로 이것이 둘째로 옳지 않은 점이다.

내가 정주에 머물러 있는데도 사람들이 태만하여 직책을 다하지 못하는 일이 많은데, 만약 여기에서 한 걸음이라도 떠난다면 명령이 집행되지 않아 의주 이동(以東: 以南이 현대적 표현)으로 큰 나라의 양곡을 실어오는 일이 쉽게 되지 못하게 되어 장애가 많을 것이니 이것이 셋째로 옳지 않은 점이다.

내가 이 때문에 선뜻 따르지 않는 것인데 조정의 신하들은 굳이 간하여 마지않는다.

전부터 우리나라에서 적을 헤아리는 것이 한 번도 들어맞지 않았다. 그러나 부득이하다면 나는 세자와 삼궁(三宮)은 그대로 정주에 머물러 있게 하고, 내가 단출하게 신하들을 거느리고 혼자서 평양으로 가든지 혹은 제독이 거느리는 대군의 뒤로 가든지 하여 여러 장수들을 지휘하고 군량 운반을 독려하는 것이 옳으리라고 본다. 그러나 그것이 참으로 온당한 것인지는 모르겠다. 이런 사연에 대한 경의 뜻은 어떤지 참작해서 급히 보고하라는 내용으로 좌의정 윤두수에게 급히 글을 보내도록 하라."
　　　　　　　　　　　　-〈선조실록〉(1593. 2. 13.)-

선조는 세 가지 이유를 들어 정주에 머무는 것이 옳다고 보았다. 이 세 가지 사유가 타당한 것이었는지의 여부는 오늘날에 와서도 여전히 흥미 있는 관심거리이다.

선조는 '우리나라에서 적을 헤아리는 것이 한 번도 들어맞지 않았다'고 하면서 조정과 군부의 정보관리 난맥상을 지적했다. 그러나 그것은 사실은 선조 자신의 무능한 국가 經·營에 기인한 것이다.

「승정원에서 건의하였다.

"내리신 지시의 뜻을 즉시 윤두수에게 알려야겠습니다. 그러나 형세가 급박하여 하루가 급한데 알리러 갔다 왔다 하다보면 7~8일은 걸릴 것이니 일을 그르칠까 두렵습니다. 비망기로 내리신 지시의 마지막 한 조항은 바로 지금 신하와 백성들이 오늘 기대하고 있는 바와 부합됩니다. 여기에도 전하를 보좌하는 정승과 재상들이 있으니 오늘 안으로 빨리 앞으로 나아가 주재하는 문제에 대해 논의하여 보고하라고 지시를 내리는 것이 어떻겠습니까?"

임금이 말하기를 "윤두수에게 글을 보내지 말고 내일 비변사로 하여금 일찍 모여서 비망기에서 말한 사연에 대하여 의논하여 보고하게 하라"고 하였다.」   -〈선조실록〉(1593. 2. 13.)-

조정에도 사람이 있는데 왜 이처럼 급박한 상황에서 꼭 윤두수의 의견을 물어야 하느냐고 비판하면서, 그의 의견을 기다릴 것까지 없다면서 출발을 재촉했다.

「비변사에서 건의하였다.
"도원수 김명원의 장계를 보니, 황해도 이남의 고을 수령들과 장수들은 모두 그를 평안도의 원수(元帥)로 여기면서 그의 지휘를 받을 생각을 하지 않는다고 하였습니다. 도체찰사 유성룡과 도원수 김명원은 그들이 가는 곳마다 다 지휘하라는 것에 대하여 이미 글을 내린 이상, 경기에 있을 때에는 경기를 지휘하고, 충청도에 있을 때에는 충청도를 지휘할 것이며, 전라도, 경상도와 여러 도에 대해서도 모두 이와 같이 해야 할 것입니다.

감사, 병사 이하 고을 수령과 여러 장수들 가운데 지휘를 따

르지 않는 자들은 일체 먼저 목을 베고 위에 보고하도록 하라는
데 대하여 유성룡과 김명원 및 각 도의 감사, 병사, 수사와 여
러 장수들에게 다시 글을 내려야 할 것입니다."」
-〈선조실록〉(1593. 2. 13.)-

지휘체계와 명령계통도 난맥상이다. 국가 經·營의 총체적 난맥상
인데, 임금이 천리 밖의 한쪽 구석에 머물러 있음으로써 초래된 무
정부상태였다.

「임금이 신안관(新安館: 정주 관아의 건물)에 가서 중국 장수 조
렴(祖廉)·장여익(張汝翼)·진문언(陳文彦)·섭백명(葉伯明)·조응작(趙
應爵)을 접견하였다.
조렴: "나의 휘하 군사들은 어제 이미 출발하였고 나도 내일
출발합니다. 떠날 때에 본국(조선)의 형세를 잘 아는 장수 한
명을 길잡이로 구하여 군사에 관한 일을 의논하고 싶습니다.
선조: 대장 이일(李鎰)이 군사를 거느리고 고개(함경도에서 평안도
로 오는 고개) 위를 지키고 있고 각 고개와 고개 밖에도 장수들
이 있으니, 대인께서 나아가면 이 장수들과 군사 일을 의논
할 수 있을 것입니다.
조렴: 그렇다면 문서를 띄워 그들로 하여금 나의 지휘를 받게
하는 것이 좋겠습니다. 나는 귀국을 위하여 함경도를 도로
찾겠습니다."」　　　　　　-〈선조실록〉(1593. 2. 14.)-

선조의 '가토 군에 대한 공포증'은 1차적으로는 이여송의 한성
공격을 어렵게 했고, 2차적으로는 이일과 명나라 장수들이 함경도
에서 평안도로 넘어오는 낭림산맥의 고갯마루를 수비하게 함으로써

조·명군의 병력 분산을 가져왔다.

「비변사에서 건의하였다.
 "어제 비망기로 지시하신 '나는 세자와 삼궁(三宮)은 그대로 정주에 머물러 있게 하고, 내가 단출하게 신하들을 거느리고 혼자서 평양으로 가든지 혹은 제독이 거느리는 대군의 뒤로 가든지 하여 여러 장수들을 지휘하고 군량 운반을 독려하겠다'는 뜻은 지극히 정당합니다.
 만약 삼궁이 같이 간다면 행차가 지체될 뿐만 아니라 전 노정에 걸쳐 교군(轎軍) 징발 등의 일로 군량 운반에 큰 지장이 있을 것입니다. 신들의 의견 역시 이와 같았으나 감히 여쭙지 못했습니다. 일이 아주 급하기 때문에 혹시라도 지연된다면 전하의 행차가 앞으로 나아가더라도 미처 주선할 수 없을 것입니다. 오직 빨리 결단을 내리시기 바랄 뿐입니다."
 임금이 그 의견을 따랐다.」 −〈선조실록〉(1593. 2. 14.)−

'단출하게 신하들을 거느리고 혼자서 평양으로 가든지 혹은 제독이 거느리는 대군의 뒤로 가든지 하기 위해' 출발을 서둘렀다.

「비변사에서 건의하였다.
 "전하께서는 평양이나 제독의 군사 뒤로 진주하시겠다는 뜻으로 지시를 내리셨습니다. 앞으로 나아갈 때에는 큰길로 가야 할 것입니다. 그러나 평양은 새로 병화(兵火)를 겪은 곳이어서 빈 성만 있을 뿐이니 전하께서 주재하시는 데나 공급하는 데 모두 불편할 뿐만 아니라 사람들이 무더기로 죽은 전쟁터로 되었던 것이 한 달도 못 되므로 전하께서 가 계시기에는 매우 거북합니다.

　신들의 생각에는 순안으로 나아가 머무시면서 물자 공급의 일을 이웃 고을들에 많이 배정해서 힘을 합쳐 하도록 하는 한편, 전방의 주재할 만한 곳을 잘 살펴보고 앞으로 나아가는 것이 좋을 것 같습니다."

　임금이 그 의견을 따랐다.」　　-〈선조실록〉(1593. 2. 14.)-

임금의 행차는 평양이 아닌 순안으로 정했다.

「이조판서 이산보가 건의하였다.

"신은 황해도의 마초와 군량을 점검하는 일로 지금 떠나가게 됩니다. 그런데 관청과 개인의 재물이 고갈되어 조처할 방도를 백방으로 생각해 보아도 어렵겠기에 거듭 궁리해 보았으나 좋은 대책이 떠오르지 않습니다. 백지 관리 임명장(空名帖)과 신역 면제증명서(免役), 종 신분 면제증명서(免賤), 향역 면제증명서(免鄕)와 벼슬길을 열어준다는 증명서 같은 것을 넉넉하게 가지고 가서 곡식을 모으는 데 조금이라도 도움이 되게 하여 주시기 바랍니다.

　그리고 사세가 급박한데 혼자서 도 안의 여러 고을들을 제때에 돌아다니기는 곤란하므로 보나마나 일이 지연될 것이니, 7품 이하의 관리 중에서 부지런하고 성실한 사람 네댓 명을 골라서 데리고 가게 해 주시기 바랍니다."

　임금이 말했다.

"건의한 대로 하라. 곡식을 모으기만 할 것이 아니라 민간에서 개인이 저축한 곡식이 현재 얼마나 있는지 자세히 장부에 적었다가 모두 거두어다 쓰도록 하라."

임금이 승정원에 지시하였다.

"판서가 가지고 갈 세칙을 가능한 한 엄중하게 작성하여 권위가 있도록 하라"고 하였다.」 -〈선조실록〉(1593. 2. 14.)-

각종 특전(特典)을 약속하는 문서를 발간하도록 하였다.

가토 군이 함경도 식민지 經·營을 포기한 이유

「함경도 평사 정문부(鄭文孚)가 급보를 올렸다.

"길주(吉州)에 머물러 있던 적은 싸움에서 한 번 패한 뒤에는 튼튼한 성 안에 들어가 머리를 움츠리고 나오지 않았습니다. 종성부사 정현룡(鄭見龍), 경원부사 오응태(吳應台), 고령첨사 유경천(柳擎天)은 각각 자기 부하들을 거느리고 군사 3천 명을 모아 두 차례나 성을 포위하고 종일토록 싸웠으나 왜적 4백여 명이 성 위에 늘어서서 죽기로써 방어하므로 총알과 화살에 양편이 함께 상하였습니다. 형세로 보아 쉽사리 함락시키기가 어려웠으므로 성 밖 수백 보쯤 되는 네댓 곳에 군사를 나누어 매복시키고 밤낮으로 망을 보다가 적이 나오면 죽이고 생포하고 하였습니다.

3위(衛)의 장수들은 군사를 영동으로 옮겨 먼저 목책 안에 있는 적을 섬멸하고 다음에 성 안의 적들을 치려고 하였습니다. 때마침 군사를 옮기던 날 영동역의 왜적 2백여 명이 임명(臨溟)으로 나와서 민가에 불을 지르고 약탈을 하고 있었으므로 좌위장(左衛將) 유경천(柳擎天)이 길주 토병 김국신(金國信)을 복병장으로 정하여 보내서 먼저 맞붙어 싸우게 하는 한편, 대군에게 급보하여 3위의 군사들이 일시에 급습했습니다.

그 중 육진(六鎭)의 정예 군사들이 앞에 서서 맞붙어 싸우자 왜적이 패하여 달아났습니다. 3위의 군사들이 쏘아죽이고 머리를 벤 것과 성 안에 머물러 있던 적들이 출몰할 때 사로잡아 머리를 벤 것이 도합 1백여 명이나 되었습니다."」

-〈선조실록〉(1593. 2. 16.)-

용맹을 자랑하던 가토 기요마사(加藤淸正) 군에게도 두려운 것이 있었다.

첫째는 함경도의 매서운 추위였고, 둘째는 조선군의 초토화 작전에 따른 식량 고갈이었다. 그리고 셋째는 정문부 등이 전개한 매복 기습전이었다.

넓은 함경도 땅에 소수의 병력 단위로 분산 주둔한 가토 군은 각 단위 부대별로 식민지 經·營에 매진하고자 노력했다. 그러던 중 정문부의 의병과 관군들이 주둔지 왜군의 병력보다 많은 2~3천 명 단위로 '재래식 병기+화약무기'를 갖추고 곳곳에서 매복과 기습전으로 공격해 왔고, 이 같은 예측불허의 적 때문에 가토 군은 식민지 經·營을 단념하고 한성으로의 퇴각을 결정하기에 이른다.

이렇듯이 정문부의 3, 4천 군사들이 겁이 나서 도망가는 가토 군을 두고 선조는 '한쪽 구석에 앉아서' 밤낮으로 공포에 떨었던 것이다.

「임금이 이날 정주를 떠나 가산군(嘉山郡)에 머물렀다. 임금이 떠나기에 앞서 종묘사직의 신주(神主)에 분향하는 예를 거행하고, 세자로 하여금 그대로 머물러 있게 하고 종묘와 사직을 받들게 하였다.」   -〈선조실록〉(1593. 2. 17.)-

선조가 드디어 정주를 떠나 남진 길에 올랐다. 평양성 탈환(1593년 1월 9일) 후 40여 일 만이었다.

4. 행주대첩 전후 조선군의 지휘체계

「비변사에서 건의하였다.

"요즈음 들으니 고언백(高彦伯), 이빈(李蘋)이 각각 군사를 거느리고 최전방에 있고, 전라감사는 고양의 염포(鹽浦)에 주둔하고 있으며 충청감사 허욱(許頊), 수사 정걸(丁傑), 건의부장(建義部將) 조대곤(曹大坤)은 모두 양천(陽川) 등지에 있으며, 전라병사 선거이(宣居怡)는 노량에 있고, 추의장(秋義將) 우성전(禹性傳)은 고양 심악(深嶽)에 있고, 창의사 김천일(金千鎰)은 도로 강화로 들어갔다고 합니다.

그리고 도체찰사 유성룡 등의 의견은 큰 나라의 위력에 의지하여 이 여러 장수들을 모아가지고 먼저 수도의 적을 치자는 것인데, 저마다 명령하다보니 유성룡 등의 지휘가 혹 시행되지 않는 경우가 많다고 합니다. 만약 이용할만한 기회가 있더라도 합심하여 진격하지 못한다면 문제가 간단하지 않을 것입니다. 위급한 때의 행동을 일체 도체찰사의 지휘대로 하되 기회를 보아 진격하도록 하라는 내용으로 각 부대의 여러 장수들에게 글을 내려야겠습니다."

임금이 그 의견을 따랐다.」   -〈선조실록〉(1593. 2. 17.)-

행주대첩(1593. 2. 12.) 직전의 〈선조실록〉이다.

'큰 나라의 위력에 의지하여'라는 말은 '이여송 군의 작전을 따라서'라는 의미이다. '저마다 명령하다보니 유성룡 등의 지휘가 시행되지 않는다'고 했는데, 이렇게 된 것은 체찰사라는 직책이 임금을 대리하는 문신으로서 현장을 총괄하기는 하지만, 구체적인 작전 지휘는 일선의 무장들이 했기 때문이다.

당초의 작전은 이여송 군이 앞장을 서고 조선군 장수들은 호응하는 방식으로 한성 탈환에 나설 계획이었다. 그러나 이여송 군이 개성과 평양으로 퇴각하자 조선 장수들은 행주산성 전투 외에는 단독으로 작전을 세우지 못했고, 각기 산만하게 있었기에 마치 '저마다 명령하다보니 유성룡의 지휘를 따르지 않는 것' 처럼 비춰진 것이다.

유성룡뿐만 아니라 우의정 유홍도 체찰사로서 가까이 있었지만 그는 병법을 모르는 문신이었던 데다가 구체적인 작전 지휘를 하는 지휘관이 아니었다. 구체적인 작전 지휘를 맡은 사람(예컨대, 이여송)은 도원수 김명원이다. 그러나 그 역시 병법을 모르는 문신이었기에 전해져 오는 어떠한 기록에도 그가 작전 현장에서 어떤 작전을 어떻게 지휘했다는 내용은 보이지 않는다.

권율 역시 문신이다. 그러나 그는 행주대첩 이전부터 현장지휘 경험이 있었다. 또 행주대첩 때의 기록에 의하면 '권율이 직접 독전하여 진정시켰기에 군사들은 모두 죽기로 싸웠다'는 보고 내용도 있기 때문에 선조는 후에 권율을 도원수로 삼게 된다.

임금과 군 수뇌 간의 '천리 밖 작전회의'

「임금이 가평관(嘉平館: 가산 관아건물)의 대청(西軒)으로 자리를 옮겼다.

저물녘(哺時: 오후 4시경)에 병조판서 이항복, 병조참판 심충겸을 불러 만나보았다. 우부승지 심우승(沈友勝)이 들어가 참석하였다.

선조: 제독이 평양으로 물러나 주둔하는 것은 무엇 때문인가?
이항복: 요즈음 말먹이 콩은 벌써 떨어졌지만 군량은 아주 떨어지지는 않았습니다. 신이 지난번 윤근수의 보고서를 보니 송경략이 그로 하여금 군사를 퇴각시키도록 하였기 때문에 평양으로 와서 주둔하는 것이라고 하였습니다.
선조: 만약 이렇게 하고 만다면 우리나라의 일만 어찌할 수 없게 될 뿐 아니라, 명나라에서는 전국의 군사를 동원하였는데 공을 이루지 못한 채 중도에서 갑자기 걷어치우는 셈이니, 아이들 장난 같이 될 것이다.」 〈선조실록〉(1593. 2. 17.)-

평양에 있던 병조판서와 병조참판이 가산까지 마중을 나왔다. 선조는 명군이 진군하지 않은 것을 '아이들 장난 같이 된다'고 했는데, 이여송과 송응창도 그렇게 생각했기에 철수도 전진도 못한 채 난감해 하고 있었다.

「이항복: "대군이 임진(임진강 나루)에 이르러서는 이틀 동안 굶었고 말들도 부지기수로 많이 죽었다고 합니다.
선조: 말은 굶어서만 죽은 것이 아니라 말 돌림병이 크게 성했기 때문이라고 한다.
이항복: 양 중군(楊中軍: 楊元)도 말하기를 군량과 마초가 부족하기 때문에 당분간 물러났다고 하였습니다.
선조: 내일 총병을 만나볼 때 말로 전달하게 되면 빠뜨리는 것이 있을까 걱정이 되니 이러한 내용으로 글을 써서 보여야겠

다. '싸움이란 기세에 달렸을 뿐이니, 아무리 대적이 모였다 하더라도 큰 나라 군사가 만약 평양에서의 위력에 이어 승승장구하여 곧바로 수도를 친다면 왜적은 반드시 도망치기에 겨를이 없을 것이다. 옛사람이 말하기를, 싸움에서는 귀신처럼 **빠른** 것이 중요하다고 하였으니 군사를 쓰는 도리는 반드시 빨라야지 늦추어서는 안 될 것이다. 만약 군사를 주둔시키고 진격하지 않는다면 북도의 적들도 간사한 꾀를 내어 반드시 저희들의 힘을 합칠 것이다. 만약 큰 나라 군사가 대대적으로 합세하여 공격하지 않으려면 포수 1천여 명을 빌려주어 우리나라 군사와 힘을 합쳐 공격하는 것이 어떻겠는가?'

경들이 이런 내용의 글을 쓰고 문장을 지어 작은 쪽지로 만들어 바치면 내가 소매 속에 넣어 두었다가 보여주겠다."

이항복: 전하의 지시가 아주 좋습니다."」

－〈선조실록〉(1593. 2. 17.)－

'군사를 쓰는 도리는 반드시 빨라야지 늦추어서는 안 될 것이다' 라고 했는데, 굶고 있는 명군이 이 같은 말을 수용할지는 의문이다. '북도의 적들도 간사한 꾀를 내어…' 라고 했지만, 그렇게 될 가능성은 없었다. 조선 조정의 첩보력 부재가 공연히 공포심만 유발시켰던 것이다.

'포수 1천 명을 빌려주어 우리 군사와 힘을 합쳐 공격…' 이라고 했는데, 이여송이 이 같은 내용을 접했다면 '조선왕이나 이항복이나 시문놀이를 하고 있다' 고 비판했을 것이다.

「선조: "도원수(김명원)는 왜 사람을 시켜 적의 진영을 정탐하도록 하지 않는가? 만약 정탐한다면 적의 정세를 자세히는 알 수 없더라도 그 수가 많고 적은지는 알 수 있었을 것이다.
이곳에서 지원자를 보내어 정탐하게 해도 안 될 것은 없을 것
이다. 옛 사람들도 반드시 정탐꾼을 썼다. 정탐을 하지 않아
서는 안 될 것인데 끝내 하지 않으니 이것은 무슨 까닭인가?
이항복: 들으니 우리나라 사람으로서 수도에서 정탐하는 자가
거짓말로 유언비어만 전하므로 떠도는 말을 감히 다 번거롭
게 전달하지 못한다고 합니다."」

-〈선조실록〉(1593. 2. 17.)-

선조는 '정탐을 끝내 하지 않으니' 라고 하면서 첩보 활동 부재를
질책했다. 그러자 병조판서 이항복이 위와 같이 답변했는데 그 내용
이 참 놀랍다.

「선조: "파발꾼의 말을 들으니 수도 안에는 왜적이 4만 명 있
다고 하던데 이 말은 확실한가?
이항복: 오늘 조인징(趙仁徵)이 편지를 가지고 왔기에 신이 물
어보았더니, 대답하기를, '사청(射廳)에서 남산까지의 사이에
큰 진(陣)이 있고, 묵사동(墨寺洞), 장흥고동(長興庫洞) 등지에
도 진이 4개 있고 용산에도 진이 한 개 있습니다' 라고 하였
습니다.
선조: 인징은 어디에서 왔는가?
이항복: 인징은 백의종군케 하여 대군 속에 있었으니 틀림없이
수도에서 정탐해 가지고 왔을 것입니다.
  ……… ……… ………
선조: 수도를 정탐하는 문제는 내가 이미 다 말했지만, 수도 안
왜적의 식량을 쌓은 곳에 어찌 꾀를 써서 불을 지르지 못하는

가? 옛 사람도 말하기를 '큰 상을 준다면 반드시 목숨 바칠 각오를 하는 사람이 나온다(重賞之下必有死士)'고 하였다.

심충겸: 신이 세자를 모시고 있을 때 아전 강득(姜得)이라는 자가 적의 장수에게 독약을 먹여 죽이고 적의 군량을 불태워 없애겠다고 자원하여 나섰으나 끝내 성과를 거두지 못하였으니 그 일이 쉽지 않다는 것을 알 수 있습니다.

이항복: 우리나라 사람들의 마음은 교활하고 간사하니 아무리 큰 상을 주더라도 보나마나 자원하여 나서는 사람이 없을 것입니다."」　　　　　　　　　　 -〈선조실록〉(1593. 2. 17.)-

　병조판서 이항복, 병조참판 심충겸, 도원수 김명원 등은 선조로부터 한성에 첩보망을 구축하지 못했다는 핀잔을 들었다.
　첩보전 분야는 군사 분야 중에서도 가장 전문화된 분야이다. 하지만 문신이었던 이항복, 김명원은 한성에 첩보 요원을 들여보내지 못했다. 함경도 감사 윤탁연(尹卓然)이 정문부에게 정보원을 보냈다면 가토 군의 평양 공격이 불가능하다는 것을 알아낼 수 있었을 것이다.
　그런데 선조와 조정 신료들이 첩보망의 필요와 중요성에 대해 심각하게 논의한 장소는 한성에서 천리나 떨어진 숙천 관아였으니, 이 역시 현실과 동떨어진 영락없는 탁상공론형 시문놀이에 불과했다.
　행주대첩을 거둔 날은 2월 12일이었다. 그런데 이항복, 김명원은 행주성 전투에 관한 작전 계획도 승첩의 소식도 알지 못한 채 천리 길을 달려갔다. 행주대첩 같은 큰 작전을 조선군 수뇌부가 모르고 있었음인데, 이 같은 수뇌진이 한성에 주둔해 있는 왜군들에 대한 첩보전을 어떻게 펼칠 수 있었겠는가.

8일 후에야 받아본 행주대첩 승전보

「도체찰사 풍원부원군 유성룡이 급보를 올렸다.

"이달 12일 오시(午時: 정오)에 이빈(李薲)이 급히 보고하기를 '수도 안에 있는 왜적들이 양천(陽川)으로 많이 나와 권율의 진을 침범하여 지금 한창 접전하고 있다'고 하기에, 신이 임진으로 가서 각 진영과 의병들에게 명하여 급히 달려가 구원하도록 했습니다.

13일 새벽에 이빈이 또 급히 보고하고, 또 본진 소속 군사들도 권율의 진영으로부터 돌아와서 말하기를, '왜적이 세 부대로 갈라져 나왔는데 각각 홍·백·흑색의 세 가지 깃발을 가지고 있었습니다. 진을 포위하고 맞붙어 싸운 지 한참 만에 적들의 세 부대가 다 아군에게 패하여 죽은 자가 아주 많았으며 마침내 도망쳐 돌아갔다'고 하였습니다.

대체로 요즈음 적군은 평양에서 패해 돌아간 뒤로부터는 감히 드나들지 못했는데 명나라 군사가 오랫동안 전진하지 않자 적들이 다시 기운을 내어 점차 출몰하는데, 한강 이남에 그 수가 특히 많습니다." 」 -〈선조실록〉(1593. 2. 19.)-

행주대첩에 대한 첫 보고가 들어왔다. 이 승전보가 조정에 도착하기까지는 무려 8일이나 걸렸다. 이항복, 심충겸, 김명원이 행재소가 있는 숙천을 다녀간 지 3일만이다.

「"벽제에서 패한 뒤부터 명나라 장수들은 줄곧 물러날 생각만 하면서 하늘이 개이고 길이 마르면 진격하겠다고 늘 핑계를 대고 있지만 아직도 수도에 적이 많이 있는 것이 아닌가 의심하고 있습니다.

때마침 역관 오정복(吳廷福)이 앞서 강화에서 왔는데, 명나라 군사 1인과 같이 가서 정탐을 하고 그저께 돌아와서 들어가 명나라 장수를 만나보고는 '도성 안에 있는 왜적이 3~4만 명이나 된다' 고 보고하였으며, 또 보고하기를 '작은 나라의 신하들이 나에게 왜적이 적더라고 말하라 하였으나 이제 사실대로 보고하였으니 장차 큰 죄를 받게 될 것입니다' 라고 하였습니다.

명나라 장수는 그 말을 깊이 믿고서 진군할 계획을 다시 중지하고, 또 오정복을 곁에 머물러 있게 하여 그로 하여금 죄를 받지 않도록 하고 있다니 그 정상을 참으로 헤아리기 어렵습니다."」　　　　　　　　　　-〈선조실록〉(1593. 2. 19.)-

명군이 전개한 첩보전에 대한 기록이다. 조선 측의 잘못된 첩보를 믿었다가 평양성(제1차 평양성전투)과 벽제관에서 낭패를 본 명군은 자체 첩보활동의 일환으로 '역관 오정복과 명나라 군사 1인' 을 한성에 침투시켰다. 그리고는 왜군이 3~4만 명(한성 주변에도 3~4만 명이 주둔하고 있은 듯) 규모임을 알아냈다.

명군이 독자적인 정탐 활동을 강화하고 있었음에 반해 이항복, 심충겸, 김명원 등은 첩보대를 조직하기 위한 시도조차 하지 않았다. 때문에 행주산성전투에 대해서도 전혀 예측을 하지 못했다.

'작은 나라의 신하들이 나에게 왜적이 적더라고 말하라 하였으나 이제 사실대로 보고하였으니 장차 큰 죄를 받게 될 것이다' 고 하였는바, 작은 나라의 신하들이란 이항복, 심충겸, 김명원 등이다. 즉, 조정 대신들이 원군인 명군에게 거짓 정보를 전달하려고 했었던 사건으로서, 명군의 입장에서 보면 조선 조정은 내부의 적이나 다를 바가 없었다.

「임금이 숙천부에 있었다.」 　-〈선조실록〉(1593. 2. 20.)-

　행주대첩 후 한성에서는 명·왜 간의 강화회담이 급속히 진행되고 있었다. 그러나 이러한 정세를 파악하지 못한 임금은 여전히 천리 밖 숙천에 머물러 있다. 이여송이 '그대들은 어찌하여 사세도 모르면서 이렇게 시끄럽게 말하는가' 라고 했던 것은 조선 조정의 정보부재 현상을 비판한 것이다.

제15부. 행주대첩·한성 수복·왜군의 퇴각

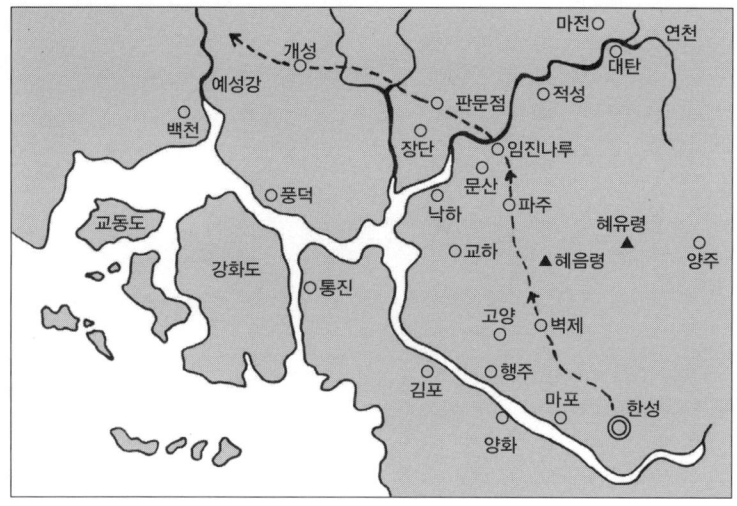

예로부터 강화도, 한강, 임진강, 예성강을 지배하는 세력이 한반도를 주도해 왔다. 때문에 임진왜란 때의 왜군들도 행주산성에 나고야성과 같은 왜성을 쌓고, 김포평야에는 무사 계층과 백성들이 살도록 하는 왜국식 국가 經·營을 하고자 했다. 그런데 제해권이 조선수군에게 넘어가자 조선군은 강화도를 막아선 후 드디어 행주에 산성을 쌓았다.

그 소식을 들은 왜군들은 분노했고, 즉시 행주산성 공격을 단행하게 된다. 그러나 행주산성 전투에서 패전하고 해군의 제해권 장악 시도마저 실패로 돌아가자, 왜군들은 자신들이 강화도, 한강, 임진강, 예성강을 지배하는 세력이 되지 못할 것임을 깨닫고 남해안으로 물러갔다.

〈선조실록〉, 〈징비록〉 등을 통해서 이상의 과정들에 대해 살펴본다.

1. 조선군의 포위망에 갇힌 '독 안에 든 왜군'

「전라도 순찰사 권율(權慄)이 적군을 행주에서 패퇴시키고 파주로 군사를 옮겼다.

이보다 앞서 권율이 광주목사로 있었는데, 이광(李洸)을 대신하여 순찰사가 되어 군사를 거느리고 나라 일에 힘썼다. 그는 이광 등이 용인 들판에서 싸우다가 패전한 것을 경계삼아 수원에 이르러 독성산성에 웅거하자 적군이 감히 쳐들어오지 못했는데, 명나라 구원병이 장차 서울에 들어온다는 말을 듣고 강(漢江)을 건너 행주산성에다 진을 쳤다.

이때 적군이 서울로부터 대거 출진하여 공격해 오니 군중의 인심이 어수선하고 두려워하여 사방으로 흩어져 달아나고자 하였으나, 강물이 뒤에 있어 도주할 길이 없으므로 할 수 없이 다시 성으로 들어와서 힘껏 싸웠다.

(우리 군사들이 쏘는) 화살이 비 오듯 하였으므로, 적군은 세 진으로 나누어 번갈아 진격했으나 모두 패하고 말았다. 때마침 날이 저물어 적군은 서울로 돌아갔으며, 권율은 군사를 시켜 적병의 시체를 가져 와서 사지(四肢)를 찢은 후 나뭇가지에 여기저기 걸어놓아서 분한 마음을 풀었다.

얼마 후에 적군이 (서울에서) 다시 나와서 기필코 보복전을 하고자 한다는 말을 듣고 권율은 몹시 두려워하여 영책(營柵)을 헐어 버리고 군사를 거느리고 임진강에 이르러 도원수 김명원을 따랐다.

나는 이 소식을 듣고 혼자 달려가서 파주산성에 올라가서 지세를 살펴보았는데, 그곳은 큰 길의 요충에 있고 지형이 험준하여 지킬 만하다고 생각되었기에 곧 권율로 하여금 순변사 이빈과 군사를 합쳐서 이곳을 지켜 적군이 서쪽(북쪽)으로 내려오는 것을 막도록 하였다.
　그리고 방어사 고언백, 이시언과 조방장 정희현(鄭希玄), 박명현(朴名賢) 등은 유격병이 되어 해유령을 막도록 하였고, 의병장 박유인(朴惟仁), 윤선정(尹先正), 이산휘(李山輝) 등은 오른쪽 길을 따라 창릉·경릉(창릉은 예종의 계비 인현왕후의 능이고, 경릉은 덕종과 소혜왕후의 능인데 모두 서울 구파발역 서쪽 서오릉에 있다) 사이에 매복하여 각각 자기 군사들을 거느리고 나타났다 숨었다 하면서 적군을 공격하되 적병이 많이 나오면 피하여 싸우지 말고 조금 나오면 곳곳에서 맞아 치게 하였더니, 이로부터 적군은 성 밖으로 나와서 땔 나무를 하지 못하게 되었으며, 말도 수없이 죽었다.
　또 창의사 김천일, 경기수사 이빈, 충청수사 정걸 등을 시켜 배를 타고 용산 서강으로 나가서 적군의 세력을 갈라놓게 하였고, 충청도 순찰사 허욱(許頊)은 양성에 있었기에 돌아가 본 도(本道: 충청도)를 지켜서 남쪽으로 쳐들어오려는 적군 세력에 대비하게 하였고, 경기·충청·경상 각 도의 관군과 의병에게 공문을 보내어 각기 자기들이 맡은 곳에 있으면서 좌우로 적군의 가는 길을 막도록 하였고, 양근 군수 이여양(李汝讓)은 용진(龍津: 한강 상류의 나루)을 지키도록 하였다.」　　-〈징비록〉-

조선군도 왜적의 머리를 벨 수 있다!

「그리고 모든 장수들이 벤 왜적의 머리를 다 개성부의 남문 밖에 매달아 놓게 하였더니, 제독 이여송과 참군(參軍) 여응종(呂應鍾)이 이를 보고 기뻐하며 말하기를 "조선 사람도 이제는 적의 머리 베는 것을 공을 쪼개는 것같이 하는군!" 하였다.

하루는 왜적이 동문으로부터 많이 와서 산을 수색하는데 양주·적성으로부터 대탄까지 이르렀으나 아무 것도 얻은 것이 없었다. 명나라 장수 사대수(查大受)는 왜적의 습격을 받을까 두려워하여 나에게 알려주었다. "정탐하는 사람이 와서 '적들은 사 총병(查總兵: 사대수)과 유 체찰(柳體察: 유성룡)을 사로잡으려 한다'고 말했는데, 잠시 동안 개성으로 피해 있는 게 어떻겠소?"

나는 대답하였다. "정탐하는 사람이 말한 것은 아마 그럴 리가 없을 것입니다. 왜적들은 지금 (명군이) 가까이 와서 있게 될까 근심하고 있는데, 어찌 감히 경솔하게 강을 건너오겠습니까? 우리들이 한 번 움직이면 민심이 반드시 동요될 것이니 조용히 기다리고 있는 것이 나을 것입니다."

사대수는 웃으면서 말하기를 "그 말은 아주 옳은 말이오. 가령 적이 오는 일이 있다 하더라도 나는 죽고 사는 것을 체찰사(體察使: 유성룡)와 같이 하지 어찌 감히 혼자서 가겠소." 그리고는 드디어 거느리고 있는 군사 수십 명을 나누어 보내와서 나를 보호하였는데, 비가 심하게 오는데도 밤새도록 경비하여 지키고 잠시도 게을리 하지 않다가, 왜적들이 성 안으로 들어간다는 말을 듣고서야 그만두었다.

그 뒤에 왜적들은 권율이 파주산성에 있다는 사실을 탐지하고 원한을 갚으려고 대군을 거느리고 서쪽 길로부터 나와 광탄에 이르렀는데, 여기는 파주산성에서 몇 리쯤 떨어졌으나 군사를 머물러 두고 진격하지는 못하였다.

　왜적들은 정오(午時)로부터 미시(未時: 오후 2시경)까지 공격하지 않고 있다가 돌아서 물러간 후로 다시는 나오지 않았다. 이는 대개 왜적이 지형을 살필 줄 알아서 권율이 의거하는 데가 매우 험고한 곳임을 보고 그렇게 하였던 것이다.」 -〈징비록〉-

한강에서 수륙전(水陸戰)을 구상

「나는 공문을 왕필적(王必迪)에게 보내어 말하기를 "왜적은 지금 험고한 데 의거하고 있으니 아직은 쉽사리 치지 못하겠습니다. 대군은 마땅히 동파로 나와 머무르고, 파주에서는 그 뒤를 밟아 이를 견제하고, 남쪽의 군사 1만 명을 뽑아 강화도로부터 한강 남쪽으로 나와서 왜적의 뜻밖의 틈을 타서 여러 둔진을 격파하면 서울의 왜적들은 돌아갈 길이 끊어져서 반드시 용진으로 달아날 것입니다. 이럴 때에 뒤에 있는 군사로써 여러 강나루를 덮친다면 한 번 군사를 일으켜 왜적을 소탕할 수 있을 것입니다."라고 하였다.

　그러자 왕필적은 무릎을 치며 신기한 전략이라고 감탄했다. 그리고는 정탐꾼 36명을 내어주어 충청도 의병장 이산겸(李山謙)의 진(陣)으로 달려가 왜적의 형세를 살피게 하였다.

　이때 왜적의 정예부대는 다 서울에 있었고, 후방에 주둔한 군사는 다 약하고 파리한 소수의 군사들이었다. 정탐하러 갔던 군사들이 좋아 날뛰면서 돌아와서 보고하기를 "꼭 1만 명의 군사까지도 필요 없고 다만 2~3천 명이면 쳐부술 수 있겠습니다."라고 하였다.

이 제독은 북방 출신의 장수였다. 그는 이 싸움에서 남방 출신의 군사를 아주 억압하였는데, 제독은 그 성공을 꺼려 뜻대로 하는 것을 허락하지 않았다.」　　　　　-〈징비록〉-

유성룡이 제시한 작전은 강화도에 모여 있는 어선·상선·화물선에 화약무기를 탑재하고, 화약무기와 수전(水戰)에 밝은 명나라 남방(양자강 하류의 절강성 지역) 출신인 왕필적의 군사와 함께 한강 입구에서부터 팔당 등지에 이르는 '한강의 여러 강나루를 덮친다'는 구상이었다.

유성룡은 이여송을 처음 만났을 때 옷소매에서 평양의 지도를 꺼내 놓고 그 지방의 지세와 군사가 들어갈 수 있는 길에 대해 설명해 주었고, 이여송은 유성룡의 말을 주의 깊게 들은 적이 있었다.

왕필적과 작전을 논의하면서도 유성룡은 한강과 한성 일대의 지도를 꺼내놓고 작전을 숙의했다. 그 결과 왕필적은 무릎을 치며 정탐꾼 36명을 내주었고, 정탐한 결과는 '2~3천 명이면 쳐부술 수 있다'는 것이었다.

이 같은 작전에 대해 북방 출신의 이여송은 '남방 출신이 공을 세우는 것을 꺼려서 허락하지 않았다'고 한다. 하지만 허락하지 않았던 이유는 더 있었을 수 있다.

첫째, 이여송은 기마전에 능한 육전 전문가였기에 남방 출신인 왕필적이 건의한 수전에는 자신이 없었을 것이라는 점이다.

둘째, 유성룡과 왕필적은 한강·한성 일대의 지도를 보면서 심도 깊은 작전을 숙의했을 뿐만 아니라 수전에 밝은 정탐꾼들의 현장 답사 정보까지 공유한 상태에서 예상 결과를 도출해 낼 수 있었다. 그러나 평양에 있는 이여송에게 이 작전을 건의할 때에는 이 같은 바탕 정보가 100% 첨부되지 않았을 것이기에 이여송은 작전의 세부 내용을 제대로 파악하지 못했을 가능성이 크며, 이 점도 작전을 허락하지 않은 이유가 되었을 것이다.

한편, 왕필적 측에서는 2~3천 명이면 쳐부술 수 있을 것으로 예상했는데, 조선의 장수들 중에는 왜 아무도 이러한 예측과 자신감을 피력해 온 사람이 없었을까? 이유는 왕필적에 견줄만한 수전 분야의 장수가 없었기 때문이다.

굶주린 백성들의 슬픔

「군량의 나머지 곡식을 내주어 굶주린 백성들을 구제하자고 임금에게 청하였더니 이를 허락하셨다.

이때 왜적은 서울을 점거한 지 이미 2년이나 되었으므로 병화로 인한 피해 때문에 천리 지방이 쓸쓸하였고, 백성들은 농사를 지을 땅이 없어서 굶어 죽는 거의 다반사였다. 성 안에 남아 있던 사람들은 내가 동파에 있다는 말을 듣고 서로 붙들고 이고 지고서 온 사람들이 부지기수였다.

사 총병(查總兵: 사대수)이 마산으로 가는 길에 어린아이가 기면서 죽은 어머니의 젖을 빨고 있는 것을 보고는 가엾게 여겨 이를 데려다가 군중에서 기르면서 나에게 말하기를 "왜적들이 아직 물러가지도 않았는데 백성들이 이와 같으니 장차 어떻게 하겠소?" 하였다. 그리고 탄식하기를 "하늘도 탄식하고 땅도 슬퍼할 일이다!"고 하였다.

나는 이 말을 듣고 나도 몰래 눈물이 흘렀다. 이때 대군(大軍)이 곧 내려온다는 소식이 전해졌다. 그래서 군량을 싣고 남쪽에서 올라오는 배들은 많았지만 모두 다 강 언덕에 벌여 대놓게 하고, 한 톨의 곡식도 감히 달리 사용하지 못하게 하였다. 때마침 전라도 소모관(召募官: 전시에 군량·마필·정병 등을 모집하는 관리. 召募使라고도 함) 안민학(安敏學)이 겉곡식 1천 섬을 모아 가지고 배에 싣고 왔다.

나는 매우 기뻐하며 곧 임금에게 장계를 올려 이것을 가지고 굶주린 백성들을 구제하자고 청하고, 전(前) 군수 남궁제(南宮悌)를 감진관(監賑官)으로 삼아 솔잎을 따다가 가루를 만들어서 솔잎가루 열 푼쭝(十分)에 쌀가루 한 홉(一合)씩 섞어 물에 타서 마시도록 했으나, 사람은 많고 곡식은 적어서 살려낸 사람 수가 얼마 되지 않았다.

이 모습을 본 명나라 장수들이 불쌍히 여겨서 자기네들이 먹을 군량 30섬을 내어놓아 백성들을 구제하게 하였으나, 그러나 곡식은 턱없이 부족하였다.

하루는 밤에 큰 비가 내렸는데, 굶주린 백성들이 밤중에 내 숙소 곁에 모여 신음소리를 냈는데 차마 들을 수가 없었다. 다음날 아침에 일어나 주위를 살펴보니 굶어 죽은 사람들의 시체가 즐비하였다.

경상우감사 김성일(金誠一) 또한 전 전적(前典籍) 이노(李魯)를 파견하여 급박한 사정을 나에게 전해왔다. "전라좌도의 곡식을 꾸어 와서 굶주린 백성들을 구제하고 또 그것으로 봄 밭갈이 종자로도 쓰려고 하였지만, 전라도사 최철견(崔鐵堅)은 빌려주려고 하지 않습니다."

이때 지사(知事) 김찬(金瓚)이 부체찰사가 되어 호서에 있었으므로 나는 즉시 공문을 김찬에게 보내어 전라도로 달려 내려가서 직접 남원 등지의 창고를 열어 1만 섬의 곡식을 영남으로 옮겨 백성들을 구제하라고 지시하였다.

대체로 이때는 서울부터 남쪽 해변에 이르기까지 왜적의 군사들이 가로질러 꿰뚫고 있었고, 때는 바야흐로 4월인데, 백성들은 다 산으로 올라가고 골짜기로 들어가 숨어 있었으므로 보리를 심는 곳이 하나도 없었다. 만약 왜적들이 다시 몇 달 동안만 더 물러가지 않았더라면 우리 백성들은 다 굶어 죽었을 것이다.」
 －〈징비록〉－

백성들은 양식이 떨어지면 씨종자까지도 먹었고, 평화 시에는 관청에서 씨종자를 빌려주고 추수 때 돌려받았으나, 그러나 왜란으로 인해 관청들은 씨종자 관리를 하지 못했고, 게다가 심은 논밭도 영농관리를 못해서 추수할 것이 빈약했다. 이 같은 상황이 해를 거듭하자 도처에서 백성들은 굶어죽어 갔다.

2. 평양에서 개성으로 돌아온 이여송

심유경의 적극 강화책(講和策)

「유격장 심유경(沈惟敬)이 다시 서울로 들어가서 왜적들에게 군사를 물리라고 달래었다.
4월 7일에는 제독(이여송)이 군사를 거느리고 평양으로부터 개성으로 돌아왔다.
이보다 먼저 김천일의 진중에 이진충(李盡忠)이라는 자가 있었는데, 그가 자청하여 서울로 들어가서 왜적들의 적세를 탐지하고, 두 왕자(임해군, 순화군)와 장계군(長溪君) 황정욱(黃廷彧)

을 만나보고는 돌아와서, "왜적들이 강화할 뜻을 가지고 있습니다"라고 보고하였다.

얼마 후 왜적이 용산의 우리 수군(조선 수군이 용산 선창까지 오르내리고 있었다)에게 서한을 보내어 화친하기를 청하였다. 김천일은 그 서한을 나에게 보내왔는데, 나는 이렇게 생각하였다.

'이 제독(이여송)은 이미 싸울 의사가 없다. 그러니 강화를 빌미로 왜적을 물리치려 한다면 다시 개성으로 돌아오지 않을 수 없을 것이다. 그렇게 되면 일은 끝나게 된다.'

나는 그 편지를 사대수(査大受)에게 보여주었다. 그는 곧 가정(家丁) 이경(李慶)을 평양으로 보내어 이 내용을 제독에게 알리게 했다. 그러자 이 제독은 다시 심유경을 불러들인 것이다.

김명원이 심유경을 보고 말하기를 "적들은 지난번 평양에서 속은 것을 분하게 여기고 있을 것이오. 그러니 다시 적진으로 들어가지 않는 것이 좋을 것이오?"라고 하니, 심유경은 말하기를 "적들이 스스로 빨리 물러가지 않았기 때문에 일어난 일인데, 나와 무슨 상관이 있단 말이오?" 그리고는 적진으로 들어갔다.

그가 왜적의 진중으로 들어가서 그들과 무슨 말을 나누었는지는 듣지 못했지만, 대개는 '사로잡아 간 왕자와 조선의 신하들을 돌려보내고, 군사를 거느리고 부산으로 물러간 후에야 강화를 하겠다'는 내용이었을 것이다. 왜적이 그의 제안을 받아들이겠다고 하자 그때서야 비로소 이 제독은 개성으로 돌아왔다."

-〈징비록〉-

'왜적이 제안을 받아들이겠다'고 하자, 이여송은 평양에서 개성으로 돌아왔다.

기패(旗牌)에 절을 하지 않은 유성룡

「나는 제독에게 정문(呈文: 하급 기관에서 상급 기관에 보내는 공문)을 보내어 '강화를 하는 것만이 최선은 아닙니다. 속히 적을 치는 것만 못할 것입니다' 라고 극진하게 말하였다. 그러자 제독은 회답하여 말하기를 '나 역시 그렇게 생각하고 있습니다' 라고 하면서도 그렇게 할 의사는 없는 것 같았다.

그는 유격장군 주홍모(周弘謨)를 왜적의 진영으로 보냈다. 나는 김 원수(김명원)와 함께 마침 권율의 진중에 있다가 그를 파주에서 만났다. 주홍모는 우리들에게 들어와서 기패(旗牌: 어떤 명령을 적은 깃발)에 절을 하라고 하였다.

나는 말했다. "이 기패는 곧 왜적의 진영으로 보낼 기패인데 내가 무엇 때문에 여기에 절을 한단 말이오? 또한 왜적을 죽이지 말라는 송 시랑의 패문도 있으니 더욱 받들 수가 없습니다!"

주홍모는 서너 번이나 기패에 절할 것을 강요하였으나 나는 끝까지 거절하고 말을 타고 동파로 돌아와 버렸다. 그러자 주홍모가 제독에게 사람을 보내어 이 일을 보고하게 했다.

그러자 제독은 크게 노하여 말했다. "기패는 곧 황제의 명령이다. 오랑캐들조차도 그 앞에서는 고개 숙여 절을 하는데, 어찌하여 절을 하지 않는다는 말인가? 내 군법으로 처리한 연후에 회군할 것이다!"

접반사 이덕형이 이런 사정을 나에게 알리며 말했다. "내일 아침에 와서 사과하지 않으면 안 되겠습니다."

다음날 나는 김 원수(김명원)와 함께 개성으로 가서 군문(軍

門)을 찾아가 이름(名)을 댔더니, 제독은 노하여 만나주지도 않았다.

 김 원수는 물러가려고 했으나, 나는, 제독이 우리를 시험하는 것일 터이니 조금만 더 기다려 보자고 하였다.

 이때 비가 조금 왔다. 우리 두 사람이 팔짱을 끼고 문 밖에 서 있으니 조금 뒤에 제독이 보낸 사람이 문을 나와서 우리를 엿보고 들어갔다 다시 나왔다 하기를 두 번 되풀이하더니, 조금 있다가 들어오라고 해서 안으로 들어가 보니 제독은 마루 위에 있었다.

 내가 그 앞으로 나아가 예를 표하고 사과하였다. "우리들이 비록 어리석고 용렬하다고 하더라도 어찌 기패를 공경할 줄 모르겠습니까? 다만 기패의 곁에 패문(牌文)이 있었는데, 우리나라 사람에게 왜적을 죽이지 못하도록 금하고 있었으므로, 사사로운 마음이었으나 이를 통분하게 여겨서 감히 절을 하지 않았습니다. 그러나 죄를 벗어날 수 없다는 점은 알고 있습니다."

 그러자 제독은 부끄러워하는 기색을 띠면서 말했다. "그 말은 아주 옳은 말이오. 그런데 패문은 송 시랑(宋侍郞)의 명령이니 나와는 관계가 없는 일이오."라고 하였다.

 그리고 이어서 말했다. "요즈음 근거 없는 소문이 많이 돌고 있소. 송 시랑이 만약 조선의 신하들이 기패에 절을 하지 않았는데도 내가 이를 용서하고 문책하지 않았다는 말을 들으면 반드시 나까지 같이 책망당할 터이니, 꼭 정문(呈文: 공문)을 만들어 그렇게 한 사정을 대략 변명하여 보내오도록 하시오. 만약 송 시랑이 문책하게 되면 나는 그것으로 해명할 것이고, 묻지 않으면 이 문제는 그대로 덮어 둘 것이오."

 우리 두 사람은 인사하고 물러 나와서 그의 말대로 정문을 만들어 보냈다. 이로부터 제독은 사람을 파견하여 왜적의 진영을 왕래하는 일이 잇달았다.」　　　　　　　　－〈징비록〉－

강화회담 반대는 선조의 절대적 방침이었다. 때문에 이여송은 겉으로는 강화회담에 반대한다고 말하면서도 실제로는 강화회담이 성사되자 개성으로 돌아갔다.

강화회담 반대로 곤장을 맞을 뻔한 유성룡

「하루는 내가 원수(김명원)와 함께 가서 이 제독을 만나본 다음 동파로 돌아오는 길에 천수정(天壽亭) 앞에서 사 장군(查大受)의 가정(家丁) 이경(李慶)을 만났다. 그는 동파에서 개성으로 들어가는 길이었는데, 우리는 말 위에서 서로 읍(揖)하고 지나쳤다.

그런데 초현리(招賢里)에 이르렀을 때 명나라 사람 셋이 말을 타고 내 뒤에서 달려오면서 큰 소리로 "체찰사는 어디 계시오?" 하고 물었다. 내가 돌아보며 "내가 바로 체찰사요"라고 하자, 그들은 큰 소리로 "말을 돌리시오!" 라고 하였다.

그 중 한 사람이 손에 긴 채찍을 잡고 내가 탄 말을 막 후려갈기면서 큰 소리로 "달려라, 달려라!" 하며 길을 재촉하였다.

나는 무슨 영문인지도 모른 채 그들에게 끌려서 개성까지 돌아갈 수밖에 없었는데, 그는 뒤에서 계속 내 말에 채찍질을 하였다. 그래서 나를 수행하는 사람들은 다 뒤에 쳐지고, 다만 군관 김제(金霽)와 종사관 신경진(辛慶晉)만이 힘을 다하여 뒤따라왔다. 청교역(靑郊驛)을 지나 토성(土城) 모퉁이에 이르렀을 무렵, 또 한 사람의 기병이 성 안으로부터 말을 달려 와서 세 사람의 기병에게 무슨 말인지 수군거렸다. 그러자 그들은 나에게 읍을 하면서, "이제 그만 돌아가도 좋습니다"라고 하였다.

나는 무슨 까닭인지도 모르고 어안이 벙벙해서 돌아섰다. 그 다음날 이덕형이 알려주어서 비로소 그 까닭을 알게 되었는데, 그 사연은 이러하였다.

제독이 신임하는 가정(家丁) 한 사람이 밖에 나갔다가 들어와서 제독에게 보고하기를 "체찰사(유성룡)가 강화를 하지 못하게 임진강의 배들을 모두 없애버려서 강화를 위한 사자들이 왜적의 진영으로 드나들지 못하게 하였습니다."라고 하였다.

그 말을 들은 제독은 화를 버럭 내면서 나를 잡아다가 매를 40대 치라는 명령을 내렸다. 내가 아직 도착하기 전에 제독은 눈을 부릅뜨고 팔을 걷어 부치며 앉았다 일어났다 하였으므로 좌우에 있던 사람들은 모두 무서워서 벌벌 떨었다.

그런데 얼마 후 이경(李慶)이 이르렀는데, 제독은 그에게 임진강에 배가 있는지 없는지 물었다. 이경이 "배가 있어서 강을 왕래하는 데 아무런 불편이 없습니다"라고 대답하니, 이 제독은 곧 사람을 시켜서 나를 데리고 가는 사람에게 나를 그냥 돌려보내 주게 하라고 명하고, 가정(家丁)이 거짓말을 하였다고 해서 그에게 매를 수백 대나 쳐서 숨이 끊어진 뒤에 끌어내었다는 것이다.

그는 근거 없이 나에게 화를 낸 것을 뉘우치며, 사람들에게 "체찰사를 만나면 내가 무슨 낯으로 그를 대할 것인가?"라고 하였다는 것이다.

이는 대개 제독이 평소 내가 강화를 반대하는 것에 대해 불만을 품고 있던 차에, 가정의 그런 말을 듣자마자 앞뒤 살펴보지도 않고 먼저 화부터 냈던 것이다. 이때 사람들은 모두들 나의 목숨이 위태하다고 생각했다고 하였다.」　　　-〈징비록〉-

이여송은 말로는 강화회담에 반대한다고 말해 왔지만, 유성룡이 강화회담을 반대하기 위해 임진강의 배들을 없애버렸다는 허위보고를 받자마자 본색을 드러내어 유성룡에게 매를 치려고 했던 것이다.

한 사람은 화를, 한 사람은 미소를

「며칠 후 제독은 유격 척금(戚金)·전세정(錢世禎) 두 사람으로 하여금 기패(旗牌)를 가지고 동파로 와서 나와 김 원수(김명원), 그리고 관찰사 이덕형을 불러서 함께 앉아 조용히 말했다.

"적들이 두 분 왕자와 조선의 신하들을 돌려보내고 서울에서 물러나 돌아가기를 청하니, 그들의 청을 들어주는 척하여 우선 성을 나오게 한 후에 계책을 써서 공격합시다."

이는 곧 제독이 그들을 시켜서 나의 속뜻을 떠보게 한 것이다. 내가 오히려 내 소신을 굽히지 않자, 그들은 계속 나를 설득하려고 하였다. 나중에는 성질 급한 전세정이 화를 내며 큰 소리로 말했다. "그렇다면 그대들의 국왕은 왜 도성을 버리고 도망을 갔었는가?"

나는 차분히 대답하였다. "임시로 수도를 옮겨서 회복을 도모하는 것도 역시 한 가지 방도라 할 수 있소."

이때 척금은 다만 나를 자주 살펴보며 전세정과 미소를 지을 뿐 말이 없었다. 전세정 등은 드디어 돌아갔다.」　　　-〈징비록〉-

한 사람은 왜 미소를 지었을까? 유성룡의 강화회담 반대가 선조의 반대 의지를 전하는 수준일 뿐, 실질적으로는 강화를 반대하거나 방해할 힘이 없음을 확인했기 때문은 아니었을까?

3. 명군의 한성 입성

「4월 19일에 제독(이여송)이 대군을 거느리고 동파에 이르러 사 총병(査總兵: 사대수)의 막사에 머물렀다. 이는 대개 왜적이 벌써 군사를 물릴 것을 약속하였으므로 장차 서울로 들어가려는 것이었다. 내가 제독의 숙소를 찾아가서 안부를 물었으나, 그는 만나주지 않으면서 통역관을 통해서 말하기를 "체찰사(體察使)는 나에게 불쾌한 생각을 갖고 있을 터인데 뭐 하러 또 찾아와서 문안하시오?"라고 할 뿐이었다.」 -〈징비록〉-

이여송이 유성룡을 만나주지 않은 이유는 명·왜 간의 강화회담 결과 바로 그날(4월 19일)이 왜군들이 한성을 비워주고 남으로 내려가기로 약속한 날이었기 때문이다. 이여송으로서는 강화 반대론자인 유성룡을 굳이 만날 이유도 없었고, 만나서 딱히 할 말도 없었기에 만나는 것 자체를 회피했던 것이다.

서울이 수복(收復)되다

「4월 20일에 서울이 수복되었다. 명나라 군사가 도성(都城)

으로 들어오고 이 제독이 소공주 댁(小公主宅: 후에 남별궁(南別宮)이라고 칭하였다)에 객관(客館)을 정하였다. 이보다 하루 전에 왜적은 벌써 도성을 빠져나갔다.

나도 명나라 군사를 따라서 도성으로 들어왔는데, 성 안에 남아 있는 백성들을 보니 백 명에 한 명 꼴도 살아남아 있지 않았고, 그 살아있는 사람도 다 굶주리어 야위고 병들고 피곤하여 안색이 귀신과 같았다. 이때는 날씨가 몹시 무더웠는데 죽은 사람과 죽은 말들이 곳곳에 그대로 있어서 썩는 냄새가 성 안에 가득 차서 길에 다니는 사람들은 코를 막고 지나가는 형편이었다.

관청과 사갓집 할 것 없이 몽땅 다 없어져 버리고 오직 숭례문(남대문)으로부터 동쪽으로 남산 아래 일대에 왜적들이 거처하던 곳에만 조금 남아 있었다. 종묘와 세 대궐 및 종루(鐘樓)·각사(司)·관학(館學) 등 큰 거리 이북에 있는 것들은 모두 타서 없어지고 오직 재만 남아있을 따름이었다. 소공주 댁(小公主宅)은 역시 왜적의 장수 우희다수가(宇喜多秀家: 우키타 히데이에)가 머물러 있던 곳이었으므로 남아 있게 된 것이다.

나는 먼저 종묘를 찾아가서 통곡하였다. 다음으로 제독이 거처하는 곳에 이르러 문안하러 온 여러 사람들을 보고 한참 동안이나 소리치며 통곡하였다.」　　　　　　　－〈징비록〉－

왜군을 추격하지 않는 이여송

「다음날 아침에 다시 이 제독을 찾아가서 안부를 묻고 말했다. "왜적들이 이제 겨우 물러갔으나 여기서 떠나갔다고 해도 틀림없이 멀리 가지는 못했을 것입니다. 군사를 일으켜 급히 추격하시기 바랍니다."

제독이, "나 역시 사실은 그렇게 해야 한다고 생각하오. 그런데 급히 추격하지 않는 이유는 한강에 배가 없기 때문이오."라고 말하므로, 내가 "만약 대인(大人)께서 왜적을 추격하려고 한다면 내가 먼저 한강 방면으로 나가서 배를 징발하겠습니다."라고 하니, 제독이 말했다. "그러면 아주 좋겠습니다."

나는 곧 한강으로 달려 나갔다.

이보다 앞서 나는 경기우감사 성영·수사 이빈에게 공문을 띄워서 왜적들이 물러간 뒤에는 급히 한강에 있는 크고 작은 배들을 거두어 틀림없이 한강에 다 모이도록 마련하라고 명령했었는데, 이때에 이미 도착한 배가 80여 척이나 되었다.

나는 곧 사람을 시켜서 제독에게 "배가 벌써 준비되었다"고 알렸더니, 조금 뒤에 영장(營將) 이여백(李如柏: 이여송의 동생)이 1만여 명의 군사를 거느리고 강변으로 나왔는데, 군사들이 절반쯤 강을 건넜을 때 해가 이미 저물려 하였다.

이때 이여백은 갑자기 발병이 났다고 하면서 말하기를 "성 안으로 돌아가서 발병부터 고치고 나서 진격하겠다."고 하면서 가마를 타고 돌아갔다.

그러자 이미 한강의 남쪽으로 건너가 있던 군사들도 다 돌아와서 성 안으로 들어가버리고 말았다. 나는 마음속으로 통분하였지만 그러나 어찌할 수가 없었다. 이는 대개 도독(이여송)이 실제로는 왜적을 추격할 의사가 없으면서 다만 거짓말로 나의 요청에 응하는 것처럼 속이는 수작이었다. 4월 23일에 나는 병이 나서 자리에 누웠다.」 　　　　　　　　　　-〈징비록〉-

왜군을 추격하지 않는다는 방침은 이여송의 방침이 아니라 명나라 황제의 방침이었다. 또한 '추격하면 목을 벤다'는 경략 송응창의 명령을 쓴 기(旗牌)를 명나라 사신들이 들고 왜군과 함께 내려가고 있었다. 그렇기 때문에 만약 이여송이 추격하고자 했다면 이는 황제와 경략의 명령을 어기는 것이었다.

경기·충청·강원도는 파종이 가능했다

「5월에 이 제독은 왜적을 추격한다면서 문경까지 내려갔다가 돌아왔다.

송 시랑(宋應昌)은 이때 비로소 패문(牌文: 공문)을 제독(이여송)에게 보내어 그로 하여금 왜적을 추격하게 하였다. 이때 왜적들은 떠나간 지 수십 일이나 되었는데, 송 시랑은 남들이 자기가 왜적을 놓아 보내고 추격하지 않는다고 비난할까봐 두려웠기 때문에 이와 같은 행동을 하여 보인 것이지만, 실상은 제독이 왜적을 두려워하여 감히 진격을 하지 못하고 돌아왔기 때문이었다.

이때 왜적들은 길에서 천천히 가면서 머무르기도 하고 가기도 하였는데, 우리 군사로서 연도를 지키던 자들도 다 왼쪽 오른쪽으로 자취를 감추고 감히 나와서 공격하는 자가 없었다.」
-〈징비록〉-

'감히 나와서 공격하는 자가 없었다'고 했는데, 그 이유는 ①송응창이 추격하는 자는 목을 베겠다는 군령을 내렸고, ②왜군들은 병법에 따라 질서정연하게 물러가고 있었기에 추격전은 극히 위험했으며, ③의병들은 황급히 귀향해서 늦은 파종을 서둘러야 했다. 그래야 자기 집과 자기 마을에서 사람이 사람을 잡아먹는 참상을 막을 수 있기 때문이다.

4. 〈징비록〉으로 조명하는 '제2차 진주성전투'

「왜적들은 물러가서 바닷가에 나누어 진을 쳤다. 그들은 울산의 서생포로부터 동래·김해·웅천·거제에 이르기까지 머리와 꼬리가 서로 이어졌는데, 무릇 16둔진(屯鎭)이나 되었다. 이들은 다 산과 바다에 의지하여 성을 쌓고 참호를 파고는 오래도록 머무를 계획을 마련하고, 바다를 건너 돌아가려고 하지 않았다.
 명나라 조정에서는 또 사천총병(泗川總兵) 유정(劉綎)으로 하여금 복건(福建)·서촉(西蜀)·남만(南蠻) 등지에서 모집한 군사 5천 명을 거느리고 계속 나와서 성주·팔거(八莒)에 주둔하게 하고, 이영(李寧)·조승훈(祖承訓)·갈봉하(葛逢夏)는 거창에 주둔하게 하고, 낙상지(駱尙志)·왕필적(王必迪)은 경주에 주둔하게 하였는데, 사면으로 둘러싸고 서로 버티기만 하며 진격하지 않았다.
 그들의 군량은 호서지방과 호남지방에서 가져왔는데, 험준한 산길을 넘어 와서 여러 둔진으로 나눠 공급하게 되니 백성들의 힘이 더욱 곤궁해졌다.
 이 제독은 심유경에게 왜적을 찾아가서 타일러 바다를 건너가게 하라고 하였다. 그는 또 서일관(徐一貫)·사용재(謝用梓)로 하여금 낭고야(浪古耶: 名古屋)로 들어가서 관백(豊臣秀吉)을 만나보도록 하였다.」
　　　　　　　　　　　　　　　　　　　　　　　－〈징비록〉－

수비군은 3천, 공격군은 10만

「6월에 왜적은 비로소 임해군·순화군 두 분 왕자님과 대신 황정욱·황혁 등을 돌려보내면서 심유경으로 하여금 돌아가서 보고하게 하였다.

그리고 한편으로 왜적은 나아가 진주성을 포위하고 '지난해 싸움에 패한 원수를 갚겠다'는 소문을 퍼뜨렸다. 이는 대개 왜적이 임진년(1592)에 진주를 포위하였으나, 목사 김시민(金時敏)이 이를 잘 막아내어 패배하고 물러갔기 때문에 그렇게 말한 것이다.

진주성은 왜적이 포위한 지 8일 만에 함락되었는데, 목사 서예원(徐禮元)·판관 성수경(成守璟)·창의사 김천일(金千鎰)·경상병사 최경회(崔慶會)·충청병사 황진·의병복수장 고종후(高從厚) 등이 다 전사하고 군인과 백성 6만여 명이 죽고 닭과 개 등 짐승들까지도 다 죽고 하나도 남아있지 않았다.

왜적들은 성을 무너뜨리고, 참호를 메우고, 우물을 묻고, 나무를 베어 버리는 등 온갖 만행으로 지난해 패전했던 분풀이를 제멋대로 하였는데, 이때가 6월 28일이었다.

이보다 먼저 조정에서는 왜적이 남하했다는 말을 듣고 연달아 왕명을 내리고 여러 장수들을 독려하여 왜적을 추격하게 하였다. 도원수 김명원, 순찰사 권율 이하 관군과 의병은 다 의령에 모였다. 이때 권율은 행주 싸움에서 이긴 것에 자신을 가지고 기강(岐江)을 건너 앞으로 나아가 치려고 하였다.

곽재우·고언백이 말하기를 "왜적의 세력은 바야흐로 강성한데 우리 군사들은 대부분 오합지졸(烏合之卒)들이어서 싸움을 감당해 낼만한 사람이 적으며, 앞길에는 또 군량도 없으니 경솔하게 진격해서는 안 됩니다"고 하자, 다른 사람들도 머뭇거릴 따름이었다.

　이빈의 종사관 성호선(成好善)은 어리석어 사세를 똑똑히 판단하지도 못하면서 팔을 휘두르면서 여러 장수들이 머뭇거리는 것을 책망하였다. 그는 권율과 의논이 맞아 드디어 군사를 거느리고 기강을 건너 나아가 함안에 이르렀는데, 성은 텅 비어 아무것도 얻을 것이 없었다. 그래서 모든 군사들은 식사를 못하여 익지도 않은 푸른 감을 따서 먹게 되자 다시 싸울 마음조차 없어졌다.」

　　　　　　　　　　　　　　　　　　　　　　-〈징비록〉-

도원수가 된 권율

　「다음날 "왜적이 김해로부터 쳐들어오고 있다"는 첩보가 전해졌다. 이때 어떤 사람들은 "마땅히 함안을 지켜야 한다"고 하고, 어떤 사람들은 "물러가서 정진(鼎津)을 지켜야 한다"고 하는 등 의논이 분분하여 결정을 내리지 못하고 있었는데, 이때 왜적의 포 소리가 들려오자 사람들은 그만 겁에 질려 성 밖으로 우루루 몰려 나가다가 수많은 사람들이 조교(弔橋)에서 떨어져 죽었다.

　정진으로 물러나 바라보니 왜적들은 다시 강과 육지로부터 몰려오고 있었다. 왜적들이 들판과 강을 가득 덮고 메우며 덤벼들므로 막아낼 엄두가 나지 않자 여러 장수들은 그만 모두 달아나버렸다.

　권율·김명원·이빈·최원 등은 먼저 전라도로 가고, 김천일·최경회·황진 등은 진주로 들어갔다. 왜적은 뒤따라 와서 진주성을 포위하였다.

진주목사 서예원과 판관 성수경은 명나라 장수의 지대 차사원(支待差使員: 식사나 용품 공급의 직책을 맡은 임시직)으로 있었기 때문에 오랫동안 상주에 있었는데, 왜적들이 진주로 향하였다는 말을 듣고는 부랴부랴 돌아왔다. 그들이 도착한 후 2일 뒤에 왜적이 쳐들어온 것이다.

진주성은 본래 사면이 험준한 곳에 의거하여 쌓았던 것인데 임진년에 동쪽으로 옮겨 평지에다 쌓았다.

이때 적들은 비루(飛樓: 높게 만든 다락) 여덟 개를 세워 놓고 그 위에 올라가서 성 안을 내려다보며 칠 수 있게 하였다. 그리고 성 밖의 대 숲에서 대나무를 베어다가 촘촘히 울타리처럼 엮어서 날아오는 화살과 돌(矢石)을 막고 그 안에서 조총을 빗발치듯 쏘았으므로 성 안 사람들은 감히 밖으로 머리를 내밀지도 못하였다.

한편, 김천일이 거느린 군사들은 다 서울의 길거리에서 불러 모아온 무리들에 불과했고, 김천일 자신도 전쟁에 관한 일을 알지도 못하면서 자기주장이 너무 강하였다. 또 그는 평소에 서예원과 사이가 좋지 않아서 주인과 나그네 사이에 서로 시기하고 헐뜯었으므로 명령이 제대로 전달되지도 시행되지도 못했다. 이 때문에 결국 싸움에 패할 수밖에 없었던 것이다.

오직 황진만이 동쪽 성을 지켜 여러 날을 버텨냈으나 결국 날아오는 총알을 맞고 전사하였다. 그가 죽자 병사들의 사기는 크게 떨어졌으나 밖에서 구원군이 오지 않았다. 그때 마침 비까지 내려 성이 무너지니 적들은 개미떼처럼 성을 기어 올라왔다. 성 안 사람들은 가시나무를 묶어 세우고 돌을 던지며 힘을

다하여 막아내어 왜적이 거의 물러갔는데, 이때 김천일이 거느
린 군사는 북쪽 문을 지키다가 성이 이미 함락된 것으로 생각하
고 먼저 도망치기 시작했다. 왜적들은 산 위에 있다가 우리 군
사들이 무너지는 것을 보고는 일제히 성으로 기어오르니, 우리
군사들은 삽시간에 무너졌다.

　촉석루에서 이 모습을 지켜보고 있던 김천일과 최경회는 손
을 붙잡고 통곡하다가 강물로 뛰어들어 죽었는데, 군사나 백성
들로서 성 안에서 빠져나와 살아난 사람은 손꼽을 정도였다. 왜
적의 변란이 일어난 이래 이 싸움에서처럼 많은 사람이 죽었던
적은 없었다.

　조정에서는 김천일이 의(義)를 위하여 죽었다고 해서 벼슬을
높여 의정부 우찬성을 추증하였다. 그리고 또 권율이 용감하게
싸우며 왜적을 두려워하지 않는다고 해서 김명원을 대신하여
도원수(都元帥)로 삼았다.」　　　　　　　　　　－〈징비록〉－

　김명원은 그 동안 유성룡과 선조로부터 작전・지휘능력이 없다는
비판을 받아온 인물이다. 그러나 '대신할 만한 사람이 없다', '전
쟁 중에 장수를 바꾸지 못한다' 는 등의 인식에 젖어 조정에서는 도
원수의 교체를 미루어 왔다. 하지만 미루어온 사실상의 이유는 선조
가 도원수의 역할이 어떤 것인지 잘 몰랐고, 잘 몰랐기 때문에 후임
자 물색이 늦어졌던 것이다.

　그런데 선조는 행주대첩 후 권율에게서 새로운 도원수 상(像)을
발견했는데, 이 같은 심정적 변화가 오게 된 이유는 다음과 같다.

　첫째, 그간 조정에서는 문신우위 사상에 젖어서 도원수 이상 체찰
사는 반드시 문관 출신이어야만 그 충성심을 믿을 수 있다고 여겨
왔는데, 권율 역시 문과 급제 출신이었다.

둘째, 위의 〈징비록〉에서 '권율은 용감하게 싸우며 왜적을 두려워하지 않는다'고 했듯이, 행주산성을 작전지로 선택한 것에서부터 전투 때의 진두지휘와 무장 내용, 그리고 전투 후 보여준 대처 능력, 대(對) 왜·명군 관계 등에서 탁월한 리더십을 보여주었기 때문이다. 이 같은 점은 김명원의 '무대책', '명군의 뒤만 따라다니는 모습'과는 전혀 달랐다.

셋째, 선조는 전라 수륙군의 역량을 동원한 권율의 작전력과 리더십에 감명을 받았다. 권율은 전라 수륙군의 각종 화약무기·명사수·군량미·수송력 등 그간 개발된 군사적 역량을 총동원할 수 있는 리더십을 갖췄던 반면, 김명원은 이 같은 배경과 실체가 없는 '단 한 사람의 선비'였다는 사실이 극명하게 드러났다.

이상과 같은 내용으로 행주대첩은 임진왜란 3대첩의 하나가 되었는데, 민족사적으로 보면 고려의 강화도 중심 대몽(對蒙) 항쟁 20년사와 같은 창조적이고 전세(戰勢)를 반전시킨 명전사(名戰史)였다.

「명나라 장수인 총병(부총병을 높인 말) 유정(劉綎)은 진주성이 함락되었다는 말을 듣고 팔거(八莒)로부터 합천으로 달려가고, 오유충(吳惟忠)은 봉계(鳳溪)로부터 초계에 이르러 경상우도를 수호하였다.

한편 왜적들도 역시 진주를 쳐부수고 난 뒤에는 부산으로 돌아가서 명나라 조정에서 강화를 허락하기를 기다려서 바다를 건너 돌아가겠다는 소문을 퍼뜨렸다.」 —〈징비록〉—

임금은 서울로, 사신들은 일본으로

「(1593) 10월에 임금께서 서울로 돌아오셨다. 12월에 명나라 사신 행인사(行人司: 조공과 외교관계의 일을 담당한 부처. 지금의 외교부)의 행인 사헌(司憲)이 우리나라에 왔다.

이보다 먼저 심유경은 왜적의 장수 소서비(小西飛: 고니시 도부)를 데리고 관백의 항복문서(降表)를 가지고 돌아왔으나, 명나라 조정에서는 그 항복문서가 관백의 것이 아니라 소서행장 등이 거짓으로 만든 것이라고 의심하였다. 심유경 또한 자기가 돌아오자마자 진주성이 함락되자 왜적의 강화하려는 뜻이 진실이 아니라고 여겨서 소서비를 요동에 머물러 있게 하고 오래도록 회답하지 않았다.

이때 제독(이여송)과 여러 장수들은 다 돌아가고 다만 유정(劉綎)·오유충(吳惟忠)·왕필적(王必迪) 등에게 속한 1만여 명의 군사가 팔거(八莒)에 주둔하고 있었다. 그리고 조선 전역이 굶주림에 허덕이고 있었으며, 또 늙은이와 어린이들은 군량 운반에 지쳐서 도랑과 골짜기에 쓰러져 있었고, 힘 있는 장정들은 도둑이 되었으며, 거기에다가 전염병이 창궐하여 살아남은 사람이 별로 없었다. 심지어 아버지와 아들이 서로 잡아먹고, 남편과 아내가 서로 잡아먹는 지경에 이르러 길가에는 죽은 사람의 뼈가 잡초처럼 흩어져 있었다.」　　　－〈징비록〉－

왜군들이 남으로 퇴각하지 않았다면 파종을 하지 못해서 상황은 더욱 심각해질 뻔했다.

「얼마 후 유정의 군사가 팔거(八莒)로부터 남원으로 옮겼다가 다시 남원으로부터 서울로 돌아와서 10여 일 동안 머물러 있다가 서쪽(요동 쪽)으로 돌아갔다. 그러나 왜적들(약 4만명)은 바닷가(남해안)에 머물러 있으면서 돌아갈 생각을 하지 않았으므로 민심이 흉흉했다.

이때에 명나라 경략 송응창이 탄핵을 받아서 돌아가고, 새 경략으로 고양겸(顧養謙)이 요동으로 왔다.

얼마 후 그는 또 남의 말시비로 인해서 소환되어 가고 다시 새 경략으로 손광(孫鑛)이 왔다. 그런데 병부에서 황제께 주청하여 왜인 사자 소서비(小西飛)를 명나라 서울로 불러들인 다음 세 가지 일을 따졌다.

첫째, 다만 책봉(冊封)만 요구하고 조공은 요구하지 말 것

둘째, 한 사람의 왜병도 부산에 머물러 있지 말 것

셋째, 영원히 조선을 침범하지 말 것

만약 약속을 지킨다면 즉시 왜왕으로 책봉할 것이지만, 그렇지 않으면 없었던 일로 하자는 것이었다.

왜인 사자 소서비는 하늘에 맹세하며 그 약속을 지키겠다고 하였다. 그래서 마침내 심유경으로 하여금 다시 소서비를 데리고 왜군 진영으로 들어가게 하고, 또 이종성(李宗誠)·양방형(楊方亨)을 각각 정사(正使)와 부사(副使)로 삼아 왜국으로 가서 평수길을 일본 국왕으로 봉하게 하고, 그리고 이종성 등으로 하여금 우리 서울에 머물러 있으면서 왜적들이 다 철수하는 것을 살펴보고 나서 왜국으로 떠나게 하였다.」 -〈징비록〉-

5. 〈선조실록〉으로 조명하는 길주대첩과 행주대첩

독자적인 힘으로 길주 이북 수복

「함경도 관찰사 윤탁연(尹卓然)이 급보를 올렸다.

"오늘 도착한 북도 평사(評事) 정문부(鄭文孚)의 보고문은 이러하였습니다."

'길주에 머물러 있던 적들이 밤중에 도망쳐 달아났는데 세 부대의 군사들과 후원군이 추격하자 적들은 밤낮을 가리지 않고 혹은 밥을 짓던 도중에 황망히 도망쳐서 고개를 넘어갔습니다. 고개 동쪽까지 추격했으나 사람과 말이 극도로 지쳐서 더 이상 걸음을 옮길 수가 없었습니다. 단천, 이성 등 고을들에서는 연도의 인가가 모두 불에 타 없어졌으며, 도내의 적들은 차례차례 남쪽으로 물러나면서 연도의 관청 건물과 개인 집들을 모조리 불살라버렸습니다. 현재 함흥 이북에는 남은 적이 없습니다.'」

-〈선조실록〉(1593. 2. 23.)-

가토 기요마사(加藤淸正)의 군대는 퇴각하면서 관청과 민가를 모두 불태웠다. 포악하기로 유명했던 가토 군의 만행이다. 왜군들로서는 이렇게 불태워야 조선군의 추격이 늦추어질 것으로 생각했다.

아무튼 명군의 도움 없이 독자적으로 길주 이북은 수복되었고 왜군은 함흥 지역으로 퇴각했다. 하지만 김명원 도원수부의 정보 수집력 부족으로 조정은 여전히 '가토 공포증'에 젖어 있었고, 가토 군의 평양성 공격을 막기 위해 계속해서 명나라에 원병을 요청했다.

독자적인 힘으로 치른 행주대첩

「전라도 관찰사 겸 순찰사 권율이 행주에서 적을 크게 격파하고 고산(高山) 현감 신경희(申景禧)를 보내어 싸움에 이긴 것을 보고하게 하였다.

선조: "적의 수는 얼마나 되었는가?

신경희: 3만 명을 넘지 않았습니다.

선조: 성산이란 곳은 그 지형이 싸우기에 적합한가?

신경희: 한 면은 강에 닿았고 세 면은 언덕입니다.

선조: 그곳에 성이 있는가?

신경희: 앞에는 녹각책(鹿角柵: 사슴 뿔 모양으로 나무를 엇대어 엮은 울타리)을 세웠고 뒤에는 흙과 돌로 성을 쌓았습니다.

선조: 적은 기병이었는가, 보병이었는가?

신경희: 기병과 보병이 서로 섞여 있었습니다. 11일에 사람들을 보내어 모악재를 정찰하였는데, 적을 만나 8~9명이 잘못되었습니다. 그날 적이 2개 진영으로 나뉘어 성산에 나와 진을 쳤는데, 한 진의 인원수가 거의 5~6백 명이나 되었습니다. 다음 날에는 적이 들판을 가득 덮고 나왔는데 그 수는 알 수 없을 정도였습니다.

선조: 성 위에서는 무슨 물건으로 방어하였는가?

신경희: 창과 칼로 찌르기도 하고 돌을 던지기도 하였으며 혹은 화살로 마구 쏘기도 했습니다.

그런데 성 안에서 누가 적이 이미 성 위에 기어 올라왔다고 허튼소리를 하였으므로 성 안의 군사들이 막 흩어지려 할 때, 권율이 직접 싸움판에 뛰어들어 명령에 복종하지 않는 자 두세 명의 목을 베고 싸움을 독려하고 나오자 적이 8, 9차례나 공격하다가 물러나곤 하였습니다."」

-〈선조실록〉(1593. 2. 24.)-

화살을 난사했다는 것은 화살뿐 아니라 화약으로 발사하는 각종 실탄들을 포함한 말이다.

> 「선조: "적들이 쏜 화살 중에 우리나라 화살이 있던가?
> 신경희: 편전에 맞은 사람이 많은 것으로 보아 적들 속에 우리나라 사람으로서 투항해 들어가서 적을 도와 싸운 자가 있는 것이 분명합니다.
> 선조: 여러 진영의 장수들 가운데 응원하지 않은 자는 누구인가?
> 신경희: 양천 건너편에는 건의부장(建義副將) 조대곤(曹大坤)이 있었고, 심악(深嶽)에는 추의장(秋義將) 우성전(禹性傳)이 있었는데 둘 다 와서 응원해주지 않았습니다.
> 선조: 와서 구원할 수 있는 형편이었는가?
> 신경희: 배를 타면 와서 구원할 수 있었습니다.
> 심희수: 여러 장수들이 멀지도 않은 곳에 있었고 형세로 보아 응원할 수 있었으면서도 응원하지 않았으니, 참으로 통분한 노릇입니다.
> 신경희: 그날 적이 퇴각할 무렵 마침 전라도 세미(歲米) 운반선 40여 척이 양천 포구를 덮으며 왔습니다. 그들의 성원은 이만저만한 것이 아니었습니다."」
>
> -〈선조실록〉(1593. 2. 24.)-

신경희는 조대곤 등이 강 건너편에 있었다고는 해도 '배를 타면 와서 구원할 수 있었다'고 했다. 이 말은 배가 준비되어 있었음을 말한다. 그러나 조대곤·우성전 등은 전라군의 수륙 합동전과 화약무기 사용 등에 관한 일을 모르고 있었기에 행주산성 전투가 대첩이 될 것으로 예상하지 못했고, 그래서 구원할 생각을 하지 않았던 것 같다.

'전라도 세미(歲米) 운반선이 40여 척'이라고 하였는데, 경기와 충청의 세미 운반선들도 동원되었을 것이다.

「심희수: "대체로 오늘의 일은 천행입니다. 여러 장수들이 서로 응원하지는 않았지만 역시 그들의 소문과 기세로 서로 의지한 바가 있었기 때문에 명나라 군사들이 물러간 뒤인데도 적들은 그들이 있는지 없는지 몰랐으며, 그 다음날에도 적들이 다시 오지 않았으니 이것은 천행입니다. 전라도 군사는 정예병이라고는 하나 제 고장만 벗어나면 힘써 싸우지 않았는데, 이번에는 결사적으로 싸웠으니 이는 틀림없이 장수가 싸움을 독려한 공로일 것입니다."」 -〈선조실록〉(1593. 2. 24.)-

'여러 장수들이 서로 응원하지 않았다'고 했는데, 앞서 보았듯이, 도원수 김명원이 거느린 조선군은 유성룡의 지휘도 따르지 않은 경우가 많았을 만큼 산만한 오합지졸의 모습이었고, 이 또한 다른 부대들이 권율을 돕지 않는 원인이 되었다.

「신경희: "그날 새벽 6시경부터 저녁 6시경까지 서로 싸우다보니 화살이 거의 다 떨어지게 되었는데, 마침 충청병사 정걸(丁傑)이 화살을 싣고 와서 위급한 상황을 넘겼습니다.
선조: 적들의 군사 쓰는 법은 당할 만하던가?
신경희: 이번 싸움에서 적들은 화살에 맞아 죽는 자가 꼬리를 물었으나 시체를 끌어내면서도 오히려 달려들기만 하고 물러서지 않았으니, 이것이 당하기 어려운 점입니다. 싸울 때에는 돌을 쓰는 것이 제일 좋은데, 그곳에는 돌이 많기 때문에 모

든 군사들이 앞을 다투어 돌을 던지며 싸웠습니다."」
－〈선조실록〉(1593. 2. 24.)－

'오히려 달려들기만 하고 물러서지 않았으니' 라고 했는데, 왜군들은 이렇게 하기를 하루 종일 계속했다. 부녀자들이 행주치마로 돌을 옮겼고, 그 돌을 남정네들이 받아서 던졌다. 그러면 행주치마로 돌을 나른 부녀자들은 누구였을까? 경기도 관내 관아의 관기와 관비(여종)들이었을 가능성이 높다. 이들은 모두 '관아의 재산'으로 취급받는 천한 신분이었으므로 명령을 통해 동원할 수 있었다.

「선조: "그대도 하마터면 죽을 뻔했구나.
신경희: 권율이 직접 싸움을 독려하여 군사들을 진정시켰기 때문에 군사들은 모두 죽기를 각오하고 싸웠습니다. 장수가 만약 먼저 동요하였더라면 군사들은 모두 물에 빠져 죽었을 것입니다."」　　　　　　　　　－〈선조실록〉(1593. 2. 24.)－

'그대도 하마터면 죽을 뻔하였구나' 하면서 경탄했고, 권율이 현장을 지휘하는 모습에서 김명원과는 다른 도원수 상(像)을 발견했다.

「신경희: "그리고 남쪽 지방에는 염려되는 일들이 있습니다. 소모사(召募使) 변이중(邊以中)은 수레 만드는 일을 독촉하면서 백성들에게 소를 바치라고 다그치는 바람에 백성들이 그 괴로움을 견디지 못하고 있습니다. 안민학(安敏學)도 소모사라는 이름으로 오로지 자기 배 불리는 일만 우선합니다. 김은휘(金殷輝)는 종사관으로서 군사를 모을 때 함부로 형장

(刑杖)을 치기 때문에 고을 수령들은 어찌할 바를 모르고 백성들 가운데는 원망하는 자가 많습니다."」

-〈선조실록〉(1593. 2. 24.)-

변이중이 화차를 제작하는 과정에서, 그리고 안민학이 군량을 조달하는 과정에서 전라도 백성들의 고통이 많았다.

권율을 극찬한 송응창

「처음 평양을 회복한 뒤 여러 장수들이 서울에 많이 모였다. 명나라 군사가 개성부에 진주하자 우리나라 여러 장수들이 차례로 나아가 진을 치고 양쪽에서 함께 칠 기세를 이루었다.

전라도 순찰사 권율은 자기 군사를 갈라서 4천 명은 절도사 선거이(宣居怡)로 하여금 통솔하여 양천강 언덕에 진을 치게 하고, 자신은 정예병사 2천 3백 명을 통솔하여 수원 독성(禿城)으로부터 고양의 행주산성으로 옮겨가 진을 쳤다.

(2월) 12일 동틀 무렵 망을 보던 군사가 알리기를, 적이 좌우로 나뉘어 각각 붉은 깃발, 흰 깃발을 들고 홍제원으로부터 행주를 향해 온다고 하였다. 권율이 곧 군사들에게 움직이지 말라고 명령하고 장대에 올라서서 바라보니 5리쯤 되는 언덕 위에 적의 무리가 가득하였다. 앞장 선 기병 1백여 명이 볼수록 점점 더 가까워지더니 이윽고 기병 1만여 명이 들을 덮으며 와서는 일시에 포위하고 곧장 전진하여 쳐들어 왔다.

우리 군사들은 화살을 쏘고 돌을 던지며 크고 작은 승자총통과 진천뢰, 지신포, 대발화, 중발화 등 각종 화약무기를 계속 쏘아댔으나 그래도 적들을 물리치지 못했다. 적들은 패를 갈라서 교대로 달려들었다. 새벽 6시경부터 오후 6시경에 이르기까지 모두 세 번 달려들었다가 세 번 물러났는데, 적들 가운데 죽은 자가 수십 명이고 부상당한 자가 1백여 명이었다.

적들은 풀을 묶어 단을 만들어서 불을 놓았는데, 바람 때문에 성 안까지 타서 번지는 것을 물을 부어서 껐다.

처음에는 승군(僧軍)으로 하여금 작은 성의 서북쪽을 도맡아 지키게 하였는데, 이때 와서 승군들이 조금 물러서자 적들은 고함을 지르며 마구 쳐들어와 군대 안이 흉흉하였다.

권율이 칼을 휘두르며 싸움을 독려하자 여러 장수들이 결사적으로 힘껏 싸웠다. 적이 그제야 포위를 풀고는 그대로 시체를 사방에다 모아 놓고 풀을 쌓은 다음 불을 지르니 냄새가 10리 밖까지 퍼졌다.

우리 군사가 다시 남은 시체를 거두어 목을 벤 것이 130여 급이었다. 이때 오가면서 순시하던 명나라 군사가 이 싸움이 있었음을 알았는데, 다음 날 사대수가 자기의 부하 장수를 보내어 적과 맞서 싸울 때의 정황을 물어보고 예물을 보내어 축하하였다.

그 뒤 석 달 만에 경략 송응창(宋應昌)이 우리나라에 자문(咨文: 공문)을 보내왔다.

"왜놈들이 조선을 침범한 후로 귀국의 세 도읍지와 여러 고을들은 모두 소문만 듣고도 무너졌고, 한 명의 영웅호걸도 의로운 군사들을 불러일으켜 큰 난리를 막고 강토를 지켜 나라를 회복하려는 자가 없었다.

그리고 들으니, 술이나 마시고 시나 읊으며 기생들을 끼고 산천 유람이나 할 뿐, 나라가 다스려지건 어지러워지건 전혀 아랑곳하지 않고 나라의 존망도 생각지 않는다고 하였다. 이렇게 말하고 보니 귀국에는 사람이 없다고 할 만하다.

　오직 전라도 관찰사 권율만은 떨쳐 일어나 외로운 성을 지키고 많은 사람들을 불러 모았으며, 여러 번 신통한 꾀를 내서 때로 큰 적을 막기도 하였고, 요즈음에는 다시 모래자루를 양식으로 가장하여 왜적을 유인해내어 섬멸하고 있으니, 이야말로 귀국의 난리 중의 충신이고 나라를 일으켜 세울 명장이다.

　본부에서는 매우 갸륵하게 여겨 앞으로 따로 자세한 보고를 황제에게 올릴 작정이다. 지금은 붉은 두꺼운 비단 4단과 은돈 50냥으로 그를 표창함으로써 충성과 용맹을 장려하려 한다. 왕은 그에게 벼슬과 녹봉을 더 주어 귀국의 관리들과 재상들을 감화시켜야 할 것이다."」　　　-〈선조실록〉(1593. 2. 24.)-

　송응창은 '술이나 마시고 시나 읊으며 기생들을 끼고 산천 유람이나 할 뿐…' 하면서 조선 사회에 뿌리박힌 기송사장(記誦詞章)의 시문놀이 풍토가 난리 평정을 어렵게 한다고 비판했다.

명의 병부(兵部)에서도 권율을 극찬했다

　「(명나라)병부가 본국에 자문(咨文)을 보내왔는데 그 내용은 이러하였다.

　"왜놈들이 조선 왕국의 세 수도를 함락시키자 모든 군(郡)이나 현(縣)에서는 바라만 보고도 도망쳐 흩어지고 일찍이 한 명의 영웅호걸도 의병을 일으켜 큰 난리를 막고 국토를 지켜서 회복을 꾀한 자가 없었다.

또 들으니, 술이나 먹고 놀러 다니며 기생을 끼고 시나 읊으면서 난리를 평정하는 것에 대해서는 아랑곳하지 않고 국가의 존망에는 관심조차 없다는 태도였다고 하는데, 이쯤 되고 보면 왕국에는 사람이 없다고 말할 만하다.

그러나 전라도 관찰사 권율은 외따로 떨어진 곳에서 굳게 적과 대항하였고, 근래에는 또 왜적을 유인해서 쳐 죽였으니, 이는 바로 왕국의 난세의 충신이며, 중흥의 명장이다.

본부가 이를 크게 가상히 여겨서 우선 변방 장수의 공로를 표창해 주는 것이 합당하므로 별도로 상주문(上奏文)을 써서 올렸는데, 이와는 별도로 지금 폭 넓은 비단(弘段絹) 4단(端)과 은 50냥을 내려 그에게 상을 주어 충성스럽고 용감한 자를 권장하는 바이다.

왕은 그에게 벼슬과 녹봉을 더해 주어 본국의 관리와 대신들을 분발시키고, 이어서 모든 문무(文武) 대소 신하들에게 엄히 지시하여 뼈저리게 반성하여, 걱정하고 노력하여 흉적을 제거하고 설욕하기를 모두 권율처럼 하도록 하고, 다시는 하는 일 없이 게으름이나 피우고 시문놀이나 즐기면서 무비(武備)를 잊는 일이 없도록 힘쓰기 바란다."」

-〈선조실록〉(1593. 3. 22.)-

앞에서 본 송응창의 자문과 명나라 병부의 자문에는 일맥상통하는 논조가 담겨 있다. 바로 기송사장(記誦詞章)의 시대상을 비판하고 있는데, 이는 당시 조선 사회를 바라보는 명나라의 시각이었다는 점에서 주목할 만하다.

6. 강화회담 반대를 위해 의주로 가는 선조

「대신이 건의하였다.
"전하께서 종묘사직의 큰 계책을 위하여 노고를 꺼리지 않으시니 신들은 감격하여 눈물을 흘리지 않을 수 없습니다. 옥체를 수고롭게 하시면 처음에는 비록 깨닫지 못하겠지만 뒷날 피로가 쌓여 병환이 되지 않을까 두렵습니다. 의주에서 떠나기로 한 것은 지극하신 성의에서 비롯된 것이므로, 신들이 감히 정지하라고 청하지는 못하겠습니다.
애 주사(艾主事: 명군의 군량미 담당 총책. 김응남 등에게 곤장을 친 적도 있음)가 나온다고 하지만 여기는 직통 길이 아닌데다가 이 사람은 또 다른 날 서로 만나볼 때가 있을 것입니다. 어찌 꼭 찾아가서 만나보아야만 되겠습니까. 정승을 대신 보내어 문안하도록 하시고 또 돌아갈 적에 서로 만나자는 뜻을 전하도록 하시기 바랍니다."
임금이 말했다. "그렇게 해서는 안 된다. 따를 수 없다."」
-〈선조실록〉(1593. 3. 26.)-

이날 현재 행재소는 영유(永柔)에 있었다. 선조는 대신들에게 순안으로 가서 애(艾) 주사에게 강화회담 반대의 입장을 표명하겠다고 했다. 대신들은 이 또한 탐탁치 않게 여기고 반대했다. 그러나 선조는 '그렇게 해서는 안 된다'고 하면서 순안으로 가서 애 주사를 만났다. 하지만 애 주사는 자신은 다만 군량 관리 책임자에 불과하므로 강화회담 관계는 잘 모르는 일이라면서 답변을 회피했다.

오늘에 와서 보면, 한성의 왜군들은 행주에서 패전한(2월 12일) 후 심유경-고니시 간의 강화회담으로 4월 8일 철군하기로 약속되어 있었다. 그리고 실제로 4월 19일 철군했다. 이렇게 정리해 보면, 선조의 강화회담 반대는 명나라에게는 '다 된 밥에 재 뿌리기'나 마찬가지였다.

왕 통판과의 만남

선조는 3월 26일 순안에서 애 주사를 만난 후 3월 27에는 숙천에서 하루를 묵었다. 그리고 3월 28일 안주(安州)에 도착했다.

> 「임금이 안주에 도착하여 왕 통판(王通判: 王君榮)이 송 경략의 군부에서 왔다는 말을 듣고는 장령 민몽룡(閔夢龍)을 보내어 문안하도록 하고 만나보고자 한다는 뜻을 전하게 하였다.
> "국왕께서 경략을 만나보기 위하여 걸음을 재촉하여 지금 안주에 이르렀는데, 갑자기 대인께서 가산에 왔다는 말을 듣고 꼭 만나보고자 합니다." 」   -〈선조실록〉(1593. 3. 28.)-

통판(通判)이란 '전체(通)를 판단(判)하는 고위 직책'으로 보인다. 그래서 선조는 시랑 송응창(*당시 의주에 있었다)에 앞서 왕 통판을 먼저 만나보고 싶어한다는 말을 전하도록 했다.

> 「(3월 29일) 임금이 안주에 머물렀다.
> 장령 민몽룡이 왕 통판을 문안하고 와서 보고하였다.
> "신이 아침에 가산으로 달려가니 통판이 신을 불러들여 말하

기를 '국왕으로 하여금 여기까지 오게 해서 미안하다. 내가 나아가 만나보겠다.' 고 하였습니다."

-〈선조실록〉(1593. 3. 29.)-

전갈을 받은 통판 왕군영은 선조를 만나기 위해 가산을 떠나 안주로 향했다.

「임금이 청천강을 건너 5리쯤에서 왕 통판을 만났다.
임금이 통역관을 시켜서 전하도록 하였다.
"내가 안흥(安興)에서 대인이 오기를 기다렸으나 대인이 오래도록 오지 않았습니다. 내가 경략을 만날 일이 급하기 때문에 광통원(廣通院: 가산에 있는 관아)에서 서로 만나보고 싶으니, 대인께서는 수레를 돌려서 먼저 광통원에 가서 기다리는 것이 어떻겠습니까?"
통역관을 통하여 왕 통판이 말을 전하였다.
"내가 음식을 먹지 않고 왔으므로 지금 광통원으로 돌아갈 수는 없습니다."
그리고는 드디어 말에 채찍질을 하여 앞으로 나아갔다.
임금이 말 위에서 읍을 하며 말했다.
"내가 송 대인(송응창)을 만나보고 답답하고 절박한 뜻을 호소하고자 하여 한시가 급하게 곧장 달려 나아가는 중이었는데, 이제 중간에서 대인을 만나게 되니 미안하기 그지없습니다."
왕 통판: "다른 일은 말할 것이 없습니다. 나는 가산에서 아침밥을 먹었는데, 따르는 사람들은 모두 주린 배로 이곳에 왔기 때문에 여기서 또다시 광통원으로 돌아가라 한다면, 이는 우리로 하여금 굶어 죽으라는 말과 같습니다. 그리고 할 말이

많고 요긴하므로 잠깐 사이에 말을 다 전할 수는 없을 것이고, 반드시 조용히 마주보고 말해야 합니다. 어찌 그리 서두르십니까.

선조: 내가 경략에게 가는 일이 너무나 다급하고 한시가 급하기 때문에 광통원으로 나아가서 서로 만나보고자 했던 것입니다.

왕군영: 경략의 뜻은 이미 결정되었습니다. 만약 군사를 써야 한다고 생각한다면 국왕께서 가지 않더라도 반드시 군사를 쓸 것이고, 군사를 쓰지 말아야 한다고 생각한다면 국왕께서 간다고 한들 무슨 이익이 되겠습니까? 국왕께서 행차를 돌리려 하신다면 함께 안흥으로 가서 나의 뜻을 말할 것이고, 국왕께서 행차를 돌리려 하지 않으신다면 나는 안흥으로 갔다가 돌아갈 것입니다. 그리고 내가 지금 경략이 있는 곳에서 왔는데 경략의 말과 나의 말이 무엇이 다르겠습니까. 말하고자 하는 것이 있다면 내가 마땅히 파발마를 띄워 경략에게 보고하겠습니다.

선조: 대인의 높으신 가르침(尊敎)을 받드니 감격스러움을 이기지 못하겠습니다. 나는 안흥으로 돌아가야겠습니다."

임금이 청천으로 돌아왔다.

(*사관은 말한다.

임금의 거동은 참으로 신중히 하지 않을 수 없는데, 하루 안에 금방 갔다가 금방 돌아오는 등 청천강을 두 번 건넜으니 조정의 여러 신하들도 그것이 미안한 일인 줄 알지 못했던 것은 아니다. 그런데도 임금이 뜻하는 것이라면 감히 극력 저지하지 못했으니 하물며 이보다 더 큰 일에 있어서야 더 말할 게 있겠는가.)」

―〈선조실록〉(1593. 3. 29.)―

선조와 통판 왕군영(王君榮)의 대화내용을 보면, 왕군영은 무인(武人)이어서 그런지 직설적이고(명료하고) 실용적인데 반해, 선조와 대신들은 명료하지 못한 모습이다.

「안흥관에 나아가 왕 통판과 서로 만나자 통판이 말했다.
"송 경략이 형편의 이로움과 해로움, 군사를 씀에 있어서 나아가고 물러나는 일들을 국왕께 자세히 말씀드리려고 했으나, 조선 신하들의 왕래가 비록 잦기는 하나 언어가 분명하지 않을 것이 염려되어 나에게 직접 말을 전하도록 부탁하였습니다. 국왕께서는 말씀을 하십시오. 내가 경략에게 보고하겠습니다."
이어서 말했다. "귀국의 일은 둘째 문제이고, 중국의 장관이 많은 군사를 거느리고 멀리 해외에 나와서 친척과 이별하고 고향을 버린 채 비바람을 무릅쓰고 굶주림을 겪은 지 시일이 오랩니다. 만약 계속 이렇게 나가다가 혹시라도 중요한 일을 그르치게 된다면 큰 나라 조정으로부터 명을 받은 사람은 또 어떻게 되겠습니까. 군대를 쓰는 문제는 쉬운 일이 아닙니다."」
　　　　　　　　　　　　　-〈선조실록〉(1593. 3. 29.)-

통판 왕군영이 설명한 내용은 역시 직설적이고 실용적이다.

「임금이 눈물을 흘리며 말했다.
"적을 쳐서 원수를 갚지 못한다면 천지간에 서 있을 수가 없습니다. 이 적은 우리나라에 대하여 걱정거리일 뿐만 아니라, 큰 나라에게도 하나의 역적인데 어찌 놓아두고 치지 않을 수 있으며, 칠 수 있는 기회마저 놓칠 수 있겠습니까. 더구나 평양을 수복하고부터는 천자의 위세가 등등하여 적의 세력이 이미 꺾였는데, 이런 기회를 놓쳐버리고 치지 않는다면 장차 후회하게 될 것 같습니다."」 -〈선조실록〉(1593. 3. 29.)-

선조의 주장은 실용·실학적인 주장이 아닌 명분론적 주장으로 보인다. 당시 한성과 한성 인근에 주둔해 있던 왜군의 규모는 10만이 넘었다. 때문에 이여송의 3만군으로는 이길 수가 없었는데도 선조는 현실성 없는 공리공론적인 주장을 펴고 있다.

「왕 통판이 대답하였다. "귀국이 적과 불공대천의 원수라는 사실을 내가 왜 모르겠습니까. 옛날 월왕(越王) 구천(句踐)은 10년 동안 백성을 기르고 재물을 모은 뒤에 오(吳)나라에 대해 원수를 갚았습니다. 국왕께서도 꼭 원수를 갚으려고 한다면 반드시 이렇게 해야만 될 것입니다.

우리 황제께서 지시하시기를 '훌륭한 장수들을 아끼고 군사들을 보전할 마음을 지녀야 한다' 고 하였습니다. 13개 도(道)에서, 그리고 조정의 삼공(三公)·구경(九卿)·육과(六科)가 모두 다 하나같이 원정(遠征)할 때가 아니라고 말하고 있으나, 송 경략의 생각은, 이미 여기까지 왔는데 만약 지금 갑자기 파하고 돌아간다면 일을 마무리할 수 없을 것이기 때문에, 적이 물러가기를 기다려서 돌아가려는 것입니다."」
 -〈선조실록〉(1593. 3. 29.)-

왕군영은 '월왕 구천이 10년 동안에 걸쳐 백성을 기르고 재물을 모은 뒤에 원수를 갚은 것처럼 하라' 고 했지만, 그 말이 선조의 귀에 들어올 리 만무했다.

중국의 '13도·삼공·구경·육과' 는 명나라의 중앙과 지방 정부 모두를 뜻한다. 왕 통판의 말은, 이들은 모두 평양과 개성을 수복했으니 그 정도에서 마무리 짓고 그만 철군하라고 주장한다는 의미이다. 그럼에도 불구하고 송 경략은 '적이 물러가기를 기다려서 철군하려는 것'이라고 하였다.

> 「선조: "적의 형세가 강하다는 것은 모두 간첩들의 말이고 사실 적들은 패하여 지쳐 있습니다. 이 기회를 놓치고 토벌하지 않는다면 뒷날에 가서는 어찌 할 수 없을 것입니다.
> 왕 통판: 이 적은 정말 강한 적인데 어떻게 모조리 잡아 죽일 수 있겠습니까. 만약 큰 나라를 침범해 온다면 당연히 큰 나라가 쳐서 섬멸시킬 것입니다. 그러나 지금 비록 군사를 앞으로 나아가게 하더라도 어떻게 남김없이 다 섬멸시킬 수 있겠습니까."」 −〈선조실록〉(1593. 3. 29.)−

선조는 '적이 패하여 지쳐 있다'고 하였다. 하지만 지친 쪽은 오히려 명나라 군사들이었고, 그 같은 명나라 군사가 한성으로 접근해 가려면 우선 삼송리와 구파발 고갯마루에서 신립의 8천 기마대처럼 궤멸적인 타격을 입게 될 것이기에 왕 통판은 선조의 말에 귀를 기울이지 않았다.

> 「선조: "우리나라의 백성도 큰 나라의 백성입니다. 저들이 죄 없는 어린 백성(赤子)들을 모두 죽인 것은 이 또한 큰 나라에 죄를 얻은 것인데, 이러한데도 치지 않는다면 하늘이 죄지은 자를 처벌하지 않는 것과 같습니다. 죄 없는 어린 백성들을 몰아다 죽인 자를 놓아두고 치지 않는다면 이 어찌 부모의 마음이겠습니까.

왕 통판: 만약 처음부터 치지 않았다면 현왕(賢王)의 말씀이 옳
겠지만 적들이 이미 황제의 위엄을 두려워하여 복종하기를
청하고 있습니다. 그리고 귀국은 지세가 험준하여 치기가 쉽
지 않습니다."
이어서 작은 문서 2통을 올렸는데 그 내용은 대체로 강화와 진
격의 이해득실을 논한 것이었다.」
-〈선조실록〉(1593. 3. 29.)-

왕 통판(王君榮)은 '강화와 진격(공격)의 이해득실을 분석한 서
류'를 제시하고 선조를 설득하려고 했다.

「임금이 말했다. "적들이 만약 사로잡아간 남녀들을 돌려보내
지 않는다면 어찌하겠으며, 강화하고도 돌아가지 않는다면
또한 어찌 하겠습니까?"
왕 통판이 대답했다. "어찌 그런 말씀을 하십니까. 다른 남녀는
내가 알지 못하나 귀국의 신하 및 두 왕자를 돌려보내지 않거
나, 또 비록 한 조각의 땅일지라도 조선의 영토가 수복되지
않은 데가 조금이라도 있다면 어찌 조공을 허락할 리가 있겠
습니까?"
통판이 또 작은 문서를 올리니, 임금이 도승지 심희수(沈喜壽)
를 돌아보며 말했다.
"대개 다른 말은 다 제쳐 두고, 적이 만약 강화를 허락한다면
모두 물러갈 것 같은가? 관백을 왕으로 책봉하는 일은 곧 거
짓 가장하는 것이다."
왕 통판이 말하였다. "이 적을 어찌 꼭 쳐 없애야만 통쾌하겠습
니까. 지금 성 밖으로 몰아냈으니, 이어서 강한 병사 5천 명

을 수도에 머물러 두고 3천 명을 개성에 머물러 두어 2~3년을 기한으로 정하여 반드시 평온해진 뒤에야 군사를 철수시킬 것입니다. 모름지기 일시적인 치욕은 참도록 하십시오."
임금이 말했다. "큰 나라가 비록 강화의 의논을 결정하더라도 우리나라의 신하와 백성들이 대의를 대강 알고 자기 부형의 원수를 갚으려 할 것이니, 내가 비록 금지하더라도 나를 따르지 않을 것이고, 나 또한 어찌 차마 금지할 수 있겠습니까."
왕 통판이 역관 홍순언(洪純彦)을 돌아보며 말했다. "당신네 나라에 의병이 있다면 당초에 왜 적을 치지 않았는가. 그러니 본래 당신네는 큰 나라를 따르지 않았던 것이다. 당신네는 왕자가 적에게 잡혀 있다는 것도 고려하지 않는가?"」
-〈선조실록〉(1593. 3. 29.)-

'자기 부형의 원수를 갚으려 할 것이니'라고 했지만, 〈징비록〉을 보면, '자취를 감추고 감히 나와서 공격하는 자가 없었다'는 당시의 실상을 밝혀둔 기록이 있다. 왕 통판은 그러한 실상을 제대로 파악하고 있었다.

「홍순언: "이러한 때에는 종묘가 중요합니다. 어느 겨를에 다른 것을 돌보겠습니까.
왕통판: 경략이 말하기를, '이것은 후(厚)하게 해야 할 것을 박(薄)하게 하는 것이다. 그렇다면 그대 나라는 우리 조정의 명령도 따르지 않겠다는 것인가. 그대 나라가 스스로 알아서 처리하라.'고 하였습니다."」 -〈선조실록〉(1593. 3. 29.)-

'후하게 해야 할 것'은 먼저 전란으로 죽어가는 백성들부터 살리는 것이고, '박하게 해야 하는 것'은 임금의 종묘와 신주를 모시는 일인데, 조선 조정은 이와 반대로 하고 있다며 짜증 섞인 비판을 가했다.

「좌의정 윤두수(尹斗壽)가 모든 관리들을 거느리고 뜰아래 꿇어 앉아 울부짖으며 말하였다.
"우리나라의 신하와 백성들이 밤낮으로 적을 치기 위해 들고 일어날 것을 바라고 있는데, 이제 와서 원수를 갚지 않는다면 인간으로서의 도리가 무너져 없어져 이 세상에 얼굴을 들고 다닐 수가 없습니다. 이제 만약 강화를 허가한다면 우리나라의 신하와 백성들은 죽을 곳을 얻게 된 것이니 다시 무엇을 하려고 하겠습니까."
왕 통판이 대답하였다. "군사(軍事)는 만전을 기하는 것을 귀하게 여기므로 쉽게 말할 수 없소. 국왕은 이런데도 기어코 서쪽으로 떠나려 하시오?"」 -〈선조실록〉(1593. 3. 29.)-

왕군영의 눈에는 윤두수 등의 절규하는 듯한 울부짖음도 문신들의 '읍소형 시문놀이' 정도로 비춰졌던 것 같다. 왕 통판은 '군사(軍事)는 만전을 기하는 것을 귀하게 여기므로' 더 이상 말할 수 없다고 하면서, 선조가 의주로 가더라도 송응창 쪽으로부터 더 들을 게 없을 거라고 경고했다.

「선조: "이 답답하고 안타깝고 절박한 뜻을 경략에게 호소하고 나서 돌아오겠습니다.
왕통판: 가서 만나보아 조금이라도 이득이 있다면야 가는 것이 좋겠지만, 경략의 뜻은 비록 찾아가 만나보더라도 전혀 도움

될 것이 없을 테니 왕께서는 제발 가지 마시오. 결코 그만둘 수 없다면 신하 한 명을 뽑아서 경략 앞으로 자문을 띄우고 나와 함께 가도록 합시다."」   -〈선조실록〉(1593. 3. 29.)-

선조가 경략을 만나도 '전혀 도움 될 것이 없을 것'이라며 재차 설득했다.

상대할 가치가 없는 국왕

「임금이 통판이 올린 작은 문서를 심희수에게 보이며 말했다.
"문서 속에 '하루아침에 분함을 견디지 못해서'라는 말이 있는데, 이는 의리에 밝지 못한 사람의 말이다. 이 왜적은 만세를 두고 꼭 갚아야 할 원수이기 때문에 이러는 것인 만큼, 이 사람은 상대하여 변론할 가치도 없는 자이다."
그리고 또 통판에게 말하기를 "오늘 적을 토벌한다면 내일 곧 죽어도 달게 여기겠소."」   -〈선조실록〉(1593. 3. 29.)-

선조는 자신은 의리를 중시한다고 밝히면서 실사구시를 중시하는 왕 통판을 '상대할 가치도 없는 사람'이라고 경멸했다. 그러나 경략 송응창 역시 선조를 '상대할 가치가 없는 국왕'으로 보고 만나주지도 않는다.

「임금이 지시하였다.
"잠자코 오늘의 기상을 살펴보니 명나라 조정에서만 강화하자고 할 뿐 아니라 우리나라의 여러 신하들도 사실은 강화하고 싶어하면서 다만 감히 드러내어 말하지 못할 뿐이다. 유성룡이나 김명원, 그리고 비변사에서 건의한 말 같은 데서 충분히 알 수 있는데, 한심함을 견디지 못하겠다.

적에게 강화를 요구하지 않는 사람은 오직 나와 이호민의 글 뿐이다. 나는 곧 죽을 사람이니 적을 토벌하더라도 즉시 물러날 것이고 강화하더라도 즉시 물러날 것이다. 말 위에 실려 있는 몸이 어느 곳에 가 머물지도 모르는데 이 적을 토벌하지 않고 살아있은들 무엇 하겠는가. 명나라 장수의 말을 들어보면 우리나라의 일은 끝나버렸다. 다시 어찌할 길이 없으니 이제 경략 앞에 달려가 한번 울고 나서 물러나 땅속으로 들어가면 족하겠다."」 　　　　　　　　　　　－〈선조실록〉(1593. 3. 29.)－

'한번 울고 나서 물러나 땅 속으로 들어가면 족하겠다'는 선조의 말은 진심이었을까, 아니면 국면 전환을 위한 것이었을까? 어느 쪽이든 얻을 것은 없었다.

「대신이 건의하였다.
"왕 통판의 말을 듣고 보니 명나라가 강화를 하여 군사를 철수하는 것을 장책(長策)으로 여기므로 결코 말로는 논쟁하기 어렵겠습니다. 우리나라의 일은 가슴 치며 통곡할 뿐입니다. 오늘 아침에 보낸 자문은 내용은 통쾌하나 다만 사연 중에 미안한 말이 없지 않습니다. 일은 어쩔 수 없게 되었는데 저들의 노여움을 부추기기만 할 뿐이니 심히 염려스럽습니다. 그 자문을 속히 회수하고 통판의 말대로 따로 한 통의 자문을 만들되 말의 수식을 완곡하게 해서 보내시기 바랍니다.

그리고 형편이 이러하니 비록 전하께서 직접 경략을 찾아가 만나보더라도 보탬은 전혀 없이 난처한 꼬투리만 잡힐까 두렵습니다. 신들의 생각으로는 참작하여 처리하는 것이 좋을 것 같습니다."

임금이 대답하기를 "그 자문은 나무랄 데 없이 훌륭하므로 뒤따라가서 회수할 필요 없다. 비록 일을 성공시키지 못하더라도 송 시랑을 찾아가서 한번 통곡이나 하고 오겠다. 내일 길을 재촉하여 나아가겠다."」   -〈선조실록〉(1593. 3. 29.)-

'한번 통곡이나 하고 오겠다'고 했지만, 선조의 바람과는 달리 실제로는 그럴 기회조차 없었다.

「(4월 1일) 임금이 안주를 출발하였다.
사헌부에서 건의하였다.
"통판 왕군영이 어제 가산(嘉山)에 도착해서 유숙한다는 보고가 그 전에 도착하였으니, 거리의 멀고 가까움과 하루해의 이르고 늦음을 헤아려서 미리 절차와 머물 장소를 정하여 일에 임해서 실수하는 일이 없도록 했어야 합니다.

그런데도 미리 조치하지 않아서 전하로 하여금 도로에서 방황하다가 중도에 되돌아오게 하였으니, 승지(承旨)와 아전들은 교체시키고 도승지와 예조의 당상관은 함께 책임을 추궁하기 바랍니다."

임금이 그 의견을 따라 승지(承旨)와 아전들의 책임을 추궁하게 하였다.」   -〈선조실록〉(1593. 4. 1.)-

왕 통판이 가산에 도착해서 묵는다는 전갈을 그 전에 보내왔기에 왕군영과의 만남을 요청한 조선쪽에서는 의전상의 실수가 없도록 했어야 한다. 그러나 손님을 초청한 조선 측의 의전이 부실했기 때문에 손님인 왕 통판을 따라온 사람들이 굶는 일이 생겼다. 그에 대한 책임으로 의전 담당 승지가 추궁을 받았다.

7. 세자에게 '국가 經·營의 정도를 가르치겠다'는 송응창

「좌승지 홍진(洪進)이 의주에서 돌아와 보고하였다.

"신이 송 경략에게 나아가 문안하고 말하기를 '국왕이 대인께서 병이 났다는 말을 듣고 즉시 좌승지 홍진과 내의(內醫) 남응명(南應命)을 보내어 문안하게 하고, 아울러 약물과 음식을 보냈습니다'고 하니, 그는 후의에 매우 감사한다고 하였습니다.

그리고 이튿날 신을 불러서 말했습니다. '요즘 왜놈이 죄를 뉘우치고 조공(朝貢)할 수 있도록 해달라고 요구하고 있는데, 말이 매우 애절하고 두세 차례나 청하여 왔으므로 내가 우선 이를 허락하고 대의로써 그들을 꾸짖었다.

오는 4월 8일 왕자와 조선의 신하들을 모두 돌려보내고 그들은 즉시 자기 나라로 돌아가기로 약속하였다. 이렇게 되면 나는 관원들(謝用梓와 徐一貫)을 파견하여 왜놈들을 거느리고 관백에게 가게 해서 관백의 항복 문서를 받아 가지고 돌아오게 할 것이다. 지금 곧바로 천자에게 상주문(上奏文)을 올려 관백을 일본국왕으로 책봉하고 영파(寧波: 양자강 입구에 위치한 무역항)를 통해 들어와 조공을 바치게 하려고 한다.

왜적들은 이미 평양 싸움에서 패하여 겁을 먹고 있으니 지금 잘못을 뉘우치는 것은 진심에서 우러나온 듯하다. 힘으로 남을 복종시키는 것은 마음으로 복종하게 하는 것만 못한 법이다. 또 한 가지 이유가 있다. 지금 우리 군사들 중에 먼저 파견되어 온 자들은 이미 지쳤고 숫자도 적으며 뒤에 징발된 자들은 멀리 떨어져 있으니, 진격하려고 해도 형편상 그렇게 할 수가 없다' 라고 하였습니다."」　　　　　　　　－〈선조실록〉(1593. 4. 1.)－

'숫자도 적으며' 라고 했는데, 그간 죽거나 귀국해서 돌아간 숫자까지 포함한 명군의 총규모는 3만 명이 넘지 않았다. '뒤에 징발된 자들' 은 증원군 6만 명을 말한 것인데, 당초의 방침은 오기로 되어 있었지만 실천되기 어려웠고, 그래서 진격하려고 해도 형편상 그렇게 할 수 없었다.

「 "신이 말하기를 '우리나라가 오늘날 보존되고 있는 것은 망극한 황은(皇恩)의 덕입니다. 그러나 이 왜적들은 속임수가 많으니 지금 항복을 애걸하는 것은 반드시 전쟁을 지연시키려는 술책일 것입니다. 저들의 간계에 떨어질까 걱정됩니다. 저들은 우리 선왕의 능묘(陵墓)를 파헤쳤으니, 우리로서는 만세토록 보복해야 할 원수로서 의리상 이 세상에서는 함께 살 수 없습니다. 맹세코 한번 죽기로써 결전하여 이 원수를 갚기만을 바랄 뿐, 적과 함께 살기를 원치 않습니다. 제발 대인께서는 끝까지 구제해 주시기 바랍니다' 라고 하였습니다."」

－〈선조실록〉(1593. 4. 1.)－

좌승지 홍진은 선조의 주장을 앵무새처럼 되풀이했다.

「"경략이 말하기를 '왜놈들이 그대 나라에 대해서는 참으로 백세(百世)의 원수지만 대 명국에 대해서는 다만 한갓 벌레 같은 존재에 불과한데, 이제 저들이 이미 항복을 빌고 죄를 자복하였으니 내가 들어주지 않을 수 없다. 저들의 간계가 다시 드러나기를 기다렸다가 쳐서 섬멸시킨다면 우리에게 명분이 있게 되는 것이니, 그대 나라에서는 우리가 그들의 술수에 빠질까 봐 걱정하지 말라. 관백을 왕으로 책봉해 주고 조공을 허락하는 일로 말하자면, 저들이 완전히 돌아간 다음 진정인지 아닌지를 확인한 다음에야 할 것이다. 그러나 우리 조정의 뜻이 어떠한지는 모르겠다.…」　　　　　－〈선조실록〉(1593. 4. 1.)－

송응창의 주장 역시 직설적이고 실용적이다.

「…그대 나라에서 원병을 요청하던 초기에는 우리 조정의 의논이 분분해서 대부분 압록강을 지키는 것을 상책이라고 하였다. 그 후 평양까지 내려오자 평양만을 지키자고 했고, 개성까지 내려오자 개성만을 지키자고 하면서, 이미 속국(屬國: 조선)을 구원하여 태반을 평정하고 회복하였으니 곧바로 철병하는 것이 옳다고 하였다. 그러나 나와 석 상서(石星)의 의견은 그렇지 않아서 적들을 깨끗이 소탕하기로 약속하였다.

이것은 다른 이유에서가 아니라 조정에서 그대 나라가 2백 년 동안 우리 큰 나라를 충순(忠順)하게 섬기기를 지성으로 하고 게을리 하지 않은 것을 가상하게 여겼기 때문이니, 오늘의 일은 천자의 크나큰 은혜에서 나온 것이다.

내가 온갖 생각을 다하는 것은 모두 그대 나라의 후속 조처에 만전을 기하려는 계책인 것이다. 후일 그대 나라가 평정되었을 때에도 5천 혹은 1만 명의 군사를 유치시켜 요해처를 지키게 할 것이다. 이는 모두 나의 진심에서 우러나온 말이니 작은 나라의 신하는 돌아가서 국왕에게 염려하지 말라고 보고하라'고 하였습니다.」 -〈선조실록〉(1593. 4. 1.)-

송응창은 '명나라 조정의 의논도 대부분 조기 철병론'이라면서 사실상 선조의 바람은 이루어질 수 없음을 확인시키려고 했다.

기송사장의 국가 經·營에 일침을 가한 송응창

「 "그리고는 또 '내가 듣기로는 세자의 나이가 차서 바로 학문을 해야 할 때가 되었다고 하였다. 열 집이 사는 작은 마을에도 반드시 충(忠)하고 신(信)한 사람은 있는 법이다. 그대 나라는 땅도 크고 사람도 많으니 틀림없이 정심(正心)·독행(篤行)하는 선비로서 세자의 사우(師友)로 삼을만한 자가 많을 것이다. 때를 놓치지 말고 그들로 하여금 학문을 가르쳐 주도록 하라.

공맹(孔孟)이 마음을 전한 묘법은 경전(經典)에 있다. 한 권의 「중용(中庸)」이나 「대학(大學)」만으로도 나라를 다스리고 백성을 편안하게 하기에 충분하니, 모름지기 경학(經學)에 유념할 것이요, 주자(朱子)의 집주(集註)에 너무 빠질 필요가 없다. 사람의 마음은 본래 선하지만 도심(道心)은 은미하고 인심(人心)은 위태로운 것이니, 진실로 그 중도(中道)를 실행한다면 자연히 자신을 수양하여 백성들을 편안하게 할 수 있을 것이다.

천지 사이에 천자(天子)가 가장 위대하다. 국왕이 그 다음이고 공(公)·후(侯)·백(伯)이 또 그 다음인데, 세자는 후일 국왕이 될 사람이니 보필하고 이끌어주기를 어찌 늦출 수 있겠는가.

제왕의 도리와 성리(性理)의 학문을 강구(講究)하여 본원(本源)이 맑아져 정대광명(正大光明)하게 되면, 수신(修身)과 치국(治國)이 모두 여기에서 벗어나지 않을 것이다. 진(秦)·한(漢) 이후의 문장(文章)과 사부(詞賦)는 사람의 마음을 어지럽힐 뿐이니 마음을 둘 것이 못 된다.

작은 나라의 신하는 돌아가서 국왕에게 건의하여 교양(教養)에 법도가 있게 하고 문장과 술을 일삼지 말게 하라. 또 세자의 시강관(侍講官)과 두세 명의 신하들로 하여금 성경현전(聖經賢傳: 聖經은 經, 賢傳은 史로서, 곧 經과 史를 말함)을 가지고 나에게 오게 하면 내가 한가한 시간에 의리를 강론하고 구두(句讀)를 알려주어 그들로 하여금 다시 세자를 가르쳐 주도록 하겠다. 이 모든 것은 내가 그대 나라를 위하여 극진하게 마음을 쓰기 때문이니 작은 나라의 신하는 모름지기 잊지 말고 이것도 아울러 돌아가 보고하도록 하라'고 하였습니다."」

-〈선조실록〉(1593. 4. 1.)-

'정심·독행하는 선비'는 격물(格物)·치지(致知)·성의(誠意)·정심(正心)·수신(修身)하는 선비로서 율곡(栗谷)이 여기에 해당하는 역사적인 예(史例)의 인물이다. 송응창은 또 '수신과 치국의 이론은 모두 여기에서 벗어나지 않을 것이다'고 하면서 〈대학〉 8조목의 실용·실학적 국가 經·營론을 역설했다. 이 같은 국가 經·營에 성공한 史례가 조선의 세종대왕과 정조대왕이다.

'문장과 사부', '문장과 술'은 기송사장이다. 송응창의 말은 조선 사회에 만연해 있는 기송사장의 풍토가 왜란 대비를 부실하게 했고, 왜란이 일어나자 군사 작전을 시문놀이의 연장선상에서 전개했음을 직설적으로 비판한 것이다.

유학을 국가 經·營의 근간으로 삼았던 조선의 입장에서 본다면 송응창의 이 같은 충고는 망신 그 자체였다.

「 "신이 또 홍수언(洪秀彦)·남호정(南好正)의 말을 들어보니 벽제관(碧蹄館)에서 패한 이후로 중국 장수들은 싸울 의욕이 없고 제독 이여송이 전날 (평양으로) 돌아온 것은 다만 철군하여 돌아가고자 함이었는데, 송 경략이 그를 심하게 꾸짖고 독려했다고 하였습니다. 그러나 혹시라도 불리하게 되면 경략이 그 잘못을 책임져야 하므로 그에게 억지로 싸우게 할 수는 없다고 합니다.

24일 밤 심유경이 돌아왔는데 25일에 송경략이 그를 불러 지시하기를 '그 동안의 화의(和議)는 네가 이미 혼자서 주관하였다. 나는 조선을 속일 수도 없고 또한 우리 조정을 속일 수도 없다. 너는 마땅히 책사(策士) 5명을 데리고 왜군들을 인솔하여 일본에 가서 관백의 항복문서(降書)를 받아가지고 오라. 나는 항복문서를 얻은 뒤에야 다시 천자에게 보고하여 관백을 왕으로 책봉하고 그로 하여금 조공을 하게 할 것이니, 그대는 일을 그르치는 일이 없도록 하라'고 하였습니다.

그리고 경략은 은(銀) 2백 냥을 주어 여비로 쓰게 했는데, 심유경은 지시를 받고는 근심스런 모습으로 떨면서 나왔다고 합니다. 홍수언 등에게 들은 내용이 반드시 모두 사실은 아니라 할지라도 이미 들었으므로 감히 보고합니다."

미시(未時: 오후 2시경)에 임금이 가산(嘉山)에 이르렀다.」

-〈선조실록〉(1593. 4. 1.)-

'응징은 해도 보복은 않는다'는 명나라의 외교정책

「유격 심유경이 의주로부터 와서 가산의 촌사(村舍)에 머물렀다. 임금이 만나보려 했으나 심유경은 평상복(褻服)을 입고 있다는 핑계로 사양하였다. 임금이 도승지 심희수(沈喜壽)를 심유격에게 보내어 다음과 같이 타이르게 하였다.

"우리나라는 날마다 대국의 위세를 의지하여 적을 토벌해서 종사(宗社)의 원수를 갚기를 바랐었는데, 요즘 듣건대 그들과 강화한다는 얘기가 있으니, 왜적들이 흉측하고 거짓이 많아 반역 무도한 짓을 한다는 것은 천하가 다 알고 있는 사실입니다. 동황제(東皇帝)니 서황제(西皇帝)니 하고, 길을 빌려 달라고 하는 등의 말은 일찍이 대인도 직접 적장에게서 들었을 것입니다.

우리나라의 절박한 사정은 그만두고라도 당당한 큰 나라가 이 기회를 타서 왜적들을 토벌하지 않고 도리어 화의를 허락하는 것은 옳지 못한 일이 아니겠습니까. 왜적의 추장을 왕으로 봉한다는 소문으로 말하면, 이것은 간악함을 장려하고 도적질을 가르치는 행위인 것입니다.

우리나라는 비록 작은 나라이지만 천년 동안 의(義)를 지킬 줄 아는데, 대인 때문에 적을 토벌하지 않고 놓아주어 그들로 하여금 득의(得意)하여 돌아가게 한다면 어찌 마음이 서운하지 않겠습니까.

대인이 우리나라에 나왔으니 만대(萬代)의 숭모를 받게 될지의 여부가 이번 일에 달려 있습니다. 다시 한번 살펴주기 바랍니다."」　　　　　　　　　　－〈선조실록〉(1593. 4. 1.)－

행주산성 패전 후, 왜군들은 히데요시로부터 철군 승낙을 받고 4월 중 퇴각할 예정이었다. 또한 퇴각 때 조·명군이 뒤를 쫓지 않겠다는 약속을 심유경한테서 받아냈고, 퇴각할 때에는 심유경·사용재·서일관 등을 볼모로 잡아 함께 내려가려고 한성에서 기다리고 있었다.

한편, 명의 입장에서는 왜군들을 싸우지 않고 물러가게 한다는 것은 병법상으로 보면 대성공인 셈이었다. 그래서 송응창은 사용재·서일관 등을 왜군과 함께 내려가게 하고 동시에 '뒤쫓는 자는 목을 베겠다는 패(牌)'를 든 5명의 책사까지 동행시켰다. 이 같은 상황에서 심희수의 '앵무새형 강화 반대론'은 설 땅이 없었다.

「심희수가 심유경의 처소에서 돌아와 보고하였다.

"신이 명을 받들고 지시하신 뜻으로 반복해서 설명하였더니, 심유경이 말했습니다.

'금일 왜국의 조공을 허락하자는 논의는 천자의 은혜로운 명령과 석 상서(石星)의 원대한 경략(經略)에서 나온 것으로 나는 관여하지 않았습니다.

대체로 중국은 오랑캐들에 대해서 넓은 도량을 보여줄 뿐이어서 적이 오늘 황성(皇城)을 포위하였더라도 내일 물러가면 몰아낼 따름이지 다시 그들과 대결해서 복수한 일이 없었습니다.

그러니 어찌 귀국을 위해서 복수할 수 있겠습니까. 귀국에서 복수하고자 한다면 누가 감히 막겠습니까. 지금 저 왜적들이 왕자들을 풀어 보내주고 다시 강토를 침략하지 않아 백성들로 하여금 농사짓고 잘 살 수 있게 한다면, 이 또한 좋은 일 아닙니까.

저 왜적이 매우 간교하지만 지금 조공을 바치겠다는 것은 사세(事勢)가 급박해서 나온 것이니, 그래도 믿을 만합니다' 라고 하였습니다."」　　　　　　　-〈선조실록〉(1593. 4. 1.)-

'적이 오늘 황성을 포위하였더라도… 복수한 일이 없었다' 고 했는데, 임진왜란 50년 전에 명(明)을 침공한 몽골은 황성(皇城: 북경)을 포위하고 인근 지역을 약탈했다. 몇 달 후 몽골군이 물러갈 때 명군의 몽골군 퇴치 방식은 백여 리 밖에서 몰아내는 방식이었고, 결코 접근해서 잡아 죽이는 방식이 아니었다. 때문에 물러나던 몽골군은 '전송해 주어서 고맙다.' 고 비아냥거리면서 돌아갔다.

명나라가 이러한 방식을 취한 데에는 오랫동안 이어져 내려온 중국식 외교, 즉 '응징은 하되 보복은 않는다' 는 정책에 기인한다.

명나라가 만약 쫓기는 몽골군을 추격해서 보복을 했더라면 몽골 역시 그에 대한 보복으로 또다시 쳐들어왔을 것이다. 결국 명나라는 명-몽골 간에 되풀이될 보복의 역사를 피하고자 했던 것이다.

오늘날 역사학자들은 "중국은 '외적의 우두머리를 응징은 해도 외국 백성들에게 보복은 하지 않는다' 는 전략을 고수해 왔으며, 그 결과 인구 13억이라는 대국이 될 수 있었다"고 말한다.

이에 비해 유럽은 국경전쟁, 민족전쟁, 종교전쟁, 식민지전쟁 등을 통해서 싹쓸이식 보복전을 되풀이해 왔기에 작은 나라들로 쪼개지게 되었다고도 한다.

아무튼 심유경은 '응징은 해도 보복은 않는다' 는 말을 통해서 중국의 역사와 정책을 설명하고 조선 측의 이해를 구했다. 하지만 조선 측에서는 이 같은 설명을 알아듣지 못하고 왜적이 왕릉을 파헤친 죄를 물어 명나라 군대가 복수를 해달라고 졸라댔다.

이에 심유경은 '황제의 대명(大明) 군대가 조선 왕국의 능참봉이라도 된다는 말이오?' 하면서 반박하기도 했다.

「이에 다시 병조참판 심충겸을 보내어 접대해서 보내도록 하였다. 심충겸이 돌아와서 보고하였다.

"신이 심 유격에게 '우리나라가 오늘날 보존되고 있는 것은 참으로 천자의 은혜 때문입니다. 작년에 평양에서 군사 공격을 늦추고 왜적을 속여 보냈다가 마침내 소탕하게 된 것은 모두 대인의 공입니다. 우리나라에서는 이것을 늘 고맙게 여기고 있습니다' 라고 하니, 심유격이 웃으면서 '평양 이동(以東) 지역을 수복한 공로는 제독에게 있고, 평양 이서(以西) 지역을 보존한 공로는 나에게도 있다' 고 하였습니다.

신이 또 말했습니다. '어제 왕 통판(通判)이 와서 한 말에 의하면, 중국 조정에서는 이미 왜적들이 조공을 바치는 것과 군사를 철수할 것을 허락했다고 하는데, 이 왜적들은 우리나라에 대해서는 불공대천의 원수여서 하루를 복수하지 않으면 하루 동안 인도(人道)가 없게 되는 것입니다.

저들은 우리의 종사(宗社)를 불태워 이미 잿더미로 만들었고, 선왕의 능묘를 파헤쳐서 관이 드러나게까지 하였으므로 저희 국왕이 원수를 갚지 못하는 것을 원통히 여겨서 경략을 만나보고 괴로운 심정을 하소연하고자 하였습니다.'

그러자 그가 대답하였습니다. '저 왜적들이 순순히 돌아간다면 그만이지만, 조금이라도 지체하거나 어기는 일이 있다면 무력을 사용해서 소탕하기로 이미 계획을 정해 놓았다.'

신이 복수하는 것이 마땅하다는 점을 재삼 말하니, 그가 말하기를 '그들을 속여서 성을 나간 뒤에 마땅히 도모할 것이다' 고 하고, 이어서 소리를 낮추어 '그대 나라와 문답하는 말이 모두 적들 속으로 들어가게 되니 내가 여기서 명백하게 말할 수 없다' 고 하였습니다.

신이 다시 '경략이 우리 국왕에게, 관병(官兵)과 의병(義兵)에게 명을 내려 되돌아가는 적들을 치거나 죽이지 말게 하라고 했다는데, 종사(宗社)의 원수를 어찌 차마 치지 말라고 할 수 있겠습니까' 라고 하니, 그가 말하기를 '나도 이미 알고 있으나 자세한 대답은 하지 않겠다' 고 하였습니다.

이후의 문답은 심희수가 보고한 말에 자세하게 나옵니다."」
—〈선조실록〉(1593. 4. 1.)—

심유경이, '자세한 대답은 하지 않겠다' 고 한 것은 4월 중에는 많은 변화가 일어날 것이므로 이 같은 상황들을 두고 보자면서 말을 아낀 것이다.

「예조판서 윤근수가 장계를 올렸다.

"송 경략이 어제 사용재(謝用梓)와 서일관(徐一貫)에게 각각 참장(參將)·유격(遊擊)이란 관직명을 임시로 주어 왜놈을 따라 곧바로 일본에 가도록 지시하였으며 심 유격은 부산진까지 갔다가 돌아오라고 지시하였습니다. 사용재와 서일관은 1일에 출발할 것이고 심 유격은 오늘 출발했습니다.

이에 앞서 들으니, 경략이 상주문을 보낸 뒤에 경력(經歷) 심사현(沈思賢), 수비(守備) 호칙(胡則), 지휘(指揮) 오종도(吳宗道)와 사용재, 서일관 등을 불러서 매우 오랫동안 지시하였습니다. 심사현 등이 명령기(令旗)와 명령패(令牌)를 각각 4개씩 받아 가지고 나와서 서로 돌아보며 당황해 하였습니다.

사용재와 서일관 두 사람은 눈물을 흘리고 발을 구르며 '이것은 모두 심 유격이 한 일인데 송 경략이 우리에게 이와 같이 분부하니, 우리들은 장차 어쩌면 좋단 말인가' 라고 하면서, 다시 경략에게 가서 간절히 건의하였으나 피할 수 없게 되자, 돌아와서는 '한번 죽기는 마찬가진데 어쩌겠는가' 라고까지 하였습니다."」
　　　　　　　　　　　　　　　　　-〈선조실록〉(1593. 4. 1.)-

8. 조선왕은 '고집스러운 오랑캐'

「임금이 임반관(林畔館)에 도착하였다.(장차 송응창을 맞이하기 위해서였다.)」
　　　　　　　　　　　　　　　　　-〈선조실록〉(1593. 4. 3.)-

기어코 송응창을 만나 강화회담을 중지시키겠다는 것인데, 명나라 쪽에서 보면 선조 임금은 '못 말리는 임금'이었다.

「임금이 승정원에 지시하였다.
"송 시랑은 압록강을 건너오기 전부터 군공(軍功)에 기록되기를 도모하였고, 전란을 당하여 피폐한 나라에 처음 들어와서는 높은 곳에 올라가서 풍류를 즐겼는가 하면 학술이 정도에 어긋나고 의리가 밝지 못하니, 그의 사람됨을 알 수 있다. 서로 만날 때에 조심하지 않으면 안 될 것이니, 문답할 말을 미리 글로 적어서 문서로 보고하도록 하고, 도감(都監)의 관원을 들여보내어 미리 살피게 해야 할 것이다."」
　　　　　　　　　　　　　　　　　-〈선조실록〉(1593. 4. 3.)-

'미리 글로 적어서 문서로 보고하도록' 했는데, 명나라 쪽에서 보면 실속도 없고 다 된 밥에 재 뿌리는 행동이었다.

「임금이 임반관을 출발하여 거련관(車輦館)에 도착하였다.」
― 〈선조실록〉(1593. 4. 4.) ―

임반관과 거련관은 의주에서 서로 멀리 떨어져 있지 않은 관청의 건물인 것 같다.

「예조판서 윤근수(尹根壽)가 의주에서 왔다.
임금이 불러서 만나보고 말하기를 "저들이 강화를 하려고 하니 내 마음이 몹시 안타깝다. 직접 가서 하소연하고자 했으나 지금 보고서를 보니 냉랭하게 대할 것 같다고 하는데, 어떻게 하면 좋겠는가?"

윤근수: "다른 장수나 관리들과는 달리 계속 중문(重門)을 닫아 걸고 매번 장기고(張旗鼓: 장씨(張氏) 성의 조선인으로 송응창의 최측근 중 한 사람이다. 깃발과 북에 대한 관리자로서 통역도 겸하고 있었던 듯하다)를 시켜서 말을 전할 뿐이니, 이 점이 답답합니다.

홍진(洪進): 오늘은 전하께서 잠시 이곳에 머물러 계시면서 기다려 보는 것이 어떻겠습니까?

선조: 내가 답답하고 절박한 마음으로 경략을 찾아가 보려 하는데 그가 만일 문을 닫아걸고 받아주지 않는다면 잘못은 그에게 있는 것이다. (윤근수에게) 경의 생각은 어떠한가?

윤근수: 신이 올린 보고서에서 저의 뜻을 모두 다 진술하지 못했기 때문에 지금 온 것입니다. 대체로 보면, 경략은 조금이라도 자기 뜻을 거스르면 화를 냅니다. 전하께서 지금 만나러 가신다면 그가 어떻게 나올지 모르겠습니다.

홍진: 신의 생각으로는, 설령 나아가서 머물러 계신다고 하더라도 곧바로 가서는 안 될 것이고 먼저 사람을 보내어 '우리나

라에 왔으니 내가 곧바로 가서 인사를 해야 마땅하나 대인의 몸이 편치 않다는 말을 듣고 관원을 보내어 문안드리는 것입니다' 라고 한 뒤에 가서 만나는 것이 좋을 듯합니다.
　선조: 이미 승지를 보내어 문안하게 하였으니, 우선은 기다려보도록 하자."」　　　　　　　　　－〈선조실록〉(1593. 4. 4.)－

　송응창의 입장에서는 심유경 등이 맡은 바 임무만 잘 해낸다면 강화회담은 피 한 방울 흘리지 않고도 실리를 챙길 수 있는 최상의 방책이었다. 당장 한성과 그 이남의 지역들을 수복할 수가 있는데도 조선 조정에서는 아침저녁으로 사람을 보냈고, 오는 사람들마다 강화회담을 포기하고 '(3만의) 명군이 (16만의) 왜군과 싸워야 한다' 는 주장을 되풀이했기에 귀찮고 짜증이 났다. 그 와중에 조선 국왕까지 온다는 소식을 듣자 송응창의 반응은 더욱 냉담해졌다.

　「윤근수가 송 경략이 왕 통판에게 준 편지를 읽었는데, 그 편지의 내용은 이러하였다.
　"조선의 임금과 신하들이 고집스럽게 나의 말을 듣지 않으니 한탄할 노릇이다. 조선 국왕이 서쪽으로 온다고 하는데, 설령 오더라도 나는 그를 만나주지 않을 것이다. 그가 오는 것은 아마도 나의 일을 지연시키고 그릇되게 만드는 것은 물론이고 나의 마음을 어지럽히려는 의도일 것이다. 이미 윤 판서를 보내서 오는 것을 막도록 하였는데, 국왕이 내 말을 들을지 모르겠다. 오랑캐들을 이해시키기 어렵기가 이와 같다."」
　　　　　　　　　　　　　　－〈선조실록〉(1593. 4. 4.)－

　조선의 국왕까지 강화를 반대하기 위해서 온다기에 송응창은 몹시 화가 났고, 그 같은 상황과 자신의 심정을 '왕 통판→윤근수'를 통해서 넌지시 알려왔다. 선조는 스스로 문명·문화국의 임금이라고 자부하고 있었는데 '오랑캐'라는 소리까지 들었으니 그 심정이 어떠했을까.

「선조: "그가 굳이 나를 만나지 않으려 하는 이유가 무엇인가? 우리나라가 불행하게도 이와 같은 사람을 만났으니, 이것은 인력(人力)으로는 어찌해 볼 도리가 없구나. 내가 돌아가는 것은 어렵지 않으나 여기까지 왔다가 곧바로 돌아가면 성의가 없는 것처럼 보일 테니 의주(義州)로 가서 형세를 보아가며 결정하는 것이 어떻겠는가?

윤근수: 의주로 가는 것은 옳지 않을 듯합니다. 만약 양책관(良策館)으로 나아가 머물겠다면 먼저 관리를 보내어 안부를 묻고 그런 다음에 갈지 안 갈지를 결정하는 것이 어떻겠습니까?"」 -〈선조실록〉(1593. 4. 4.)-

양책관으로 갈 것이 아니라 서둘러 한성으로 돌아가 민생을 돌보고 전후 복구에 나섰어야 했다. 그러나 이 같은 국가 經·營에 나서지 않았기에 명나라 경략의 눈에 비친 조선 국왕의 모습은 '오랑캐'에 불과했다.

「선조: "경략이 동쪽(오늘날로 보면 남쪽)을 향해 가지 않겠는가?

윤근수: 알 수 없습니다. 제 생각으로는 약속한 날짜를 기다리는 것 같습니다.

선조: 날짜란 강화하는 날을 말하는가? 8일에는 적들이 과연 철병하고 돌아가겠는가?

윤근수: 적이 물러가면 명나라 군사로 하여금 수도를 지키게 하고 부산포도 지키게 하겠다고 하였습니다."」

-〈선조실록〉(1593. 4. 4.)-

선조도 정보를 통해 4월 8일 경에는 왜군들이 한성을 비워주고 남으로 물러갈 것이라고 들었다. 그러나 그 정보를 믿지 못했다. 선조는 왜군들이 강화를 하려는 참뜻은 회담을 빌미로 본국에서 증원군이 올 때까지 시간을 벌어보려는 속임수라고 생각했다. 그래서 송응창을 만나 그 같은 속임수를 일깨워 주고자 했다.

하지만 송응창은 선조의 이 같은 주장을 이미 윤근수 등을 통해서 귀가 따가울 만큼 여러 차례 들어온 터였다. 때문에 선조와 조선 조정의 '정보관리 맹(盲)'을 개탄했다.

명나라는 해양(해운, 수운)에 밝은 나라였으며, 심유경과 송응창은 해양과 왜국에 밝은 남방 출신이었다. 게다가 절강성(寧波)-오키나와-큐슈의 무역선들로부터 들어오는 다양한 정보들을 꾸준히 입수·관리하고 있었다.

명나라는 한산도해전으로 왜국의 한반도 식민지 經·營이 실패로 돌아갔음을 간파했고, 평양성 탈환전을 시작했다. 그 후 행주대첩으로 왜군들이 한성 지역에 대한 식민지 經·營조차도 유지할 수 없음을 알았고, 이에 심유경-고니시 간의 강화회담을 통하여 한성의 왜군으로 하여금 4월 19일 한성을 비워주고 퇴각하도록 유도했던 것이다.

송응창의 국가 經·營론

「비변사에서 건의하였다.

"송 시랑이 두세 명의 세자 서연관(書筵官)을 자신에게 보내어 강론을 하게 하라고 여러 차례 말하고 있으니, 그 뜻이 정말 확고한 듯합니다. 우리나라에서 그의 요구를 따르지 않는다면 그는 틀림없이 우리가 자기 말을 무시한다고 화를 낼 것입니다.

그리고 시랑의 아문(衙門)은 엄중해서 원접사(遠接使) 윤근수조차 나아가 만나 뵐 기회가 없습니다. 만약 강관(講官)을 보내어 그와 함께 강론하며 친숙하게 되면, 이를 통해서 우리나라의 사정을 말해 줄 수도 있을 테니, 서연관 중 두세 명을 골라서 빨리 보내는 것이 어떻겠습니까?"

임금이 그 의견을 따랐다.」   -〈선조실록〉(1593. 4. 5.)-

송응창은 조선왕국의 외무장관격인 윤근수조차도 만나주지 않고 있었다. 이에 비변사는 세자에게 학문을 가르칠 서연관(書筵官)을 통해서 자연스레 선조의 뜻을 전하고자 했다. 후에 이러한 과정을 통해서 송응창으로부터 국가 經·營론을 강론받았을 서연관들은 오히려 송응창의 강론에 설득되지 않았을지 모를 일이다. 아무튼 세월이 흐른 후, 세자(광해군)가 보위에 올랐을 때 광해 임금은 선조의 기송사장이 아닌 실용·실학적 국가 經·營을 선보였다.

「임금이 거련관(車輦館)을 출발하여 운흥관(雲興館)에 도착하였다.」   -〈선조실록〉(1593. 4. 5.)-

거련관과 운흥관은 의주에서 이틀 정도의 거리인 듯하다.

난국 수습의 의지가 결여된 임금

「동부승지 구성(具宬)이 의주에서 돌아와서 보고하였다.

"신이 의주에 도착하니 장기고(張旗鼓)가 통역관 홍수언(洪秀彦) 등을 통해서 송 시랑의 말을 전하였습니다.

'국왕은 돌아가도록 하시오' 하고는 또 '당신네 나라에서 보내온 자문(咨文) 중에 장수가 밖에 있으면 국왕의 명령도 받지 않는 경우가 있다고 했는데, 당신네 나라에서는 어째서 나를 이처럼 번거롭게 하는가. 조선 국왕은 복수할 수 없음을 원통해 하고 있는데, 당신네 나라의 입장에서 보면 당연히 그런 마음이 있을 것이다.

그러나 애초에 무비(武備)를 하지 않아서 삼경(三京: 서울·평양·개성)이 함락된 것이다. 당신네 나라가 다시 나아가 싸우려고 한다면 마땅히 당신네 나라의 군사로써 싸워야만 할 것이다. 그리하여 승리한다면 내가 의당 황제께 건의해서 크게 포상을 베풀게 할 것이다. 그러나 이기지 못할 경우에는 그 장수와 주장한 사람들(대신들 포함)을 모두 군율에 따라서 처단하겠다.

다시 국왕에게 보고하여 속히 돌아가도록 하라. 나는 내일 저녁때에 출발하여 동쪽으로 갈 것이니, 길 위에서 서로 만나는 것도 불편하다. 일이 끝난 뒤에 서로 만나게 될 것이니 지금 나를 만나볼 필요는 없다. 한편, 이미 이 제독에게 앞으로 나아가되 상황을 보아서 싸우거나 중지하라고 하였으니, 작은 나라의 신하는 돌아가서 반드시 이 뜻을 국왕에게 보고하도록 하라' 고 하였습니다."」

－〈선조실록〉(1593. 4. 6.)－

'군율에 따라서 처단하겠다'는 말에는 죽음을 각오하라는 의미가 내포되어 있다. '길 위에서 서로 만나는 것도 불편하다'는 것은 조선 국왕을 길에서라도 만나지 않도록 의전 절차를 알아서 잘 처리하라는 것인데, 위반하면 의전담당 대신은 곤장을 맞을 각오를 하라는 경고였다. 이미 김응남은 곤장을 맞은 바 있었고, 유성룡도 곤장을 맞을 뻔한 적이 있었다.

「임금이 승정원에 지시하였다.
"그(송응창)가 이미 나에게 돌아가라고 했으니, 내가 지금 돌아가더라도 곧바로 영유로 가고 싶지는 않다. 이 근처의 선천·정주 등 조금 온전한 고을로 옮겨가서 머물러 있는 것이 어떻겠는가? 조만간 유정(劉綎)·유 원외(劉黃裳)·송 시랑(宋應昌) 등이 동쪽으로 간다고 하니, 그들이 오기를 기다렸다가 그들이 앞서 가면 나는 그 뒤를 따라가는 것이 옳을 듯하다. 비변사로 하여금 의논하여 보고하게 하라. 저들이 나더러 돌아가라고 했지만, 저 세 사람이 있는 곳에 관원을 파견하여 물자와 음식들을 보내면서 내가 돌아간다는 뜻을 알리는 것이 어떻겠는가?"」
−〈선조실록〉(1593. 4. 6.)−

선조는 '그들이 오면 기다렸다가 앞서 가면 뒤를 따라 가겠다'고 했다. 그러나 송응창이 그러한 기회를 줄지도 의문이지만, 문제는 하루 속히 조정의 피난생활을 청산하고 한성으로 들어가 난국 수습에 매진해야 할 터인데도 그러한 의지가 전혀 보이지 않는다는 것이다. 반도의 '한쪽 귀퉁이'인 선천이나 정주에 남아서 어떻게 국가 經·營을 하겠다는 것인가?

「비변사에서 건의하였다.

"지금 전하께서 머물고 계신 곳은 의주와 하루거리 되는 곳인데, 경략이 억지로 돌아가라 하면서 '길 위에서 서로 만나는 것도 불편하니 일이 끝나기를 기다려서 서로 만나자'고 했다고 합니다. 지금 기필코 만나지 않으려는 것은 반드시 무슨 뜻이 있어서일 텐데, 그것이 무엇인지 헤아릴 수가 없습니다. 지금 잠시 가까운 고을에 머물러 계시더라도 그가 만나주지 않으려 한다면 유익함이 없을 듯합니다.

저들이 언제 떠날지 알 수는 없으나 한결같이 저들의 말대로 한다면 저들도 화를 내지 않고 기뻐할 것입니다. 선천·정주 등은 물자와 인력이 이미 고갈되어 단 며칠 동안도 공급을 할 수 없을 것입니다. 영유는 큰 길에서 멀지 않으니 곧바로 영유로 돌아가서 그들이 가거나 멈추는 것(行止)을 기다려 보는 것이 옳을 듯합니다. 부득이하다면 정주가 선천보다는 다소 낫지만, 잠시 정주로 돌아가서 천천히 갈 것인지 머물 것인지를 의논하기 바랍니다."

임금이 그 의견을 따랐다.」 -〈선조실록〉(1593. 4. 6.)-

의주와는 하루거리에 머물고 있었다. '헤아릴 수가 없다'고 했지만, 송응창이 선조를 만나주지 않겠다는 이유를 모를 리가 없었을 것이다. 하지만 임금 앞에서는 겸손해야 하므로 이렇게 표현한 것 같다. 그리고는 역시 겸손하고 조심스러운 자세로 영유로 되돌아가는 것이 바람직하다고 건의하고 있다.

「철산(鐵山)의 백성들이 길가에 나와서 호소하였다.

"말과 소를 몽땅 큰 나라 군사에게 빼앗겨서 저희 고을에는 관용(官用) 말을 부리기가 매우 어렵습니다. 마을은 온통 도망간 집들뿐인데 관청에서는 남아 있는 한 집안 사람(一族)들에게 추징(追徵)하는 법을 적용하여 여전히 독촉하고 있는데, 관대하게 조처하여 간신히 살아난 목숨들을 보존할 수 있게 해주시기를 바랍니다."」 -〈선조실록〉(1593. 4. 6.)-

돌아오는 길에서 철산(선천 바로 북쪽) 백성들의 민원을 들었다.

「(7일)임금이 운흥관(雲興館)을 출발하여 가산군(嘉山郡)에 도착하였다.」

「(8일)임금이 가산을 출발하여 박천(博川)에 도착하였다.」

「(9일) 임금이 박천에 머물렀다.」

「(10일)임금이 박천군을 출발하여 안주(安州)에 도착하였다.」

「(11일)임금이 안주를 출발하여 영유현에 돌아와 머물렀다.」
-〈선조실록〉(1593. 4. 7~11.)-

선조가 송응창을 만나기 위해 영유를 출발한 것은 3월 26일이다. 행재소가 이동하는 격이었으므로 선조 임금의 행차 인원은 호위무사들을 포함하면 최소 5백 명은 되었을 듯하다. 아무튼 돌아온 날까지 보름 동안의 시간은 많은 사건과 기록을 남겼다.

조선의 국가 經·營 회복에 관심을 기울인 명나라

「송경략이 자문(咨文)을 보내어 세자 강관(講官) 2~3명에게 강론할 경전을 가지고 자기에게 와서 토론하게 하라고 요청하였다. 문학(文學) 유몽인(柳夢寅), 사서(司書) 황신(黃愼), 설서(設書) 이정구(李廷龜)를 보내어 배우게 하였다.」
-〈선조실록〉(1593. 4. 15.)-

송응창은 조선이 기송사장의 국가 經·營에서 벗어나 실용·실학적인 국가 經·營으로 회귀할 수 있도록 지속적으로 관심을 기울였음을 알게 해주는 대목이다. 즉, 명나라는 전란으로 피폐해진 조선왕국을 재건하기 위해 군사력의 지원과 함께 국가 經·營에 관한 통치 철학 분야에 이르기까지 물심양면으로 돕고자 했음이다.

한성 수복 소식에 냉담한 조선 국왕

「비변사에서 보고하였다.
"도성이 수복되었다는 보고는 정확하지는 않으나 오늘 내일 안으로 분명한 소식이 있을 것입니다. 정승을 보내어 치사(致謝)하는 것을 잠시라도 늦춰서는 안 됩니다. 또 한성판윤 유근(柳根)은 도성을 수리할 임무를 띠고 미리 갔었는데, 이제 사은부사(謝恩副使)에 임명되어 명령을 받고 돌아오고 있으니, 후임자를 빨리 뽑아서 보내시기 바랍니다. 제독(이여송)에게 치사하는 일은 좌승지나 우승지 중에 한 관원을 미리 보내어 그대로 머무르면서 임무를 수행하게 하는 것이 어떻겠습니까?"

임금이 대답하였다. "건의한 대로 하라. 그러나 왜적이 스스로 물러가는데도 큰 나라 군사는 공격하지 않고 그대로 호송하여 보내주었으니 도성이 수복된 것을 굳이 치사할 것은 없다."」 －〈선조실록〉(1593. 4. 23.)－

선조는 송응창이 자신을 만나주지 않았기 때문에 화가 단단히 나 있었다. 그래서 도성의 왜군들은 '스스로 물러갔다'고 하면서 한성 수복의 의의와 그에 대한 명군의 역할을 평가 절하했다. 그리고는 치사(감사의 표시)할 것 없다고까지 하였다.

「대신이 건의하였다.

"어제 전하의 비답(批答)을 받드니 '치사할 것 없다'고 지시하셨습니다. 제독이 천자의 명을 받고서도 왜구를 쳐 죽임으로써 하나도 돌아가지 못하게 하지 않고, 황제의 위엄을 굽혀 강화를 도모하여 그대로 호송하여 보냄으로써 우리나라로 하여금 끝내 종묘사직의 영원한 원수를 갚지 못하게 하였으니, 혈기(血氣) 있는 사람들은 원통하여 죽고 싶어하고 있습니다.

그러나 생각해 보건대, 다시 나라를 되찾아 삼경(三京)을 수복한 것은 오로지 황제의 은덕입니다. 강화를 허락하고 보내준 것이 군사를 동원하여 시원하게 적을 섬멸한 것만은 못하더라도, 옛 도성의 성지(城池)와 종묘사직의 옛터를 다시 볼 수 있게 된 것은 실로 천자의 힘 때문이니, 어찌 치사(致謝)하지 않을 수 있겠습니까."

임금이 그 의견을 따랐다.」 －〈선조실록〉(1593. 4. 24.)－

전날에는 치사할 필요가 없다고 하던 선조가 방침을 바꾸어 치사하기로 했다.

"왜군을 뒤쫓는 자 목을 베겠다!"

「도체찰사 풍원부원군 유성룡과 도원수인 좌참찬 김명원이 급보를 올렸다.

"오늘 총병 이영(李寧)과 유격장 척금(戚金)·전세정(錢世禎)이 동파에 와서 총병 사대수(査大受)와 한곳에 있으면서 신들과 순찰사 이정형(李廷馨)을 불러 함께 앉게 한 다음, '왜적이 이미 조공을 애걸하였고 조정에서는 이를 허락하였다' 는 내용을 자세히 말했습니다. 그리고 '당신네 나라의 신하와 백성들은 거의 모두 죽게 되었고 농사는 모두 폐하여 사정이 급박하다' 는 상황을 거듭 말했습니다.

이에 신이 묻기를 '대인이 이러한 말을 하는 의도가 무엇이오?' 라고 하니, 유격 등이 '우리 조정에서 이미 조공을 허락했으니 귀국(貴國)도 경략의 금토패문(禁討牌文)을 따라서 왜적을 죽이거나 사로잡아서는 안 될 것이오' 라고 하였습니다.

그 패문에는 이렇게 쓰여 있었습니다.

一. 왜인들이 이미 조공하게 해달라고 애걸하였으니 이제 양식이나 말 먹이를 노략질하거나 사람들을 죽여서는 안 된다. 이것을 어기는 자는 전례에 비추어 용서하지 않고 죽일 것이다.

一. 왜국이 이미 조공을 허락해 달라고 애걸하였으니 이제 우리의 관병(官兵)은 오로지 본부(本部)의 지시에 따라 행동하라. 만일 군공(軍功)을 탐하여 뒤떨어져 있는 적을 살육하는 자가 있으면 참형에 처할 것이다.
　一. 조선국의 관병(官兵)과 왜적은 불공대천(不共戴天)의 원수이기는 하지만, 저들이 이미 조공을 허락해 달라고 애걸하고 있으니 본부의 처분을 기다려라. 만일 보복을 함으로써 문제를 일으키는 자가 있으면 참형에 처할 것이다.

　이에 대해 신들이 대답하였습니다.
　'우리나라가 만약 왜놈과 강화하려 했다면 오늘까지 기다리지 않았을 것이오. 당초 왜놈들이 우리나라에 강화할 것을 요구한 적이 한두 번이 아니오. 처음에는 동래에서 글을 보내왔고, 다시 상주(尙州)에서 글을 보내왔고, 세 번째는 평양에서 글을 보내왔소.
　그러나 우리나라에서는 왜놈들이 중국에 대하여 불공(不恭)한 말을 한 것을 분하게 여겨 천하의 대의(大義)를 위해서 차라리 죽을지언정 치욕을 당하지 않고자 하였기 때문에 지금 이 지경에 이른 것이오.
　이제 왜적은 종묘와 사직을 불태웠고 왕릉들을 파헤쳤으며, 우리 백성들을 살육하여 불공대천의 원수가 되었소. 그런데도 이러한 금토패문(禁討牌文)으로 다시 복수를 못하게 금지하고 있는데, 우리나라의 백성들이 뼈에 사무치도록 원통해서 명령을 받을 수 없는 이유는 이것이오' 라고 하였습니다.">

　　　　　　　　　　　　　-〈선조실록〉(1593. 4. 24.)-

'농사는 모두 폐하여 사정이 급박하다' 고 하면서 파종의 중요성과 사람이 사람을 잡아먹는 상황을 걱정하고 있다.

임금을 기다리는 한성의 백성들

「우의정 유홍(俞泓)이 급보를 올렸다.

"성중에 다시 모인 백성들은 서부에 남자가 3,172명, 여자가 7,785명이고, 동부에 남자가 1,910명, 여자가 2,503명이며, 남부에 남자가 4,013명, 여자가 8,012명이고, 중부에 남자가 3,497명, 여자가 3,634명이며, 북부에 남자가 1,470명, 여자가 1,905명인데(합계 37,901명), 성에 들어온 백성들은 관아에는 구휼할 곡식이 없고 개인적으로도 전혀 저장된 곡식이 없어서 돌아왔다가 다시 흩어져 가는 자도 있습니다.

양청(兩廳)에서 굶주린 백성들을 구제하는 것은 남녀 합하여 모두 3,175명인데, 성중에 남아 있는 곡식은 수량이 지극히 적고, 경기의 여러 고을들은 장수와 관리들의 접대로 탕진되어 마련할 방법이 없습니다.

들리는 바로는 호서와 호남의 여러 고을에서는 처음 의병이 일어났을 때에 창고를 열어 마음대로 먹었고, 뒤에는 큰 나라 군사의 군량으로 계속 실어 나르자 군량을 맡은 자가 목을 매어 죽기까지 하였다고 합니다.

전국을 두루 돌아봐도 모두 고갈되었으니, 신의 생각으로는 전하께서 속히 한성으로 들어가셔서 백성을 위로하고 죽은 이를 조문하며 나라를 경략할 큰 방책을 조정에서 널리 의논하여 조처해야 할 듯합니다."」   -〈선조실록〉(1593. 5. 23.)-

인구가 3만 5천 명으로 줄어 있다. 세종대왕 시절 한성의 인구는 10만 3천 명이었다. 가령 선조 때에는 12만 명 정도로 늘어나 있었다고 한다면, 8만 5천 명(120,000-35,000=85,000)이 감소한 셈인데, 그 가운데는 피난 가서 돌아오지 않은 사람들도 많았을 것이다.

우의정 유성룡은 임금이 속히 한성으로 돌아가서 '경략'(經略: 經營과 유사한 개념)하기를 바랐으나, 선조는 여러 가지 핑계를 대면서 시일을 끌다가 그 해 10월이 되어서야 서울로 돌아왔다.

제 16부 웅천포해전

　제16부에서부터는 1593년에 있었던 해전 쪽의 전략 전술과 중요 육전상황들에 대해 살펴본다.
　1593년 2월 6일. 성화와 같은 선조 임금의 명령에 따라 이순신은 다섯 번째 출동을 감행했다. 그리고 조선 함대의 부산 진출을 저지하기 위해 웅천에 왜성을 쌓고 응전하는 왜군들과 약 두 달 동안 대치하며 크고 작은 해전을 치렀다. 이 기간 동안 육전에서는 조·명 연합군이 평양성을 탈환하고 권율이 행주산성에서 대첩을 거두는 등 전세를 반전시켜 나갔다.

〈웅천포해전도〉

1. 평양성전투

　임진년(1592) 겨울, 그리고 이듬해인 계사년(1593)의 1월은 왜군들에게는 혹독한 시련기였다. 특히 평안도, 함경도, 황해도, 강원도 일대에 주둔해 있던 왜군들은 일찍이 체험해 보지 못한 대륙의 혹한과 사투를 벌여야 했다.

　보급의 어려움으로 월동준비가 여의치 않았던 이들 부대들은 조선 출정 때 입었던 춘하용 군복을 그대로 입고 있었는가 하면 그나마 입고 있던 옷마저 낡고 헤져서 마치 알몸으로 추위에 맞서는 꼴이었다.

　추위와 굶주림으로 수많은 왜군들이 죽어갔는데 전투로 인한 희생 못지않게 추위로 인한 사망률도 높았을 만큼 왜군들에게 조선의 겨울은 또 하나의 적이었다.

　왜군들이 예기치 못한 적과 대치하며 신음하는 가운데 임진년 12월, 명나라 신종 황제로부터 조선 출정의 명을 받은 제독 이여송의 군대가 압록강을 건너와 평양성의 고니시(小西行長) 군에 대한 공격을 준비했다.

　명군의 평양성 탈환에 관한 정보를 탐지한 고니시는 한성 사령부는 물론 인근의 왜군 부대들에게 급전을 띄워 평양성 방어에 관한 신속한 지원을 요청했다. 하지만 심신이 꽁꽁 얼어붙어 옴짝달싹 하기도 버거웠던 왜군들에게 전의는 기대하기 어려웠다.

　한성의 왜장들과 북상한 왜군 선봉군 대장들은 이참에 평양성은 물론 한강 이북 지역을 포기하고 한성으로 집결해서 후일을 도모하는 편이 전략적으로도 훨씬 이롭다는 생각을 가지고 있었다.

고니시 또한 평양성을 포기하고 추위와 보급에 있어서 보다 여건이 나은 한성으로의 철수를 내심 희망하고 있었다. 그러나 평안도는 자신의 '영지(領地)'이며 영지를 지키는 책임도 자신의 몫일 뿐만 아니라 일본 최정예 선봉군을 이끄는 대장으로서 자진 철수란 있을 수 없는 일이었다.

만약에 철수를 한다면 명분과 실리가 필요했다. 때문에 고니시는 평양에 머무는 동안 명과의 강화협상을 꾸준히 진행해 왔다. 하지만 명의 유격장 심유경과의 협상이 결렬(1592년 11월 26일)된 후에는 지키는 실리도 퇴각의 명분도 사라지고 말았다.

바라던 바는 아니었지만, 형식적이나마 승부를 결판낼 전투는 불가피했다. 다만 공방전으로 인한 손실을 얼마나 최소화 하느냐가 관건이었다.

1593년 1월. 고니시 진영을 당황스럽게 만드는 소식이 잇달아 날아들었다.

하나는 "이여송이 이끄는 명군 주력이 1월 2일 안주에 도착, 수일 내로 조선군과 연합해 평양성을 공격할 것"이라는 첩보였고, 또 하나는 "조선군(권율 군)이 수원에 진을 치고 보급과 연락망을 차단하면서 장차 한성 탈환을 노리고 있으니 배후의 적을 두고 병력을 이동시키는 것은 대단히 위험하며, 따라서 인근의 지원 가능한 부대들에게 즉시 평양으로 달려가도록 지시를 내렸으니 수성(守城)에 만전을 기하되 여의치 않을 시에는 한성으로 철수하라!"는 한성 사령부의 명령이었다.

조명 연합군의 평양성 공격은 이미 예견했던 바이지만 사실상 '지원 불가 방침'을 내린 우키타(宇喜多秀家) 사령부의 태도는 고니시 군에게는 믿는 도끼에 발등을 찍히는 격이었다. 고니시와 그의 참모들은 한성 사령부의 방관자적 처사를 크게 성토하며 대책 마련에 고심했다.

그러나 그 무렵 한성 사령부 또한 대단히 어려운 상황에 처해 있었는데, 이는 평양성 문제를 떠나 전 왜군 진영을 공황으로 빠뜨릴 수도 있는 중차대한 사안이었다.

12월 초, 전라도순찰사 권율이 이끄는 5천의 전라육군이 명군의 남하와 때를 같이 하여 수원 독성(禿城) 산성에 포진함에 따라 한성의 왜군들은 등 뒤에 비수를 둔 형국에 놓여졌다. 이에 배후의 적을 치는 것이 급선무라고 판단한 우키타 히데이에가 2만의 병력을 이끌고 권율 군을 공격했지만, 산성에서 발사하는 화약무기 공격에 패퇴함으로써 한성 사령부는 진퇴양란에 빠져버리고 만 것이다.

때문에 한성의 수뇌진은, 대세는 이미 평양성 사수에 대한 의미를 크게 부여할 수 없는 상황이라고 판단했을 뿐만 아니라, 총사령관인 우키타 히데이에가 출전한 전투에서의 패전이 가져올 사기 저하 문제에 대해서도 깊은 고민에 빠져 있었다.

평양성은 조선 최대의 거성(巨城)이었다. 그래서 고니시는 1만이 조금 넘는 자신의 병력만으로 5만의 조명 연합군을 맞아 성을 지켜낸다는 것은 불가능에 가까운 일이라고 생각했다.

평양성의 둘레는 17km이다. 그래서 전시에는 2~3만 명의 군사와 4~5만 명의 백성이 집결되어야 방어전을 벌일 수 있다. 임진년 6월 선조의 평양 행재소의 경우에는 백성들은 피난을 가고 없었고 군사는 4천 명에 불과했다. 이에 비해 고니시와 구로다 군은 3만명이었다. 그래서 선조는 평양성을 비워주고 의주로 떠났던 것이다.

이듬해 이여송의 군사 3만 5천과 조선군 1만이 평양성 탈환에 나섰을 때, 고니시 군은 평양성의 백성과 조선인 징용병은 믿을 수 없다고 생각하고 왜군 1만 2천 명만으로 17km의 평양성을 지켜보려고 했지만, 결국 역부족이었다. 게다가 왜군들은 수성에 필요한 유럽식 불랑기포(佛朗機砲: 명나라 때 중국에 통상하러 온 포르투갈 및 스페인 사람을 불랑기(Frank)라 하였고, 그들이 가지고 온 총을 불랑기포라 하였음)도 가지고 있지 않았다.

그나마 남아 있는 병력도 추위와 피로, 부상 등으로 정상적인 전력을 발휘하기 어려웠다. 또한 한성 사령부가 응원을 포기한 현실에서 타 부대들의 지원을 기대한다는 것이 얼마나 허황된 일인지 고니시 측은 잘 알고 있었다.

1월 6일. 마침내 조명 연합군이 평양성을 포위하고 총공격을 개시했다. 고립무원(孤立無援)에 빠진 고니시 군은 사투를 벌이며 버텼지만 결국 교전 4일 만인 1월 9일, 심유경에게 '싸우지 않고 평양성을 비워주면 추격하지 않겠다'는 약속을 받아낸 후 야음을 틈타 대동강을 건너 한성으로의 퇴각을 시작했다.

약속에 따라 명군의 추격은 없었다. 하지만 일부 조선군과 의병들이 퇴각하는 고니시 군을 공격했다. 거기에 추위와 굶주림 등이 더해지면서 고니시 군에는 낙오자와 사상자가 속출했다.

고니시 군이 사지를 벗어나 한성에 도착했을 때 잔존 병력은 7천여 명에 불과했다. 7천의 병력도 태반이 부상을 당했거나 동사 및 아사 직전의 처참한 몰골들이었다. 개전 초 1만 8천의 병력이었음을 감안하면 엄청난 손실이었다. 이 같은 모습을 지켜본 한성의 왜군들은 모두가 경악했다.

'패배를 모른다는 무적 선봉군'의 몰락은 자신들이 처한 상황을 가감 없이 확인시켜 주었던 것이다. 하지만 고니시의 눈에 비친 한성 왜군들의 초췌한 모습 또한 놀랍기는 마찬가지였다. 특히 이시다 미쓰나리(石田三成)와 우키타 히데이(宇喜多秀家)에 등 수뇌부 핵심 장령들의 얼굴에 드리워진 짙은 상심의 빛은 기울어진 대세를 여실히 대변해 주고 있었다.

사실상 한성으로의 철수를 명령한 한성 사령부

지난 해 있었던 한산도와 안골포, 그리고 부산포해전, 웅치·이치·금산 전투, 제1차 진주성전투, 수원 독성산성 전투 등으로 전세는 왜군에게 매우 불리하게 돌아가고 있었다. 그리고 신년에 와서 고니시 군의 평양성 패퇴, 또 함경도의 6진까지 북상했다가 다시 함흥까지 후퇴한 가토 기요마사(加藤淸正) 군도 곧 한성으로 퇴각해 올 것이라는 소식까지 전해지자 한성의 왜군 사령부는 진퇴에 대한 선택으로 깊은 고민에 빠졌다.

자칫하다가는 임진강과 한강에 퇴로 차단선이 형성되어 꼼짝없이 내륙 산간에 갇혀버릴 위험이 있었으며, 보급과 증원이 어려운 현실에서 각 도의 영지화(領地化)를 위해 흩어져 있는 것은 위험천만한 작전이라는 게 한성 사령부의 판단이었다.

이렇게 되자 한성의 수뇌진은 똘똘 뭉친다면 한양 이남은 지켜낼 수 있을 것이고 집결된 힘으로 결렬된 강화회담을 재개하는 등 적당히 시간을 벌면서 본국의 지원을 기다리다가 기회를 보겠다는 생각도 품게 되었다.

하지만 그것은 어디까지나 희망 사항에 불과했다. 전황은 전혀 호전될 기미조차 없었고 본국의 증원도 산발적인 수준에 머물러 있었다. 한성의 왜장들이 이 같은 사실을 모를 리가 없었다. 때문에 부산으로의 전격 철수를 주장하는 이들도 있었다.

그도 그럴 것이, 한성의 식량 사정으로는 조만간 남진해 내려올 조선과 명의 대군을 감당할 수 없을 뿐 아니라 기존의 부산-문경새재-한성으로 이어지는 보급로만으로는 밑 빠진 독에 물 붓는 것과 다를 바 없었기 때문이다.

그러나 부산 철수는 전적으로 나고야 사령부의 재가(裁可) 없이는 불가능했다. 한양 이북의 왜군 부대들에 대한 한성으로의 철수 명령 역시 불가피한 상황에서 내려진 고육책이었다고는 해도, 이 또한 나고야 사령부의 재가도 없이 조치한 결정이었다. 히데요시가 책임을 추궁하려 한다면, 궁색한 변명 외에는 마땅한 변명책도 없었.

우키타와 이시다는 이 같은 상황에서 부산 철수를 운운하는 것은 자신들에게 어떤 해가 미치게 될 것임을 우려하지 않을 수 없었다.

독성산성 전투는 우키타에게 아주 특별한 전투였다. 조선 출정 이래 처음으로 출전한 전투였고, 첫 전투에서 패했기 때문에 사무치는 분노는 이루 말할 수 없었다. 더구나 패배의 멍에를 안긴 상대는 이름만 들어도 치가 떨리고 소름이 돋는 '전라도' 육군이었다.

이순신의 전라 해군으로 인해 점철된 고통의 응어리가 곪아 터질 대로 터진 상황에서 전라도 군대는 해군이든 육군이든 불구대천의 원수와도 같았던 것이다.

이시다와 고니시 역시 이쯤에서 전라도와의 악연을 끊고 싶어했다. 순서대로라면 이순신의 전라 해군부터 도륙내는 것이 마땅했지만, '꿩 대신 닭'이라는 말처럼, 형편상 사정권 안에 들어온 권율 군도 희생양으로 삼기에는 부족함이 없어 보였다.

이렇게 해서 철군에 대한 논의가 뜨겁던 1월의 어느 날, 우키타·이시다·고니시 등 핵심 3인방과 한성의 수뇌진은 부산으로의 철수 시점을 권율의 전라 육군 섬멸 후로 정하는 데에 의견을 모았다. 그리고 공격 시점을 북상했던 부대들이 한성에 집결한 이후로 잠정 결정했다.

이는 '전라도'라면 자다가도 벌떡 일어날 히데요시에게 안겨줄 작은 뜻이지만 나름대로 의미 있는 선물이었으며, 그 정도의 성의 표시라면 부산 철수에 대한 재가를 얻는 데 있어서도 최소한의 명분은 갖추게 되는 것이라는 것이 한성 수뇌부의 판단이었다.

2. 조정의 명령으로 출동한 이순신 함대

1593년 1월, 이여송이 지휘하는 조·명 연합군이 평양성을 탈환하자 의주에 있던 선조는 수륙의 장수들에게 총진군령을 내리면서 여수의 이순신에게도 1592년 12월 28일, 1593년 1월 25일, 1월 29일 잇달아 출전 명령서를 내려보냈다.

> 「명나라 군사들이 이미 평양을 이긴 채 승전한 기세대로 몰아치매 겨우 숨이나 쉬는 흉한 적들은 서로 뒤이어 도망가므로 서울에 있는 적들도 또한 반드시 도망해 돌아갈 것이니, 그대는 해군들을 남김없이 이끌고 나아가 합세하여 모조리 무찌름으로써 배 한 척도 돌아가지 못하도록 기약하라.」
>
> -1593년 1월 29일자 조정의 출동명령서-

그렇지 않아도 관내 기지들의 출동태세를 점고하고 있던 터였지만 조정의 성화와 같은 독촉에 이순신은 "2월 2일까지 여수에 집결하라!"는 소집령을 내리는 한편, 이억기와 원균에게도 2월 7일 견내량에서 합류할 것을 서면으로 합의했다.

> 2월 1일. 비. 종일 비가 왔다. 발포(만호 황정록), 여도(권관 김인영), 순천(부사 권준)이 와서 모였다. 발포 진무 최기(崔己)가 두 번이나 군법을 범했으므로 사형을 집행했다.
> ―〈난중일기〉(1593. 2. 1.)―

> 2월 2일. 늦게야 개었다. 녹도 가장(假將), 사도(첨사 김완), 흥양(현감 배흥립)들의 배가 들어왔다. 낙안(군수 신호)도 왔다.

> 2월 3일. 맑다. 여러 장수들이 거의 모였으나, 보성(군수 김득광)이 미쳐 못 온 것이 섭섭하다. 오후 8시쯤부터 비바람이 크게 불어 배들을 간신히 구호하였다.

2월 1일, 겨울비가 퍼붓듯 쏟아지는 가운데 각 기지 함대들이 여수에 모여들기 시작했다. 2월 3일이 되자 보성군수 김득광의 함대를 제외한 전 함대가 여수에 집결해 출동을 위한 최종 점검에 들어갔다.

> 2월 4일. 늦게 맑아졌다. 성 동쪽이 아홉 발쯤이나 무너졌다. 객사 동헌(東軒)에 나가 공무를 보았다. 오후 6시에 비가 크게 쏟아지더니 밤새도록 그치지 아니하고 바람조차 몹시 사나워 배들을 겨우 구호하였다.

폭우로 인해 동쪽 성벽 일부가 무너졌다.

2월 5일. 경칩 날이어서 독제(纛祭: 대장기에 대한 제사)를 지냈다. 비가 퍼붓듯이 내리더니 느지막해서는 개었다. 아침밥을 먹은 뒤 대청으로 나가 공무를 보았다. 보성군수(김득광)가 밤새 육지를 거쳐 달려왔다. 잡아들여 기일 어긴 죄를 문초하고 그 대장(代將)을 처벌했다. 저녁에 이언형(李彦亨: 서울에서 온 친구)이 작별을 고했다.

보성군수는 소속 함대를 이끌고 미리 와 있어야 했지만 그렇지 못했고, 비까지 퍼붓자 소속 함대는 발이 묶였다. 김득광은 밤새 비를 맞으며 육로를 통해 먼 길을 달려왔다. 그러나 기일 어긴 죄로 그 대장(代將)이 대신 곤장을 맞았다. 서울에서 온 친구는 다시 서울로 돌아갔다.

2월 6일. 아침에는 흐리더니 늦게야 맑아졌다. 날이 밝아서 배를 풀고 돛을 달았으나 정오에는 역풍이 불어 저물어서야 사량도에 도착해서 잤다.

2월 7일. 맑다. 새벽에 떠나 곧장 견내량에 이르니 우수사(원균)가 먼저 와 있기에 함께 이야기하였다. 기숙흠(奇叔欽)이 왔고, 이영남과 이여념(李汝恬)도 왔다.

7일 새벽에 떠나 견내량에 이르니 원균 함대가 먼저 와서 기다리고 있었다. 이순신 함대가 여수를 떠난 것은 2월 6일 이른 아침이고, 견내량 도착은 2월 7일 오후로 보인다. 여수-한산도를 36시간 만에 달려온 셈이다.

이순신과 원균은 최근의 전황 등에 대해서 이야기를 나누었고, 그러는 중에 원균 휘하 기지대장들로 평소 이순신을 존경해 온 이영남, 이여념이 인사차 방문했다. 그러나 밤늦도록 모두가 기다리던 이억기 함대는 나타나지 않았다. 모진 비바람으로 출동과 항해에 차질이 빚어졌기 때문이다.

2월 8일. 맑다. 아침에 영남우수사(원균)가 내 배로 와서 전라우수사의 기약 늦어진 잘못을 몹시 탓하며 지금 곧 먼저 떠나겠노라고 하였다. 나는 애써 말려 기다리게 하고 "오늘 해 안으로는 당도할 것이라."고 약속하였다. 그랬더니 과연 정오에 돛을 달고 들어오므로 온 진중이 바라보고 기뻐 뛰지 않는 이가 없었다. 오후 4시쯤에 출발하여 초저녁에 온천도(칠천도)에 닿았다.

원균은 이억기 함대가 합류하기로 한 날에 오지 않은 것을 크게 비난하면서 이순신에게 "먼저 떠나겠다!"며 언성을 높였다. 이억기 함대가 바람세가 불순한 기상 여건에서 오려면 우선 신안 앞바다 기지 함대들까지 우수영(울돌목 옆에 위치)에 모여야 했고, 견내량까지의 이동 거리를 감안하면 이억기는 원균 함대보다 10일 정도 더 수고하는 셈이다.

그러나 원균은 이 같은 이치는 따져보지도 않고 이억기가 오지 않았다는 사실만으로 발끈했다.

이 무렵 원균은 54세(1540~1597), 이억기는 32세(1561~1597)로 이억기에게 원균은 아버지뻘이었다. 이억기가 자초지종을 따져보지 않은 아버지뻘의 원균으로부터 이 같은 험담을 들었다면 매우 섭섭했을 것이다.

반면에 이순신(1545~1598) 쪽은 '온 진중이 기뻐 뛰지 않는 이가 없었다'면서 이억기 함대의 도착을 크게 반겼는데, 이유는 조선 천지에 믿을 데라고는 그 곳밖에 없었기 때문이다.

이 같은 원균의 험담은 후일 원균을 두둔하는 대신들에게 '원균은 조정의 명을 받고 제일 먼저 달려왔지만 이순신과 이억기는 때마다 늦었기에 원균이 화가 나서 단독으로 출동하고자 했다'고 전해지게 된다.

요새화된 해안기지, 웅천

2월 9일. 종일토록 큰 비가 오므로 그대로 머물러 있고 떠나지 않았다.

2월 10일. 아침에는 흐리고 늦게 맑아지다. 오전 6시에 출발하여 곧장 웅천 땅 웅포(창원군 웅천면 남문리)에 이르니 적선들이 줄지어 정박해 있었는데 두 번이나 꾀어내 보았으나 진작부터 우리 해군을 겁내는 터여서 나올 듯하다가는 도로 들어가 버려서 끝내 잡아 무찌를 수 없으니 통분 통분하였다. 오후 10시경에 도로 영등포 뒤 소진포(蘇秦浦: 거제군 장목면 송진포)에 이르러 배를 매고 밤을 지냈다.

2월 11일. 흐리다. 군사를 쉬게 하고 그대로 머물렀다.

2월 12일. 아침에는 흐리고 늦게 맑아지다. 3도 군사가 일제히 새벽에 떠나 바로 웅천 땅 웅포에 도착해 보니 적도들이 여전하다. 나갔다 물러났다 하면서 아무리 꾀어보아도 끝내 한 바다로 나오지 않았다. 그래서 두 번이나 뒤쫓았으나 두 번 다 섬멸하지 못하였으니 참으로 통분하였다.

2월 10일. 전날 온종일 퍼붓던 비가 그치자 조선 함대는 새벽에 온천도(칠천도)를 출발, 부산의 길목인 웅천 웅포로 향했다.

함대가 웅천 앞바다에 도착할 무렵 앞서 떠난 탐망선들이 웅천과 안골, 가덕도 부근을 정찰하고 와서 "웅천과 안골포의 왜군들이 포구 주위에 크고 작은 왜성을 쌓고 방파제를 만들어 정박한 배들을 지키고 있는데, 방비하는 형세가 심상치 않다."고 보고해 왔다.

이순신은 부산포해전 이후 왜군들이 상륙기지 부산 일대에 대한 방비책으로 남해안 곳곳에 왜성 쌓는 작업을 본격적으로 추진해 왔음을 첩보를 통해 알고 있었다. 그러나 직접 눈으로 확인한 결과, 불과 5개월 만에 이루어진 것들이라고 하기에는 그 규모와 견고함에 있어서 놀라운 수준이었다.

이는 지난해 조선 함대의 부산포 공격에 당황한 왜군들이 조선 함대의 김해와 부산 진출을 견제하기 위하여 사활을 걸고 이룩한 성과였다. 또 장기전을 염두에 둔 나고야 사령부의 사전 포석이기도 했는데, 히데요시는 북상한 왜군들이 퇴각해 왔을 때를 대비하여 대군을 수용할 수 있는 기지를 남해안 해안선을 따라 요소요소에 건설하라는 명령을 내린 바 있었다. 그래야만 후일 집결된 병력으로 진주를 거쳐 전라도로 가는 교두보로 삼을 수 있다는 것이 히데요시의 생각이었다.

한성의 왜장들이 부산으로의 철군을 심각하게 고민하고 있을 때 바다 건너 히데요시는 이미 이 같은 계획을 머릿속에 그리고 있었고, 바다를 통제하지 못하고서는 자신이 지향하는 전격전이 결코 성공할 수 없을 것임을 누구보다 잘 알고 있었던 것이다.

3. 웅천포해전 장계

웅천에서 왜적을 토벌한 장계(討賊狀)

「삼가 적을 토벌한 일로 아뢰나이다.
 …2월 6일에 출발하여 8일 본도 우수사 이억기, 경상우수사 원균 등과 거제 땅 한산도 바다 가운데 모여 약속을 분명히 하였습니다.
 그리고 역시 그 고을 칠천량과 웅천 가덕 앞바다 등지를 왕래하면서 진을 치고 명나라 군대가 남쪽으로 내려오고 적의 큰 부대가 도망해 돌아가기를 기다렸습니다. 그런데 웅천의 적들이 부산 길목을 누르고 험한 지형에 의거하여 배를 감추고 소굴을 많이 만들었기 때문에 부득이 먼저 이 적들을 제거해야 하겠기에 부산으로 나아가 2월 10일, 12일, 18일에 혹은 복병을 보내어 유인하고 혹은 드나들며 싸우도록 충동하였습니다.
 그러나 적들이 일찍이 우리 수군의 위력에 겁을 먹었기 때문에 바다 가운데로 나오지 못하고 언제나 가볍고 빠른 배로써 포구로 나왔다가 쫓으면 되돌아 깊은 곳으로 들어가고 다만 동쪽 서쪽의 산기슭에 성을 쌓고 나누어 진을 치고서 깃발을 많이 벌려 꽂고 비 퍼붓듯 총을 쏘며 교만한 꼴을 들어내 보일 뿐이었습니다.
 이에 우리 전선은 대열을 나누어 분주히 드나들며 좌우로 일제히 진격하여 총과 화살을 섞어 쏘니 그 형세가 바람 같고 우레 같았는데, 이렇게 하기를 하루에 두 차례씩 하여 쏘아 죽여 거꾸러뜨린 놈이 그 수가 얼마인지 모르며, 이로 인하여 적의 세력은 크게 꺾였습니다.

그러나 그들의 험한 설비가 어떠한지 의심스러워 포구 안 깊숙이까지는 들어갈 수 없었고 또 육지로 올라가서 추격하여 죽이지도 못하여 분한 마음을 품고 있었습니다.」

-〈토적장(討賊狀)〉(93. 4. 6.)-

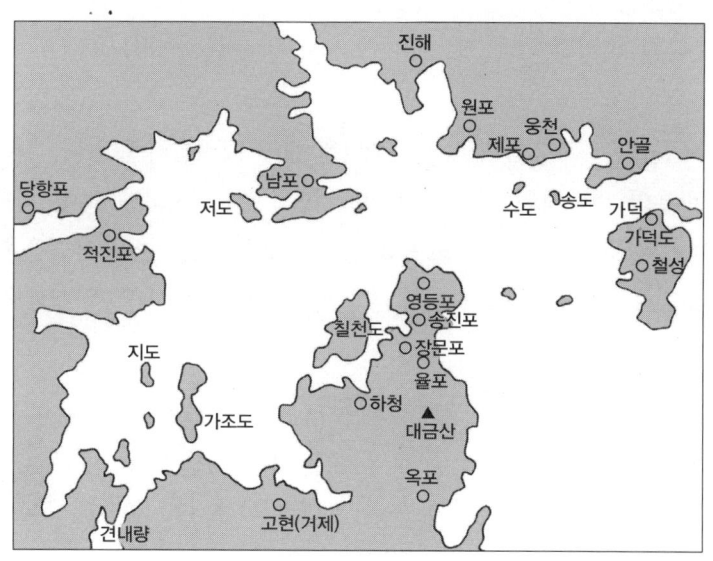

'웅천의 적들이… 험한 지형에 의거하여… 소굴을 많이 만들었다'는 것은 겨울 동안 왜군들이 왜성을 많이 쌓았음을 말한다. 이는 조선 수군의 김해와 부산 쪽 진출을 견제하고, 북상한 왜군들이 퇴각해 왔을 때 수용하는 기지가 되며, 집결된 병력으로 진주→전라도로 가는 교두보로 삼아야 한다는 히데요시의 명령이 있었기 때문이다.

「그런데 18일 싸움에서 좌별도장 신의 군관 주부(主薄) 이설, 좌돌격귀선장(左突擊龜船將) 주박 이언량(李彦良) 등이 적선 3척을 끝끝내 쫓아가서 3척에 타고 있던 1백여 명의 왜적을 모조리 쏘아 죽였는데, 그 가운데 금빛 투구에 붉은 갑옷을 입은 자가 큰 소리로 외치며 노를 재촉하다가 피령전을 맞아 곧 배 안에 엎어졌으며 거의 그 배를 온전히 잡을 수 있었습니다. 그러나 깊이 들어간 뒤인지라 더 쫓아가기는 어려웠고, 임치(臨淄) 통선(統船)이 곁에 있어 싸움을 돕다가 물에 빠지는 왜적의 머리 하나를 베었습니다.」 -〈토적장〉(93. 4. 6.)-

왜군들은 조선 함대의 유인작전에 결코 걸려들지 않았다. 나고야 사령부의 전략적인 명령도 지엄했지만, 현실적으로도 조선 함대의 부산 쪽 진출로(進出路) 인근 해안에 정박하고 있으면서 야습을 해야 했고, 또 비어 있는 한산도를 위협해야 했다. 그리고 웅천성에서 내려다보면 3백여 척이나 되는 조선 함대의 위용이 대단했기 때문에 감히 응전할 생각조차 할 수 없었다.

그래서 왜군은 소규모 함대로 조선 함대의 사정거리 밖에서 약을 올렸다. 그렇게 하는 것이 조선 함대의 경계심을 높여서 부산으로 나아가지 못하게 하는 방법이었다.

한편, 조선 함대의 입장에서 보면 지난해 9월, 조선 함대가 부산포로 갈 때 가덕도는 중간 기지였지만 겨울을 지나고 보니 이곳은 위험천만한 지역으로 변해 있었다.

「대개 육군이 아니고는 결코 적을 몰아낼 수 없으므로 적의 기운이 꺾인 때를 틈타서 수륙군이 합력하여 공격하기로 하고, 경상우순찰사 김성일에게 두 번째로 육군을 청구하였더니, 명나라 군대를 대접하는 일이 번거롭고 또 유방군(留防軍)도 없으므로 첨지 곽재우를 시켜서 먼저 창원을 토벌하게 하고 차츰 웅천으로 진격하도록 하겠다고 대답하였습니다만, 수많은 적들을 적은 수의 군사로는 대적하지 못하는 법인지라, 적을 완전 토벌하기는 어려운 실정입니다.」　　　　　－〈토적장〉(93. 4. 6.)－

　육군과의 합동작전을 제안했다. 하지만 김성일 순찰사(경상우도감사)는 유방군(留防軍: 보유 예비병력)이 없다면서 곽재우가 창원 수복→웅천 수복에 나설 것이라고 했다. 그러나 곽재우 군의 병력은 1천 명 수준이었다. 이 같은 소수 병력으로는 향후 남으로 퇴각해 올 16만 명의 왜군과 유사시 동원될 나고야의 예비군 10만 명을 당해낼 재주가 없다.

「이달 22일, 이억기 및 여러 장수들과 의논한 바로는 저 왜적들이 우리를 무서워하여 항쟁하지 않고 또 육군이 적의 뒤를 습격하지 않고서는 달리 적을 섬멸할 길이 없다는 것이었습니다. 그러나 요즘 적의 전상자가 많고 그 기세가 꺾였으며 또 포구를 살펴보니 험고한 설비는 없는 것 같아 전선 7~8척은 용납할 만도 하고, 또 여러 날 싸우면서 섬멸하지 못하고 적의 머리도 베지 못하여 참으로 분했기 때문에, 3도의 수군에서 각각 가볍고 빠른 배(輕完船) 5척을 내게 하여 합계 15척으로 번갈아 가며 적의 배들이 늘어서 정박해 있는 곳으로 돌진해 싸우며, 지자·현자 총을 쏘아 반이나 깨뜨리고 쏘아 죽이기도 많이 했습니다.
　또 신이 모집하여 거느린 의승병(義僧兵)과 3도의 용맹한 사부(射夫)들을 태운 10여 척의 전선을 동쪽으로는 안골포에, 서쪽으로는 제포(웅천면 제덕리)에 상륙시켜 진을 치게 한즉, 저 적들이 수륙으로 협공당하는 것이 두려워서 동서로 분주하며 응전하였으나 의승병들은 창을 빗겨들고 칼을 휘두르며 또는 활과 총으로 종일토록 싸워 무수한 적을 쏘아 맞히니, 비록 적의 머리를 자른 것은 없으나 우리 편 군사는 상한 이가 없었습니다.」
-〈토적장〉(93. 4. 6.)-

상륙해서 접전을 시도했으나 '목 벤 것'도 없고, 조선 측도 '상한 이가 없다'기에 사격전을 시도해 보다가 더 이상 어쩔 수가 없어서 그만두었다. 충무공의 해전에는 백병전이 없었다는 것을 다시금 확인할 수 있는 기록이다.

「사도첨사 김완, 우별도장 신의 군관 훈련정 이기남, 판관 김득룡 등이 우리나라 사람으로 적에게 포로로 잡혀 갔던 웅천 수군 이준련(李準連)과 양가집 딸 매염(梅艶), 염우(廉隅: 초고에는 鹽于이니 소금 굽는 자임), 윤생(允生), 김해의 양가집 딸 김개(金介), 거제의 양가집 딸 영화(초고에는 永代) 등 다섯 명을 다시 구출해 왔는데, 문초한 내용은 이러했습니다.
"요즘 접전으로 왜인들의 화살과 총알을 맞아 중상을 입은 자가 부지기수였고 죽은 자도 많은 것을 차례로 불태웠으며, 왜의 두목 장수라는 자도 전사하자 왜의 무리가 통곡했습니다. 정월 그믐께부터는 많은 소굴에 유행병이 크게 퍼져 죽는 자가 속출했습니다."
그래서 여러 장수들이 이 말을 듣고 더욱 용기를 내며 수륙으로 승리를 거둘 때가 이 때라고 벼르면서 좌도 발포 통선장 동포(同浦) 군관 이응개(李應漑), 우도 가리포 통선장 이경집(李慶集) 등이 승리한 기세로 다투어 돌진하여 적선을 깨뜨렸습니다.

그런데 돌아올 적에 두 배가 서로 부딪혀 방패가 흩어지고 떨어져 사람들이 적의 총알을 피하려고 한쪽으로 몰리게 되어 그만 배가 뒤엎어졌는데 배에 있던 사람들은 천천히 헤엄쳐서 육지로 올라가고 혹은 저희 본가로 도망쳐간 자도 있어 방금 수색하게 하고 장계를 올립니다.

여러 번 승첩으로 군사들의 마음이 극히 교만해져서 앞을 다투어 적진에 돌진하고 뒤처질까 겁내더니 기어코 배를 돌려 뒤엎어버리는 일까지 생겼으니 더욱 통분합니다.」

-〈토적장〉(93. 4. 6.)-

웅천의 왜군들 처지도 말씀이 아니다.

조선 함대의 전선 2척이 서로 충돌하면서 방패들이 넘어졌고, 이 때 왜군들의 조총탄이 빗발치듯 쏟아졌다. 이를 피하려고 군사들이 갑판 한 쪽으로 몰리자 병선 1척이 전복되었다. 배끼리 충돌하게 되면 대단히 큰 피해가 생긴다는 사실을 알 수 있는데, 배끼리의 충돌은 풍랑 때문에도 많았다.

「2월 28일과 3월 6일에 다시 나가 싸웠는데 총탄과 화살도 전보다 더 많이 쏘았거니와 언덕 위의 적의 진지에 진천뢰를 쏘았는데, 터지고 부서지고 죽고 상하여 시체를 끌고 쩔쩔매며 달아나는 적들은 이루 헤아릴 수 없었습니다. 그러나 적은 육지에 있고 우리는 배 위에 있어서 역시 적들의 목을 베지는 못했습니다.

이곳의 적들은 모두 소굴을 만들고 거기에 웅거하여 나오지 않아 섬멸을 기약할 수 없으므로 바람결을 따라 불로 공격하려고 3월 10일 사량 앞바다로 물러와 진을 치고 화선(火船)을 준비했는데, 다시 생각해 보니, 명나라 군대는 오래 머뭇거리기만

하는데 부질없이 적선만 불태우다가는 갈 길 없어진 적들이 최후의 발악을 할 것이므로 잠시 그 일은 멈추고 대병선(代兵船)을 정하여 웅천으로 보냈습니다.」   -〈토적장〉(93. 4. 6.)-

조선 함대는 비격진천뢰를 투척하는 등 온갖 무기로 공격했다. 그러나 이전 수 차례의 해전에서 조선 함대의 계략에 말려들어 큰 희생을 치렀던 왜군들은 참호 속에 숨어 꼼짝도 하지 않았다.
이순신은 추후 명군과 함께 협공을 해야 실효를 거둘 수 있다고 건의했다.

「그랬더니 3월 22일 본도와 경상도 대병선장들이 합력하여 왜인 2명을 사로잡고서 보고하기를 "왜선이 우리 배를 정탐하고 망보려고 당포 앞바다를 향하여 오기에 쫓아가서 잡았다"고 하였습니다. 저들 왜적들의 하는 짓과 정탐하고 망보는 절차 등을 정해년(丁亥年)에 왜인에게 포로로 잡혀갔다가 풀려서 돌아온 자로서 왜 말을 잘 아는 영진무(營鎭撫) 공태원(孔太元)을 시켜 종일토록 심문하였던바, 왜인 송고노(宋古老)는 나이 27세이고 약간 글자를 알며, 요사여문(要沙汝文)은 나이 44세인데, 둘 다 말하기를, "본래 일본국 이조문(伊助門) 사람으로서 이 달 18일에 같이 작은 배를 타고 바다에서 고기를 잡던 중 바람을 만나 표류하다가 붙잡히게 되었습니다. 왜군의 동정과 정탐하는 절차 등은 자세히 모르며, 본국(일본)의 지시는, 군사들이 2년이나 되도록 오래 타국에 머물러 있으면서 수많이 살육을 당했으니 일이 성공하든 못하든 간에 3월 안으로 들어오라는(철수하라는) 것이었습니다. 그런데 위로 올라간 왜인들이 미처 내려오지 못했으므로 모두 내려오기를 기다렸다가 돌아갈 계획이었습니다."라고 하였습니다.

  간사스럽고 종잡을 수 없는 말을 믿을 것이 못되기로 다시 자세히 바른대로 고하도록 엄하게 형벌을 가하고 추궁했으나 다시는 다른 말을 하지 않으므로, 극히 흉악한 놈이라 사지를 찢고 목을 베었습니다.」   -〈토적장〉(93. 4. 6.)-

  포로로 잡힌 왜군들은 북상한 왜군들이 모두 내려오는 때를 기다렸다가 함께 본국으로 돌아갈 계획이라고 했다. 그러나 그렇게 순순히 돌아가지 않을 것이라는 것이 이순신의 시각이었다. 때문에 이순신은 왜군 포로들을 '간사스럽고 흉악하다' 면서 사지를 찢어 죽이는 극형에 처했다.

  「대저 이때를 당하여 비록 분부가 없었다 하더라도 신하된 자 마땅히 적군의 도망하는 것을 살피어 그 돌아가는 길을 끊고 맹세코 배 1척도 돌아가지 못하도록 해야 할 터인데, 이번에 출동한 지 벌써 두 달이나 지나도록 명나라 군대의 소식은 알 길이 없고 각처에 진을 치고 있는 적군은 여전히 버티고 있습니다.

  당장 농사철이 되어 비가 흡족히 내렸지만 연해안 각 진(鎭)이 모두 다 바다로 내려왔으니 좌우도의 수군 4만여 명이 모두가 농민이라 농사를 전폐하면 가을 추수의 소망은 바랄 수 없습니다.

  우리나라 8도 가운데 오직 호남이 그나마 안전하여 군량이 모두 이 도에서 나옵니다. 하지만 도 안의 장정들은 다 수륙의 전쟁으로 나가고 늙은이와 어린이들은 군량을 운반하느라 경내에는 남은 일군이 없어 봄 한철이 다 지나도록 들판이 쓸쓸하니, 다만 백성들이 생업을 잃어버린 것만이 아니라 군국(軍國)의 물자도 의뢰할 데가 없어 극히 답답하고 걱정되옵니다.
  선부(船夫)와 격군들이 비록 교대로 돌아가 농사를 짓고자 하나 달리 대신할 사람이 없습니다. 이렇게 되면 영영 살아 갈 길이 끊어질뿐더러 유행병조차 퍼져 죽는 자가 속출하고 있으니, 명나라 군대가 남쪽으로 내려오는 날일지라도 이런 병들고 굶주린 군졸을 거느리고는 도망가는 적들을 막고 섬멸하기가 어려울 형편입니다.
  그러므로 우선 번차례로 돌아가 농사를 짓게 함과 동시에 병든 군사를 간호하고, 군량을 준비하고, 전선을 정비하면서, 명나라 군대의 소식을 살펴 듣고 기회를 타 전쟁에 나가도록 지난 4월 3일 이억기와 약속하고 본도로 돌아왔습니다.
  접전할 때 탄환을 맞아 부상한 사람들은 발포 통선 전사자와 한꺼번에 기록하옵니다.」   -〈토적장〉(93. 4. 6.)-

 두 달(2월 초~4월 초) 동안 웅천 해안에서 공방전을 벌이는 사이 농번기가 찾아왔다. 이순신은 전라 좌우도에서 4만여 명(기동 함대와 후방 방위군 합계)이 나와 있으므로 농사일을 해야 백성들이 굶어 죽지 않고, 또 명나라 군이 오면 함께 왜적을 토벌할 수 있다고 설득력 있는 문장으로 조정에 보고했다. '백성들이 생업을 잃는 것(民生失業)'은 백성들의 가정 經·營, '군국의 물자(軍國之物)'는 군국 經·營을 위한 곡식이다.
 이렇게 정리해 보면, 〈웅천포토적장〉에서 왜군과 싸운 부분은 해전의 전략·전술을 보고한 것이고, 농사일을 위해 귀항했다는 부분은 군국 경영에 대해 보고한 것이다.

4. 날씨와의 전쟁

조선 함대의 수뇌진은 웅천의 왜군들을 소탕하기 위하여 여러 차례에 걸쳐 유인전을 꾀했다. 하지만 왜군들은 꿈쩍도 하지 않았다. 그리고 이따금씩 쾌속선들을 보내서 약을 올리다가 조선 함대가 요격하기 위해 다가가면 곧바로 포구 안으로 도망쳤고, 포구 앞까지 쫓아 들어가면 기다렸다는 듯이 좌우 산기슭 진지에서 조총 세례를 퍼부었다.

이런 식의 비생산적인 전투가 일주일 동안이나 지속되었다. 그 와중에 하루가 멀다않고 비가 쏟아졌고 풍랑이 높게 일었다.

왜군들의 숨바꼭질 식의 대응은 조선 함대 장졸들을 지치게 만들었다. 그리고 비바람과 싸워야 하는 해상 생활도 함대의 기동과 전투력을 현저히 떨어뜨렸다. 이 무렵 조선 함대의 적은 사나운 겨울 바다였다.

> 2월 13일. 비. 퍼붓듯 비가 왔다. 오후 8시에 비가 그쳤다. 적 토벌에 대한 의논을 하기 위해 순천(부사 권준), 광양(현감 어영담), 방답(첨사 이순신)들을 불러다가 이야기하였다. 정담수(鄭聃壽: 어란포 만호)가 와서 인사하였다.

하루 종일 비가 퍼붓다가 저녁 8시가 되어서야 그쳤다.

> 2월 14일. 맑다. 이른 아침에 본영 탐후선(探候船)이 왔다. 아

침 식후에 3도 군사들을 모아 약속(작전 지시)할 적에 영남수사(원균)는 병으로 오지 못하고 전라좌우도 여러 장수들만이 모여서 약속했는데, 다만 우후(전라우도 소속 이정충)가 술주정으로 망령된 말을 하는 것이었다. 기막힌 꼴을 어찌 다 말하랴. 어란포(해남군) 만호 정담수와 남도포 만호 강응표(姜應彪)도 역시 그러했다. 이 같이 큰 적을 무찌르는 일로 약속하는 마당에 이렇게까지 술들을 함부로 먹으니 그들의 사람됨은 통분함을 이길 길이 없다. 가덕첨사 전응린(田應麟)이 와서 인사하였다.

조만간 20만 왜군이 내려오는 시점이 다가오고 있는데 전라우도 소속의 우후와 일부 장수들은 아침 해장술을 과하게 마시고 술주정을 했다. 끝이 보이지 않는 해상 생활, 그리고 모진 풍랑과 싸우느라 다들 스트레스가 쌓인 탓이었다.

2월 15일. 아침에 맑더니 저녁에는 비가 왔다. 날씨는 따뜻하고 바람도 조용하므로 소포(과녁)를 걸고 활을 쏘았다. 순천(부사 권준)과 광양(현감 어영담) 및 사량 만호 이여념, 소비포 권관 이영남, 영등포 만호 우치적 등이 왔다. 이날 순찰사(이광)의 공문이 왔는데, '명나라에서 또 해군을 보내니 미리 알아서 처사하라'는 것이었다. 저녁에 원 평중(원균)이 와서 보았다.

2월 16일. 맑다. 늦은 아침에 큰 바람이 불었다. 오후에 우수사(원균)가 와서 보았다. 밤 10시에 신환(愼環)과 김대복(金大福)이 교서 두 장과 부체찰사의 공문을 가져와 전했다. 그들로부터 "명나라 군사들이 바로 송도(개성)를 치고 이달 6일에는 반드시 서울에 있는 왜적을 함락시킬 것이다"는 말을 들었다.

벽제관 패전(1593. 1. 25.) 이전의 명군의 모습이다. 조선 해군은 웅천에 나와 있는데 남으로 내려와 함께 싸울 것이라는 명군은 그 후 벽제관에서 패하고 이 무렵은 개성으로 퇴각해 있었다.

조선 조정은 개성으로 후퇴한 명군을 원망했으나 3만 5천의 명군으로서는 벽제관전투에서 체험한 조총의 3교대 밀집사격이 두려웠고, 때문에 왜의 10만 대군(명나라 쪽에서는 20만으로 알고 있었음)이 버티고 있는 한성을 공격할 수가 없었다.

2월 17일. 흐리되 비는 오지 않았다. 종일토록 동풍이 불었다. 이영남, 허정은(許廷誾), 정담수, 강응표 등이 와서 인사하였다. 오후에 우수사(이억기)와 함께 영남수사(원균)의 배에 갔다가 선전관이 임금의 분부를 가지고 왔다는 말을 듣고 배를 재촉하여 진으로 돌아오다가 도중에서 선전표신(宣傳標信)을 만나 배로 맞아들여 위의 분부를 받들어본즉, "급히 적들의 돌아갈 길목으로 나아가 물길을 끊고 도망하는 적을 몰살하도록 하라!"는 것이었다. 그 자리에서 즉시 받았다는 단자(單子: 이를 狀達이라 함)를 써서 보내니 밤이 벌써 새벽 2시나 되었다.

2월 17일. 원균의 기함에서 세 명의 수사가 작전을 논의하던 중 이순신의 진영에서 "선전관이 임금의 교지를 가지고 왔다."는 전갈이 왔다. 수사들은 서둘러 이순신의 진영으로 이동해서 발병부(發兵符)를 휴대하고 달려온 선전관을 맞았다.

선전관이 받들고 온 교지의 요지는 "급히 적들의 돌아갈 길목으로 나가서 물길을 끊고 도망하는 적을 몰살하도록 하라!"는 이전과 다를 바 없는 명령이었다. 벽제관에서 명군이 패한 지가 20일이나 되었는데도 조정에서는 해군에게 돌아가는 전황에 대한 중요 정보를 주지 않고(못하고) 있었다.

이순신 역시 사람들의 동떨어진 현실 인식에 낙담했고, 조만간 쳐내려온다는 명나라 군대도 감감무소식이 되자 난감함을 이길 길이 없었다. 거기에다 일기까지 여전히 좋지 않아 조선 함대 장졸들이 겪는 고초는 나날이 심해져 갔다.

아무튼 조정의 허술한 정보를 받은 조선 함대 수뇌진도 그렇게 믿고(조정에서 그렇게 보았기에 현지에서도 그렇게 생각해야 하는 것이 당시의 신하된 도리이다.) 왜군들이 배를 타고 본국으로 퇴각해 가는 날이 임박했다는 가정 하에 수병들을 독려하고 부산 진출을 서둘러야 했다. 하지만 명군은 개성 근방에 있었으며, 육군의 김성일 경상순찰사에게는 두 번이나 공문을 보냈지만 신통한 회보가 없었다. 하지만 조정으로부터 여러 차례 출동명령을 받고 출항해 온 터였기에 수사들 마음대로 귀항을 결정하기도 난감했다.

왜군 함대의 새로운 대응전술 '사냥개 곰 몰이 작전'

지루한 해상에서의 숨바꼭질이 지속되던 어느 날, 웅천 왜성 천수각 안에서는 왜군들이 심각한 낯빛으로 회의를 진행하고 있었다. 좌장은 웅천 일대의 사령관으로 부임해 온 와키자카 야스하루(脇坂安治)였다.

와키자카는 부산포해전 이후 조선 함대의 부산 진출을 봉쇄하라는 상부의 지시에 따라 해안 기지들의 요새화 작업을 독려해 오면서 조선 함대가 나타나기를 손꼽아 기다리고 있던 중이었다.

와키자카가 부여받은 중요 임무는 '이순신 함대가 부산 쪽으로 향하지 못하도록 붙들고 늘어져서 결국 스스로 지쳐 되돌아가게 만들라'는 일명 '사냥개 곰 몰이 작전'의 수행이었다.

이 작전은 구키 요시다카를 비롯, 와키자카 본인과 일본의 해군장수들이 수일간 밤낮으로 머리를 맞대어 구상한 것이었다.

작전의 내용은 속도가 빠른 쾌속선들로 하여금 조선 함대의 사정거리 밖에서 약을 올리다가 쫓아오면 포구 안으로 숨고, 적이 포구 쪽으로 진입해 오면 육지에서 총포 사격을 가해 적 함대로부터 포구의 왜선단을 보호함은 물론 조선 함대의 경계심을 높여서 부산 쪽으로 나아가지 못하게 하는 것이었다.

이는 웅포의 왜군들뿐 아니라 부산으로 이어지는 주요 해안 기지들에 주둔해 있는 전 왜군 수륙군들에게 부여된 임무였다.

서로가 눈치를 살피며 숨을 죽이고 있던 어느 순간, 좌중에서 가장 어려 보이는 왜장 하나가 고함을 치듯 자리를 박차고 일어나 사냥개가 되기를 자청했다.

"소장이 나아가 흉악한 적의 숨통을 끊어버리고 오겠습니다!"

"······."

좌중은 일순 시간이 멈춘 듯 굳어버렸다.

이 순간에 저토록 단호하고 자신에 찬 표정과 목소리를 낼 수 있다는 것이 놀라울 뿐이었다. 사냥개가 결정되자 그 날의 회합도 종료되었다.

2월 18일. 맑다. 이른 아침에 행군하여 웅천에 이르니 적세는 여전하다. 사도첨사(김완)를 복병장(伏兵將)으로 임명하여 여도만호, 녹도 가장, 좌우 별부장, 좌우 돌격장, 광양 제2선(二船), 흥양대장, 방답 제2선(二船) 등을 거느리고 송도(창원군 웅천면)

에 복병하도록 했다. 모든 배들로 하여금 적을 꾀어내게 하니 적선 10여 척이 뒤를 따라오는 것이었다.

경상도 복병선 5척이 재빨리 먼저 나가 쫓을 적에 복병선이 뛰어 들어가 둘러싸고 각종 무기를 모조리 쏘고 놓고 하니 왜적들은 부지기수로 많이 죽었다.

적의 기세가 크게 꺾이어 다시는 나와서 대적하지 못하는 것이었다. 날이 저물어 사화랑(沙火郞: 창원군 웅천면)으로 돌아왔다.

2월 18일. 조선 함대는 유인전을 계획하고 사도첨사 김완을 복병장으로 삼아 거북선이 포함된 복병선단을 송도에 매복시켰다. 매복 시점은 웅천 왜성에서 송도를 바라볼 때 새벽녘의 어둠과 바다 안개(海霧) 등으로 조선쪽 매복 과정을 알기 어려운 '이른 아침'이었다.

날이 밝자 웅포에 당도한 본 함대가 포구 좌우 진지들을 향해 사격을 시작하면서 복병선단은 유인전에 돌입했다. 육지 쪽 왜군들도 조선 함대를 향해 조총으로 응사해 왔다. 하지만 사정거리를 벗어난 거리였다.

이때 포구 방파제 안에서는 곰 몰이를 자처한 젊은 왜장이 휘하의 선단을 이끌고 출전을 준비하고 있었다.

왜장에게 맡겨진 임무는 일단 적당한 선에서 교전을 한 후 퇴각하는 것이었다. 적의 화를 돋우는 것, 그리고 부산으로 간다면 결코 보고만 있지 않을 것이라는 자신들의 의지를 보여주는 것이 무엇보다 중요했다.

왜장은 상대가 이순신이라는 사실에 마른침을 삼키면서도 모두가 두려워 떠는 상대와 형식적이나마 승부를 겨루게 된 사실에 온 몸이 뜨거워지는 묘한 기분도 느꼈고, 그간 이순신에 대해 나름대로 연구도 했다고 생각했다.

왜장은 10여 척의 선단을 이끌고 기지를 빠져나와 곧장 포구 앞 바다에 진을 친 조선함대 쪽을 향했다. 그런데 놀랍게도 조선함대는 자신들이 포구를 빠져나오기 무섭게 선수를 돌려 퇴각하기 시작했다.

그것이 조선 함대의 유인책이라는 것은 짐작으로 알았지만 조선 함대 쪽에서 이른 새벽에 깔아둔 복병함대에 대해서는 모르고 있었다. '곰의 화를 돋우는 선에서의 교전' 임무를 명령받은 왜장은 곧장 조선 함대를 추격하기 시작했다.

한산도에서의 해전 경험으로 미루어 볼 때 이순신은 저렇게 달아나다가 어느 순간 선수를 틀어 자신들을 포위한 후 공격할 게 분명했다. 그게 아니라면 인근의 섬 어디엔가 복병 함대를 숨겨두고 있는지도 몰랐다. 하지만 그렇다 하더라도 속력 면에서만큼은 자신이 있었기 때문에 위험 징후가 포착되는 즉시 도망치면 큰 문제는 없어 보였다. 그런데 선수를 틀어 포위 공작으로 나올 줄 알았던 조선 함대는 웬일인지 송도를 지나 멀리 외항으로 빠져나갈 듯이 노를 재촉하고 있었다.

왜장은 갑작스런 자신들의 대공세에 적들도 순간 크게 당황했을 것으로 생각했다. 그렇게 판단이 서자 왜장은 지난날의 수모를 떠올리며 그때의 빚을 조금이나마 되갚고 싶은 욕심이 생겼다. 욕심이라고 해봐야 도망치는 적을 약 올리다가 안전하게 되돌아간다는 것이었지만, 어쨌든 지금 자신은 천하의 이순신을 쫓고 있으며 이것은 실로 흥분되는 사건이었다.

계획대로 된다면 모종의 계략을 준비했을 수도 있는 이순신을 허탈하게 만드는 것이었으므로 '곰의 화를 돋우는 소기의 목적'은 달성하고도 남는 것이었다.

왜군들은 총성을 울리면서 조선 함대의 뒤를 쫓았다. 그런데 선봉에 선 자신들의 대장은 어쩐 일인지 추격을 독려할 뿐 도무지 되돌아갈 기미를 보이지 않고 있었다. 이에 왜장을 좇아 추격에 나선 왜군들은 기함의 움직임에 불안한 생각을 갖기 시작했고, 혹시 어디에선가 튀어나올지도 모르는 적의 복병선들에 대해 경계의 끈을 바짝 쥐었다.

이렇듯 경계심을 가지고 송도를 지날 무렵, 걱정했던 대로 조선함대의 복병선들이 군악을 올리며 한꺼번에 쏟아져 나왔다.

경상우수영 소속의 선단이 먼저 앞을 가로막자 화들짝 놀란 왜군들은 황급히 배를 돌려 달아나기 시작했다. 그러나 이때 전라좌우수영 소속 복병선들도 달아나는 왜선단의 퇴로를 차단했고 이 순간을 기다리고 있던 거북선들도 공격을 시작했다.

사력을 다해 탈출을 시도하던 왜군들은 바다로 떨어지거나 갑판에 나뒹굴었다. 7~8척의 왜선들은 몰살의 위기를 넘기고 가까스로 포위망을 빠져나가 기지로 되돌아갈 수 있었지만, 왜장선을 포함해 왜장을 구하기 위해 다가온 3척의 왜선에 타고 있던 왜군들은 사투를 벌이며 끝내 기지로 돌아간 격군 일부를 제외하고는 대부분 탄환에 맞아 죽었다.

「그런데 18일 싸움에 좌별도장 신의 군관 주부(主簿) 이설(李渫), 좌돌격귀선장 주부 이언량(李彦良) 등이 적선 3척을 끝끝내 쫓아가서 3척에 타고 있던 100여 명의 왜적을 모조리 쏘아 죽였습니다. 그 가운데 금빛 투구에 붉은 갑옷을 입은 자가 큰 소리로 외치며 노를 재촉하다가 피령전을 맞아 곧 배 안에 엎어졌으며, 거의 그 배를 온전히 잡을 수 있었으나 깊이 들어간 뒤라 더 쫓아가기는 어려웠으며…」   -〈토적장〉(93. 4. 6.)-

간신히 목숨을 건져 기지로 돌아간 왜군들은 살아서 귀환한 것을 하늘에 감사하면서도 같이 도망해 오지 못한 대장의 생사 여부를 놓고 크게 상심하고 있었다. 그때 자신들의 대장선이 2척의 배와 함께 기지로 돌아왔다.

왜장은 포화를 혼자서 얻어맞은 듯 만신창이가 되어 갑판 위에 쓰러져 있었다. 그의 몸 여기저기에는 날카롭고 짧은 편전들이 박혀 있었고 왜장의 주위에는 선혈이 낭자했다. 대장과 전우들의 죽음을 확인한 왜군들은 가슴을 치며 통곡했다.

웅천의 왜군들로서는 이번 작전이 이렇게까지 큰 희생을 초래하리라고는 예상하지 못했다. 작전은 성공했을지 모르지만 이날 사건 이후로 왜군들은 더더욱 포구 밖으로 나오지 않았다.

2월 19일. 맑다. 서풍이 크게 불어 배를 띄울 수 없어 그대로 사화랑에 진을 쳤다. 남해원이 와서 보았다. 고여우(高汝友)와 이효가(李孝可)도 와서 보았다.

배를 띄울 수 없을 정도로 날씨가 나빴다.

2월 20일. 맑다. 새벽에 배를 띄우자 동풍이 약간 불더니 적과 교전할 때에는 바람이 크게 불어 배들이 서로 맞부딪혀 파손될 지경까지 이르렀다. 거의 배를 제어할 수조차 없는 지경이었다. 곧 호령하여 호각을 불고 초요기를 세워 전쟁을 중지시켰다. 여러 배들이 다행히도 크게 상하는 데까지는 이르지 않았으나 흥양의 1척, 방답의 1척, 순천의 1척, 본영의 1척이 서로 부딪혀 깨졌다.

날이 저물기 전에 소진포(거제군 장목면 송진포리)로 돌아와 밤을 지냈다. 이날 사슴 떼가 동서로 달아났는데 순천(권준)이 한 마리를 잡아 보냈다.

왜적보다 날씨가 더 사나운 형편이었다. 평화시 같으면 수백 년 이어 오면서 쌓아온 포구나 방파제 안으로 대피하겠지만 3백여 척이나 되는 대 선단이라 강풍을 만나도 대피할 포구가 없었다.
웅천읍성과 왜성 사이에 있는 천혜의 피난처는 왜군들이 차지했고, 안골포 등지에도 왜군들이 매복해 있었다. 이에 조선 함대는 모진 비바람을 고스란히 뒤집어쓰면서 1개월간을 비바람과 싸웠다. 그러다 보니 환자도 많이 생겼고 배들도 많이 상했다.

2월 21일. 흐리고 큰 바람이 불었다. 이영남(소비포), 이여념(사량)이 와서 보았다. 우수사 원 영공(원균)과 순천·광양 등도 와서 보았다. 저녁에 비가 오더니 자정에야 그쳤다.

하루 종일 강풍이 불고 밤에는 비까지 내렸다.

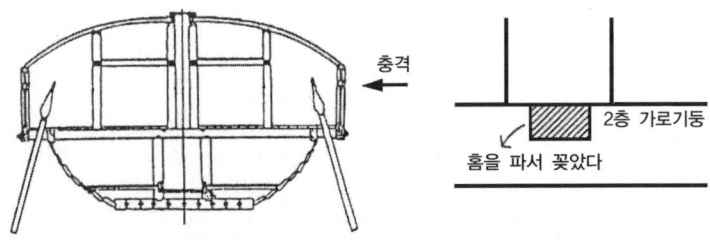

〈 해군사관학교, 독립기념관, 용산전쟁기념관, 한강이촌동전시관 등 전국 거의 모든 전시관에 진열되어 있는 거북선 도면이다. 화살표 방향으로 파도가 때리거나 배끼리 부딪히면 거북선은 천정부터 무너져 내릴 것이기에 모두 잘못된 도면들이다〉

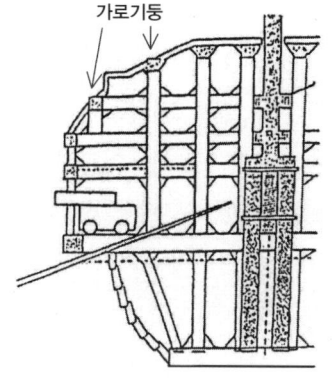

〈목조공법의 경우 가로, 세로의 기둥은 토막이 나서는 안 되고 열십자 모양으로 꽉 물려야 한다. 이 그림을 통해 보면 거북 등에 있는 가로 기둥의 용도를 알 수 있다〉

왜군들을 혼란에 빠뜨린 수륙 양면전

2월 22일. … 바람이 조금 자는 듯하므로 다시 재촉하여 웅천에 이르렀다. 두 승장과 성 의병(成義兵)을 제포(薺浦)로 보내어 곧 상륙할 것처럼 꾸미게 하고, 우도의 여러 배들을 동쪽 해안으로 보내어 역시 상륙할 것처럼 했더니 왜적들이 갈팡질팡 하는 것이었다. 이 때를 타서 전선을 합하여 바로 찌르니 적들은 세력이 나뉘고 약해져서 거의 섬멸을 당하게 되었는데 …

2월 22일. 비바람이 잦아지자 조선 함대는 재차 웅천으로 향했다. 이번에는 웅포 서쪽의 제포와 동쪽 기슭으로 상륙전을 가장해서 적의 의표를 찌를 계획이었다. 이에 이순신은 승장(僧將) 심혜와 의능, 그리고 성응지 등을 제포로 보내어 상륙할 것처럼 꾸미게 하고, 이억기 휘하의 일부 선단에게도 동쪽 기슭으로 이동해서 역시 상륙할 모양새를 갖추게 했다.

와키자카는 웅천 지역의 모든 섬과 해안을 속속들이 관망할 수 있는 위치에 쌓아 올려진 웅천 왜성의 망대에서 이 모든 것을 직접 보았고, 또 보고를 받고 있었다. 일찍이 이순신의 수군이 상륙전을 전개했다는 말을 들은 바 없었던 왜군들로서는 매우 당황스러운 일이 아닐 수 없었다. 바다의 이순신이 육지에서는 또 어떤 계교와 전술로 자신들을 우롱해 올지 짐작조차 할 수 없었으므로, 걱정부터 앞섰다.

와키자카는 괜히 곰의 성질을 건드려 위기를 자초한 게 아닌가 하는 생각에 진땀을 흘리면서도 운이 따라 준다면 이순신에게 진 빚을 어느 정도는 되갚을 수 있는 기회가 될지도 모른다는 생각에 호흡을 가다듬었다. 그리고는 각 기지 대장들에게 다음과 같은 명령을 전하면서 자신의 결전 의지를 내비쳤다.

"명령 없이 진을 버리고 물러나는 대장들에게는 죽음뿐이다! 절대 물러서지 말라! 그리고 포구의 배들은 무슨 일이 있더라도 지켜라! 우리에게는 성이 있으니 무엇이 두려우랴!"

명령을 받은 왜장들 또한 전의를 다졌지만 막상 좌우 해안으로 상륙한 조선 함대 수병들이 우레와 같은 함성을 내지르며 대포를 쏘고 화살을 날리는 등 위협을 가해오자 크게 동요하기 시작했다. 그와 때를 같이 하여 수십 척의 조선 함대 선단들도 포구 입구까지 진입해 들어와 군악을 울리고 대포를 쏘며 시커먼 화약연기를 토해내자 왜장들은 왜국 무사 특유의 강단으로 전의를 다잡으며 항전을 독려했다.

포구 앞까지 진입해 들어간 조선 함대는 왜선들과 육지의 왜군들을 향해 비격진천뢰와 발화탄 등을 쏘아 포구 안의 왜선단에 큰 피해를 입혔다.

수륙 양공 작전의 성공은 지쳐 있던 조선 함대 수병들에게 다소나마 원기를 회복시켜 주는 듯했다.

뜻밖의 패전

「…발포의 두 배와 가리포의 두 배가 명령하지도 않았는데 돌입하다가 그만 얕고 좁은 곳(페이지 271의 지도에서 보듯이 지금도 얕고 좁다)에 걸렸다. 배에 오른 적들로부터 습격당하게 된 것은 통분하여 가슴이 찢어질 것만 같다.…」
-〈난중일기〉(1593. 2. 22.)-

5. 이억기 함대를 구원하지 않은 원균 함대

「곧이어 진도(珍島) 상선(上船)이 또 적에게 둘러 싸여 거의 구할 수 없게 되었는데 우후가 바로 들어가 구원해 내었다. 경상좌위장과 우부장은 보고도 못 본 척하며 끝까지 돌아서서 구원해 내지 않았으니 그 어이없음은 이루 말할 수 없다. 참으로 통분하다. 이 때문에 경상수사(원균)에게 따져 물었지만, 가히 한탄스럽다. 오늘 통분한 것은 무슨 말로 다하랴. 모두 경상수사 때문이다.」 -〈난중일기〉(1593. 2. 22.)-

발포의 판옥선과 가리포의 판옥선이 충돌했고, 충돌로 인한 사후 수습으로 갑판 위는 매우 혼란스러웠다. 이 같은 상황에서 왜군 조총수들이 갑판 위의 조선 수병들을 향해 집중 사격을 가해 왔다. 또 일단의 왜군 사무라이들은 판옥선 위로 올라가 일본도를 휘둘렀다.

상황을 정리해 보면, 최소 300명 정도의 조선군이 생사의 기로에 처해졌을 것이므로 개전 이래 조선 수군이 겪은 최대의 피해였고, 사기와 자존심에도 큰 손상을 가져온 사건이었다.

반면, 왜군의 사기는 충천했고 그 같은 사기로 진도의 기함(전라 우수영 소속)을 에워싼 채 조총을 쏘았고, 사무라이들은 사방으로 기어오르고 있었다.

그런데 원균 함대는 위기에 처한 진도 상선(上船)을 보고 '보고도 못 본 체하며' 끝까지 구원해 내지 않았다. 이순신은 그 어이없음을 통분해 했다. 그래서 급히 우후(이몽구)로 하여금 '거북선+학익진 함대'를 이끌고 달려가서 산탄·피령전·편전 등을 빗발같이 쏘게 하여 진도의 기함을 구해냈다.

아무튼 이날, 조선함대는 처음에는 이겼고, 후반에는 패했으며, 저녁에는 송진포까지 물러나 사상자를 수습했다.

2월 23일. 흐리다. 원수사가 와서 보았다. 그 음흉함은 말로 표현할 길이 없다. 최천보(崔天寶)가 양화(陽花: 고양 양화진)로부터 내려와서 명나라 군사들의 소식을 자세히 전하고 또 조도어사(調度御使)의 편지도 전해 왔다.

'음흉' 하다고 한 것을 보면 원균은 전일 자기 부하들의 잘못을 시정하겠다는 말은 하지 않고 이치에 맞지 않는 변명을 늘어놓은 것 같다. 아무튼 22일과 23일자 〈난중일기〉를 보면 이순신은 원균의 문제점에 대해 메모해 놓고 뒷날의 경계로 삼았음을 알 수 있다. 하지만 원균의 문제점을 장계로 보고하거나 외부로 알린 적은 없는 것 같다. 그러나 정조 때 와서 〈난중일기〉와 〈임진장초〉가 〈이충무공

전서〉에 수록되면서 원균의 문제점이 세상에 알려지게 된다. 만약 선조 때 세상에 알려졌다면 원균은 탄핵을 받았을 것이다.

'양화'는 한강의 양화진이다. 이순신은 이때 최천보로부터 벽제관 패전 소식을 들었겠지만, 행주대첩(1593. 2. 12.) 소식을 알았는지의 여부는 확실하지 않다. 아무튼 의주를 거쳐서 온 소식이 아닌 곧바로 전해진 소식인 듯한데, 이순신은 명군의 패전 소식을 듣고 귀항의 사유를 정리하기 시작했다.

> 2월 24일. 맑다. 새벽에 온양 아산과 집안에 편지를 써 보냈다. 아침에 떠나서 영등포 앞바다에 이르자 비가 몹시 퍼부어 바로 댈 수 없었다. 때문에 배를 돌려 칠천량(거제군 하청면)으로 돌아왔다.

> 2월 25일. 맑다. 바람세가 불순하므로 그대로 칠천량에서 머물렀다.

> 2월 26일. 큰 바람. 종일 머물렀다.

> 2월 27일. 맑으나 큰 바람이 불었다. 우수사 이 영공(이억기)과 함께 이야기하였다.

비는 퍼붓고, 강풍은 불고, 날씨가 해전을 그만두고 모심기에 나서라는 메시지를 보내고 있었다. 이순신은 이억기와 함께 이 같은 하늘의 소리에 귀를 기울이며 귀항을 의논했다.

> 2월 28일. 맑다. 바람도 없다. 새벽에 떠나 가덕에 이르니 웅

천의 적들은 기가 죽어 나와서 항전할 생각도 못했다. 우리 배가 바로 김해강 아래쪽 독사이항(禿沙伊項: 부산시 강서구 녹산동)으로 향하는데 우부장(김득광)이 변고를 알려왔으므로 여러 배들이 돛을 달고 급히 가서 작은 섬을 에워싸고 보니 경상수사(원균) 군관의 배와 가덕 첨사(전응린)의 사후선(척후선) 등 2척이 섬에서 들락날락하면서 태도조차 수상하므로 묶어서 원수사에게 보냈던바, 수사가 크게 성을 내는 것은 그 본의가 군관을 보내어 고기 잡는 사람들의 머리를 베어오는 데 있었던 까닭이다. 초저녁에 아들 염(苒)이 왔다. 사화랑에서 잤다.

전란을 당하자 인적이 드문 섬에 숨어 살면서 고기잡이로 생계를 이어가는 백성들이 있었다. 2월 28일자 〈난중일기〉는 그동안 원균 쪽에서 이런 백성들의 목을 베어 왜군의 목을 베었다고 거짓으로 보고한 것으로 해석되어온 대목이다. 이 같은 문제점도 〈이충무공전서〉의 출간으로 세상에 알려지게 되었다.

아무튼, 북상했던 왜군 16만이 내려온다기에 조선 수군이 개전 이래 최대의 위기를 맞고 있던 시점에서 이순신의 눈에 비친 원균의 모습이다.

2월 29일. 흐리다. 바람이 염려스러워 배를 칠천량으로 옮겼다. 이 우수사(이억기)가 와서 보았다. 영남수사(원균)도 와서 보았다.

2월 30일. 종일 비. 선창 밑에 웅크리고 앉아 있었다.

'웅크리고 앉아 있었다'는데, 따지고 보면 봄장마 때문에 2월 23

일부터 이날에 이르기까지 해전을 치르지 못하고 연일 웅크리고 앉아 있었던 것이다. 그러니 당시 조선 함대 장졸들이 겪었을 스트레스가 어떠했을지 짐작할만하다.

3월 1일. 잠깐 맑더니 저녁에 비가 왔다. 방답 첨사(이순신)가 왔다. 순천(권준)은 병으로 오지 못했다.

권준이 병이 난 것도 장마와 관계가 있었던 것은 아닌지 모를 일이다. 이순신의 몸 상태도 좋지 않았는데 이때까지도 사천포해전(1592. 5. 29.)에서 입은 상처가 아물지 않고 있었다.

3월 2일. 비. 종일 비가 왔다. 배 봉창 밑에 앉았노라니 온갖 생각에 가슴이 치밀어 올라 회포가 어지럽다. 이응화(李應華)를 불러다가 같이 한참 이야기하다가 순천(권준)의 배로 보내서 병세를 알아보게 했다. 이영남, 이여념이 왔다. 그들에게 원수사의 비리(非理)를 들으니 한탄스럽다.

종일 비가 왔다. 이영남과 이여념은 원균 휘하의 기지대장들이다. 평소 이순신을 따랐던 이들이 원균의 '잘못하는 일'을 이순신에게 털어놓았다. '잘못하는 일'이란 무엇일까?
첫째, 이순신을 모함한 일이 있을 수 있다. 둘째, 해전장에서 지휘관으로서의 문제점(예컨대 이억기의 병선들이 위험에 처했어도 구원하지 않은 것). 셋째, 군영 經·營자로서 잘못하는 것(예컨대 기함에 여자를 태우고 다니는 것) 등 분야별로 세분해서 조명해 볼 수 있겠는데, 아직 체계적으로 세분해서 조명한 자료는 찾기 어렵다.

3월 3일. 아침에 비가 왔다. 오늘은 답청절(踏靑節: 3월 삼짇날 돋아나는 싹을 밟는 날)인데 흉악한 적들이 물러가지 않아 군사를 거느리고 바다에 떠 있고, 그나마 명나라 군사들이 서울로 들어온 여부조차 듣지 못하니, 답답하기 이루 말할 수 없다.

이순신은 명군이 벽제관 전투 후 개성으로 물러나 있다는 소식은 이미 들어 알고 있었지만 그 후의 소식은 들은 바가 없어 답답했다.

3월 4일. 비로소 맑아졌다. 소문을 들으니 명나라 장수 이여송(李如松)이 송도(개성)에 이르렀다가 관북(關北: 함경도) 쪽으로 간 적들이 설한령을 넘었다는 말을 듣고 평안도로 돌아갔다고 한다. 통분함을 이길 길이 없다.

벽제관 승첩 후 왜군들은 "함경도의 가토 기요마사(加藤淸正) 군이 평양을 공격하기 위해 설한령을 넘고 있다!"는 헛소문을 퍼트렸고, 이 소문을 들은 이여송은 평양까지 후퇴했다.

설한령은 낭림산맥의 한 고개로 압록강 강계 부근에 있다. 이순신은 함경도에서 군관 생활을 한 적이 있기 때문에 설한령에 대해서도 익히 알고 있었다. 또 가토 군 1만여 명이 그 넓은 함경도에 들어감으로써 우선 병력 부족으로 고전하고 있음을 짐작하고 있었다. 그런데 이 같은 가토 군이 개마고원→설한령→평양으로 간다는 것은 거리가 멀어서도 불가능하다고 생각했다. 때문에 이것은 왜군들이 퍼트린 헛소문이라 판단했고, 이 같은 소문에 속은 명군이 평양성으로 퇴각했다기에 통분해 했다.

3월 5일. 맑다. 바람이 몹시 사납다. 순천(권준)이 병으로 돌아 간다기에 아침에 직접 전송해 보냈다. 탐후선이 왔다. 내일 적을 치자고 약속했다.

임진왜란 발발 전부터 이순신은 군영 經·營을, 권준은 행정 經·營을 맡아 오면서 두 사람은 전라좌수영의 '합동 經·營'에 전력해 왔다. 그러나 원균의 행정 經·營 파트너 격인 김준민(金俊民) 거제현령은 개전 초부터 거제현의 관아 經·營을 외면하고 진주 쪽으로 나아가 싸웠기에 원균 함대는 행정적으로 뒷받침이 취약했다. 이 같은 점도 원균을 여러모로 어렵게 했다.

행정 經·營의 명 파트너였던 권준이 돌아간다기에 이순신은 친히 권준을 전송했다. 순천으로 돌아간 권준은 건강을 회복한 후 전라좌수영의 군영 經·營을 돕는 행정 經·營에 매진했을 것이며, 이 같은 경력도 그가 뒷날 경상우수사로 승진하는 밑거름이 되었다.

3월 6일. 맑다. 새벽에 떠나서 웅천에 이르니 적도들은 육지로 도망쳐 산허리에 진을 쳤으므로 군관들이 철환과 편전을 비 퍼붓듯 마구 쏘니 죽는 자가 무척 많았다. 포로로 잡혀가 있던 사천에 사는 여인 한 명을 구해 왔다. 칠천량에서 잤다.

오랜만에 날이 개었기에 웅천으로 가서 공격했다. 그러나 앞서 〈웅천포토적장〉에서 보았듯이 적들은 모두 소굴을 만들고 거기에 웅거하고 있었기에 섬멸을 기약할 수 없었다. 웅천 왜성은 해발 180m의 가파른 산꼭대기에 축성되었으며 오늘날에도 축대가 남아 있다.

사량 앞바다에서 화선(火船) 준비

이순신은 〈웅천포토적장〉에서 '3월 10일 사량 앞바다로 물러나와 진을 치고 화선(火船)을 준비했다'고 했는데, 다음은 그 무렵의 〈난중일기〉이다.

3월 7일. 맑다. 우수사(이억기)와 이야기하였다. 초저녁에 출발하여 걸망포(乞望浦: 통영시 산양면 신전리 신전포)에 이르니 날이 새었다.

이억기와 화선 만드는 일을 상의하였는바, 불쏘시게 등 많은 것을 준비해야 했기에 미륵도의 걸망포를 지나 사량도 앞바다까지 와서 작업에 들어갔다.

3월 8일. 맑다. 한산도로 돌아와 아침을 먹고 나니 광양·낙안·방답 등이 왔다. 방답(첨사 이순신), 광양(현감 어영담)은 술과 안주를 준비해 오고 우수사(이억기)도 왔다. 어란(만호 정담수)도 쇠고기로 만든 음식 두어 가지를 보내왔다.

화선 준비 작업은 사량도 앞바다에서 하도록 하고 함대 수뇌부와 전투 선단은 한산도로 돌아와서 잠시 휴식을 취했다. 이 무렵은 제승당(制勝堂)과 유사한 건물이 있었을 것이기에 비가 내려도 견디기가 좀 더 수월했을 것이다.

3월 9일. 궂은비가 종일 내렸다. 원전(元㙉: 원균의 동생)이 와서 보았다.

비는 여전히 많이 내렸다.

3월 10일. 맑다. 사량으로 가는 낙안 사람이 행재소(의주)로부터 와서 말하기를 "명나라 군사들이 이미 송도까지 왔는데 연일 비가 와서 길이 질어 행군하기 어려우므로 날이 개기를 기다려 서울로 들어가기로 했다"고 하였다. 이 말을 듣고는 기쁨을 이기지 못하였다. 첨사 이홍명(李弘明)이 와서 인사하였다.

낙안 사람은 조선 함대의 탐색선을 만나 그 배를 타고 한산도까지 와서 이순신에게 여러 가지 중요한 소식을 전해주었다.
그곳에도 비 때문에 명나라 군의 한성 탈환전이 늦어지고 있지만 비가 개면 작전이 개시된다기에 기뻐했다. 한편 〈웅천포토적장〉을 보면 '명나라 군대는 오래 머뭇거리기만 하는데 부질없이 적선만 불태우다가는 필시 갈 길 없는 적이 최후의 발악을 할 것이므로….' 하면서 귀항 길에 오른다고 했다. 즉, 이순신은 명나라 군이 아직 한성을 회복하지 못한 상황이었기에 조정에서 명령한 '명나라 군과 함께 왜적을 무찌르라' 는 작전은 시기상조로 보았고, 또 농사철이 되었기에 귀항해야 한다고 보고했다.

3월 11일. 맑다. 본영 탐후선이 왔다.

3월 12일. 맑다. 아침에 각 고을에 공문을 써 보냈다. 나대용(羅大用), 김인문(金仁問)이 본영으로 돌아갔다. 식후에 우수사(이억기)와 바둑을 두었다.

3월 13일. 비가 몹시 오다가 늦은 아침녘에야 개었다. 이수사(이억기)와 첨사 이홍명(李弘明)이 바둑을 두었다.

왜군, 김성일 군, 명나라 군, 그리고 조정으로부터 어떤 소식이나 움직임도 없다. 그래서 '숨고르기'는 계속되었다.

3월 14일. 맑다. 여러 배를 출동시켜 배 만들 재목을 실어왔다.

'숨고르기' 기간 중이라도 장졸들을 그냥 놀릴 수는 없었다. 그래서 겸사겸사 병선 건조를 시작했다.

3월 15일. 맑다. 우수사와 함께 여러 장수들이 관덕정(觀德亭)에서 활을 쏘았는데 우리 여러 장수들이 많이 이겼다. 우수사가 술과 떡을 만들어 왔다.

'숨고르기' 기간 중에 지휘부는 활쏘기 시합을 열었다. 이 같은 시합을 통해서 군심이 해이해지는 것을 막았다.

3월 16일. 늦게 맑아졌다. 여러 장수들이 또 활을 쏘았는데 우리 장수들이 역시 이겼다.

3월 17일. 맑다. 종일 큰 바람이 불었다. 신경황(申景潢)이 와서 임금의 분부를 가져온 선전관(안세걸)이 본영에 왔다고 했다.

선전관은 의주→서해의 바닷길→여수→한산도로 왔는데, 이것이 당시의 해로(海路)이다.

3월 18일. 맑다. 큰 바람이 종일 불어 사람들이 감히 출입을 하지 못했다. 기 남해(奇孝謹)가 왔다.

3월 19일. 비. 비. 우수사와 함께 이야기하였다.

3월 20일. 맑다. 오후에 들으니 선전관이 임금의 분부를 가지고 온다고 하였다.

선전관으로부터 명나라 군에 대한 정보도 들었고, 농사철이 되었기에 모심기 문제에 대해서도 의논했을 것이다.

3월 21일. 맑다.

3월 22일. 맑다.
 (*3월 23일부터 4월까지의 〈난중일기〉는 없음)

3월 23일부터 4월 말까지는 기록이 없지만, 4월 6일에 올린 〈웅천포토적장〉 마지막 부분을 보면 농사철이 되었기에 교대로 귀향한다는 사실을 보고하면서 두 달 간에 걸친 작전을 종료하고 여수로 돌아왔다.

6. 웅천포해전 무렵의 군영 經·營

〈웅천포토적장〉에서 보았듯이, 이순신은 농사철이 되자 작전을 중지하고 귀향했는데 이 역시 군영 經·營의 단면이다. 그 기간 중의 〈난중일기〉는 군영 經·營 일기로서 우후 등의 술주정과 원균의 말썽 등을 기록해 두고 經·營을 지속적으로 관리해 갔다.

통선 전복에 대한 죄를 청하는 장계(統船一隻傾覆後待罪狀)

「삼가 아뢰나이다.

신이 외람되이 중책을 맡은 이후로 밤낮 근심하고 두려워하며 티끌만한 공로나마 보답하려고 생각하고 있었습니다. 작년 여름과 가을철에 흉한 도적이 독(毒)을 피워 수륙으로 침범함에 다행히 하늘의 도우심으로 여러 번 승첩하였습니다.

그런데 승리한 기세를 탄 부하 군사들은 더욱 교만해져서 앞다투어 돌진할 뿐 서로 뒤쳐질 것을 두려워하므로, 신이 재삼 신칙하기를, 적을 가벼이 여기면 반드시 패하는 법이라고 하였건마는, 오히려 조심하지 않고 통솔선(統船) 1척을 마침내 전복시켜 많은 죽음이 있게 되었습니다. 이것은 신의 군사 쓰는 방법이 좋지 못하고 지휘가 잘못된 때문인바, 극히 황공하여 거적자리에 엎드려 죄를 기다리나이다.」

-〈통선일척경복후대죄장〉(93. 4. 6.)-

이순신은 자신에게도 엄격한 經·營 관리를 적용했고, 이러한 수신 經·營은 세계 최강의 해군이 되는 밑바탕으로 작용했다.

충돌한 다른 한 척은 우수영 관내의 가리포 소속 배였기에 이억기가 장계를 올렸을 것이다.

수군 소속 고을 수령들을 해전에만 종사토록 청하는 장계(請舟師屬邑守令專屬水戰狀)

「삼가 상고할 일로 아뢰나이다.

신의 소속 수군이 다섯 고을과 다섯 포구이온데 흥양 현감 배흥립은 순찰사가 육전으로 데려가고 보성 군수 김득광은 일찍이 두치 복병장(伏兵將)으로 파견했다가 다시 수군으로 귀속되었습니다.

녹도 만호 송여종(宋汝悰)은 군량을 가져가는 차사원(差使員)으로 올라가서 돌아오지 않았고, 그 나머지 순천, 광양, 낙안, 보성 등 고을의 수령과 방답, 사도, 여도, 발포 등의 진장(鎭將)들로서 모든 책임 장수를 배정했으나 오히려 부족합니다. 그런데 도 안의 왕명을 받고 군사를 지휘하는 신하(帥臣: 원수의 직에 있는 대신)들이 수군의 여러 장수들을 어떤 때는 육전으로 이동시킨다 하고 또 어떤 때는 명령을 들었다고 하면서 전령을 내어 분주히 잡아내고 있는바, 해군과 육군을 갈라서 배정할 뜻이 없을 뿐더러 동서로 분주하여 어디로 따라갈지 모르는 실정입니다.

명령은 이처럼 여러 곳에서 나오므로 호령이 시행되지 못하고 극성스런 왜적은 제거되지 않았는데 대장의 지휘만 어긋나니 참으로 답답하고 걱정이 되옵니다. 앞으로는 수군에 소속된 수령과 변방 장수들을 다른 곳으로 옮기지 말고 수군에 붙여 주도록 조정에서는 각별히 본도 감사(권율), 병사(선거이), 방어사(이복남), 조방장(助防將)에게 신칙해 주시기를 바랍니다.」

─〈주사속읍수령전속수전장〉(93. 4. 6.)─

이순신은 전라좌수영 관내의 다섯 고을 수령들이 육군이나 명나라 군 접대에 차출되는 일이 없도록 해달하고 장계를 올렸다. 학계에서는 지금까지 위의 장계를 해전과 직접적인 관계가 없다고 소개하지 않아 왔는데, 군영 經·營의 시각에서 보면 대단히 중요한 장계이다.

광양현감 어영담의 유임을 청하는 장계
(請光陽縣監魚泳潭仍任狀)

다음에서 보는 장계 역시 해전과 직접적인 연관이 없다는 이유로 학자나 작가들로부터 소개되지 않은 기록이다. 그러나 經·營론이나 리더십의 시각에서 보면 대단히 중요한 기록이다.

장계의 내용은 5개 고을 중 하나인 광양 현감 어영담 장군의 유임을 건의한 것이다. 고을 수령들이 6개월이 멀다하고 갈려 가는 탓에 자기 직무에 격물·치지의 도가 닦여지지 않음을 개선하고, 현지 사정을 잘 모르는 문신 출신의 암행어사가 어영담의 파직을 상소했기에 이를 바로잡기 위해서 올렸다.

결국 어영담은 유임되어 그 후 많은 공을 세우게 된다. 아무튼 부하 장수 한 사람을 구하려고 대단히 긴 장계를 올렸는데, 이러한 모습을 지켜본 어영담은 이순신의 부하 사랑에 감동했을 것이고 그의 리더십에 더욱 큰 신뢰를 느꼈을 것이다.

「삼가 품의드릴 일로 아뢰나이다.

광양에 사는 김두(金斗) 등 126인의 연명으로 된 호소문에 이르기를, "이 고을 원이 번거롭게 자주 바뀌므로 새로 오는 이를 맞이하고 가는 이를 전송하는 일 때문에 백성들이 고통을 견디기 어려워 장차 버려진 고을이 되게 된 차에 지금 현감(어영담)이 도임하여 민간의 질고(疾苦)를 묻고 행정상 폐단이 되는 점을 개혁하여 무기를 수리하고 나라를 근심하기를 자기 일 같이 하므로 전일 도망갔던 자들도 이 소문을 듣고 돌아와 모이게 되어 온 고을이 편안해졌습니다.

작년 4월에 사변이 영남 접경에서 일어나자 하동, 온양, 남해 등의 지방에서는 백성들이 거의 다 도망가고 인심이 동요되어 모두 흩어지려고만 하였는데, 이때 만일 침착하고 도량 있는 사람이 아니었다면 진정시키기 어려웠을 것입니다.

현감은 성품과 도량이 고요하고 무거우며 의심과 미혹됨이 없을뿐더러 성을 지키고 해전을 치르고 방비하는 계책을 자세히 연구하지 않은 것이 없었습니다. 그리하여 두치와 강탄을 파수하는 일들을 한꺼번에 시행하여 적에게 항거하도록 타일렀으며(독려하였으며) 모여오는 이들을 안정시켰습니다.…"

−〈광양현감어영담잉임장〉(93. 4. 8.)−

'행정상 폐단이 되는 점을 개혁하여 무기를 수리하고 나라를 근심', '성을 지키고… 자세히 연구하지 않는 것이 없어… 두치와 임진강 여울(강탄) 수비를 한꺼번에 시행…'은 광양 현감 어영담이 행정과 군영 經‧營에 밝은 인재라는 뜻이다.

"…그런데 지난 5월 27일 바다로 내려간 뒤에 독운어사(督運御史: 임발영)가 여러 고을을 순행하여 각 고을 창고를 뒤져 수량을 헤아린 후에 실어가는 것에만 전력하고 굶주린 백성들은 구휼하지 않는다고 합니다. 본 고을에서는 인계 장부에 적힌 회계 수량 이외에 쌀, 콩, 벼 모두 6백여 섬을 평시에 늘 저축해 두고서 혹은 군량에 보태어 쓰기도 하고 또 혹은 고을 백성들을 구제하는데도 써왔기 때문에 유위장(留衛將)도 그 쌀과 콩, 벼들을 모두 씨 나락과 구제하는 식량으로 쓰고 목록에 기록하지 않았던 것입니다.

독운어사가 현감이 없을 때 고을에 와서 곳간을 뒤져 목록 밖에 따로 쌓아둔 원(元) 수량 이외의 곡식을 현감이 사사로이 쓰는 것이라고 지목하여 장계를 올리고 곧 구례 현감을 차원(差員)으로 임명하여 창고를 봉해 놓으니 씨 나락과 구제양식을 모두 바라볼 수 없게(원래 용도대로 활용할 수 없게) 되었습니다. 농사철이 얼핏 지나가 논밭이 황폐해지면 금·명년에 바칠 곡식은 장만해 낼 길이 없을 것이니 참으로 걱정되옵니다.…"   -〈광양현감어영담잉임장〉(93. 4. 8.)-

어영담은 살림꾼이다. 평소 근검의 經·營으로 곡식류를 비자금 형태로 비축해 두고 군량미·구휼미·종자 등으로 사용해 왔다. 그런데 어영담이 해전에 나와 있는 중에 회계관리에 문제가 있었고, 이 같은 문제가 독운어사에게 지적당하게 되어 창고는 봉쇄되었다. 이렇게 되자 씨 나락과 구제양식이 출고되지 못했고, 이에 '광양 사는 김두 등 126인이 호소문'을 제출하게 된 것이다.

"… 또 현감은 임금께서 서쪽으로 몽진하신 뒤 소용되는 양식을 대기가 어려울 것을 민망히 여겨서 원 수량 이외의 백미 60섬과 다른 여러 가지 물건들을 배에 실어 올려 보냈으니 그가 사사로이 쓰기 위한 것이 아니고 나라를 위하여 정성을 다했다는 것이 여기에 더욱 잘 나타나고 있습니다.

그러나 이제 장부관리 문제로 갈려 가게 되니 온 고을 백성들이 부모를 잃어버리는 것 같은데 순찰사는 멀리 서울 지구에 주재하여 바닷가의 백성들은 달리 호소할 곳이 없으니 속히 이 뜻을 장계하여 군사와 백성의 원통함을 풀어 주길 바랍니다."
라고 하였습니다.」   -〈광양현감어영담잉임장〉(93. 4. 8.)-

1592년 7월 25일, 정사준(鄭思竣)이 식량과 물자를 의주 행재소에 가지고 올라갔는데, 어영담은 할당량에 추가해서 '백미 60섬과 다른 여러 가지 물건'을 올려 보냈다. 그 무렵 곤궁한 행재소 형편으로 보면 백미 60섬 등은 결코 적은 양이 아니다.

「광양현은 영남에 접경해 있어 사변이 일어나자 인심이 흉흉해져서 모두 달아날 꾀만 품고 있었습니다. 그런데 어영담이 이를 진정시키고 백성들을 불러 모아 온 고을 백성들로 하여금 옛날같이 안정되게 살도록 하였습니다.

또 여러 번 경상·전라도의 변방 장수로 있으면서 물길의 형세를 익숙히 알았고 계교와 사려가 남보다 뛰어나므로 신이 중부장으로 정하여 함께 전략을 의논하였으며, 여러 번 적을 토벌할 때 어영담은 죽음을 무릅쓰고 앞장서서 큰 승첩을 얻었습니다.

그러므로 호남 한 쪽이 아직도 완전히 보전된 것은 실로 이 사람이 한 몫을 담당한 때문이라 하지 않을 수 없사옵니다.

그러나 이제 독운어사의 장계로 본직이 갈린다 하니, 곳간 곡식의 더하고 덜한 것은 신이 잘 알 수 없는 일이오나, 대개 어영담은 지난 2월 6일, 신이 바다로 내려갈 때에 거느리고 나가 거제, 웅천 등지에서 진을 쳤으므로 독운어사가 그 고을에 들어가서 각종 곡식을 창고에서 감사할 때의 모든 안건은 그 고을 유위장(留衛將)이 모두 맡아서 써 바친 것이옵니다.

비록 곡식 수량에 가감이 있다 하더라도 실제로는 어영담이 범한 잘못이 아니요, 설령 조금 과실이 있었다 하더라도 이 어려운 고비에 의기 있는 장수 한 사람을 잃게 되는 것은 적을 방어함에 방해가 되옵니다.」

-〈광양현감어영담잉임장〉(93. 4. 8.)-

어영담은 왜란 초 민심이 흉흉한 가운데서도 고을 經·營을 잘해서 민심을 안정시켰다. 또 해전에서는 여러 차례 중부장으로 참전해 큰 승첩을 세웠다. 이순신은 그가 전장에 나가 있는 동안 유위장이 장부 정리를 부실하게 하여 생긴 실무적 잘못을 어영담에게 책임을 묻는 것은 지나치다고 건의했다.

「더구나 해전은 사람마다 능한 것이 아니옵니다. 이런 기회에 장수를 바꾸는 것은 또한 군사상 좋은 계책이 못 되는 것이며 백성들의 인심도 이러하니 사변이 평정될 때까지는 그대로 그 자리에 눌러 두어 한편으로는 바다의 적을 막고 또 한편으로는 잔약(孱弱)한 백성들의 소원을 들어줄 수 있도록 조정에서는 참작하여 처리하시기를 바라는 바입니다.

이 일은 신이 품해 올릴 일에 해당하는 것은 아니지만 순찰사와 도사가 각각 먼 곳에 있고 도망가는 적군 대부대의 길을 끊어 섬멸하는 것이 오늘의 급한 일이기도 한데다가, 잔약한 백성들이 울며 부르짖는 호소를 그대로 내버려 둘 수도 없어서 참월(월권)의 죄를 무릅쓰고 감히 품의 올리는 바입니다.」
―〈광양현감어영담잉임장〉(93. 4. 8.)―

일족(一族)에게 대충(代充) 징발하지 말라는 명령을 취소해 주시기를 거듭 청하는 장계(申請反汗一族勿侵之命狀)

「삼가 상고하올 일로 아뢰나이다.

전날에도 일족(一族)에게 미치는 폐단 때문에 난리가 평정되기까지 대충(代充) 징발하는 일이 없도록 하라는 분부가 계셨습니다. 그때 간략히 이해(利害)되는 점을 들어서 체찰사에게 보고하고 그 회답을 받은 뒤에 연유를 낱낱이 장계하였습니다.

대개 수군은 육군에 비교할 것이 아닙니다. 1호구 4장정 중에 도망간 자가 절반이 넘기 때문에 분부대로 백성들을 편안케 해 주자면 수자리 나갈 사람이 없게 되고, 종전대로 변방을 굳게 지키자면 백성들이 몹시 괴롭게 될 터인데, 이 두 가지 사이에서 편의(便宜)할 도리는 아무리 생각해도 찾기 어려워서 부득이 일족 중에서 대충(代充) 징발하여 방비를 충실히 하였던 것은 이미 전부터 그렇게 해오던 일입니다.

그래서 각 고을에 죽어서 자손이 끊어진 호구에는 일절 침해(징발)하지 말고, 당자나 일가 이웃이 이것을 미끼로 삼아 기피한 자는 우선은 전례대로 명부에 올려 보내도록 공문을 보냈습니다.

그런데 독운어사(督運御使) 임발영(任撥英)이 내려온 뒤에는 일체 군무에 관한 일 및 대충 징발에 관한 일을 전혀 분부대로

만 하므로, 각 고을에서는 거기에 의거하여 방비에 교대 지원하는 군사를 보낼 뜻이 없으며, 각 고을 군사와 아전들도 이에 의거하여 은폐시켜 교묘히 기피할 꾀만 내면서 있는 사람을 도망갔다, 산 사람을 죽었다고 하니, 군령이 크게 무너져 수습할 길이 없습니다.

군사 수효가 날로 줄어도 뽑아낼 길이 없어 연해안의 주요 지대가 일시에 비게 되고, 대장이 있는 큰 진에도 문 지킬 군사가 없게 되니, 방비의 허술함이 난리가 난 곳보다 심한 편이어서 아무리 생각해도 어찌 할 바를 모르겠습니다.

이것은 평시에도 결코 해서는 안 될 일일진대 하물며 이 같은 큰 변란을 당한 때이오리까. 극성스런 적들을 제거하지 못하고 곳곳에서 서로 겨루고 있는데, 대 부대로 도망치는 적을 무슨 힘으로 막아 죽이며, 수성(守城)을 뒷받침하는 일은 또 무슨 힘으로 조처하오리까.

일에는 경중(輕重)이 있고 시기에는 완급(緩急)이 있으니 진실로 한 때의 폐단 때문에 길이 후회할 일을 만들 수는 없사오니 이것은 이미 지난날 경험한 바입니다.

호남 한 쪽이 오늘까지 온전한 것은 전적으로 수군에 힘 입은 바이며, 대세를 회복할 시기도 또한 이때에 있사오니, 대충 징발하는 폐단을 없게 하는 일은 난리를 평정한 뒤에 하더라도 오히려 늦지 않을 것이므로 죽음을 무릅쓰고 망령되이 아뢰오니, 엎드려 원하건대 조정에서는 전후 장계를 참작하시어 적을 막고 백성을 보호하는 일에 둘 다 편의(便宜)하게 하시기 바랍니다.」 -(반한일족물침지명장)(93. 4. 10.)-

충청도 수군의 계속 후원을 청하는 장계(請湖西舟師繼援狀)

그동안 충청도 함대는 강화도 막아서기 작전과 행주성 전투에 참전해 있었다. 그런데 이 작전들은 종료되었고, 반면 북상한 왜군은 남쪽으로 내려오고 있었으므로 이순신은 충청도 함대가 남쪽으로 내려와서 함께 싸울 수 있도록 하자고 아래와 같이 건의했다. 이순신의 이 같은 구상은 3도 수군통제영(水軍統制營) 설치로 이어진다.

「삼가 아뢰나이다.
 신은 전라좌우도 수군을 거느리고 그 전 수효대로 5월 견내량에 이르러 적의 형세를 탐색해 보았더니 웅천의 적들이 여전히 웅거해 있었습니다. 그런데 부산 바다 어귀를 끊으려 가려면 웅천이 길목이 되는지라, 부산으로 깊이 들어간다면 적군이 앞뒤에 있게 됩니다.
 아무리 생각해도 단지 수군만으로는 적을 끌어낼 길이 없으므로 부득이 육군과 합공하여 쫓아내어 수륙에서 섬멸하여 길목에 있는 적을 먼저 없애야 하겠다는 뜻을 체찰사(유성룡)와 순찰사(권율)에게 급히 보고하였사오니, 조정에서도 각별히 신칙해 주셨으면 좋겠습니다.
 그런데 경상도는 분탕질을 당한데다가 또 명나라 군사들의 치다꺼리에 여념이 없어 격군을 채울 길도 없거니와 또 있는 사부와 격군들도 굶주리고 파리해져서 노를 저어 배를 부리기에 감당키 어려운 형편입니다.
 도망가는 대 부대의 적을 섬멸해야 할 이 때 병력이 극히 외롭고 약하니 참으로 딱하고 걱정되는 바이기도 하며, 또한 적들이 도망쳐 돌아가는 것이 더딜지 빠를지도 예측하기 어렵사오니, 엎디어 청하건대, 충청도 수군이 밤낮을 가리지 말고 뒤따라 와서 힘을 합해 적을 무찔러 하늘에 닿은 치욕을 씻게 해 주시기 바랍니다.」   -〈호서주사계원장〉(93. 5. 10.)-

 그간 충청 수군은 경기 수군과 함께 강화도를 지키면서 한성의 왜군이 한강 하류로 나와서 평양의 고니시 군 쪽으로 가는 것, 의주의 조정을 공격하는 것, 요동반도와 명나라를 공격하는 것, 서해를 따라 내려와서 전라도를 공격하는 것 등을 방지해 왔다.

7. 조선 수군과 함께 한 행주산성전투

 1593년 1월 25일, 벽제관에서 이여송 군을 격파한 후 명군을 개성으로 밀어낸 한성의 왜군들은 2월이 되자 드디어 눈앞의 적, 권율 군을 향해 창끝을 겨누었다.
 이때 권율의 군사들은 남하해 오는 조·명 연합군과 합세해 한성 수복에 참여할 계획으로 한성에서 불과 8km 떨어진 행주산성에 주둔해 있었다.
 권율은 1만의 병력 중에서 수원 독성산성에 일부의 병력을 남기고 3천의 정예병만을 이끌고 행주산성에 진을 쳤다. 나머지 병력은 양천(서울 양천구의 안양천)과 금천(시흥) 부근에 주둔시켜 놓았는데, 이 병력은 왜군의 행주산성 공격시 왜군을 견제할 외곽 응원부대였다.

권율 군은 행주로 이동해 오자마자 성을 수축하고 산 중턱에 2중 3중으로 목책을 세우는 등 수성을 위한 준비를 해나갔다. 또 1차 진주성 전투 이후 수성전(守城戰) 승전의 교범이 된 화약무기의 비축에도 만전을 기했다.

행주산성은 산성이라고 하기에는 지대가 낮은, 한강을 끼고 있는 작은 야산에 불과했다. 때문에 수성전을 펴기에는 불리한 점이 많았다. 하지만 한강변에 위치하고 있기 때문에 고대로부터 남북을 잇는 군사 요충지로 각광받던 곳이다.

권율이 위험을 무릅쓰고 행주성에 진을 친 이유도 여기에 있었다. 남해를 전라수군이 차지함으로써 왜군들의 발목을 묶어 버렸듯이, 한강은 충청·경기 수군의 무대였던 것이다.

충청 수군은 경기 수군과 함께 강화도를 지키면서 한성의 왜군들이 한강 하류로 나와서 평양의 고니시 군에게로 가는 것, 의주의 조정을 공격하는 것, 요동반도와 명나라로 진출하는 것, 서해를 따라 내려와서 전라도를 공격하는 등 일체의 도발 행위를 차단했다.

권율의 뒤에는 왜군들에게는 공포의 존재였던 조선 수군이 있었고, 권율은 이들 선단으로부터 화약무기·명사수·군수물자·전략 전술 등 많은 것을 지원받고 있었다.

전라도 군대에 대한 적개심을 일깨운 이시다의 웅변

벽제관에서 조·명 연합군을 격파하며 가뭄에 단비 같은 승리를 맛본 왜군들은 평양성과 독성산성 패전의 후유증에서 다소 벗어나 있었다. 또 함경도의 가토 기요마사(加藤淸正) 군을 제외하고는 북상했던 10만여 선봉대들이 모두 집결해 있었기 때문에 기세 또한 드높았다.

 표면상으로는 욱일승천하던 개전 초의 분위기를 되찾은 듯했다. 전의(戰意)의 불씨가 되살아난 데 심기일전한 한성의 왜군 수뇌진은 여세를 몰아 전라 육군에게 철퇴를 가할 시점을 가늠하고 있었다.

 그러던 어느 날, 놀랍게도 "수원의 권율 군이 한성 서쪽 강변에 위치한 행주산성으로 진을 옮겼다"는 첩보가 들어왔다. 이 첩보에는 "권율군의 움직임과 때를 같이 하여 일단의 조선군 부대들이 금천·강화·통진(김포) 등에 포진했는데 이 모두가 명군의 한성 진출에 대비하여 아군을 교란시키려는 사전 시위로 보인다"는 분석이 덧붙여졌기 때문에, 한성의 수뇌진은 일제히 분노를 터트렸다.

 이에 우키타 히데이에(宇喜多秀家)는 첩보를 받은 즉시 각 군의 사령관들을 소집하여 행주산성 공격을 위한 회합을 주재했다.

 회합에는 이시다 미쓰나리(石田三成), 고니시 유키나가(小西行長), 구로다 나가마사(黑田長政), 모리 요시나리(森吉成), 고바야카와 다카카게(小早川隆景) 등 대영주급 사령관들을 포함하여 영주급 부장(副將) 20여 명이 참석했다. 조선 출정 후 한성 사령부에서 주재한 작전회의로서는 최고위급 회합이었다.

 우키타의 모두(冒頭) 발언을 대신해서 이시다가 먼저 말문을 열었다.

 "오늘 우키타 님께서 급히 우리들을 모이게 한 것은 전라도 군대가 코앞에까지 다가와 명군의 공격을 재차 유도한다는 첩보가 있었기 때문입니다. 그냥 내버려 두어도 별 위협이 되지는 않겠지만 명군이 발을 들여놓기 전에 저들로써 좋은 본보기를 삼는다면 작은 것으로 큰 것을 얻게 되는 것이니 무엇을 망설이겠습니까. 이 자리에서 적을 소탕하기 위한 방침을 결정짓고자 합니다."

 일찍이 수원 독성산성에서 권율에게 패한 우키타가 직접 권율 군을 치자고 주장하는 것보다는 자신이 우키타를 대신해서 회합의 목적을 설명하는 게 회의의 모양새나 총사령관의 민망함을 덜어주는 데 있어서나 여러 모로 바람직하다는 게 이시다의 생각이었다.

그러나 참석자들의 반응은 시큰둥해 보였다. 승패를 떠나서 겨울 기동은 적지 않은 희생을 각오해야 했고, 대승을 거둔다고 해서 사정이 낳아질 것도 아니었다.

이런저런 이유로 대다수의 대장들은 무모한 소모전에 얽매이기보다는 따뜻한 남쪽 땅, 부산으로의 철수를 희망했다. 또 몇몇 대장들은 자신들의 의사를 간곡한 우회 화법을 써가며 표명하고 나섰다.

잠시 말문을 닫고 있던 이시다는 이 같은 반응을 예상했다는 듯 간단명료하게 말을 이어갔다.

"저들이 누구요? 바로 이순신과는 한 통속이나 다름없는 전라도 군대란 말이오! 오늘날 우리가 왜 이 같은 곤경에 처했겠소? 해전에서 잘못된 것은 그렇다고 칩시다! 권율은 일찍이 금산 이치에서 고바야카와(小早川隆景) 님의 정병에 해를 가한 자요! 그때 우리 군이 전라도로 진격해 들어갔다면 이순신의 무리는 벌써 섬멸되었을 것이오!"

영리한 이시다가 조선에 출정한 사령관들 중 최고령(61세)의 대영주이자 히데요시, 도쿠가와와 더불어 전국(戰國)을 호령한 바 있는 고바야카와 다카카게(小早川隆景)를 직접적으로 물고 늘어지자 고바야카와 본인은 물론 공격을 반겨하지 않던 대장들은 모두 '저 교활한 이시다에게 영락없이 걸려드는구나.' 하고 생각했다.

"일전에 놈들이 수원에 진을 쳤을 때, 우키타 님은 전라 육군이 올라왔다는 말에 친히 군대를 이끌고 수원까지 달려가 싸웠소! 왜 그랬겠소? 전라도 군대였기 때문이오! 그런데 이번에는 놈들이 코앞에까지 다가와 진을 쳤소! 하늘이 준 설욕의 기회입니다!"

이야기가 여기까지 흐르자 참석자 모두는 과감하게 미련을 버렸다. 이시다가 은연중에 내세운 설욕에 대한 명분을 거스를 수도 없었거니와, 모두에게는 전라도 군에 대한 적개심이 응어리져 있었기 때문이다.

이시다는 모두의 가슴 속에 공통분모로 들어 있는 분노의 뇌관을 특유의 언변으로 자극하면서 결국 우키타와 자신이 원하던 바를 이끌어 냈는데, 무려 7명의 대영주급 사령관이 참여하는 3만 명의 '초호화 공격군'을 편성하게 된다.

  제1대: 고니시 유키나가(小西行長)
  제2대: 이시다 미쓰나리(石田三成)
  제3대: 구로다 나가마사(黑田長政)
  제4대: 우키타 히데이에(宇喜多秀家)
  제5대: 키카와 히로이에(吉川廣家)
  제6대: 모토야스(毛利元康)와 히데카네(小早川秀包)
  제7대: 고바야카와 다카카게(小早川隆景)

대첩을 견인한 충청·경기 수군

2월 12일 새벽, 출전 채비를 마친 3만의 왜군들은 깜깜한 새벽길을 달려 행주산성으로 이동했다.

왜군들이 선택한 공격 지점은 산성의 서북쪽이었는데, 동남쪽을 피했던 이유는 그곳에는 한강을 장악한 충청·경기 수군이 진을 치고 있었기 때문이다.

당시 한강을 점령한 충정·경기 수군에는 강화도에 피난 와 있던 수백 척의 어선, 상선, 화물선단도 합류하고 있었는데 이들은 배에 방패를 세우고 화약무기로 무장하고 있었다. 때문에 왜군들로서는 한강으로의 접근은 위험한 일이었다.

왜군의 이동을 포착한 권율은 외곽 부대들에 이 사실을 알리는 한편 왜군들의 공격이 예상되는 산성 서북쪽에 화약무기들을 집중 배치했다.

권율 군이 준비하고 있던 화약무기들은 각종 대포, 발화탄과 비격진천뢰 등 투척용 무기에서부터 화차(火車)와 석포(石砲) 등 새로 개발된 신무기에 이르기까지 다양했다.

왜군들은 성 내의 조선군의 수가 많아봐야 3천 명 정도라는 점과 행주산성이 험준한 산악 지대에 웅거한 요새가 아닌 점을 감안하여 병력 수가 10:1 규모인 3만 명이면 반나절 안에 성을 함락시킬 수 있을 것으로 예상하고 있었다.

물론 독성산성 패전을 통해 경험했듯이 전라 육군이 강력한 화약무기로 무장하고 있다는 사실이 다소 부담스럽기는 했지만, 하나의 공격 지점을 집중 공략한다면 의외로 싱거운 싸움이 될 것도 같았다.

왜군들의 이 같은 예상은 결과적으로는 크게 빗나갔지만, 행주에 도착해서 현장을 확인한 왜장들의 눈에는 그야말로 볼 품 없는 야산 진지에 불과했다. 자신들의 주특기인 돌격전과 백병전을 벌이기에도 나쁘지 않은 지형조건이었다.

특히 이번 공격의 중요성과 당위성을 크게 강조해 온 우키타와 이시다의 눈에 비친 행주산성의 외관은 비록 동 트기 전의 명확하지 않은 실체였다고는 해도 3만이라는 병력 동원은 조금은 과했다는 생각마저 들게 했다.

우키타는 단 몇 차례의 돌격전만으로 성을 돌파할 수 있을 것으로 판단했다. 경우에 따라서는 고니시의 선봉부대만으로도 승부를 가늠

할 수 있을 거라고 생각했다. 대부분의 왜장들도 그렇게 생각했다. 때문에 추위에 떨며 기다릴 필요 없이 신속하게 공격해서 승부를 결정짓고자 했다.

왜군들은 성을 겹겹이 포위한 채 총사령관 우키타의 공격 명령이 떨어지기만을 기다렸다.

이윽고 선봉의 고니시 군을 비롯한 각 군에서 '공격 준비 완료!'를 우키타에게 보고해 왔다.

그 순간 우키타의 귓가에는 이미 승전고가 울려 퍼지고 있었다.

이전 패배에 대한 설욕, 전라도 군대에 대한 앙갚음, 추후 명과의 강화협상에서 주도권을 쥐게 해 줄 업적, 히데요시로부터 부산으로의 철수를 재가받기 위한 명분 등, 이 전투에서의 승리는 현재 자신을 압박하고 있는 여러 난제들을 한꺼번에 해결해 줄 종합선물세트 같은 것이었다.

말없이 승리감에 도취되었던 우키타는 '쌩!' 하는 새벽 찬바람이 귓전을 때리자 번뜩 정신을 차렸다. 그리고는 천추의 한이 될 사건의 시작을 포효하듯 열어 제켰다.

"제1대 돌격!"

선두에 선 고니시 군이 장창과 일본도를 뽑아들고 목책이 세워진 외곽 진지를 향해 일제히 달려들었다. 조선군도 일제히 화살과 대포, 각종 화약무기로 맞섰다.

지축이 흔들릴 만큼 강력한 폭발이 계속해서 이어졌다. 조선군의 강력한 응전에 질려버린 고니시 군은 목책을 돌파하지 못하고 얼마 되지 않아 후퇴해 내려왔다.

단 한 차례의 돌격전으로 고니시 군 진영에는 사령관 고니시가 부상을 당하는 등 수백 명의 사상자가 발생했다. 상상 외의 결과에 왜군들은 어안이 벙벙해졌다.

"제2대 돌격!"

이번에는 이시다 미쓰나리의 제2대가 돌격해 들어갔다. 이시다는 돌격용 방패를 더욱 촘촘히 세우게 해서 돌격전을 지휘했지만 방패로는 조선군의 가공할 화력을 버텨내지 못했다.

비격진천뢰를 포함한 각종 투척용 화약무기들은 왜군 진영 전방은 물론 후미와 중간 어디든 가리지 않고 폭발했고 견고해 보이던 왜군 진형을 단번에 부숴버렸다.

이시다 군 역시 수백 명의 사상자를 내고 퇴각해 내려왔다.

왜군들의 돌격전은 날이 밝자 보다 조직화되어 더욱 거세게 이어졌다. 하지만 반나절이 지날 때까지 성을 함락시키지 못했고 목책도 돌파하지 못했다.

약이 오른 우키타는 각 대장들에게 보다 대담하고 적극적인 공세를 취할 것을 주문했다. 그리고 자신의 공격 차례가 오자 모범을 보이려는 듯 최선봉에 서서 돌격을 이끌었다. 그러나 어깨 부위에 부상을 입고 또 다시 후퇴해 내려와야 했다.

총사령관이 부상을 당하자 각 대장들은 저돌적인 파상공세로 나섰다. 그 과정에서 이시다 미쓰나리, 키카와 히로이에 등이 추가로 부상을 당했다.

〈신기전과 화차(火車). 한번에 100발 이상의 화살을 장전해 날릴 수 있었다〉

하지만 성과도 있었다. 쉴 새 없이 돌격전을 감행한 끝에 오후 4시경부터는 성 외곽에 쳐 놓은 목책선 일부를 돌파할 수 있었고, 왜군들은 그 틈을 비집고 자신들의 장기인 백병전을 시작했다. 이즈음 화살과 화약무기가 바닥난 조선군도 백병전과 투석전으로 사투를 벌였다. 부상으로 몸을 제대로 가눌 수 없게 된 우키타는 전세가 유리해지자 즉시 전군에 총공격령을 내리면서 "포로는 필요 없으니 모조리 죽여 버려라!"며 권율 군에 대한 분노를 표출했다.

총공세로 나선 왜군들은 백병전에서의 우위를 살려 승부를 결판낼 듯한 기세로 조선군을 몰아붙이며 성 앞까지 육박해 들어갔다. 성이라고 해봐야 공성용 기구가 필요 없는 토담과 목책 형태로 쌓여진 높지 않은 성이었지만 그것을 돌파하기 위해 왜군들이 구름처럼 몰려들었다.

그런데 그 순간, 왜군들의 머리 위로 느닷없이 다연발(多連發)의 신기전과 산탄, 그리고 편전 등이 빗발치듯 쏟아졌고 또다시 왜군들에게 떼죽음을 안겼다. 위기의 순간, 충청수사 정걸(丁傑)이 배편으로 화살과 화약무기를 싣고 응원해 왔던 것이다.

상황이 다시 원점으로 돌아가자 왜장들은 전투를 포기하고 한성으로의 퇴각을 결정했다.

우키타, 이시다, 고니시 등 사령관들이 부상을 당한데다가 2만 명이 넘는 초유의 사상자가 발생했기 때문에 왜군 진영은 초상집을 방불케 했다.

그리고 한강을 뒤덮고 있는 수백 척의 조선 선단과 이 일대 어디엔가 진을 치고 있을지도 모르는 조선군의 움직임도 왜장들에게는 큰 부담이었다. 때문에 날이 어두워지기 전에 철수하는 것이 바람직해 보였다. 오후 6시경, 왜군들은 동료들의 시체를 모아 불을 놓고는 부랴부랴 철수를 시작했다.

행주산성전투 후, 권율 군은 충청·경기 수군의 병선으로 한강 하구에서 임진강으로 올라가 파주로 이동했다. 왜군들은 파주산성으로 진을 옮긴 권율 군을 재차 공격하고자 했다. 그러나 권율 군이 행주산성에서처럼 화약무기로 무장하고 있을 것이 두려웠고, 임진강 역시 화약무기로 중무장한 조선 수군의 선단들이 강을 장악하고 있었기 때문에 권율 군에 대한 공격을 단념하고 한성으로 되돌아갔다.

이로써 조선은 한성 이북의 실지(失地)들을 모두 수복하게 되었다. 반면 한성의 왜장들은 속절없이 속만 끓여야 했다.

한성의 왜군들에게는 예전의 황해도, 평안도, 함경도, 강원도의 점령지는 모두가 꿈에 본 땅이 되어버렸다. 전라도에 대한 공격도 모두 꿈같은 이야기에 지나지 않았다. 또 조선 수군이 강화도를 근거지로 삼아 한강과 임진강을 막아선 지가 근 1년이나 되었기에 식탁에서 해산물을 구경한 지도 아득하기만 했다. 이제는 소금이 없어 밥을 먹을 수가 없을 지경이 되었으며, 그나마 군량미도 4월 말이면 바닥이 날 상황이었다.

한성 사령부에서는 이 같은 상황을 급히 히데요시에게 보고했다. 그러자 히데요시도 남해안으로의 퇴각을 명령했는데, 이는 히데요시가 추구하는 전격작전의 일환이었으며, 다른 한편으로는 신공(神功) 황후의 한반도 經·營을 이어받으려던 히데요시의 꿈이 무산되었음을 뜻했다.

히데요시의 전격적인 퇴각령으로 위기를 맞은 것은 당시 한산도에 머물고 있던 이순신의 조선 함대였다. 이에 이순신은 사태를 직시하고 강화도 막아서기 작전을 끝낸 충청 수군의 한산도 합류를 조정에 주청했다. 이로써 3도수군통제사의 시대가 도래하게 된다.

제 17부. 견내량 막아서기 작전

　1593년(계사년) 4월, 북상한 왜군들이 남해로 퇴각해 내려왔다. 퇴각해 온 왜군들은 육지로는 진주→전라도, 바다로는 견내량→전라도로 진출하려고 했다.
　이에 조선 함대는 5월 7일, 여섯 번째 출동을 감행하여 견내량을 굳게 막아섰고, 이 무렵 육지에서는 제2차 진주성전투가 벌어졌다.
　견내량 막아서기 작전은 수비전이었으므로 적선을 깨친 것은 없었다. 그래서 잘 알려져 오지 않은 해전이다. 그러나 이 작전을 자세히 파악해 두지 않으면 그 후에 벌어진 수륙전 전반에 걸쳐서 심각한 시각 장애가 일어나기 때문에 본 장에서 살펴보고자 한다.

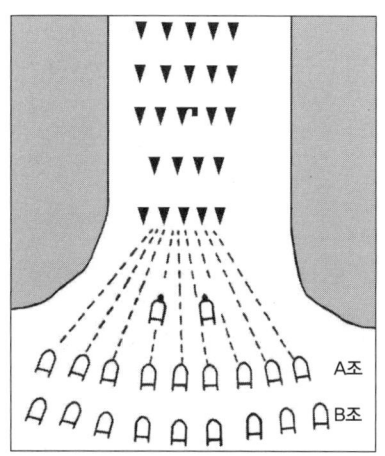

〈견내량 막아서기 작전에 돌입한 조선 함대는 그동안 수도(修道)해 온 격물·치지의 이치 탐구 정신으로 각종 위험을 꿰뚫어 보면서 해간도 앞 150m의 폭을 '거북선+학익진'으로 굳게 막아섰다〉

1. 남해안에 집결한 왜군 16만

현대그룹의 고 아산 정주영(鄭周永) 회장은 생전에 행한 한 연설에서 "건설업은 겉으로 보기에는 쉬운 듯하지만 굉장히 어려운 요소들을 안고 있습니다. 과거 일본의 풍신수길은 성 쌓는 일을 맡아 아주 빨리 성공적으로 일을 마쳤기 때문에 윗사람의 눈에 띄어 출세를 하게 되었습니다. 건설업이란 종합적인 여러 가지 능력을 필요로 하기 때문에 성 쌓는 일을 성공적으로 수행한 사람이면 다른 일에도 성공할 수 있을 것이라고 해서 발탁되었던 것입니다."라고 하였다.

20세기 건설 달인(達人)에 의한 16세기 건설 달인에 대한 평가임을 눈여겨 볼 필요가 있다.

히데요시는 일본의 전국 전란 때에 3, 4천 명 정도의 병력이 수비하고 있는 성에 10~20배의 병력으로 공격해서 성을 조기에 함락시키곤 했는데, 오늘날 일본의 전사 연구가들은 이를 '히데요시의 전격작전'이라고 부른다.

개전 초 고니시 군 1만 8천 명, 가토 군 2만 8백 명, 구로다 군 1만 2천 명이 한양을 향해 경쟁하듯 북상했는데, 이들 선봉군의 병력을 합산해 보면 약 6만 명이다.

이 같은 대병력이 북상을 하자 1~2천 명이 수비하고 있던 조선의 읍성과 산성들은 싸워보지도 못하고 무너졌는데, 이 역시 히데요시가 단행한 전격작전의 결과였다.

히데요시의 전격작전

  행주대첩 이후 왜군들의 남하 역시 전격전의 일환으로 추진되었고, 남해안에 16만이라는 대병력이 집결되자 히데요시는 일부의 병력으로는 진주→하동→전라도를 침공케 하고, 다른 일부는 견내량→여수→전라도를 침공하라는 명령을 하달했다. 이 역시 전격작전의 개념이다.
  히데요시는 전라도 침공을 위해 이미 임진년 가을과 겨울 몇 차례에 걸쳐 작전을 지시한 바 있었다. 그리고 계사년 봄이 되자 다음과 같은 보다 구체적인 작전명령을 하달했다.

 1. 부산에서 김해-웅천-창원을 경유하여 진주에 이르는 보급로가 차단되지 않도록 중간기지형 성을 쌓을 것.
 2. 전날 진주성 공격의 실패를 거울삼아 진주성 공격시 공성용 자재와 토성 쌓을 준비를 철저히 할 것.
 3. 진주성 공격시 아군의 희생은 최소화 하되 조선 쪽은 한 사람도 남기지 말고 도륙할 것.
 4. 진주성 공략 후 해안에 성을 쌓든지 아니면 성을 쌓기 전이라도 신속히 전라도를 평정할 것.
 5. 부산, 웅천 등지에 약 20개의 성(본성 및 지성)과 토치카 구축을 신속히 완료하고 각처마다 철포, 화약, 소금, 간장, 부식용 창고와 1만 섬 규모의 양곡용 창고를 추가로 건축할 것.
 6. 병력이 집결되면 공격과 축성을 신속히 추진할 것. 만약 이를 지연시킨다면 내가 직접 건너가서 책임을 물을 것이니, 절대 속이는 일이 없게 할 것.

7. 이번 작전의 성패는 해군의 활약 여하에 따라 결정될 것인 바, 반드시 조선 해군을 섬멸하고 전라도 및 서부 해안에 대한 거점 기지를 확보할 것.
8. 전라도 공격과 성 축성에 관한 사항은 그때그때 보고할 것. 내가 그 순서와 완급을 결정할 것임.
9. 조선에 있는 모든 선박은 이곳으로 보낼 것. 식량과 병력을 보낼 것임.

히데요시의 명령에 따라 남해안으로 왜의 수륙군 16만이 구름처럼 모여 들고 있을 때, 명나라 군은 이여송의 3만 5천 군 외에는 대부분이 사령관과 선발대만 도착해 있었고, 그나마도 각지에 분산 배치되어 있었기 때문에 집중된 왜군의 전력과 전략에 속수무책이었다.

〈당시 명나라 군대의 주둔 현황〉
　　대구: 부총병 유정(劉綎)
　　상주: 유격장 오유충(吳惟忠)
　　정주: 경략 송응창(宋應昌), 부총병 왕필적(王必迪)
　　남원: 참장 낙상지(駱尙志), 유격장 송대빈(宋大斌)
　　한성: 제독 이여송(李如松), 유격장 심유경(沈惟敬)

남해안에 집결한 왜군들이 진주성 공격을 위해 전열을 가다듬고 있을 무렵, 명나라 부총병 유정은 선발대 5천 명을 거느리고 대구에 왔다가 가토 기요마사(加藤淸正)에게 다음과 같은 엄포성 항의로 진주성에 대한 공격 철회를 요구했다.

"조선 8도는 전란의 참화가 참혹한데 무슨 원수가 졌기로 작은 진주성을 치려는가! 작은 일에 구애되어 어찌 중국에게 죄를 지으려 하는가! 이제라도 생각을 바꾸어 본토로 돌아간다면 나는 병력을 일으키지 않을 것이며, 이는 왜국에게 신뢰를 잃지 않는 바가 될 것이다. 그렇지 않고 군사를 일으킨다면 100만 대군을 전함에 싣고 와서 연해안의 양도를 끊어 너희를 굶어죽게 할 것이다!"

그러나 가토 기요마사는 한마디로 거절했다.

또 이여송의 유격장 심유경도 강화회담 차 부산에 머물고 있던 중에 고니시 유키나가에게 진주성 공격의 부당성을 지적하며 강력히 항의했다. 그러자 고니시는 "진주성 공격은 나와는 전혀 무관한 일이오. 이 일은 가토가 다이코(太閤) 님에게 강력히 건의해서 결정된 것이니 나로서도 어쩔 수가 없소. 그러니 진주성을 비워 놓고 싸우지 않는 것이 피차 좋을 것이오."라고 하였다.

심유경은 고니시의 말을 조선 조정에 전해 주고는 그 후 팔짱만 끼고 있었다. 그러나 조선의 입장에서는 진주성을 빼앗기면 그 다음에는 전라도를, 또 그 다음에는 조선을 빼앗기는 것이었기에 결코 좌시할 수가 없었다.

그렇다면 당시 조선 육군 쪽의 상황은 어떠했을까?

한성의 왜군들은 퇴각할 때 문경새재를 넘어 상주→선산→의령 등 낙동강 연안을 따라 내려왔다. 조선군의 총사령관이었던 도원수 김명원(金命元)도 왜군들과 일정 거리를 두고 약 1만 군을 이끌고 선산까지 뒤따라 내려왔다. 이때 경상감사 한효순(韓孝純)은 의령에 먼저 진을 치고 있었다.

조선 조정은 6월 6일 김명원을 해임하고 전라감사 권율을 도원수로 삼았는데, 권율이 그 소식을 들은 것은 그 후 30여 일이 지난 후였다. 권율과 전라병마사 선거이(宣居怡)가 이끄는 전라 육군 5천, 그 외에 경상감사 한효순과 경상도 의병장 곽재우(郭再祐), 충청병마사 황진(黃進), 경기병마사 고언백(高彦伯) 등이 거느린 3~4천의 육군은 창원과 함안 등지에 있다가 6월 16일 왜의 대군이 몰려오자 크게 당황했다. 이에 곽재우의 의병들은 북쪽으로 퇴각했고 권율 군은 전라도 쪽으로 물러났다.

2. 환상의 견내량 봉쇄작전

「삼가 아뢰나이다.
　신이 지난 5월 7일에 바다로 내려서서 본도 우수사 이억기와 경상도 우수사 원균 등의 수군과 합세하여 거제 땅 흉도(胸島: 동부면) 앞바다에 진을 치고 명나라 군사가 남쪽으로 내려오기를 기다렸다가, 육군이 창원, 웅천으로 들어가 쳐서 그곳에 웅거해 있는 적을 바다로 몰아낸 다음, 수륙으로 함께 쳐서 먼저 이 길목을 잡고 있는 적을 제거한 뒤에 부산으로 진격하여 퇴군해서 바다를 건너가려는 적들을 섬멸하는 일로 약속을 거듭한 지 이제 두 달이 되었습니다.
　지난 6월 15일 창원에 있던 왜적이 함안으로 돌입한 뒤 16일에 적선 무려 80여 척이 부산, 김해로부터 웅천, 제포, 안골포 등지로 옮겨와 정박하였고 그 밖에도 왕래하는 배들이 부지기수인데, 적이 이렇게 수륙으로 같이 일어나는 것을 보면 서쪽을 침범할 뜻이 분명합니다.

이억기, 원균 등과 함께 온갖 방책을 의논한 끝에 적의 길목인 견내량과 한산도 앞바다를 가로막아 진을 벌렸습니다.」
― 〈축왜선장(逐倭船狀)〉(93. 7. 1.) ―

'견내량과 한산도 앞바다를 가로막아 진을 벌렸다'고 하였는바, 16만 명의 왜군과 나고야의 예비군 10만 명에 대비하기 위하여, 지금까지의 웅천·안골포에 대한 공격에서 견내량을 막아서는 수비전으로 전략을 바꾼 것이다.

조선 수군은 2만 명인데 왜군은 16만~25만 명이었으니, 개전 이래 조선 수군이 맞닥뜨린 최대의 위기였다.

「6월 23일 밤에 웅천 제포에 나누어 정박했던 적선들이 전부 거제 땅 영등포, 송진포, 하청(河淸), 가이(加耳) 등지로 옮겨서 정박하여 바다에 가득 깔렸는데 동쪽으로는 부산에서부터 서쪽으로는 거제에까지 후원선이 연락부절하니(끊이지 않으니) 참으로 통분한 일입니다.

지난 6월 26일 선봉 적선 10여 척이 곧장 견내량으로 향하여 오다가 신 등의 복병선에게 쫓겨 간 후로는 다시 나오지 않으니, 오느라 피로해진 적을 기다렸다가 먼저 선봉을 깨뜨리면 비록 백만의 적병이 와도 기운을 잃고 혼이 꺾여서 도망하기에 바쁠 것입니다. 더구나 한산 바다는 작년에 적의 대부대가 섬멸 당한 곳이라 이곳에 진치고 있으면서 적의 동태를 살피다가 마음을 합하여 협공할 것을 죽기로써 맹세하였습니다.」
― 〈축왜선장〉(93. 7. 1.) ―

6월 16일이 되자 웅천, 제포, 안골포의 왜선단은 무려 8백여 척에 달했으며 그 외에 부산에서 웅포 근해를 왕래하는 왜선단의 수는 헤아릴 수 없을 만큼 늘어나 있었다.

6월 23일, 거제도의 왜군들은 조선 함대가 진치고 있는 견내량으로 다가와 공격을 시도하다가 곧 물러갔다.

이순신과 조선 함대 수뇌진은 이를 유인계로 보고 뒤쫓지 않았다. 만약 쫓아가서 가덕도 앞바다로 나간다면 왜군들에게 포위될 우려가 있었기 때문이다. 또 조선 함대가 견내량을 비운 사이 왜군들이 역으로 견내량을 막아선다면 퇴로가 차단될 뿐만 아니라 나무하고 물을 길어 밥을 지을 수도 없으며, 정박하고 밤을 지낼 곳도 없는 사태가 초래될 수 있었다.

조선 함대가 그렇게 시달리고 있을 때 왜군들이 여기저기에서 달려들어 공격과 후퇴를 반복하면 조선 함대는 영락없이 '사냥개 곰몰이 작전'에 걸려들게 되고, 왜선에 비해 속력이 느린 판옥선은 '여러 마리의 개에게 농락당하는 곰'이 되고 만다. 정유재란 때 원균 통제사는 이 같은 계략에 말려들어 파탄을 맞았다.

백 여리에 뻗쳐 긴 뱀이 똬리를 튼 모양을 한 왜군 진지

아래는 1593년 8월 10일자 장계인데 아슬아슬한 견내량 막아서기 작전, 진주성 패전의 참상, 군량미 부족으로 굶주리고 있는 조선 해군, 그리고 민란이 일어나 광양·순천·낙안·보성 등이 쑥대밭이 되었던 일 등 분하고 뼈 아픈 사건들이 기록되어 있다.

「삼가 왜의 정세에 대한 일로 아뢰나이다.

흉한 무리들이 화친하여 남쪽으로 내려온다는 말을 듣고부터 신은 분통이 쌓임을 이기지 못하여 비록 경략(經略: 명군 최고사령관 宋應昌)의 '적을 치지 말라'는 패문(牌文: 공문서)이 있을망정 전함을 정비하여 적의 돌아가는 길을 끊어 막고 적과 함께 죽기를 맹세하였습니다.

그리고 지난 5월 7일 본도 우수사 이억기와 일제히 출발하여 경상도 거제 땅 견내량에 이르러 9일 동 도(경상도) 우수사 원균과도 만나 군사를 합하여 거제현 앞바다에서 머물렀는데, 충청수사 정걸도 6월 1일에 와서 같이 합세하였습니다.」

-〈진왜정장(陳倭情狀)〉(93. 8. 10.)-

한성의 왜군들이 남해안으로 철수(4월 11일)하기 전, 한성에서는 명·왜 간의 강화회담이 있었다. 내용은 '조·명은 남으로 퇴각하는 왜군의 뒤를 쫓지 않으며, 또 향후 왜국으로 강화 사절단(徐一貫, 謝用梓)을 보내기로 약속한다'는 것이었다.

때문에 명군 최고사령관인 경략 송응창(宋應昌)은 협상 직후 조선 수륙의 장수들에게 전쟁금지령을 내렸다. 하지만 선조는 수륙의 장수들에게 총진군령을 내렸기 때문에 조선의 장수들은 극과 극의 명령을 받고 매우 난감해 했다.

그러나 조선 수군은 조정의 명령에 따라 출동했으며, 이순신은 충청수사 정걸(丁傑)도 판옥선 1~2척을 이끌고 합류해 왔음을 조정에 보고했다.

「적의 정세를 탐색해 보니 다만 웅천의 적들이 여전히 웅거하고 있을 뿐만 아니라 8도에 깔렸던 흉악한 놈들이 한 곳에 모두 모여 아직도 바다를 건너가지는 않고 동으로는 부산에서부터 서로는 웅천에까지 바라보이는 1백여 리에 진지를 쌓고 성채를 얽어 벌떼 같이 개미떼 같이 모여들어 있으니, 참으로 통분한 일이옵니다.

　육군의 여러 장수들에게 먼저 소굴 속에 있는 적을 쳐서 바다로 내어 몰고 합공하여 섬멸한 다음에 부산으로 전진하자고 서로 공문을 보내고 거사할 날을 고대하였는데, 지난 6월 14일 육지에서는 창원에 있는 왜적들이 곧장 함안으로 돌입하자 함안에 머물고 있던 각 도 여러 장수들이 의령 등지로 퇴각하였습니다.

　15일 바다에서는 적선 대·중·소 아울러 무려 7, 8백여 척이 부산·양산·김해로부터 웅천·제포·안골포 등지로 옮겨 정박하고 연일 잇대어 오는 것이, 수륙으로 갈라서 침범할 모양임이 분명합니다.」　　　　　　　　　－〈진왜정장〉(93. 8. 10.)－

　당시 함안 지역에 있던 조선군은 권율 등이 이끄는 조선 육군의 주력과 곽재우, 정인홍(鄭仁弘) 등의 의병을 합해서 약 1만 명 규모였다. 이들은 16만의 왜군이 전라도로의 서진을 위해 서부 경남 일대로 모여들자 함안→의령→진주 쪽으로 물러나고 있었다.

　왜군들의 대규모 움직임은 바다에서도 감지되었다. 7~8백여 척의 왜선들이 부산→안골포→견내량→전라도로의 진출을 노리고 있었는데, 드디어 히데요시의 전격작전이 전개되고 있었던 것이다.

　「우리 수군들이 만약 거제도 바다 안쪽에 진을 친다면 바다 바깥쪽의 적을 미쳐 달려가 막지 못할 것이고, 바깥쪽에 진을 친다면 바다 안쪽의 적을 미쳐 섬멸하지 못하겠기에 거제 땅 안팎 바다로 갈라진 요충과 작년에 크게 승첩한 견내량 한산도 등지에 진을 합하여 길을 막고 겸하여 안팎의 사변에 대응하기로 하였습니다.

그런데 그 달 23일 밤에 웅포 등지에 진치고 있던 수많은 적선들이 거제 땅 영등포, 송진포, 장문포, 하청, 가리 등지로 옮겨 정박했는데 일렬로 늘어서 머리와 꼬리가 맞닿았으나 우리 수군이 한산도 등지를 굳게 지키며 움직이지 않으므로 적들이 일찍이 우리 수군의 위엄을 겁내어 감히 침범해 오지 못하고 육로로 견내량 해변에 이르러 진을 치고 위세를 뽐냈는데, 우리 수군들이 그 앞으로 곧장 쳐들어가 비 퍼붓듯 활을 쏘고 우박같이 대포를 놓으니 적들은 도망치며 다시는 나타나지 않았습니다.」　　　　　　　　－〈진왜정장〉(93. 8. 10.)－

전라도 공격을 앞두고 왜군들은 거제도와 고성반도 등 전라도와 인접한 해안 지대들을 모두 차지하고 있었다. 때문에 조선 함대가 주둔해 있던 한산도는 범의 아가리 속에 들어가 있는 형상이었다. 그럼에도 불구하고 왜군들은 한산도를 집어 삼킬 어떠한 방책도 찾아내지 못했다.

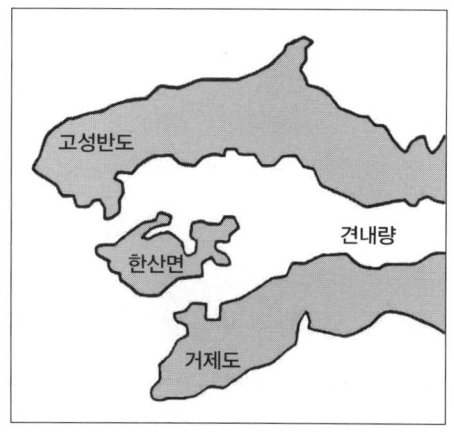

〈왜군들이 고성반도와 거제도를 차지하자 한산도는 호랑이의 아가리 속에 들어가 있는 형국이었다. 이 같은 형세를 보고 훗날 명나라의 장수들은 한산도의 조선 수군은 '바다의 숲 속에 숨어 있는 호랑이'라고 했고, 20세기 일본 해군은 이 같은 '철선에 의한 환상의 해협 봉쇄작전'을 두고 탄복했다.〉

앞의 페이지 323의 그림에서처럼 해협을 막아서서 일시집중타법(Salvo)으로 A조와 B조가 사격과 장탄을 교대하는 시스템적 사격을 가하면 왜군 함대의 선봉은 조선 함대의 화공으로 초전에 불타게 되고 해협은 막히게 된다.

설혹 상당수의 왜군 함대가 통과해서 한산도 앞바다로 나온다 하더라도 와키자카 함대가 임진년에 겪었던 패전을 되풀이해서 겪게 될 것이기에 왜군 측은 "전라도로 진격하라!"는 히데요시의 명령을 받고도 꼼짝도 하지 못했다. 이순신이 펼친 '환상의 방어진'에 대한 대책이 없었기 때문이다.

이로써 야심차게 뽑아든 히데요시의 진격작전은 또 다시 좌초 일보직전에 몰리게 된다.

이순신의 '환상 방어진의 신비'를 해독해 낸 것은 그로부터 300년 후인 도고 헤이하치로의 일본 해군에 의해서였으니, 임진란 때의 왜군들로서는 상상 밖의 해전법이었다. 그래서 왜군들은 한산도를 10:1로 포위하고서도 어찌할 바를 몰라 끝끝내 견내량을 돌파하지 못했다.

남쪽 바다를 돌아 한산도로 진입해 가자니 그 쪽에도 '거북선+판옥선단'이 지키고 있었고, 그곳에서 요격되어 무인도로 올라갔다가는 굶어죽기 십상이었기 때문에 왜군들은 엄두를 내지 못했던 것이다.

유인전으로 나선 왜군들

「왜군들은 장문포 등지에 소굴을 크게 만들고 포구 안 깊숙이 배를 감추어 놓았습니다. 그리고는 동서에서 서로 호응하여 다만 작은 배로 들락날락 엿보며 우리 군사를 유인하기 위해

간특한 계교를 부리려 하니 그 흉한 꾀를 측량키 어렵습니다.
　우리 수군을 정비하여 곧장 들어가 불태워 버리고 한 번 죽기로 맹세하고 싶사오나, 3도의 판옥 전선이 겨우 1백여 척밖에 안 되고 각각 작은 배를 거느렸을 뿐이라 병력도 많지 않고 형편도 그렇게 좋지 않은데 깊숙이 안바다로 경솔히 들어갔다가 만일 불리하여 적에게 모욕을 보는 날이면 그 화를 측량키 어렵고, 다시는 믿을 데가 없을 것이라 참으로 걱정되는 일이므로, 그 요해처를 억누르고서 침범해 오면 죽기를 결단하고 맞아 나가 쳐부수고, 도망가면 형세를 보아 추격하기로 밤낮으로 꾀하면서 지금껏 버티고만 있사옵니다.」

-〈진왜정장〉(93. 8. 10.)-

　조선 함대가 견내량과 거제도 주변 해상을 봉쇄한 채 꿈쩍도 하지 않자 갈 길 바쁜 왜군들은 어찌 할 바를 모른 채 발만 동동 굴렀다.
　특히 지난 6월 15일 김해를 출발하여 진주성으로 진군을 시작한 왜 육군이 "6월 20일경 진주성을 포위하고 공격을 시작했다!"는 소식이 전해지자 구키, 와키자카를 비롯한 왜군 함대 수뇌진은 민망하고 난감하여 몸 둘 바를 몰라 했다.
　이들 왜장들은 작전 회의를 통해 견내량 돌파를 위한 대책을 다각도로 논의했지만 마땅한 방책이 없었다.
　답답한 나머지 오늘날의 통영 지역에 선소(船所)를 짓고 배를 만들어 타고 가자는 의견까지 나왔지만 "그곳에는 배 만들 나무도 없거니와 이순신이 배를 만들어 타고 한산도로 건너가도록 보고만 있지는 않을 것"이라는 지적에 그마저도 희망사항이 되고 말았다.
　야간 기습으로 해로를 열자는 의견도 있었다. 그러나 "조선 함대의 탐색선단은 24시간 철통 경계를 펴고 있는데 무슨 수로 기습을 할 수 있느냐"는 반론에 부닥쳤다.

왜장들은 8백여 척의 대 선단으로 백여 척에 불과한 적의 선단을 어찌 하지 못해서 이렇듯 기회만 보고 있어야 한다는 사실에 서럽고 분했다.

구키 자신도 해군에 적을 둔 것에 대해 지금처럼 후회해 본 적이 없었을 만큼 치욕을 느꼈다. 더구나 거사를 앞둔 시점에서 처해진 입장이었기에 그 치욕감은 이전 해전에서의 패배감 못지않게 컸다.

대 선단의 위용에도 아랑곳없이 방어진을 꿋꿋하게 지키고 있는 이순신의 기개가 그저 놀라울 따름이었다. 이렇다 할 대책도 없이 논의만 길어지자 회의는 점차 갑론을박의 형태로 번졌고 어느 순간에는 서로에게 삿대질을 하는 일촉즉발의 장면까지 연출되기에 이르렀다.

이 같은 모습을 지켜보던 구키는 싸움이 시작되기도 전에 자신들을 자중지란으로 빠뜨려 놓고는 해협 너머에서 코웃음을 치고 있을 이순신을 떠올렸다. 분했다. 순간, 구키는 치밀어 오르는 격분을 왜장들에게 쏟아냈다.

"이 칼에 죽고 싶은 자는 계속 그렇게 지껄여라! 이 칼은 다이코(太閤) 님께서 내게 하사하신 칼이다! 더 이상의 쑥덕공론으로 소란을 일으키지 마라! 대책은 이미 세워졌다! 시행에 옮길 일만 남았을 뿐…!"

구키는 유인전으로 조선함대를 견내량에서 끌어낸 후 일찍이 구상한 바 있는 '곰 몰이 작전'으로 조선 해군을 섬멸하고자 7월 초까지 무려 10여 차례나 유인전을 도모했지만 모두 헛수고로 돌아갔다.

이 같은 왜 해군들의 사정은 6월 말, 마침내 진주성을 함락하고 전라도 진출을 목전에 두고 있던 왜 육군들에게도 전해졌는데, 이 소식은 그토록 바라마지 않던 전라도 속지화(屬地化) 계획에 찬물을 끼얹는 결과를 가져왔다.

정유재란 때 이순신이 통제사로 있었다면 그때도 역시 견내량을 굳게 막아섰을 것이고, 왜군들은 경상도 해안에서 서성거리다가 이듬해 히데요시가 죽고 나면 모두 본국으로 돌아갔을 것이다. 그러나 원균을 통제사로 삼았기에 칠천량 패전이 있었고, 전쟁은 전국적인 규모로 확대되었으며 명나라가 재차 참전하는 국제적 성격으로 되었다.

「그런데 웅천에서 동쪽은 망보는 길이 막혀 적이 가고 오는 형적을 자세히 알 수 없는데, 사로잡혀 갔다가 도망쳐 돌아온 사람의 말을 들으니 "여러 곳의 왜적들이 늘면 늘었지 줄지는 않았고, 소굴도 전보다 배나 더하며, 지금은 바다를 건너갈 계획이 없는 것 같다."고 하였습니다.

그래서 그 허실을 알아보고자 육지 쪽 김해·웅천 등지로 순천군관 김중윤(金仲胤), 흥양군관 이진(李珍), 우도 각 포구의 군관 등 여덟 사람을 뽑아 보냈더니….」

-〈진왜정장〉(93. 8. 10.)-

웅천 동쪽은 정보가 두절되었다. 그래서 결사대 성격의 특수 탐색대를 급파했다. 이 장계는 첩보 관리 분야를 보고한 것인데 지금까지는 왜선을 깨치거나 목 벤 것이 아니라고 해서 독자들에게 소개되지 않은 기록이다. 이순신의 자세하고 꼼꼼한 격물·치지적인 정보관리 방식을 보여주고 있다.

「(탐색대가) 이달 8월 14일에 돌아와서 이렇게 보고했습니다.

"8월 9일 웅천면에서 밤을 지내고 10일에 바라보니, 웅천읍성 안 남문 밖에 진을 친 적들은 절반은 웅포에서 옮겨와서 막을 쳤습니다. 서문 밖, 북문 밖, 향교동 동문 밖에 진을 친 적들은 그 수효는 알 수 없으나 그대로 움직이지 않고 있었으며, 배는 대·중·소 아울러 2백여 척인데 웅포 좌우 쪽으로 나뉘어 정박해 있었습니다.

그리고 안골포에는 성 안팎에 적들이 가득 차 있었는데 당시 집을 짓고 있었으며, 배는 선창 좌우 쪽에 크고 작은 것이 굉장히 많이 줄지어 정박해 있었습니다. 원포(院浦)에는 대발고개에 이르기까지 집을 짓고 진을 쳤는데 큰 배 중간 배 아울러 80여 척이 떠 있었습니다. 또 제포는 야미산(野尾山) 도직령(刀直嶺)으로 가려져서 막을 친 수효가 얼마나 많은지 바라볼 수가 없었고, 그곳 선창 남쪽 바다에는 큰 배 중간 배 아울러 70여 척이 떠 있었으며, 포구의 사화랑(沙花廊) 망봉(望峯) 아래 서쪽 중봉(中峯)에는 성을 쌓았습니다.

그리고 영등포는 과녁 터에서 죽전포에 이르기까지 집을 지었는데 배는 선창에서 가다리(加多里)에 이르기까지 수없이 많이 정박해 있었으며, 김해강 가덕 앞바다로부터 웅천 거제에 이르기까지 왕래하는 배가 끊이지 않았습니다.

이런 것들을 탐망한 다음 김해 땅 불모산(佛毛山)에 이르러 밤을 지내고 이튿날 상장산(上長山) 높은 마루에 올라가 바라보니 김해의 적들은 멀어서 자세히 알 수 없었고, 김해부에서 7리쯤 되는 죽도에는 집을 지었으며 배들은 남쪽 가에 정박해 있었고, 또 불암창(佛巖滄: 김해면 불암리)에 진을 친 적들도 역시 막을 쳤는데 그 수효는 자세하지 않았습니다.

배들은 그 바위 밑 왼편으로부터 5리쯤에 이르기까지 줄지어 정박해 있었으며 덕진교(德津橋: 김해면 덕형리)에 진을 친 적들은 복병으로서 40여 군데에 막을 지었습니다. 배들은 20여 척이 다리 아래로 왕래하고 있었고 또 정박하고 있었습니다."

그리고 사로잡혀 갔다가 도망쳐 돌아온 고성 수군 진신귀(陳新貴)의 문초 내용은 이러하였습니다.

"지난 8월 8일 왜선 3척이 소인의 집 앞에 상륙했을 때 형 진휘(進輝)와 함께 사로잡혔습니다. 거제도의 영등포에 이른즉, 왜적들은 그 포구 과녁터와 선창가와 북봉 아래 3곳에 집을 지었는데 2백여 채나 되며, 또 북봉에는 나무를 쳐 버리고 땅을 평평히 깎아 토성(왜성)을 쌓았는데 주위는 꽤 넓었습니다. 왜적들은 그 안에서 연속 집을 짓고 있었는데 왜인들 속에서 3분의 1은 우리나라 사람들로서 서로 섞여 일하고 있었습니다."」
-〈진왜정장〉(93. 8. 10.)-

왜군들은 왜성을 쌓는 데 여념이 없었으며, 일하는 사람의 3분의 1은 조선인 부역자였다는 기록이다. '16만의 왜군+나고야의 10만 예비대+조선인 부역자'가 왜군의 실체였음을 알 수 있다.

「 "왜적들이 저희 본국으로부터 군량과 겨울을 날 속옷들을 2~3일에 걸쳐 계속해서 배로 실어왔고, 그곳에 머문 배들은 무상으로 드나드는데 언제나 50여 척이 한 패로 연달았습니다. 또 장문포·송진포 등지에도 산봉우리를 깎아 편평하게 하고 토성을 쌓고서 그 속에 집을 지었으며, 배들은 대·중·소 아울러 혹은 1백여 척 혹은 70여 척이 언덕 아래에 정박해 있었습니다. 웅포의 서쪽 산봉우리와 제포 북쪽 산과 안골포 서쪽 산봉우리 등지에도 역시 토성을 쌓고 성 안에는 집을 지었는데, 정박해 있는 배들은 언덕에 가려져 바라볼 수 없었으며, 제포 선창에는 큰 배, 중간 배들이 수없이 정박해 있었습니다.

그 밖에도 저희들 본국과 가덕으로 가는 웅천 거제 배들이 끊이지 않았습니다. 왜인들은 소인에게 다만 나무하고 물 길어 오는 일만 시켰는데, 지난 8월 19일 밤 틈을 타서 도망쳐 나왔습니다."

그런데 웅포 세 곳, 거제 세 곳에 성을 쌓고 집을 짓는다는 말은 왜적에게 사로잡혀 갔다가 돌아온 봉사(奉事) 제만춘(諸萬春)의 공초 내용과 거의 부합되며, 왜의 본국에서 군량과 의복 등을 연달아 실어 온다는 것은 무지한 사람들의 말이라 다 믿기는 어렵지만, 적의 정세를 보면 겨울을 날 듯이 분명하니 더욱 통분하기 그지없습니다.」　　－〈진왜정장〉(93. 8. 10.)－

이순신은 수집되는 각종 정보들을 잘 짜깁기해서 적정을 파악했고 또 조정에 보고했다. 그리고 보고한 장계의 초본은 오늘에 이르기까지 잘 보존되어 있어 우리로 하여금 당시의 광경을 직접 보는 것 같은 착각마저 일으키게 한다.

「적들이 소굴 속에 들어 있어 서로 호응하므로 해군만으로는 무찌를 방책이 없고 수륙이 함께 일어서야만 섬멸할 수 있겠기에 우리나라 육군들과 서로 공문을 보내어 약속했지만, 명나라 군사들에게는 후원을 청할 길이 없어 참으로 답답합니다.

수군은 바람이 아직 그리 세지 않은 8~9월 이전이라야 배를 부려 적을 제어할 수 있으며, 날로 점점 바람이 거세지고 파도가 산같이 일어나면 배를 부리기가 어렵사옵니다. 그런데 수군이 먼 바다에 진을 친 지 벌써 다섯 달이라, 마음이 풀어지고 용기도 꺾인 데다 유행병조차 크게 퍼지니 진중의 군졸들이 태반이나 전염되어 죽는 자가 속출할뿐더러 군량이 떨어져 계속해서 굶게 되고, 굶던 끝에 병이 나면 반드시 죽게 되니, 정해져 있는 군사 수효가 날로 적어지고 달로 줄어들므로 다시 보충할 사람도 없습니다.

신이 거느린 수군만 가지고 보더라도 사부, 격군 아울러 본래 수효가 6천 2백여 명인데, 작년과 금년에 전사한 사람과 또 2, 3월 이후로 오늘에 이르기까지 병들어 죽은 자가 6백여 명이나 되는바, 무릇 이들 죽은 사람들은 모두 건장하고 활 잘 쏘며 배도 잘 부리는 토병과 '보자기' 들입니다.」

-〈진왜정장〉(93. 8. 10.)-

전투에서보다 유행병으로 죽는 사람이 더 많은 실정이었다. 군사들이 이처럼 허약체질이 된 것은 영양실조가 큰 원인인데 이순신은 이 장계에서 經·營 관리 분야의 어려움을 보고하고 있다. '보자기'는 어느 고을에도 속하지 않은 독립적인 어민들로서, 이들은 전쟁이 나면 자신들의 어선(포작선)과 함께 수군에 자동 편입되었다.

견내량을 막아섬으로써 왜군들의 공격을 아슬아슬하게 막아냈지만, 이렇게 되자 이번에는 군량미가 문제였다.

「그리고 남아 있는 군사들은 조석으로 먹는 것이 불과 2, 3 홉이라 주리고 곤함이 겹쳐서 활을 당기고 노를 젓기도 도저히 감당키 어려운 형편입니다. 당장 큰 적과 대치한 오늘 군색한 정세가 이렇게까지 되어 만단으로 걱정되옵기에 이 사연을 두 번 세 번 도원수(권율)와 순찰사(이정암) 등에게 보고하여 순천, 낙안, 보성, 흥양 등 고을의 군량 8백 80여 섬을 지난 6월에 실어다가 두루 나누어 먹였습니다.

　그런데 본 도는 명색은 보존되었다고 하나 사변이 난 지 2년 만에 물자가 고갈되었고 게다가 명나라 군사들의 치다꺼리를 하느라 피폐가 극도에 이르러 난리를 겪은 지역보다도 심한 바가 있습니다. 그 와중에 명나라 군대가 남쪽으로 내려와서 마을 집으로 드나들며 재물을 빼앗고 들판의 곡식을 망쳐 지나가는 곳마다 탕진되니 무지한 백성들은 이 꼴을 보고 도망치며 다른 지방으로 떠나가는 형편입니다.」

-〈진왜정장〉(93. 8. 10.)-

　난리가 2년째 접어들자 식량 등 모든 물자가 고갈되어 갔고 그 위에 명군이 재물을 앗아가고 있었다. 다른 도에서는 전쟁 통에 농사를 짓지 못해서 사람이 사람을 잡아먹는 아비규환의 시대였다.
　그런데 전라도는 전쟁을 겪지 않았다는 이유로 전라도의 수륙군이 조선군의 주력이 되어 있었고, 조정과 명나라 군의 전쟁비용도 전라도에 의존하고 있었다. 이러한 상황에서 이순신의 후방 고을들에서 민란까지 일어나자 조선 해군의 주력은 졸지에 알거지가 되고 말았다.

알거지가 된 광양·순천·낙안·보성·강진 함대

　「지난 7월 4일 광양 땅 두치(豆峙)의 복병장 장흥 부사 유희선(柳希先) 등이 뜬소문을 퍼뜨려 광양·순천·낙안·강진 일대의 연해안 백성들은 그 고을 수령들이 바다로 내려가고 관청이 비어 있는 틈에 서로 소동과 난리를 일으켜서 관가의 창고를 깨뜨리고 곡식을 훔쳐가며 노비문서와 세금 장부 등 일체 문서를 남김없이 불살라 버려서 분탕질한 현상이 난리를 치른 곳보다 심하옵니다.

그 일이 있은 후로는 수군에 군량을 대는 것조차 도무지 의뢰할 데가 없기에 명나라 군사를 접대하기 위해 배로 실어 오는 군량이라도 옮겨다 쓸 계획입니다.

그런데 영남에서 하고 있는 명나라 군사 지공(支供: 치다꺼리)에 관한 일을 모두 여기(전라 좌도)에 의뢰하는바, 명나라 군사들은 한가로이 날만 보내고 끝내 적을 치기 위해 진격한다는 기별은 없사옵니다.

적의 형세는 전보다 배나 왕성한 채 조금도 도망쳐 돌아갈 계획은 없으며 군량은 도저히 계속 공급할 길이 없을뿐더러 이렇게 굶고 병든 군사를 가지고 저 소굴 속에 들어 있는 적들을 치기에는 아무런 계책도 없어서 그저 통분할 따름이라 답답한 정상을 우선 간략히 아뢰오니, 엎드려 바라옵건대, 조정에서는 각별히 요량하여 선처해 주시기를 바라옵니다.」

-〈진왜정장〉(93. 8. 10.)-

진주성 함락에 성공한 왜군 일부는 게릴라 복색으로 하동→구례로 진출했다. 그런데 섬진강변에 위치한 두치진의 복병장 유희선은 왜군들의 이 같은 움직임을 '왜군 주력의 전라도 침공'으로 판단하고는 잘못된 소문을 퍼뜨렸다. 헛소문을 들은 피난민과 하층민들은 비어 있던 관청과 창고를 초토화시키는 등 난리를 피웠다.

한편, 왜군들은 해군이 견내량을 통과하지 못하자 전라도 해안에 왜성을 쌓을 수 없었다. 그렇게 되자 진주성의 왜군 주력은 전라도로 진출할 수 없었고, 그래서 구례로 진출한 왜군 게릴라 부대들의 일부는 구례 지역에 주둔해 있던 명군에 의해 소탕되기도 했고, 또 일부는 진주로 되돌아갔다

3. 제2차 진주성전투

　남해안 일대에 16만의 왜군 병력이 집결하자 왜군들은 육로를 통한 서진(西進)에 앞서 해로를 통한 서진을 계획했다. 이에 고성반도를 점령한 왜군들은 한산도에 진을 친 조선 함대의 동향을 살펴보려고 하루 온종일 거제도 높은 산에 올라가 한산도 안쪽을 관찰했다.
　높은 산에 가려서 잘 보이지는 않았지만, 한산도는 물론 그 주변에 있는 섬들에서도 간간히 병선들의 움직임이 관측되었다. 이렇게 되자 왜군들은 한산도 주변 수십 개의 섬 요소요소에 복병 함대가 숨겨져 있다고 생각했다.
　또 한산도에서 전라도로 오가는 배들은 주로 밤에만 다녔고 모두 거북선처럼 이엉을 덮고 다녔기 때문에 멀리서 보면 판옥선과 수송선들도 영락없는 거북선이었다.
　이 같은 상황에서 견내량 쪽과 남쪽 바다 쪽은 '거북선+학익진의 판옥선단'이 지키고 있었으므로 왜군들은 견내량 돌파가 쉽지 않다는 것을 깨달았다.

　이에 우키타 히데이에가 이끄는 왜 육군은 해군들이 신속하게 견내량을 돌파해 주기를 기원하면서 진주성 공격에 나서게 된다.

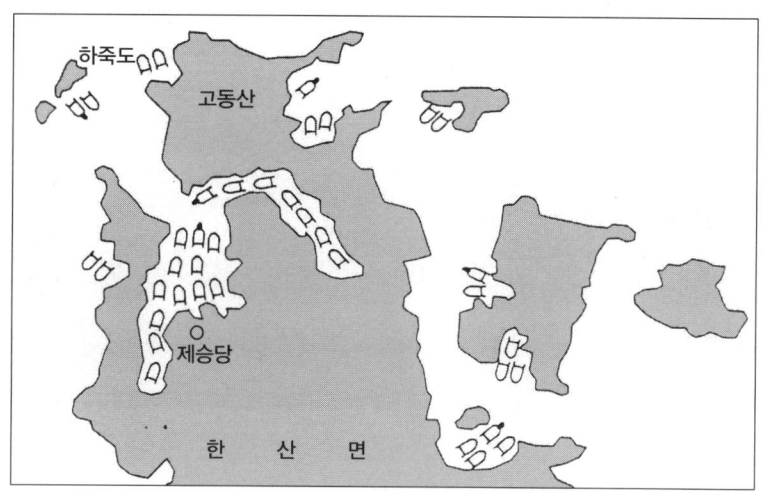

진주성 공격을 위해 최고위급 사령관들이 이끄는 10만의 정예군을 편성한 왜군들은 6월 중순 김해를 출발하여 6월 20일부터 진주성을 겹겹이 포위하기 시작했고, 6월 21일 공성(攻城) 준비를 완료했다. 그리고 6월 22일 아침, 일본식 공성법을 총동원한 가공할 공격이 진주성을 덮쳤다.

〈진주성을 지킨 주요 지휘관들〉
    창의사 김천일(金千鎰: 전라도 지역 의병장 출신)
    병사 최경회
        (崔慶會: 전라도 의병장 출신, 경상도병마사, 논개 남편)
    충청병사 황진(黃進)
    김해부사 이종인(李宗仁)
    거제현령 김준민(金浚民)
    의병장 고종후(高從厚: 전라도 의병장, 고경명의 아들)

〈왜군 측 지휘관들〉
　제1대: 가토 기요마사(加藤清正)
　제2대: 고니시 유키나가(小西行長)
　제3대: 우키타 히데이에(宇喜多秀家)
　제4대: 모리 히데모토(毛利秀元)
　제5대: 고바야카와 다카카게(小早川隆景)

고립무원의 3천 결사대

　10만의 왜군들이 진주로 몰려오자 곽재우와 권율의 군대는 모두 북쪽과 서쪽으로 퇴각했다. 대군에 맞서 몰살당하는 것보다는 후일을 도모하는 것이 더 바람직하다고 판단했기 때문이다.
　이렇게 되자 진주성에는 결사대 3천 명만이 남아 있게 되었다.
　다행히 무기와 군량미는 비축해 둔 것이 많았다.
　3천의 결사대는 백성들의 지원을 업고 화약무기를 포함한 재래식 수성전 등 온갖 방법을 총동원해서 왜군들의 공격을 막아냈다. 그러나 날이 지날수록 지휘관들이 총탄에 맞아 하나 둘 전사했고, 불행히도 때는 장마철이라 화약무기 사용이 어려웠다. 또 왜군들이 철판으로 이어 덮은 장갑차를 성벽에 붙이고 성벽 허물기를 시작하자 성 안의 백성들은 공포에 질려 동요하기 시작했다.
　왜군들은 막대한 희생을 감수한 끝에 성벽 허물기에 성공, 6월 29일 무너진 성벽을 넘어 물밀 듯이 성 안으로 진입했다.
　"사람이든 짐승이든 성 안에 있는 것들은 남김없이 도륙하라!"는 히데요시의 명령에 따라 왜군들은 창칼을 휘두르며 닥치는 대로 성 안을 초토화시켰다.

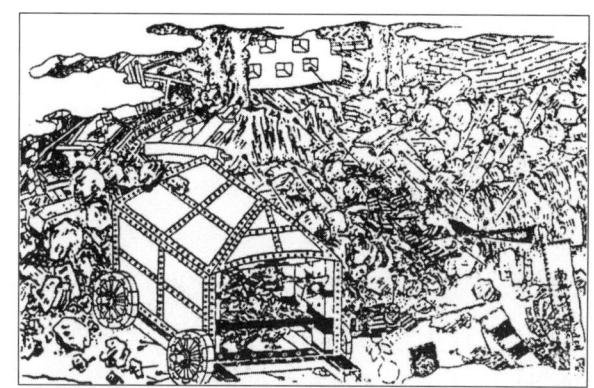

〈성벽을 뚫고 있는 왜군의 귀갑차〉
— 〈태합기〉에서.

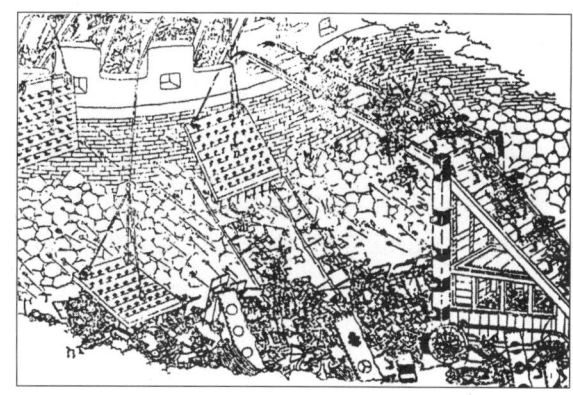

〈왜군들의 운제(雲梯) 공격을 막고 있는 진주성의 조선군〉

— 〈태합기〉에서.

진주성 함락 후, 왜군 선발대는 전라도 수군이 복병하고 있던 두치(섬진강)와 광양을 피해 백운산 남쪽 기슭을 타고 전라도 구례 지역까지 진출하였다. 이들은 전라 육군 및 명군과 싸우려고 했지만 주력군이 뒤따라 주지 않자 곧장 진주로 돌아갔다.

전라도 진출을 목전에 두고 왜군 주력이 뒤따르지 않았던 이유는 이러하였다.

첫째, 수륙 병진의 한 축을 담당해야 할 해군이 그 때까지도 견내량을 돌파하지 못했기 때문이다. 이는 보급에 차질을 가져오는 중차대한 문제였다. 지리산과 노령산맥은 문경새재 못지않은 험준한 지형이었으므로 10만 대군을 위한 보급로로는 적합하지 않았던 것이다.

둘째, 조선 해군이 건재해 있었기 때문에 전라도 해안에 왜성을 쌓는 것은 불가능했다.

셋째, 왜군들도 지쳐 있었다. 한양에서 철수해 내려올 때 모두는 고향으로 돌아가는 줄 알고 모진 고생을 감내하며 남해안으로 퇴각해 왔는데 진주성 공격에 이어 전라도 공격까지…. 왜군 수뇌진으로서도 병사들에게 끝이 보이지 않는 전쟁을 다시 시작하라고 하는 것은 아무래도 무리였다.

넷째, 명나라 쪽의 항의가 있었다. 명군 측은 "본국으로 돌아간다기에 뒤쫓지 않았다. 진주성 공격까지는 이해할 수 있지만 전라도 침공은 분명한 협정 위반이다!"라며 명나라 군대를 전라도에 투입하겠다고 했다. 자칫하다가는 '전라 육군의 화약무기+명군의 화약무기+조선 의병+조선 수군의 화약무기'와 맞서 싸워야 하는 상황을 초래할 수 있었다. 이는 가뜩이나 지쳐 있던 왜군들에게 너무나도 큰 짐이었다.

4. 다시 원점으로 – 본국으로의 철수

7월 초, 진주성을 함락하고 전라도로의 진격을 준비하고 있던 우키타 히데이에는 나고야 사령부에 진주성에서 거둔 승전보를 전하는 한편, 구키 요시다카(九鬼嘉隆)로부터 '조선 함대의 견내량 방어선을 돌파했다'는 소식이 도착하기를 손꼽아 기다렸다.

하지만 웅천의 왜군 기지로부터 "이순신이 수많은 병선들을 이끌고 와서 견내량을 틀어막고서는 단 한 발자국도 움직이지 않는다. 구키 대장을 비롯한 여러 장수들이 온갖 계책을 부려 적 선단을 웅천 앞바다로 끌어내려 했지만 아무 소용이 없었다. 이순신이 선단을 물리지 않는 한 우리 해군은 서쪽으로 나아갈 수 없다고 한다."는 보고만이 전해졌다.

소식을 들은 왜 육군 장수들은 하나같이 분개하며 한 목소리로 해군을 성토하기 시작했다.

"대체 해군에 있다는 작자들은 다 뭐하는 자들이란 말인가! 그들이 지금껏 했다는 짓은 나라의 돈이란 돈은 다 끌어다가 만든 군함들을 몽땅 바다에 처박아버린 것 말고는 한 일이 없지 않은가!"

"그깟 해협 하나 건너오는 게 그렇게도 어려운 일인가? 부끄러운 줄도 모르는 한심한 족속들…."

이 같은 성토 분위기는 선발대를 전라도로 떠나보낸 후 가졌던 작전회의 때까지 이어졌다. 이날 작전회의는 전라도 공격에 대한 가부를 논의해서 제장들이 합의한 결과를 나고야 사령부에 보고하기 위한 것이었다.

그런데 논의되고 있는 바는 원래의 논점과는 크게 동떨어진 것이었다. 정상적인 회의 진행이 어려울 만큼 성토 분위기가 과열되자 말을 아끼고 있던 우키타가 입을·열었다.

"여기 계신 분들의 이야기를 듣고 보니 모두가 다 바다의 용장들이시구려! 그래, 여러분들의 지략과 기백이라면 저 간악한 이순신의 무리를 때려잡고도 남음이 있을 것이오! 지위 고하를 떠나 누구든 말씀만 하시오! 내 당장 다이코(太閤) 님께 아뢰어 그 분의 영명(榮名)을 오래도록 빛나게 해 드리리다!"

회합에 참석한 왜장들에게 우키타의 말은 죽음을 명령하는 말(死

슈狀)과도 같았다.

 사지로 보내주겠다는 말에 좌중은 일순 쥐 죽은 듯 조용해졌다. 그러자 이번에는 행주산성 전투 때 입은 부상으로 전투에 참가하지 못하고 있던 이시다가 곧바로 화제를 본론으로 몰고 갔다.

 "오늘 이 자리는 누구의 잘잘못이나 가리자고 마련한 게 아닙니다. 산 너머에 오만하기 짝이 없는 적과 그 본거지가 있습니다. 적을 칠 것인지 말 것인지를 결정하자는 것입니다. 중론에 따라 합의해서 다이코 님께 속히 재가를 받아야 합니다."

 이시다의 말이 끝나자 가토 기요마사가 곧바로 자신의 입장을 밝혔다.

 "진주성 하나를 깨자고 여기까지 온 것은 아닙니다! 이미 결정은 되어 있었습니다. 지금 와서 새삼 결정이라니요? 나는 해군의 도움 같은 것은 지금껏 받은 적도 없거니와 기대하지도 않습니다. 지금 우리의 힘만으로도 전라도를 짓뭉개버리는 것은 시간문제일 뿐입니다!"

 임진년에 선봉군 제2대를 이끌고 전장에 뛰어들었던 가토는 고니시 유키나가와 줄기차게 공명(功名) 경쟁을 벌여왔지만 간발의 차이로 번번이 그 경쟁에서 뒤쳐지곤 했다. 때문에 이번 기회에 혁혁한 전공을 세워 자신의 진가를 알리고 싶어했다.

 그러나 가토의 발언을 들은 대다수의 왜장들은 즉각 난색을 표하며 전라도 공격은 무익(無益)하다고 반박하고 나섰다. 왜장들은 보급 두절로 겪어야 했던 혹독했던 지난겨울의 기억들을 회상하면서 "해상 보급로가 확보되지 않는다면 실패의 반복일 뿐"이라는 이유를 내세워 사실상 공격을 반대하고 나왔다.

 우키타와 이시다 역시 같은 생각이었다. 원수들의 땅을 눈앞에 두고 말 머리를 돌려야 하는 이들 수뇌진의 심정은 말로는 표현하기 어려운 것이었다.

특히 히데요시가 구상한 이번 작전의 또 다른 본질적 의미, 즉 '나고야 주둔 예비대의 출정' 의도를 알고 있었던 이시다는 히데요시가 받게 될 심적 고통을 우려하며 입술을 깨물었다.

〈이시다 미쓰나리(石田三成)〉

"이번 작전은 반드시 성사시켜라. 우리 해군이 조선 해군을 꺾고 바다를 장악해야만 나의 근심이 덜어질 수 있음을 너도 잘 알겠지? 구키가 서해로 가는 길을 연다면 너희는 지체 말고 한성으로 진격해라. 도쿠가와가 서해를 타고 올라가 응원에 나설 것이니…."

6월 초, 명나라 사신 일행과 나고야에 다녀왔을 때 히데요시가 이시다에게 했던 말이다.

그로부터 며칠 후, 나고야의 히데요시는 자신의 집무실이자 나고야 성의 자랑인 황금 다실(茶室)에서 중신들과 담소를 나누던 중에 급보를 전해 들었다.

우키타가 그간의 전황과 제장들이 '전라도 공격 불가'를 결의한 내용의 보고서를 보내온 것이다.

임진년의 악몽이 재현되고 있다는 생각에 히데요시는 호흡을 깊이 가다듬었다. 또다시 원점이었다. 그리고 또다시 이순신이었다.

히데요시는 보고서를 방바닥에 집어 던졌다. 방바닥에 패대기쳐진 보고서 위로 온기가 채 가시지도 않은 찻잔이 날아가 산산이 부서졌다. 휘황찬란하던 다실 안은 순간 암흑의 공간으로 뒤덮여버렸다.

시종(侍從) 하나가 황급히 다가와 바닥을 수습하는 동안 히데요시도, 모여 있던 중신들도, 그 누구도 말이 없었다.

"다이코 전하, 작전은 여의치 않은 듯합니다. 분하지만 원정군의 본국 철수를 명하십시오. 좋은 날을 기다려 훗날을 기약하신다 해도 결코 늦은 것은 아닐 것입니다."

히데요시의 심기를 누구보다도 잘 헤아리고 있던 군사(軍師) 구로다 간베에(黑田官兵衛)가 깊은 정적을 깨고 자신의 생각을 가감 없이 드러냈다. 그러나 지금 이 순간, 그 어떤 말도 히데요시의 귀에 들릴 리 만무했다.

"가슴에 화를 키우시면 매우 해롭습니다!"

사실 구로다에게는 작전의 실패보다 요사이 눈에 띄게 기력이 쇠잔해져 가는 히데요시의 건강이 더 걱정이었다. 생각 같아서는 '전쟁 포기'를 주문하고 싶었지만 여기에서 그만 둘 위인이 아니라는 것쯤은 삼척동자도 알 만한 일이었기에 꾹 참고 말을 아끼는 중이었다.

히데요시는 모여 앉은 중신들의 표정을 슬쩍 살펴보았다. 겉으로는 드러내지 않았지만 모두가 자신을 비웃고 있는 것 같았다.

＊구로다 간베에(黑田官兵衛: 1546~1604): 일본 전국(戰國) 시대를 풍미한 전략가로 토요토미 히데요시(豊臣秀吉)의 핵심 군사 참모. 임진년 선봉군 제3대를 이끌고 조선 원정에 나선 구로다 나가마사(黑田長政)의 아버지이기도 했던 그는 젊은 시절 병(매독)으로

절름발이가 되었다고 전해지는 인물이다.

1600년 세키가하라(關の原) 전투에 가담하지는 않았지만 도쿠가와 이에야스(德川家康)가 승리를 거두자 도쿠가와에게 복속했다고 전해진다.

7월 22일, 히데요시는 조선에서 인질로 사로잡은 두 왕자를 석방하고 왜군들에 대한 본국으로의 퇴각을 명령했다. 이에 진주의 왜군들은 부산으로 철수했고, 8월부터 본격적인 본국으로의 철수가 시작되었다. 조선에 건너온 왜군들은 남해안에 4만의 병력만 남기고 날씨와 선박의 사정에 따라 본국으로 돌아갔다.

남은 병력은 남해안 왜성들에 계속 주둔해 있었는데 이는 명과의 강화회담을 위한 지렛대로 삼기 위해서였다.

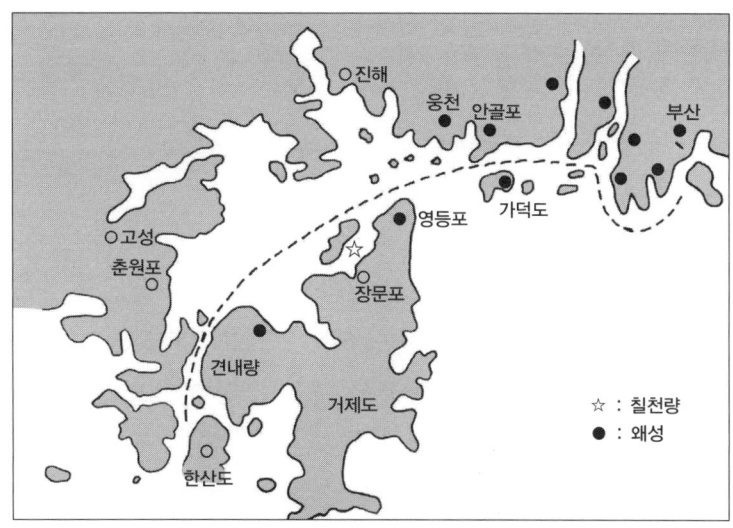

〈견내량을 경계로 양측은 정유재란이 있을 때까지 3년 8개월간 대치했다. 왜군들은 해안에 왜성을 쌓고 조선 함대의 부산포 진출을 차단하기 위해 중간 정박지를 없앴다.〉

그 후 강화회담이 결렬되자 히데요시는 이들 병력을 정유재란 때 진격작전의 발판으로 삼았다.

한편, 명군도 몇 천 명만 남기고는 본국으로 돌아갔다. 조선 육군 쪽도 몇 천 명만이 남아 요해지를 수비했고 주력은 귀향해서 전후 복구에 나섰다.

그러나 한산도의 조선 수군은 남해안의 왜군 4만과 대치해야 했다. 대마도와 나고야의 10만여 왜군들이 갑자기 건너와 한산도를 기습 공격할지도 모르는 상황이었기 때문인데, 이로 인한 후방 백성들의 원망과 고충도 조선 함대 수뇌진에게는 큰 부담으로 작용했다.

5. 6차출동 기간의 군영 經·營 일기

이 기간 중의 〈난중일기〉는 7월 1일자와 8월 10일자 장계를 더욱 자세하게 해독할 수 있게 해준다.

> 5월 2일. 맑다. 선전관 이춘영(李春榮)이 임금의 분부를 가지고 왔는데 내용은 '물길을 끊어 막고 도망가는 적을 죽이라!' 는 것이었다. 이날 보성 군수(金得光), 발포 만호(黃廷祿) 두 장수가 와서 모였고 다른 여러 장수들은 정한 기일을 물렸기 때문에 모이지 않았다.

농번기였기에 관내 다른 기지대장들은 출항 기일을 연기하고 있다.

5월 3일. 맑다. 우수사(이억기)가 해군을 거느리고 왔는데 많이 뒤떨어져서 유감, 유감이다. 이춘영(선전관)은 돌아가고 선전관 이순일(李純一)이 또 왔다.

이억기의 수군이 '많이 뒤떨어져서' 라고 했는데, 그곳 역시 농번기였고 조선 육군과 명나라 군에 대한 뒷바라지 때문에 기일을 맞추지 못한 기지가 여러 곳 있었다.

왜군들이 한성을 비워준 것은 1593년 4월 29일이다. 그래서 5월은 남으로 퇴각해 오는 왜군들과 그 뒤를 조·명 연합군이 일정한 거리를 두고 따라 내려오고 있었다. 이렇게 되자 남쪽 백성들은 왜군들의 약탈도 피해야 했고, 또 조·명군의 징용과 징발도 피해야 했는데, 그러다 보니 농사일이 소홀해졌고 굶어 죽거나 사람이 사람 고기를 먹는 지경에까지 이르렀다.

5월 4일. 맑다. 이날은 (아산에 있는)어머님 생신인데도 가서 축수의 술잔을 드리지 못하게 되니 평생 유감이다. 우수사(이억기), 군관 등과 진해루에서 활을 쏘았다. 순천(부사 권준)도 와서 함께 약속하였다.

5월 5일. 맑다. 선전관 이순일(李純一)이 영남에서 돌아왔다. 늦게 군관들을 시켜 편을 갈라 활을 쏘게 했다.

5월 6일. 맑다. 아침에 친척 신정(愼定)과 조카 봉이 해포(蟹浦: 아산 해암)에서 왔다. 늦게 큰 비가 쏟아지더니 그대로 종일 그치지 않아 개천에 물이 넘쳐 농민들을 만족하게 하니 다행, 다행이다.

이렇게 비가 와야 모를 심은 후 마음 편히 출동할 수 있다. 그래서 반가웠다. 모를 심지 못하고 출동한다면 후에 추수할 것이 없어 전후방이 모두 굶어 죽는 지경이 될 수도 있다.

5월 7일. 흐리되 비는 오지 않았다. 우수사(이억기)와 함께 아침밥을 먹고 배에 올라 미조항으로 향했는데 동풍이 크게 불고 파도가 산더미 같아 간신히 이르러 잤다.

파도가 험해서 미조항에서 잤다.

5월 8일. 흐리되 비는 오지 않았다. 새벽에 떠나 사량도 앞바다에 이르니 만호(李汝恬)가 나오기에 우수사(원균) 있는 곳을 물었더니 "지금 창신도에 있다"고 하며 "군사들이 모이지 않아 미쳐 배를 타지 못했다"고 하였다. 바로 당포에 이르니 이영남이 와서 인사하며 수사(원균)의 잘못하는 일이 많다고 자세히 말하는 것이었다.

원균 쪽도 군사들이 모이지 않아 기일에 맞춰 출동하지 못하고 있다. 이영남이 원균의 經·營 관리상의 문제들을 이야기하며 개탄했다.

5월 9일. 흐리다. 아침에 떠나 걸망포(통영군 용남면)에 이르니 바람세가 불순하다. 우수사(이억기)와 가리포(첨사 具思稷)와 같이 앉아 군사에 관한 일을 이야기하였다. 저녁에 원 수사(원균)가 배 2척을 거느리고 왔다.

원균이 왔는데 '배 2척'의 초라한 모습이다. 원균 관내 후방 고을들이 채 회복되지 못한 것도 이유가 되겠지만, 평소 백성들을 돌보고 병선을 건조하는 군영 經·營에 매진하지 않고 주색(酒色)과 죽은 자의 목 베기에 관심이 높았던 것이 문제였다.

5월 10일. 흐리되 비는 오지 않았다. 아침에 출발하여 견내량에 이르러 홍양(고흥) 군사를 점검하였다. 선전관 고세충(高世忠)이 임금의 분부를 가지고 왔는데 부산으로 나아가 돌아가는 적들을 무찌르라는 것이었다. 저녁에 영남 우후 이의득(李義得)이 와서 보았다.

홍양 고을 함대가 당번이 되어 그동안 견내량을 지키고 있었다. 또 다시 선전관이 와서 부산으로의 출동을 독촉했다. 선조가 왜란이 터지기 전부터 국방에 이 같은 관심을 기울였다면 얼마나 좋았을까. 조선 인구의 절반이 죽었을 정도로 무방비로 지내오다가 이여송의 3만 5천군이 출전하자 수륙의 장수들에게 사흘이 멀다 하고 선전관을 보내 출동을 독촉하고 있는데, 민족사적으로 길이 남을 '소 잃고 외양간 고치기 사건'이다.

5월 12일. 맑다. 본영 탐후선이 들어왔다. 새로 만든 정철총통(正鐵銃筒)을 비변사로 보냈다. 선전관 성문개(成文漑)가 영남에서 왔기에 흑각궁(黑角弓)과 천과 가죽으로 제작한 과녁(소포)을 주어 보냈는데, 성(成:선전관)은 이일(李鎰: 순변사)의 사위이기 때문이었다. 새벽에 좌우도 체탐인(體探人)을 영등포 등지로 보냈다.

정철총통은 개량형 승자총통으로 보인다. 이순신은 이로부터 3개월 후인 8월, 조총 제작에 관한 장계를 올린다.

5월 13일. 맑다. 조그마한 산 등 위에 소포(소형 과녁)를 치고 순천, 광양, 방답, 사도, 발포 등의 여러 장수들과 편을 갈라 활을 쏘고 승부를 다투다가 날이 저물어 배로 내려왔다. 밤에 들으니 영남우수사 원균의 처소로 선전관 도언량(都彦良)이 왔다고 하였다. 달빛은 배 위에 가득 하고 온갖 근심은 가슴을 치밀었다. 혼자 앉아 이 생각 저 생각 하다가 닭이 울어서야 어렴풋이 잠이 들었다.

탐색대가 돌아올 때까지 활쏘기를 하면서 군심을 가다듬게 했다.

5월 14일. 맑다. 선전관 박진종(朴振宗)과 선전관 영산령(寧山令) 복윤(福胤)이 임금의 분부를 가지고 같이 왔다. 그들에게서 명나라 군사들의 하는 짓을 들으니 참으로 통탄스러웠다. 내가 우수사(이억기)의 배로 옮겨 타고 선전관과 이야기하며 술을 두어 순배 나누고 있을 때 영남수사 원균이 와서 술주정을 부렸는데 온 배 안 장병들로 분개하지 않는 사람이 없었다. 그 속이고 망령됨은 말할 길이 없다. 영산령이 취해서 넘어져 정신을 못 차렸는데, 우스웠다. 밤으로 두 선전관은 돌아갔다.

'원균이 와서 술주정을… 그 속이고 망령됨은…' 이라는 기록으로 유추해 보건대, 원균은 선전관들이 있는 자리에서 술기운을 핑계로 이순신에 대한 험담을 늘어놓은 것 같다. 선전관들로 하여금 자신의 말을 조정에 전하려고 했던 것일까?

5월 15일. 맑다. 아침에 낙안군수(申浩)가 와서 보았다. 윤동구(尹東耉)가 그 대장(원균)의 장계 초본을 가지고 왔는데 그 고약스러움은 말할 길이 없다. 늦은 아침에 조카 해(荄)와 아들 울(蔚)이 봉사 윤제현(尹齊賢)과 함께 왔다.

무언지는 모르지만 원균이 '고약한 내용'을 장계로 올리자 그의 부하 군관이 너무도 어이가 없어서 그 장계의 초본을 몰래 가지고 와서 알려주었다. 조선 수군에 몰아닥칠 파멸의 기운이 소리 없이 다가오고 있는 듯하다.

5월 16일. 맑다. 각 고을에 공문을 써 보냈다. 조카 해(荄)와 아들 울(蔚)이 같이 돌아갔다. 몸이 몹시 불편하여 베개를 베고 누워 신음하였다. 명나라 장수가 중로에서 진군 속도를 늦추며 머물고 있다는 말을 들으니, 나름대로 무슨 교묘한 계책이 없지는 않겠지만, 나라를 위해서 매우 걱정이다. 매사가 이와 같으니 더욱 한심스러워 혼자 눈물을 흘렸다.
정오 때 윤 봉사(윤제현)한테서 관동(舘洞: 서울 종로구 연건동) 아주머니(숙모)가 양주(楊洲) 천천(泉川: 양주군 회천읍)으로 피난 갔다가 거기서 별세했다는 말을 듣고 울음이 터져 나오는 것을 참지 못했다. 어찌 세상 일이 이렇게도 차가운고! 초상 장사는 누가 맡아서 했는지. 대진(大進: 숙모의 아들)이 먼저 세상을 떠났다는데! 한결 더 쓰리다.

조카와 아들은 여수 본영과 한산도의 진영을 의병격의 전령으로 오가고 있었다. '명나라 장수'는 이여송인데 그는 이때 충주에 머물러 있었다. 문경 새재 이남의 왜군들과는 무려 2백여 리의 거리였다. 조선 수군은 명나라와 수륙으로 왜군을 공격하라는 조정의 명령에 따라 바다에 나와 있었지만, 이여송의 명군은 한성과 충주 일대에 머물러 있었기 때문에 이순신은 속만 끓였다.

5월 17일. 맑다. 새벽에 큰 바람이 불었다. 변존서(卞存緒)는 병 때문에 고향으로 돌아갔다. 영남수사(원균)가 군관을 보내어 진양(晉陽: 진주)의 보고서를 가지고 왔다. 보았더니 이 제독(李如松)은 지금 충주에 있다고 하였다. 적도들은 사방으로 흩어져 분탕질 치고 있으니 통분, 통분하였다. 종일토록 큰 바람이 불어 마음이 산란하였다.
고성 수령이 군관을 보내어 문안하고 또 추로(秋露)와 쇠고기 음식 한 꼬치와 벌통을 보내왔다. 하지만 상복(服)을 입고 있는 중에 받기가 미안하나 정으로 보낸 것이라 돌려보낼 수도 없으므로 군관들에게 주었다. 몸이 몹시 불편하여 일찍 선실로 들어갔다.

변존서는 이순신의 외사촌으로 경북 청도가 선조들의 고향인데, 변존서 대에 와서는 아산의 고모(이순신의 모친)가 사는 곳으로 이사와 있었다. 왜란이 나자 의병으로 이순신의 휘하에 있었는데, 병이 나서 다시 아산으로 돌아갔다.
'추로(秋露)'는 가을 이슬이 엉겨서 된 물인데 한약재로 쓰인다. 귀한 선물을 받았지만 관동 서울 아주머니(숙모 또는 당숙모)의 상중이기에 모두 군관들에게 나누어 주었다.

5월 18일. 맑다. 이른 아침에 몸이 몹시 불편하여 온백원(溫白元: 위장약) 네 알을 먹었더니 조금 뒤에 시원하게 설사를 하고

는 조금 편안해진 듯하였다. 해포에서 종 목년이 왔는데 어머
님이 평안하시다는 소식을 듣고 곧 답장을 써서 돌려보내며 미
역 다섯 동을 집으로 보냈다. 전주 부윤이 공문을 보냈는데,
겸순찰사(권율)가 절제사(節制使)를 맡게 되었다는 내용이었다.
그런데 공문에 도장을 찍지 않았으니 그 까닭을 모르겠다.
　대금산과 영등포 등지의 탐망꾼들이 와서 보고하기를 "왜적들
이 나타나기는 하나 그리 대단한 흉모는 없다"고 하였다.

　어머니 소식이 아산으로부터 왔고, 이로부터 2~3개월 후 어머니
는 여수로 피난을 온다. 그 무렵부터 이순신은 한산도에 체류하였기
에 두 모자는 1년에 한두 번 정도밖에 만나지 못하게 되는데, 그것
이 이순신에게는 한이 된다.
　순찰사의 도장이 찍히지 않았음을 이상하게 여기고 메모를 해 두
었다. 권율이 행주대첩으로 승진은 했지만 아직 정식 교지를 받지
못해서였을까? 〈난중일기〉는 충무공이 경영자(CEO)로서 기록해 둔
일기이다. 여기에는 원균의 언행, 순찰사의 공문에 관인이 찍히지
않은 것, 장병들과 적군의 동태, 날씨 등 크고 작은 사안들이 낱낱
이 기록되어 있어 이순신의 꼼꼼한 군영 經·營의 면모를 실감하게
해준다.

　5월 19일. 맑다. 순찰사의 공문에, 명나라 장수(劉員外: 劉黃裳)
의 패문(牌文: 공문)에 의하여 부산 바다 어귀를 벌써 끊어 막았
다고 하였다. 영등(永登) 망군(望軍: 척후병)이 와서 다른 변고는
없다고 보고하였다.

　이 무렵 부산에서는 명·왜 간의 강화회담이 진행되고 있었는데 하

나는 '심유경-고니시 간의 회담'이고, 다른 하나는 '송응창이 주도한 사용재·서일관의 왜국 파견'이다.

조선에서는 이 같은 형태의 강화회담을 달가워하지 않았고, 명나라 측은 조선이 수륙군을 동원해서 부산을 공격할까봐 우려했다. 명군이 부산 바다 어귀를 끊어 막은 것은 이를 방지하기 위한 조치였다.

5월 20일. 맑다. 망군(望軍)이 와서 보고하기를 왜선은 형적도 없다고 하였다.

5월 21일. 새벽에 출발하여 거제 유자도(죽도) 가운데 바다에 이르니 대금산 망군(望軍)이 와서 적의 출입이 여전하다고 하였다. 원 수사가 허위내용으로 공문을 돌려 대군을 소동케 하였다. 군중에서조차 속임이 이러하니 그 고약스러움을 말할 길이 없다.

원균이 진중을 소동케 한 공문의 내용은 무엇이었을까? 이순신은 이 같은 원균의 모습에 문제가 있다고 보고 〈난중일기〉에 꾸준히 기록해 가면서 원균을 경계했다.

5월 22일. 비. 비. 사람들이 바라던 참에 아주 흡족히 내렸다. 늦은 아침에 나대용이 본영에서 (경략) 송응창의 패문(공문)을 가지고 왔는데, 송응창의 사람이 전선을 시찰하기 위해서 들어온다고 하므로 곧 우후를 정하여 영접하도록 내어보내고 나대용은 문안하는 일로 내보냈다.

자나 깨나 농사일 걱정이다.

송응창은 명나라 군사의 최고사령관으로 왜국에 '사용재·서일관의 사절단'을 보내서 명·왜 간의 강화협상을 진행하고자 했다. 하지만 조선 수군이 강화회담에 방해가 되는 일을 할까봐 이에 대한 감시와 조선 수군에 대한 현황 파악차 관리를 보낸 것 같다.

5월 23일. 흐리되 비는 오지 않았다. 늦게 비가 오락가락 하였는데 영남 우병사의 군관이 와서 소식을 전하고 또 본도 병사(宣居怡)의 편지를 전했다. 창원에 있는 적을 나가 치고 싶으나 적의 형세가 거세기 때문에 경솔히 진격할 수가 없다고 하였다. 저녁에 아들 회(薈)가 와서 전하기를, 명나라 관원이 영문(營門)에 와서 배를 타고 들어온다고 하였다. 영남수사도 명나라 관원 접대하는 일로 와서 의논하였다.

아들 회(33세)는 장남으로 종군한 몸이었다. 회는 여수에 온 명나라 관리를 안내하여 오다가 쾌속선으로 먼저 도착한 것 같다. 후에 노량해전에서 이순신의 곁을 지킨 사람이 아들 회(당시 37세)와 조카 완(莞: 20세)이다.

5월 24일. 비가 오다 말다 하였다. 아침에 진을 거제 앞 칠천량 바다 어귀로 옮겼다. 나대용(羅大用)이 명나라 관원을 사량도 뒷 바다에서 만난 후 먼저 와서 전하기를 "명나라 관원과 통역 표헌(表憲)과 선전관 목광흠(睦光欽)이 같이 온다"고 하였다.
오후 2시에 명나라 관원 양보(楊甫)가 진영 문에 당도하였으므로 우별도장 이설(李渫)을 시켜 나가 맞이하여 배에까지 인도

해 오니 무척 기뻐하는 빛이었다. 내 배로 오르도록 청하여 황제의 은혜를 두 번 세 번 거듭 사례하고 마주 앉기를 청했지만 굳이 사양하는 듯하더니, 끝내 받아들이고는 무척 기뻐하며 두 번 세 번 감사했다. 아들 회가 밤에 본영으로 돌아갔다.

두 사람의 대화는 시종 예의바르고 부드러운 분위기였다. 이순신 쪽에서도 진실되고 예의에 어긋남이 없었지만 명나라 쪽에서도 사실상 이순신이 명나라를 지켜주고 있는 것이나 마찬가지였으므로 이순신을 예우했다. 또 조선 수군의 위용을 실감하면서 이순신의 명장다움도 확인했다.

고대로부터 중국은 남선북마(南船北馬)의 전통이었고, 명은 양자강 유역의 해군력으로 중국을 통일했기에 해군을 중시했으며 해군에 대한 이해도 높았다.

5월 25일. 맑다. 아침에 통역 표헌(表憲)을 다시 청하여 맞아들여 명나라 장수가 하는 일을 물었더니, 명나라 장수의 뜻이 무엇인지는 알 수 없었고 다만 "왜적을 쫓아 보내려고만 할 따름이다"고 했다고 하였다. 또 말하기를, 송응창이 해군의 허실을 알고자 하여 자기가 데리고 온 군중탐정(夜不守) 양보(陽甫)를 보낸 것인데, 해군의 위세가 이렇게도 장하니 기쁘기 한이 없다고 했다고 하였다.

늦게야 명나라 관원이 본영으로 돌아갔다. 정오에 거제현 앞 유자도 앞바다 가운데로 진을 옮기고 우수사(이억기)와 작전을 토의했다. 광양 현감이 왔고, 최천보와 이홍명이 와서 바둑을 두고 헤어졌다. 저녁에 조붕(趙鵬)이 와서 만나보고 이야기한 후 보냈다.

초저녁이 지나서 영남에서 오는 명나라 사람 두 명과 우도 관찰사의 영리(營吏) 한 사람, 접반사 군관 한 사람이 진영 문에 이르렀으나 밤이 깊어서 들이지 않았다.

5월 26일. 비. 비. 아침에 명나라 사람을 만나보니 그는 절강성의 포수(砲手) 왕경득(王敬得)인데 글자도 조금 알았다. 한참 동안이나 서로 이야기했지만 알아듣지를 못하니 답답하였다. 밤 10시부터 바람이 크게 불어 배들이 가만히 있지 못했다. 처음에는 우수사 배와 마주 부딪치는 것을 겨우 구호했는데, 또 발포 만호가 탄 배와 마주쳐서 거의 부서질 뻔하다가 겨우 면했다. 송한련(宋漢連)이 탄 협선은 발포의 배에 부딪혀서 많이 상했다고 한다. 아침에 영남수사가 와서 보았다. 순변사 이빈이 공문을 보냈는데 지나친 말이 많으니 가소롭다.

5월 27일. 비바람으로 배가 부딪히기 때문에 유자도(경남 거제시 신현읍 교도, 죽도)로 진을 옮겼다. 협선 3척이 간 곳이 없더니 늦게야 들어왔다. 순천(부사 권준)과 광양(어영담)이 와서 노루 고기를 차렸다.
영남우병사(최경회)의 답장이 왔는데, 원수사(원균)가 송경략(송응창)이 보낸 화전(火箭)을 혼자 쓰려고 꾀하고 있다니, 매우 가소롭다. 전라병사(선거이)의 편지도 왔는데 창원의 적을 오늘 토벌키로 예정했으나 흐리고 비가 개지 않아 출동하지 못했다고 하였다.

비바람으로 실종된 협선 3척을 찾아왔다.

5월 28일. 비. 종일 비가 왔다. 광양 사람이 장계를 가지고 돌아 왔는데 광양 현감은 그대로 유임되었고, 독운어사(督運御使) 임발영(任發英)을 조사하여 처벌하라는 분부가 있었고, 또 일족(一族) 가운데 대충(代充) 징발하는 문제에 대해서도 그 전과 같이 하라는 명령이 있었다고 하였다.

1593년 4월 8일자로 올린 어영담 유임 건의 장계와 도망간 병사가 있을 경우 당분간은 일족 중에서 대신 징발하여 충당해야 한다는 이전 장계의 건의 등이 받아들여졌다.

5월 30일. 종일 비. 비. 오후 4시쯤에 잠깐 개었다가 다시 비가 왔다. 원 수사가 송경략이 보낸 화전(火箭)을 혼자 쓰려고 꾀하였으나 병사(兵使)의 공문에 따라서 나눠 보내라고 하였더니, 공문을 인정하지 않는 심한 언사로 무리한 말만 많이 하니, 우스웠다. 명나라 고관이 보낸 화공(火攻) 무기인 화전 1,530개를 나눠 보내지 않고 독차지해서 쓰려고 하다니, 도저히 말이 되지 않는 일이다.
남해 기효근이 배를 내 배 곁에 대었는데 그 배 속에 어린 색시를 싣고서는 남이 알까봐 두려워하니 가소롭다. 이 같이 나라가 위급한 때를 당하고도 예쁜 색시를 태우기까지 하니 그 마음 씀씀이야말로 이루 다 말할 길이 없다. 그러나 그 대장인 원 수사 또한 그러하니 어찌 하랴.

나고야에는 10만여 왜군이 조선 출정을 대기하고 있었고, 북쪽으로부터는 16만의 왜군이 남하해 내려오고 있는데, 기효근과 원균은 병선에 '예쁜 색시'를 태우고 다녔다.

6월 1일. 아침에 탐후선이 들어왔다. 어머님의 편지를 보니 평안하시다고 하였다. 다행이다. 아들의 편지와 조카 봉(菶)의 편지도 한꺼번에 왔다. 충청수사 정공(丁公: 丁傑)이 왔기에 함께 조용히 이야기하였다.

충청수사 정걸이 선발대로 1~2척의 판옥선과 협선을 이끌고 왔다. 정걸은 임란 전에 전라좌수사를 지냈으며 전쟁이 나자 의병장으로 지원해서 2차 출동 때 흥양 고을의 유진장(留鎭將)을 맡아 후방을 지켰다. 또 부산포해전 때에는 직접 참전해서 화약무기에 의한 해전의 원리를 격물치지(格物致知)하였고, 그 후 충청수사가 되어서는 권율의 전라 육군을 강화도로 수송했다. 그리고 행주대첩을 위해 충청·전라도의 화약무기(변이중의 화차 등)와 화살을 운송해서 공을 세운 인물이다.

그는 임란 후 조선 사업에도 힘을 기울였는데, 조정에서는 "정걸이 만든 병선에 대해서는 왈가불가(曰可不可) 하지 말라"는 공론이 있었을 정도였다. 오늘에 와서 보면 정걸은 조선공업과 중공업 분야의 전문가였다.

6월 3일. 새벽에 맑다가 늦게 큰 비. 지휘선을 연기로 그을리는 일(烟燻: 배의 수명 연장을 위한 작업) 때문에 좌별선(左別船)으로 옮겨 탔다. 순찰사(권율), 순변사(李鎰), 병사(선거이), 방어사(이복남)들의 답장이 왔는데, 각 도의 군마가 많아야 5천이 넘지 못하는데 양식도 거의 떨어지게 되었다고 한다. 적도들의 발악이 날로 더해 가는데 일은 모두 이렇게 되어가니 어찌하랴. 어찌하랴.

조선 육군의 주력이었던 권율의 전라 육군 5천은 진주와 함안 등지에 주둔해 있었는데, 식량마저 떨어져 가고 있었다. 이순신은 이 같은 형편에서 남하해 오는 16만의 왜군을 맞아 어떻게 싸워야할지 답답했다.

6월 5일. 비. 종일 비가 왔다. 바람세가 매우 험해서 배들을 겨우 구호했다. 경상 수사(원균)가 웅천의 적이 혹시 감동포(甘同浦)로 들어올지도 모르니 들어가 치자고 공문을 보내왔다. 그 흉계가 참으로 우습다.

감동포구(오늘날의 구포)는 김해와 함께 조선 시대를 대표하는 낙동강 하류지역의 물류 중심지였고 임진왜란 때는 왜군이 큰 왜성을 쌓고 낙동강의 최대 병참기지로 삼았던 곳이다.

이동해 가자면 먼 거리였고 위험하기는 부산포 못지않은 곳이다. 또 이 무렵에는 북상했던 왜군 주력이 남해로 속속 도착하고 있었고 일본으로부터는 1천여 척의 선단이 건너오고 있었다. 이 같은 상황이었기에 권율 등 조선의 육군은 함안→의령→진주로 황급히 물러나고 있었던 것이다.

그런데 원균이 왜 갑자기 감동포를 공격하자는 제안을 했을까? 또 이순신은 왜 이 같은 제안을 '흉계가 참으로 우습다'고 기록해 놓았을까? 상황을 정리해보면 다음과 같다.

첫째, 조선 함대가 정박해 있던 상황을 보면, 이순신과 이억기는 같은 도 소속이었으므로 강풍에 두 수사의 기함이 서로 부딪힐 정도로 함께 정박해 있는 경우가 많았다. 그러나 원균의 함대는 도가 달랐으므로 다소 떨어진 곳에 진을 쳤던 것 같다. 하지만, 그렇다고 해도 한산도 연안에 있었을 텐데 구태여 공문까지 보낼 필요가 있었을까? 하는 의문이 생긴다.

둘째, 지금까지의 출동상황을 살펴보면 '혹시 올지도 모른다' 는 정도의 불확실한 정보를 가지고는 함대를 출동시키지 않았다. 당포와 당항포에서 보았듯이, 언제나 왜선단의 정박지와 적 함대의 규모를 파악해서 장수들과의 작전을 구상한 후 공격하는 방식이었다. 그만큼 출동은 쉽지 않은 일이었다. 그런데 원균의 감동포 공격안은 이 같은 작전 수립 과정도 없이 마치 '저녁 산책 가자' 는 제안처럼 막연하고 갑작스럽다.

셋째, 날씨가 악천후였다. 이런 날씨라면 이순신이 분명 출항을 거절할 것을 알고 공격을 제의해 온 것은 아닐까?

원균은 공문의 사본을 자기파의 선전관과 조정 대신에게 전하면서 자기는 어명에 따라 늘 싸우러 나가자고 했지만 이순신은 겁이 많아 어명을 어기면서까지 출동하지 않았다고 모함을 했던 것은 아닐까? 뒤에서 살펴보겠지만, 유감스럽게도 원균의 행각은 늘 그랬었다.

6월 8일. 잠깐 맑더니 바람이 또 순하지 못하였다. 나대용이 병으로 본영으로 돌아갔다. 탐후선이 들어왔다. 각 고을의 아전 11명을 처벌했다. 옥과(玉果: 전남 옥과)의 향소(鄕所)는 전년부터 군사를 다스리는 것이 근실치 못하여 방비에 결원이 생기는 일이 많아서 거의 1백여 명이나 되었는데, 그나마 매양 속임수로만 대답하는 것이었다. 이날 사형하여 효수하였다.

각 고을 아전들이 군무(軍務) 부실로 벌을 받았고, 그 가운데 옥과의 경우는 사형을 당했다.

6월 9일. 맑다. 연일 괴롭히던 비가 처음으로 개이니 온 군중 장병들이 기뻐하지 않는 자가 없었다. 몸이 몹시 불편하여 종일 뱃간에 누워 있었다. 접반관(接伴官)의 도부장(到付狀: 문서 접수 확인서)이 왔다. 그래서 이제독(이여송)이 다시 충주로 왔다는 말을 들었다.

이여송은 한성까지 물러났다가 다시 충주로 내려왔다. 왜군 측과는 뒤쫓지 않겠다는 약속도 했고, 왜군들은 두 왕자를 볼모로 삼아 추격 받지 않고 내려오고 있었다.
이여송의 입장에서는 왜군들이 순순히 남으로 내려가고 있었기에 공격할 필요가 없었다. 그래서 왜군과는 2백 리 정도의 거리를 유지하고 있었다. 이렇다 보니 명나라 군은 문경새재 북쪽에 주둔하게 되었고, 왜군들은 문경새재 남쪽에서 관아와 민가를 약탈하며 고을들을 폐허화시켰다. 이 같은 난리 속에 농민들이 농사를 제대로 지을 리가 없었는데, 이는 사람 고기를 먹는 극심한 식량난을 초래하게 된다.

6월 10일. 맑다. 우수사(이억기)가 와서 군사에 관한 계책을 자세히 논의하였다. 저녁에 영등포 탐망꾼이 와서 보고하기를 "웅천에 있던 적선 4척이 자기네 본토로 돌아갔고 또 김해 어귀에 있던 적선 150여 척이 나왔는데 19척은 본토로 돌아가고 남은 배들은 부산으로 향해 갔다"고 하였다.
새벽 2시에 원 수사의 공문이 왔는데 '내일 새벽에 나가 치자'고 하였다. 그의 시기(猜忌)와 흉모(凶謀)는 형언할 길이 없다. 이날 밤으로는 대답하지 않았다.

새벽 2시에 원균 쪽에서 부산으로의 출동을 제안해 왔다. 새벽에 떠나자면 취침중인 병사들을 깨워서 출동준비에 들어가야 한다. 그리고 웅천에 도착하면 정오는 될 것이고 왜군들은 여전히 수비에 임하고 있을 것이다. 그곳에서 김해를 공격하고 다시 부산을 공격하려면 3일은 족히 걸리는데 그 사이 잠은 어디서 자고 밥은 어디에서 해먹는다는 말인가.

더구나 이 무렵은 북상한 왜군들이 남해안으로 내려오고 있었기에 조선 육군도 퇴각하고 있었고, 왜군들은 백여 리에 이르는 긴 뱀의 진형을 갖추어 가던 시점이었다.

작전을 제의하려면 '수사들 간의 정보 분석→작전 입안→출동준비→출항'이라는 과정을 거쳐야 했다. 원균도 이 같은 점을 잘 알고 있었을 텐데 그렇게 하지 않고 새벽에 불쑥 출전을 제의했다. 상식 밖의 제안이었으므로 이순신은 그 의도를 의심했다.

6월 11일. 비가 오락가락했다. 아침에 적을 토벌할 일로 공문을 만들어 영남수사(元均)에게 보냈더니 술이 취하여 인사불성이라고 하였다.

이순신은 전날 2시에 원균의 공문을 받고 바로 대답하지 않았다. 대신 자신이 생각하는 작전 계획안을 아침에 보냈다. 상식적으로는 원균은 이에 대한 자신의 견해를 밝히고 필요하다면 수사들끼리 모여서 작전을 숙의했어야 했다. 그러나 원균은 전날 만취한 상태에서 군관으로 하여금 출동제안서를 써서 보낸 후 곯아 떨어져 있었다.

원균은 취중에 제안한 공문의 사본을 자신을 두둔하는 대신들에게 뇌물과 함께 보내면서 자신은 늘 웅천포, 부산포 쪽으로 나아가 싸우자고 하였으나 이순신은 겁쟁이어서 이를 거절했다고 모함했다.

이순신은 〈난중일기〉라는 군영 經·營 일기에 원균의 출동제안 사항들도 자세히 기록해 두었는데, 오늘에 와서 보면 원균은 군사작전까지도 자신의 출세를 위한 제물로 삼았고, 원균을 두둔하는 조정 대신들은 원균이 올린 이 같은 내용들을 당쟁의 제물로 삼았음을 알 수 있다. 그리고 그 결과 자초된 것이 칠천량 패전과 정유재란이다.

원균은 이순신보다 5년 연배였고 군 경력도 선배였다. 증조부가 영의정에 추증된 명문가의 후손으로 젊은 날에는 여진족을 상대로 돌격전을 감행해서 용맹한 장수라는 명성을 얻은 적도 있었다.

이 같은 경력과 명성이 인정되어 경상우수사가 되었는데 2개월 후 임진왜란을 맞고 보니 자기보다 돌격전에 더 유명했던 신립(申砬)과 이일(李鎰) 군도 왜군의 조총부대와 무사들 앞에서 맥없이 무너져버렸기에 자신감을 잃었다. 그런데 이순신과 이억기(원균보다 25살 아래) 쪽은 화약무기를 활용해서 왜군 돌격대들을 무찌르고 있었다.

자극을 받은 원균은 자신도 후방 고을들에 대포와 화약, 병선을 만들 것을 지시했다. 하지만 자신의 관내 가운데 남해도의 몇 곳을 제외하고는 왜군과의 접전 지역이어서 대포와 병선 제작은 고사하고 행정력마저 미치지 않았기에 이운룡(李雲龍)과 우치적(禹致績) 등의 기지대장들은 야밤에 고을로 들어가 다소의 군량을 얻어 모으는 상황이었다.

이렇게 되자 원균은 전장에서는 이순신과 이억기 함대를 뒤따라 다니는 신세가 되었고, 그러한 과정에서 스트레스가 쌓이고 음주량이 늘어갔으며, 그로 인해 또 비만 체질이 되어갔다.

6월 12일. 비가 오다 개다 하였다. 아침에 흰 머리털 십여 오라기를 뽑았다. 흰 머리털인들 어떠랴마는 다만 위로 늙으신 어머님이 계시기 때문이다. 행궁 소식에 세자(광해군)께서 편찮

으시다고 하니 걱정스럽기 짝이 없다. 유 정승(유성룡)의 편지와 윤 지사(윤우신)의 편지도 왔다. 밤에 원 수사의 군관이 와서 명나라 군인 5명이 들어온 것을 전하고 갔다.

6월 13일. 맑다. 늦게 잠깐 비가 오다가 그쳤다. 명나라 사람 왕경(王敬)과 이요(李堯)가 와서 해군의 형세가 성한지 어떤지를 보았다. 그들에게서 이 제독(이여송)이 진격 토벌하지 않아 명나라 조정으로부터 문책을 당했다는 말을 들었다. 조용히 이야기하는 중에 느낀 점이 많았다. 저녁에 진(陣)을 거제 땅 세포(사등면 성포리)로 옮겼다.

명나라 군에서 조선 수군의 현황을 알아보고자 (감시 차) 방문했다.

6월 14일. 비가 오다 개었다 하였다. 전운사(轉運使) 박충간(朴忠侃)의 공문과 편지가 왔다. 저물어 비바람이 크게 치더니 얼마 뒤에 그쳤다.

6월 15일. 비가 오다 개었다 하였다. 우수사(이억기)와 충청수사(丁傑)와 순천(권준), 낙안(신호), 방답(李純信)이 와서 같이 시절 음식을 먹고 놀다가 날이 저물어서야 헤어졌다.

6월 16일. 잠간 비가 왔다. 늦게 낙안 수령(신호)을 통하여 진해의 고목(告目: 정보 보고서. 소식지)을 얻어 본즉, 함안에 있던 각 도의 대장들이 전부 왜놈들이 황산동(黃山洞: 양산군)으로 나아가 진을 쳤다는 소문을 듣고는 물러나서 진양(晉陽: 진주시)과 의령(宜寧)을 지키고 있다고 하였다. 참으로 놀랄 일이다.

육군 쪽은 함안→의령→진주로 퇴각하고 있었다.

(6월 16일) 초저녁에 영등 망군이 와서 보고하기를 "김해·부산에 있던 적선 무려 5백여 척이 안골포, 제포 등지로 들어왔다"고 하였다. 그대로 다 믿을 수는 없으나 적도들이 합세하여 다른 지역을 침범할 계획도 없지 않을 것이므로 우수사(이억기)와 정 수사(정걸)에게 공문을 보냈다.
밤 10시에 대금산 망군이 와서 보고하는 것도 역시 같은 내용인지라 송희립(宋希立)을 경상우수사(원균)에게로 보내어 의논한즉, 내일 새벽으로 군사를 거느리고 오겠다고 했다는 것이다. 적의 꾀란 참으로 헤아릴 길이 없다.

큰 왜선단이 부산→김해→안골포로 움직이고 있고, 이에 대응하기 위한 전략을 논의하고 있다. 이러한 과정을 밟아서 대응책을 마련하는 것이 순리다. 이렇게 볼 때 원균이 '새벽 2시에 나가 치자'고 한 것은 확실히 문제가 있다.
'원균이 내일 새벽으로 군사를 거느리고 오겠다' 고 한 것을 보면 원균 함대의 정박지는 떨어져 있었다.

6월 17일. 비가 오다 개었다 하였다. 이른 아침에 원 수사, 우수사(이억기), 정 수사(정걸)들이 와서 의논했는데, 함안에 있던 여러 장수들이 진주로 물러가 지킨다는 말이 과연 사실이다. 식후에 이경수 영공(李景受 令公: 景受는 이억기의 字)의 배로 가서 종일 이야기하였다. 조붕(趙鵬)이 창원에서 와서 적세가 아주 대단하더라고 전하였다.

6월 18일. 비가 오다 개었다 하였다. 아침에 탐후선이 들어왔다. 오후에는 경상우수사(원균)의 배에 가서 같이 앉아 군사 일을 의논하였다.

제2차 진주성전투를 앞둔 시점의 조선 수군의 모습이다.

6월 19일. 비가 오다 개었다 하였다. 바람조차 세게 불며 그치지 않으므로 진을 조양역(鳥陽驛: 오늘날 거제대교에서 거제도 쪽) 앞으로 옮겼으나 바람에 배를 정박할 수 없어서 다시 고성 역포(통영시 용남면)로 옮겼다. 조카 봉(菶)과 변유헌(卞有憲)을 본영으로 보내어 어머님의 안부를 살펴보고 오도록 하였다.

'본영으로 보내어 어머님의 안부'를 살피도록 했는데 이때 노모가 여수로 피난을 오게 된 것 같다.

6월 20일. 흐리고 바람까지 세게 불었다. 조붕(趙鵬)이 자기 조카인 응도(趙應道)와 함께 와서 인사를 했다. 이날 배 만들 재목을 운반해 오고 그대로 역포에서 잤다. 밤에는 바람도 잦아들었다.

병선을 1척이라도 더 만들려고 애쓰고 있다.

6월 21일. 맑다. 새벽에 진을 한산도로 옮겼다. 아침에 아들 회(薈)가 들어왔다. 그래서 어머님이 평안하시다는 소식을 들으니 다행이다. 정오에 원연(元埏: 원균의 동생)이 왔다.

여수에 와 있는 노모의 안부소식을 들은 듯.

6월 22일. 맑다. 초저녁에 영등 망군(望軍)이 와서 보고하기를 "별다른 소식은 없고 다만 적선 2척이 온천(칠천도)으로 들어가기에 순탐하고 돌아왔습니다"고 하였다.

6월 23일. 맑다. 새 배에 쓸 밑판(本板)을 다 만들었다.

6월 24일. 식후부터 큰 바람이 불어치더니 저녁까지 그치지 않았다. 저녁에 영등 망군이 와서 보고하기를 "적선 5백여 척이 23일 밤중에 소진포(거제군 장목면 송진포리)로 향하여 들어갔는데 그 선봉은 칠천량에 이르렀다"고 하였다.

왜의 5백 척 규모의 대 선단이 움직이고 있다.

6월 25일. 큰 비가 종일 왔다. 우수사(이억기)와 함께 적을 토벌할 문제를 의논하는 참에 영남수사(원균)도 와서 같이 의논하였다. 들으니 진주가 포위당했는데 아무도 감히 진격하지 못한다고 하였다. 연일 비가 내려 적들이 해독을 퍼뜨리지 못하게 하는 것을 보아서는 하늘이 호남을 돕는 것이다. 순천(권준)이 군량 2백 섬을 가져와 바쳤다.

진주성이 포위되었지만 '아무도(조·명군 어느 부대도)' 구원하러 나서지 못하고 있다.

6월 26일. 큰 비. 남풍까지 크게 불었다. 복병선이 변고를 보고하기를 "적선이 조양역(鳥陽驛: 거제군 사등면 오량리) 앞까지 이르렀다"고 하였다. 호각을 불어 닻을 들게 하고 모두 적도(赤島: 통영군 화도)로 가서 진을 쳤다.

저녁에 김붕만이 진주로부터 적의 형세를 정탐해 보고 와서 보고하기를 "적도들이 동문 밖에 진을 합쳤는데 연일 큰 비가 와서 물에 막혀 있고 또 밖으로 계속해서 구원해 줄 길도 없으니, 만일 큰 군사로 합력해 친다면 대번에 섬멸할 수 있을 것이다"고 하였다.

왜군을 칠 '큰 군사'는 없었다. 10만의 왜군이 진주성 공격에 나섰지만 조선 육군은 의병까지 합해야 약 1만 명, 그리고 명나라 이여송 군의 3만 5천 군은 2백리 밖에서 팔짱을 끼고 있었다.

6월 27일. 비가 오다 개었다 하였다. 정오에 적선이 견내량에 나타났다고 하므로 온 진이 나가 보니 벌써 도망가고 없어서 불을도(弗乙島: 赤島·花島) 앞바다에 진을 쳤다.
'거북선+학익진의 판옥선단'을 보고 왜군들은 줄행랑을 쳤다.

6월 28일. 비가 오다 개었다 하였다. 국기일(명종대왕의 제삿날)이어서 공무를 보지 않았다. 강진 소속 탐망선이 적과 싸운다는 말을 듣고 온 진이 출발하여 견내량에 이르니 적도들이 우리 군사들을 바라보고는 놀라 달아나는 것이었다. 바람과 조수가 모두 역세여서 들어올 수가 없어 그대로 머물러 밤을 지내고 새벽 2시에야 불을도에 도착하였다. 종 봉손(奉孫), 애수(愛守) 등이 들어왔다. 분산(墳山: 선산) 소식을 자세히 들으니 다행, 다행이다.

왜군들은 이날도 '거북선+학인진의 판옥선단'을 보고 줄행랑을 쳤다.

7월 2일. 맑다. 늦게 우수사(이억기)가 와서 보았다. 선전관은 오후에 돌아갔다. 날이 저물녘에 김득룡이 와서 진양(진주)이 함락되었다고 전하며 "황명보, 최경회, 서예원, 김천일, 이종인, 김준민이 죽었다"고 하였다. 놀라고 비통함을 이길 길이 없었다. 그러나 그럴 리가 만무할 것이다. 응당 미친 사람이 잘못 전하는 말일 것이다.
초저녁에 원연(元埏: 원균의 동생)과 원식(元埴: 원균의 아들)이 와서 여러 가지로 군중의 일들을 이야기하였다. 웃을 일이다.

진주성이 무너진 상황인데 원균 밑에서 종군하고 있던 원균의 동생 원연과 원균의 아들 원식이 와서 사소한 일로 불평을 늘어놓았다. 이순신은 어이가 없어서 웃었다.

7월 3일. 맑다. 적선 두어 척이 견내량을 넘어왔다. 다른 한편의 적들이 육지로 나오다가 우리 배들이 바다로 나가 뒤를 쫓으니 도망갔다.

왜군 측의 견내량 돌파 시도는 여전히 계속되고 있다. 왜의 육군이 진주성을 함락했기에 왜의 수군은 견내량 돌파에 더욱 집중했다.

7월 5일. 맑다. 망군이 와서 보고하기를 "적선 10여 척이 견내량으로 넘어온다"고 하기에 여러 배들이 한꺼번에 출발하여 견내량에 이르니 적선들이 허둥지둥 달아나고 거제 땅 적도에는 말만 있고 사람은 없으므로 신고 왔다. 저녁에 진양(진주)이 함락되었다는 보고가 광양으로부터 왔다. 다시 걸망포에 이르러 진을 치고 밤을 지냈다.

왜군들은 조선 함대가 유인전에 넘어가지 않는데도 계속 유인전만을 고집하고 있다. 광양에 있는 섬진강가의 두치 방어진에서 진주성 함몰 소식을 전해왔다. 두치진도 위기라는 소식이다.

7월 7일. 맑다. 순천, 가리포, 광양들이 와서 군사 일을 의논하였다. 각각 경쾌선 15척을 뽑아 견내량으로 가서 탐색해 보았으나 적의 형적은 없더라고 하였다. 거제 포로 1명을 얻어 와서 적의 하던 짓을 자세히 물었더니 "흉한 적들이 우리 수군의 위세를 보고 달아나려 하더라"고 하며, 또 "진주가 함락되었으니 전라도까지 넘어갈 것이다"라고 하더란다. 이 말은 거짓말일 것이다. 우수사가 내 배로 왔기에 이야기하였다.

위기에 놓인 순천, 가리포, 광양 등 후방 고을들에 대한 군사 일을 논의했다. 하지만 이순신은 왜군들이 '전라도까지 넘어갈 것'에 대해서는 부정적으로 보고 있다. 그 후의 결과를 보면 왜군 선발대가 전라도까지 진출했다가 곧 되돌아갔기에 이순신의 예측은 맞았다.
그러나 섬진강 두치진의 복병장이 이들 선발대를 왜군의 주력으로 보고 헛소문을 낸 것이 민란을 불러왔고, 민란으로 광양·순천·낙안·보성 등지의 군량미와 보급품을 약탈당했다. 이 때문에 전라좌수영 고을 함대들은 끼니 걱정에 시달리는 군대가 되고 말았다.

7월 8일. 맑다. 남해로 왕래하는 조붕(趙鵬)에게서, 적이 광양을 친다는 말을 듣고는 광양 사람들이 벌써 고을 관청과 창고를 불살랐다고 하니, 해괴함을 이길 길이 없다. 순천(권준)과 광양(어영담)을 곧 내보내려다가 굴러온 소문을 믿을 수 없으므로 중지하고 사도군관 김붕만(金鵬萬)을 내보내어 알아보게 하였다.

왜군 게릴라들은 구례까지는 산골길을 따라 소수의 병력으로 진출했지만 두치 방어진 쪽으로는 넘어오지 않았는데도 '광양 사람들이 민란을 일으켜 관청과 창고를 불 질렀다'는 해괴한 소식이 들어왔다.

7월 9일. 맑음. 남해(기효근)가 또 와서 전하기를, 광양과 순천에는 이미 불난리가 났다고 하므로 광양(어영담), 순천(권준)과 송희립, 김득룡, 정사립 등을 내보냈다. 이설은 어제 먼저 떠나보냈다. 소식을 듣고 있으니 비통함이 골수에 사무쳐 말이 나오지 않는다. 우수사와 경상수사와 함께 일을 상의하였다. 이날 밤, 바다 위 달은 청명하고 티끌 하나 일지 않아 물과 하늘이 한 빛을 이루고 서늘한 바람도 불어오곤 하였는데, 홀로 뱃전에 앉아 있노라니 온갖 근심이 가슴을 치밀었다.
한밤중 상오 1시쯤에 본영 탐후선이 들어와서 적에 관한 소식을 전했는데, 그것이 실은 왜적들이 아니라 영남의 피난민들이 왜적처럼 가장하고 광양으로 돌입하여 여염집을 분탕질 했다는 것이다. 우선 다행한 마음을 이길 수 없었다. 진주의 함락도 역시 거짓말이라고 하였으나, 진주 일은 그럴 리가 만무하다. 닭이 벌써 운다.

7월 10일. 맑다. 늦게 김붕만이 두치로부터 와서 말하기를 "광양의 일은 사실이나 다만 왜적 백여 명이 도탄(陶灘)으로부터 건너와 이미 광양으로 침범하였다. 그러나 가서 보니 총 한 방도 쏜 일이 없었다"고 하였다. 그러나 왜적이라면 어찌 총을 쏘지 않았을 리가 있겠는가. 영남 우수사와 본도 우수사가 왔다. 원연(元埏: 원균의 동생)도 왔다.

저녁에 망군 오수(吳水)가 거제 가참도(加參島: 경남 거제시 사등면 가조도)로부터 와서 보고하기를 "적선은 안팎에 모두 보이지 않는다"고 하였으며, 또 사로잡혀 갔다가 도망쳐 온 자들이 말하기를 "무수한 왜적들이 창원 등지로 돌아가더라"고 했다고 한다. 그러나 사람들의 말이란 믿을 것이 못된다. 저녁 8시쯤에 진(陣)을 한산도 끝에 있는 세포로 옮겼다.

천만 다행으로 적선은 보이지 않았고, 진주성의 왜군도 창원으로 물러나고 있었다. 왜군들이 물러가지 않았더라면 광양, 순천, 보성, 낙안의 해군들은 굶으면서 싸워야 했기에 아슬아슬했던 전란의 순간이었다.

7월 11일. 맑다. 이상록(李祥祿)이 명령을 어긴 여러 장수들에게 전령할 일로 나갔다가 돌아와서 보고하기를 "적선 10여 척이 견내량에서 내려온다"고 하므로 닻을 들고 바다로 나가니 적선들이 벌써 진 앞에 이르기로 그대로 추격하였더니 달아나 버리고 말았다.

오후 4시에 걸망포로 돌아와서 먹을 물을 길어 왔다. 사도 첨사(김완)가 와서 말하기를 "두치 나루에 나타났다는 왜적은 헛소문이며, 광양 사람들이 왜인 복장을 가장해 입고 저희끼리

작당한 것이다"고 하였다. 통분함을 이길 길이 없다. 어두워서 오수성(吳壽成)이 광양으로부터 와서 보고하기를 "광양의 적변(賊變)은 모두 진주에서 피난 온 사람들과 그 고을 사람들이 그런 흉계를 낸 것으로 고을 곳간이 텅 비고 여염집이 쓸쓸하게 되었는데 순천은 더욱 심하고 낙안이 그 다음이다"고 하였다.

광양, 순천, 여수, 보성, 낙안이 초토화된 것을 생각하니 눈앞이 깜깜했다. 그러나 견내량에서 왜군과 힘겨운 대치를 하고 있는 이순신으로서는 애만 태울 뿐이었다.

7월 12일. 맑다. 가리포 군량 담당 진무(鎭撫)가 와서 보고하기를 "사량도 앞바다에 와서 자는데 왜적이 우리 복장을 갈아입고 우리나라 배를 타고 돌입하여 총을 놓으며 노략질해 가려 한다"고 하였다. 그래서 각각 경예선(輕銳船) 3척씩을 정해서 (합하여 9척: 초고) 거듭 명령하여 달려 보내어 잡아 오게 하는 한편, 또 각각 3척씩을 정하여 착량(통영군 산양면 당동리)으로 보내어 요새를 방어하고 오라고 하였다.

이번에는 왜군들이 조선 군사의 복색을 하고 분탕질을 하고 있다. 피아간에 대 병력이 동원된 무렵의 공방전이었으므로 갖은 혼선과 뒤죽박죽의 현상이 벌어지고 있었다.

아래는 〈선조실록〉(1593. 8. 30.)의 기록이다. 진주성 전투 후 왜군들은 잠시 동안 사방으로 나아가 약탈을 했고, 그러는 과정에서 조선 백성 난민들과 뒤섞였으며 그래서 큰 혼란을 겪었다.

「진주성을 함락한 뒤에 왜적의 한 무리는 단성(丹城)으로 가서 관사(官舍)와 민가(民家)를 다 불태우고서 곧장 산음(山陰)으로 갔다가 지리산으로 옮겨갔고, 한 무리는 곧장 진주 서면(西面)으로 나아갔다가 또 지리산으로 갔습니다.

두 무리의 적이 합세하여 곧장 호남으로 달려가서 구례·광양·남원·순천 등지의 마을들을 분탕한 뒤에 하동·곤양·사천·고성·김해 등지로 돌아와 주둔하고 있습니다. 또 한 무리는 사천으로 가서 민가를 분탕질한 뒤에 고성·진해 등지로 돌아왔으며, 또 한 무리는 삼가(三嘉)·의령(宜寧)으로 가서 관사와 민가를 다 불태우고서 함양·창원 등지로 돌아와서 주둔하고 있으며, 또 한 무리는 소촌(召村)의 길을 따라 곧장 함안으로 갔고, 또 한 무리는 포로가 된 우리나라의 남녀와 약탈품을 30척의 배에 싣고서 남강(南江)에서 출발하여 김해로 돌아갔습니다.」

－〈선조실록〉(1593. 8. 30.)－

7월 13일. 맑음. 늦게 본영 탐후선이 들어왔는데 광양과 두치 등지에서는 적의 모습을 볼 수 없다고 하였다. 흥양 현감(배흥립)이 들어왔다. 우수사도 왔다. 순천 거북선의 격군이며 경상도 사람인 종 태수가 도망가다가 잡혀 왔기로 처형했다. 늦게 가리포가 보러왔다.

흥양 현감이 들어와서 두치의 일은 헛소문이라는 것과 장흥 부사 유희선(柳希先)이 겁내던 일을 전했다. 또 말하기를, 자기 고을 산성(山城: 전남 고흥군 남양면 대곡리) 창고의 곡식은 남김없이 나누어 주었다고 하였다. 그리고 또 행주의 승첩을 말했다. 저녁 8시쯤에 우수사 이억기가 청하므로 나서서 그의 배로 가보니, 가리포(구사직)가 몇 가지 먹음직한 것을 차렸다. 날이 샐 녘에 헤어졌다.

7월 14일. 맑더니 늦게 비가 조금 내렸다. 한산도, 두을포(경남 통영시 한산면 의항)로 진을 옮겼다. 비는 먼지를 적실 정도로 내렸다. 몸이 몹시 불편하여 종일 신음하였다. 순천 부사(권준)가 들어와서 전하기를 "장흥 부사(유희선)가 본 부의 일을 망령되게 말한 것은 무어라 형언할 수가 없다"고 하였다. 함께 점심을 먹고 그대로 머물렀다. 한산도 두을포로 진을 옮겼다.

두을포에는 그 후 제승당(制勝堂)이 건립된다.

7월 15일. 쾌청. 늦게 사량의 수색선을 이끌고 나갔던 여도의 권관 김인영(金仁英)과 순천 군관 김대복(金大福)이 들어왔다.
    가을 기운 바다에 들어오니(秋氣入海)
    나그네 회포 어지럽다(客懷擾亂).
    홀로 뱃뜸(선창) 밑에 앉아 있으니(獨坐篷下)
    마음 몹시 산란하다(心緒極煩).
    달빛이 뱃전에 드니(月入船舷)
    정신이 맑아져(神氣淸冷)
    잠을 이루지 못하는데(寢不能寐)
    어느덧 닭이 울었다(鷄已鳴矣).

7월 16일. 맑다. 저녁에 소나기가 쏟아져서 농사에 흡족하였다. 몸이 몹시 불편하였다.

7월 17일. 비. 비. 몸이 대단히 불편하다. 광양(어영담)이 왔다.

7월 18일. 맑다. 몸이 불편하여 앉았다 누웠다 하였다. 정사립

이 돌아왔다. 우수사(이억기)가 와서 보았다. 신경황(申景潢)이 두치로부터 와서 적에 관한 소문은 헛소문이라고 전하였다.

두치 소식이 계속 들어오고 있다.

7월 19일. 맑다. 이영남이 와서 진주, 하동 등지의 적들이 벌써 모두 도망갔다고 전하였다. 저녁에 광양(어영담)이 진주에서 피살된 장수들의 명부를 보내왔기에 보니 비참하고 원통함을 이길 수 없었다.

진주, 하동, 사천의 왜군들이 물러갔기에 두치, 광양, 순천, 보성 등지도 위기를 넘겼다. 진주성에 들이닥친 왜군들은 최경회, 김천일 등의 목을 베어 히데요시에게 보내면서 제1차 진주성 패배에 대한 한을 풀었다.

7월 20일. 맑다. 탐후선이 본영으로부터 들어왔다. 병사(兵使)의 편지와 명나라 장수의 보고문(報告文)이 왔는데, 보고문의 내용을 보니 참으로 괴상하였다. 두치의 적이 명나라 군사에게 몰려 도망쳐 돌아갔다고 하였다. 거짓말을 형언할 길이 없다. 상국(上國) 사람이 이러하니 다른 사람들이야 말할 게 무엇이랴. 통탄, 통탄할 일이다. 충청수사와 순천, 방답, 광양, 발포(황정록), 남해(기효근)가 와서 보았다.

남원성에 주둔해 있던 명군은 목 벤 것이 없어서 심기가 불편했는데, 왜군 게릴라와 왜군 복색의 조선인 난동자들이 들어오자 이들을 (말이 통하지 않았으므로) 왜군들로 착각했다. 그래서 우선 목부터 베고는 이를 공적(功績)이라고 자랑하는 공문을 보내왔다. 공문을 받은 이순신은 심기가 몹시 불편했다.

7월 21일. 맑다. 경상우수사와 정 수사(丁傑)가 한꺼번에 와서 적을 토벌할 일을 의논하는데 원 수사의 하는 말은 극히 흉측하고 말할 수 없는 흉계이다. 이러하고서 일을 같이 한다면 뒷걱정이 없을까? 그의 아우 원연(元挻)이 뒤이어 와서 군량을 얻어 가지고 갔다. 초저녁에 오수(吳水) 등이 거제의 망보던 곳으로부터 와서 보고하기를 "영등포의 적선이 아직도 머물러 있어 제 맘대로 횡행한다"고 하였다.

뒷일을 염려하여 원균을 계속 경계하고 있다.

7월 24일. 맑다. 순천, 광양, 흥양이 와서 보았다. 오수가 사로잡혔다가 도망쳐 와서 "적이 물러갔으나 장문포의 적들은 여전하다"고 전하였다.

오수는 유능한 정보원인데 다행히 도망쳐 왔다.

7월 25일. 맑다. 우수사가 와서 이야기하였다. 조붕도 와서 전하기를 "체찰사(유성룡)의 공문이 영남수사에게 왔는데 문책하는 말이 많이 있더라"고 하였다.

그동안 원균이 비변사 등에 보낸 보고들이 이치에 맞지 않았기에 유성룡이 경고를 한 것 같다.

임진년 이듬해 봄부터는 조·명·왜 3국의 전략과 전술, 그리고 정치와 외교의 무대가 남해안으로 옮겨지면서 정세는 더 한층 복잡하게 얽혀 돌아갔다.

왜군들이 남으로 퇴각할 무렵부터는 당쟁이 재연되기 시작했고, 3도수군통제사 임명을 앞두고 원균은 자기를 두둔하는 조정 대신들에게 이순신을 모함하는 자료들을 보내기 시작했다. 한성으로 돌아온 조정과 비변사의 인적 구성을 보면 대신과 관리들은 많이 바뀌었고, 당쟁의 재연과 함께 문신 우위라는 정서 속에서 문신들이 수군의 작전에까지 관여하기 시작했다. 원균은 이 같은 시대상을 활용해서 자신의 영달을 도모해 나갔다.

7월 27일. 맑다. 우수사의 우후(이정충)가 본영으로부터 와서 우도(右道)의 사정을 전하는데, 놀랄만한 일들이 많았다.

이억기의 후방 고을들에도 걱정거리가 많았던 것 같다.

7월 28일. 맑다. 경상우수사, 충청수사, 본도 우수사가 같이 와서 약속하였다. 정여흥(鄭汝興)이 공문과 편지를 가지고 체찰사에게로 갔다. 순천, 광양이 와서 보고 곧 돌아갔다. 사도첨사가 복병했을 때 잡은 보자기 10명이 왜복으로 변장해 입고서 하는 짓들이 수상하다고 하므로 자세히 추궁했더니 경상수사가 시킨 일이라고 하였다. 곤장만 때리고 놓아주었다.

체찰사의 문책하는 공문을 받고 수사들이 모여서 협의를 했다. 그리고 그 회보를 정여흥이 가지고 간 듯하다. 원균의 부하들이 또 못된 짓을 하고 있다. 왜복을 입고 조선 백성들의 목을 베려고 했던 것은 아닐까? 그러나 증거물이 없었으므로 곤장만 때리고 놓아

주었다.

8월 1일. 맑다. 새벽 꿈에 큰 대궐에 이르렀는데 모양이 서울 같았다. 영의정과 마주 앉아 임금의 수레가 파천하신 일에 대하여 이야기하다가 눈물을 뿌려가며 탄식할 적에 적의 형세는 벌써 종식되었다고 하였다. 서로 일을 의논할 즈음 좌우의 사람들이 구름같이 모여드는 것을 보고 깨었다. 무슨 징조인지 모르겠다.

3도수군통제사에 제수되는 징조의 꿈이었을까? 이순신은 훗날 백의종군 때에도 통제사로 재임명되기 전날 어떤 임명장을 받는 꿈을 꾸었다.

8월 2일. 맑다. 아침밥을 먹은 뒤에 마음이 답답하여 닻을 감아 올리고 포구로 나가니 정 수사(정걸)가 따라 나오고 순천, 광양이 와서 보았다. 소비포(이영남)도 왔다. 저녁에 진 쳤던 곳으로 돌아왔다. 이홍명(李弘明)이 왔다.
어두워질 무렵에 우수사가 배에 와서 말하기를 "방답(첨사 이순신)이 근친(覲親: 부모님을 뵈러 감)하러 가고 싶은 마음이 간절하더라."고 하였다. 그러나 여러 장수들을 내어보낼 수는 없다고 대답하였다. 또 전하기를 "원 수사가 허망한 말을 하며 나에 대하여 좋지 못한 말을 많이 하더라."고 하였다. 모두 망령된 짓이다. 무슨 상관이 있으랴.
탐후선이 들어왔는데 염(苒)이 아픈 데가 곪아서 침을 놓아 째었더니 나쁜 진물이 흘러 나왔는데 며칠만 늦었다면 구하기 어려웠을 것이라고 하였다. 큰일 날 뻔했다. 지금은 조금 생기가 있다고 하니 다행한 일이다. 의원 정종지(鄭宗之)의 은혜가 더할 수 없이 크다.

원균의 망령된 비방에 대해서 별 대응 없이 그저 운수 소관으로 돌렸다. 하지만 일기에 기록해 두고 지속적으로 경계하고 있는데, 위기관리를 챙기는 오늘날의 CEO의 모습과도 닮았다.

8월 4일. 맑다. 순천, 광양이 와서 보고 돌아갔다. 저녁에 도원수의 군관 이완(李緩)이 3도에 퍼진 적의 형세를 보고하는 공문을 보내지 않았다고 군관, 아전들을 잡으려고 진으로 왔다. 우스운 일이다.

권율 도원수부 소속 군관이 각 수영 군관들이 보고서를 내지 않았다는 이유로 해당 관리들을 잡으러 왔는데, 무언가 사리에 맞지 않은 것이 있었던 것 같다. 권율 도원수부가 발족된 지가 얼마 되지 않았던 관계로 예하부대와 행정적으로 손발이 맞지 않았던 것은 아닐까?

8월 5일. 맑다. 조붕, 이홍명, 우수사와 우후(虞候)들이 와서 밤이 깊어서야 돌아갔고 소비포(이영남)도 밤중에 돌아갔다. 아산 이례(李禮)가 밤에 왔다.

8월 6일. 맑다. 아침에 조카 완(莞)이 송한련, 여여충(呂汝忠)과 함께 도원수에게로 갔다. 식후에 순천, 광양, 보성, 발포, 이응화 등이 와서 보았다. 저녁에 원 수사가 왔다. 이경수 영공(이억기), 정 수사(丁傑)도 와서 일을 의논했는데, 원 수사의 주장에는 자주 모순이 생긴다. 한심한 일이다.

송한련 등이 도원수부로 떠났다. 도원수부와의 손발 맞추기 때문인 것 같고, 그리고 손발 맞추기에 성공했다. 그 후로도 권율과 이순신 간의 손발 맞추기 노력은 성공했다. 당시 복잡하고 믿을 수 없는 정보가 난무하던 때에 두 사람의 손발 맞추기는 전란 수습에 큰 밑거름이 되었다.

원균의 주장에 모순이 있어 개탄했다. 그러나 이순신은 원균과도 손발을 맞춰 국난 극복에 기여하고자 했다. 하지만 여의치가 않았다.

8월 7일. 아침엔 맑더니 저물어선 비가 왔다. 농사에 흡족하다. 당포 만호(하종해)가 작은 배 찾아갈 일로 왔기에 주어 보내라고 사량 만호(이여념)에게 일러주었다. 저녁에 경상 수사(원균)의 군관 박치공(朴致公)이 와서 적선이 물러갔다고 전하였으나, 원 수사와 그 군관은 본시 헛말 전하기를 잘 하니 믿을 수가 없다.

박치공은 원균의 심복이다. 그런데 이순신은 박치공을 극히 불신하고 있다. 이순신이 불신했던 원균의 심복은 박치공 외에 기효근 등 몇 사람이 더 있었다.

8월 9일. 맑다. 아침에 아들 회(薈)가 들어왔다. 어머님이 평안하시고 또 회와 염(苒)의 병도 회복되어 간다고 하니 다행이다. 오후에 우수사의 배에 갔더니 충청수사도 왔다. 영남수사는 복병군을 일제히 내어 보냈는데, 복병시키기로 약속했다고 해서 먼저 보냈다고 하였다. 해괴한 일이다.

이 무렵부터 원균은 의논도 하지 않고 단독으로 작전을 폈던 것 같다. '해괴한 일'이라고 한 것은 이전에는 서로 의논하여 작전을 수행해 왔기 때문이다. 원균은 따로 작전을 한다면서 물에 빠진 시체의 목을 베러 다녔고 그렇게 해서 통제사가 되려고 했던 듯하다.

8월 13일. 본영에서 온 공문을 결재하여 보냈다. 몸이 몹시 불편하여 홀로 선창 밑에 앉았노라니 회포가 어지럽다. 이경복(李景福)에게 장계를 모시고 가라고 내어 보냈다. 송두남(宋斗男)이 군량미 3백 섬과 콩 3백 섬을 실어왔다.

이 무렵에는 제승당 같은 건물이 없었다. 그래서 비가 오거나 몸이 아플 때는 '선창 밑'에서 지냈다. 모든 장병들이 그러했기에 고생이 심했다.

8월 15일. 맑다. 이날은 추석이라 우수사(이억기), 순천(권준), 광양(어영담), 낙안(신호), 방답(이순신), 사도(김완), 흥양(배흥립), 녹도, 이응화, 이홍명, 좌우도 영공(左右都令公: 좌수사와 우수사)들이 모두 모여 이야기하였다. 저녁에 회(薈)가 본영으로 돌아갔다.

추석이라 전라 좌우수영 장수들, 그리고 장남 회가 함께 모였다. 이날 조정에서는 이순신을 3도수군통제사로 제수했는데 현지에서는 모르고 있었다.

8월 17일. 맑다. 상선(上船: 이순신의 기함)을 연기로 그을리기 위해 우별도선에 옮겨 탔다. 늦게 우수사의 배에 갔더니 충청수사도 왔다. 제만춘(諸萬春)을 불러 와서 심문해 보니 분한 사연들이 많이 있었다. 종일 의논하고 헤어졌다. 이날 밤 달빛은 낮과 같고 물결은 비단 같았다.

기함의 부식을 막기 위해 연기로 그을리는 작업을 했다. 제만춘을 불러와서 '하루 종일' 일본 사정에 대해 여러 가지 심문해 보았는데, 이날 하루 동안 심문해서 파악한 내용을 정리하여 올린 장계가 9월 14일자의 〈포로로 잡혀갔던 사람이 왜의 정황을 보고하는 장계〉이다.(뒤에서 살펴보겠지만, 이 장계를 보면 이순신의 탁월한 정보 분석 능력을 새삼 실감하게 된다.)

그런데 이날 제만춘을 상대로 한 왜적에 관한 정보수집 심문에 이순신·이억기·정걸은 참석했는데 웬일인지 원균은 불참했다.

8월 18일. 맑다. 우수사, 정수사와 함께 이야기하였다. 조붕이 와서 "박치공(원균의 군관)이 장계를 가지고 서울로 올라갔다"고 하였다.

원균이 올린 장계는 어떤 내용을 담고 있었을까? 해전이 없었기에 이렇다 할 보고사항은 없었겠고, 그간 모은 수급을 올리면서 별도로 해전을 해서 얻은 수급이라 보고하지는 않았을까? 혹은 인사문제를 두고 합의한 것일 수도 있고, 통제사가 되기 위한 '로비성 장계'였을 수도 있다.

8월 19일. 맑다. 아침을 먹은 뒤에 원 수사에게 가서 내 배로 옮겨 타자고 청하였다. 우수사와 정수사도 왔다. 원공(원균)도 같이 이야기하였다. 원공의 형제가 옮겨간 뒤에 천천히 노를

저어 진으로 돌아와 우수사, 정수사와 같이 앉아 자세히 이야
기하였다.

이순신이 원균을 찾아갔고, 그 자리에 이억기와 정걸이 왔다. 제
만춘이 일본에서 보고 들었던 것들이 화제가 되지 않았을까?

8월 20일. 아침을 먹은 뒤에 송희립(宋希立)을 통해 순찰사에
게 문안도 하고 또 제만춘을 심문한 공문을 가지고 가게 하였
다. 방답(첨사 이순신), 사도(첨사 김완)에게 좌우로 패를 갈라,
돌산도 근처로 이사해 와서 사는 자들로서 작당하여 남의 재물
을 약탈한 자들을 잡아오라고 내어 보냈다. 저녁에 역량 만호
고여우(高汝友)가 왔다가 밤이 깊어서 돌아갔다.

제만춘 관계 보고서는 전라감영에 보냈고, 감영에서는 권율 도원
수에게도 보고했을 것이다. 조정에 보고한 것은 1593년 9월 4일이
며 이순신, 이억기, 정걸 등 세 수사의 연명으로 올려졌다. 즉, 원균
은 연명에서 빠져 있었다.

8월 26일. 비가 오다 개었다 하였다. 원 수사가 왔다. 얼마 뒤
에 우수사, 정 수사도 모두 모였다. 순천, 광양, 가리포는 곧
돌아갔다. 흥양(배흥립)이 오므로 막걸리를 대접했는데 원 수사
는 술을 먹겠다고 하므로 조금 주었더니, 잔뜩 취해서 망발을
하는 것이었다. 우스웠다.
낙안(신호)이, 수길(히데요시)이 명나라 황제에게 올린 글의 초
본과 명나라 사람이 고을에 와서 기록한 것을 보내왔는데, 보
니 통분함을 이길 수 없었다.

삼도수군통제사로 제수한다는 소식이 비공식적으로 통고되었던 것 같고, 따라서 원균의 불평은 더욱 심해지고 있다.

8월 30일. 맑다. 원 수사가 와서 영등(永登)으로 가자고 독촉한다. 그가 거느린 25척의 배는 모두 내어 보내고 다만 7, 8척을 가지고 이런 말을 하니, 그 마음 쓰고 일 처리하는 것이 모두 이런 식이다.

25척은 판옥선, 협선, 포작선 등을 합한 숫자 같다. 원균은 그 25척을 이순신 모르게 어디로 보내 놓고, 나머지 7~8척만 이끌고 와서는 불쑥 출동을 제안했다. 상황을 보면 마치 원균이 상관으로 이순신을 자신의 부하 장수 정도로 생각했던 듯하다. 아무튼 원균은 이러한 내용을 장계해서 '자신은 늘 나아가 싸우자고 했다' 고 보고했던 것 같다.

6. 이 무렵 〈행록〉에 기록된 이순신의 모습

「7월 15일. 공은 본영이 전라도에 치우쳐 있기 때문에 해상을 막고 지휘하기가 어려우므로 마침내 진을 한산도로 옮기기를 청하여 조정에서도 이를 허락하였다.
  그 섬은 거제 남쪽 30리에 있는데 산 하나가 바다 굽이를 껴 안아 안에는 배를 감출 수 있고 밖에서는 그 속을 들여다 볼 수 없을 뿐더러 또 왜선들이 전라도로 가자면 반드시 이 길을 거치게 되는 곳이라 공이 늘 요긴한 길목이라고 하더니, 이때에 여기에다 진을 치게 된 것이다.
 그 뒤에 명나라 장수 장홍유(張鴻儒)가 여기에 올라와 한참이나 바라보다가 "정말로 좋은 진(陣) 터다!"라고 하였다.」
―〈이충무공 행록(行錄)〉―

 '본영이 전라도에 치우쳐 있기에… 한산도로 옮기기를 청했다'고 하였는데, 4만의 왜군이 견내량 북쪽에 왜성을 많이 쌓고 있었으므로 장기 주둔하면서 왜적을 감시할 수 있는 전망 좋은 요지였다. 그러나 원균의 함대만으로는 견내량을 지켜낼 수 없었기에 이 같이 요청한 것이다.

「8월에 조정에서는 3도 수군이 서로 통섭(統攝)되지 않으므로 반드시 주관하는 장수가 있어야 되겠다고 판단하고는 공으로서 3도수군통제사를 삼고 본직은 그대로 겸하게 하니, 원균은 자기가 선배로서 도리어 공에게 지휘 받게 된 것을 부끄럽게 여기므로 공은 매양 그를 너그럽게 대해 주었다.」
―〈이충무공 행록〉―

 이순신은 조정에 자신의 함대뿐 아니라 이억기 함대와 충청도 함대도 함께 견내량을 막아서야 한다고 건의했고, 조정에서도 3도의 수군이 한산도에서 장기 주둔할 것을 예상하고 이순신을 전라좌수사 겸 3도수군통제사로 임명했다.

「공이 진중에 있으면서 매양 군량 때문에 걱정하여 백성들을 모아 들여 둔전(屯田)을 짓게 하고 사람을 시켜 고기를 잡게 하며 소금 굽고 질그릇 만드는 일에 이르기까지 안 하는 일이 없었고 그것을 모두 배로 실어 내어 판매하여 몇 달이 채 안 되어 곡식을 수 만 섬이나 쌓게 되었다.」   -〈이충무공 행록〉-

　둔전, 염전, 도자기, 나전칠기 등 수익성 사업을 經·營(事判 쪽)했다.

「또 공은 진중에 있는 동안 여자를 가까이 하지 않았으며 매일 밤 잠을 잘 때에도 띠를 풀지 않았다. 그리고 겨우 한두 잠을 자고 나서는 사람들을 불러 들여 날이 샐 때까지 의논하고, 또 먹는 것이라고는 아침저녁 5~6합뿐이어서 보는 이들은 공이 먹는 것도 없이 일에 분주한 것을 깊이 걱정하는 것이었다.
　공의 정신은 보통사람보다 갑절이나 더 강해서 이따금 손님과 함께 밤중에 이르기까지 술을 마시고도 닭이 울면 반드시 촛불을 밝히고 혼자 일어나 앉아 혹은 문서를 보기도 하고 또 혹은 전술을 강론하기도 하였다.」   -〈이충무공 행록〉-

　'여자를 가까이 하지 않은 것'은 신독(愼獨) 經·營인데, 이순신은 엄격한 자기 經·營(理判 쪽)에 충실했다. 이렇게 이판(理判)과 사판(事判)에 뛰어났음이 이순신 리더십의 기초이다.

제18부. 3도수군통제영의 창업 經·營

조정에서 이순신을 통제사로 내정한 것은 1593년 8월 15일이고, 이순신이 교지를 받은 것은 1593년 10월 9일이다. 이순신은 그 후 하옥될 때(1597. 3. 5.)까지 3년 5개월 동안 견내량을 막아서서 왜군들과 대치하는 동시에 '3도수군통제영의 창업기 經·營'을 완성한다.

한편, 충무공이 사용한 동양 전통의 '經·營' 개념은 〈시경(詩經)〉에서부터 사용되어 왔을 만큼 오랜 역사를 지닌 것이었다.

> 강수 한수 출렁이고 무부(武夫)들의 도보도 출렁이네
> 사방을 경영하여 그 성공 왕께 아뢰네
> (江漢蕩蕩, 武夫洸洸. 經·營四方, 告成于王.)〈大雅, 江漢〉

> 나의 늙지 않음을 가상히 여기시고 나의 건장함과
> 정력 굳셈을 사셨음인가 사방 경영을 맡기셨네
> (嘉我未老, 鮮我方將. 旅力方剛, 經·營四方.)〈小雅, 北山〉

현대 경영학의 창시자로 일컬어지는 피터 F. 드러커의 〈자본주의 이후의 사회〉(한국경제신문사)에 따르면, 서구식 Management가 학문적인 체계를 갖추기 시작한 것은 1950년대부터라고 한다. 그렇게 보면, 동양의 經·營 역사와 비교해서 아주 짧은 역사임을 알 수 있다.

1. 3도수군통제영의 해군력 증강 계획서

아래는 1593년 9월 10일자 장계이다. 장계의 이름은 〈수륙전의 특징에 대해 조목조목 진술하는 장계(條陳水陸戰事狀)〉이다.

'거북선+학익진의 원리'와 충무공의 해군 經·營 계획이 들어 있기에 오늘날에도 대단히 중요한 의미로 다가온다.

「삼가 품의드릴 일로 아뢰나이다.

바다와 육지에서 적을 방비하는 계책에는 각각 어렵고 쉬운 점이 있사온데, 요즘 사람들이 모두 바다는 어렵고 육지는 쉽다고들 하면서 수군 장수들도 모두 다 육전으로 나가고 바닷가의 졸병들도 또한 육전으로 나가고 있습니다. 그러나 수군의 지휘 장수로는 이를 제어할 수 없고 전선의 사부와 격군까지도 조정할 길이 없으니, 모든 장수들의 용감하고 용렬함을 무엇으로 가려낼 수 있겠습니까.

신은 수군에 자리 수나 겨우 채운 자품(資稟)으로 여러 번 큰 전쟁을 겪었으므로 수전과 육전의 어렵고 쉬운 점과 오늘의 급무를 들어 아래에 약간 진술하는 바이옵니다.」

　　　　　　　　　　　-〈조진수륙전사장〉(93. 9. 10.)-

조선인은 체질적으로 겁쟁이

「우리나라 사람들은 겁쟁이가 십중팔구요, 용감한 자라고는 열에 한둘밖에 없습니다. 평시에 서로 섞여서 무슨 소문만 들리면 그저 도망갈 생각만 내어 놀라 엎어지고 자빠지며 다투어 달아나니 설사 그 속에 용감한 자가 있다 한들 혼자서 어찌 번쩍이는 칼날을 무릅쓰며 죽자고 돌진할 수 있겠습니까.

만일 골라 뽑은 군졸들을 용감하고 지혜 있는 대장에게 맡겨서 정세에 따라 잘 지도하였더라면 오늘날 사변이 이렇게까지는 이르지 않았을 것입니다.」

－〈조진수륙전사장〉(93. 9. 10.)－

조선은 전쟁과는 거리가 먼 선비의 나라였고, 또 그 이전 2백 년 동안은 전쟁을 모르고 살아 왔다. 반면에 일본은 전쟁을 업으로 삼아 온 무사(武士)의 나라였고, 그 이전 100년 동안 일본형 전국(戰國) 시대를 거쳐 조선과 중국으로 전쟁을 확산시켰다.

전쟁이 일어나자 조선 조정과 360여 고을들은 '엎어지고 자빠지며 울면서 도망'을 갔다. 이순신은 이 같은 시대상을 맞아 대책을 찾았고 나름대로 정리해서 장계를 올렸다.

'거북선+학익진 해전 원리'를 조정에 보고

「그런데 해전으로 말하면 많은 군사가 다 배 안에 있으므로 적선을 바라보고 설사 도망하려고 해도 어쩔 길이 없기도 하려니와, 노질을 재촉하고 북소리 급히 날 때 만일 명령을 어기는 자가 있으면 군법이 뒤를 따르니 어찌 힘껏 싸우지 않을 수 있겠습니까. 또 거북선이 앞에서 돌격하고 판옥선이 뒤따라가며 연이어 지자총·현자총을 놓고 또 포탄과 화살을 빗발치듯 우박

퍼붓듯 하면 적의 사기가 쉽게 꺾이어 물에 빠져 죽기에 바쁘니 이것은 해전의 쉬운 점이옵니다.」

－〈조진수륙전사장〉(93. 9. 10.)－

겁쟁이 체질을 감안, 왜란 전에는 호구 조사와 동원훈련 등을 통해 전란이 터졌을 때 도망가지 않고 대응할 수 있는 여건을 만들었다.

입대한 병사들을 병선에 태우고 군악에 맞추어 '노질을 재촉' 했기 때문에 병사들은 도망가고 싶어도 할 수 없었다. 즉, 결사전의 각오로 싸울 수 있도록 여건을 조성했고, 이 같은 마음가짐에 '거북선+학익진'의 해전법을 승전의 방법론으로 삼았다.

'거북선이 앞에서 돌격하고, 학익진의 판옥선단이 뒤따라가면서 공격' 하면 겁쟁이 조선병사들은 용맹한 사자로 바뀌었고, 사무라이들은 겁쟁이가 되어 울면서 도망치기에 바빴다.

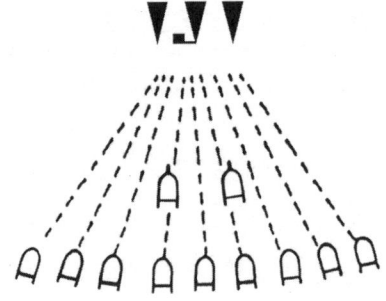

〈왜군의 기함을 향한 '거북선+학익진의 일시 집중타.' 이 같은 타법은 임진왜란 7년 동안 23전 23승이라는 신화를 낳았다. 20세기 세계 해군들은 이 타법을 이어받아 지구촌의 정치·외교·국방사에 지각변동을 가져오는 해전사를 남겼다〉

해군력 2배 증강 계획

「그런데 전선의 수가 적고 수군의 졸병들도 달아나는 자들이 요즘에 와서 더욱 많아졌는바, 만일 전선을 많이 준비하고 또 격군을 채울 길이 열린다면 비록 왜적이 수없이 쳐들어 와도 족히 당적해낼 수 있으며 또 족히 섬멸할 수도 있사옵니다.

이제 적의 정세를 보건대, 남쪽으로 도망해 내려온 뒤로는 아직도 바다를 건너가지 않고 영남 바닷가 여러 고을들을 저희 소굴로 만들고 있는데, 놈들의 하는 짓을 살펴보면 그 흉한 계책을 헤아리기 어렵사옵니다. 만일 적들이 수륙으로 합세하여 일제히 치고 나오면 우리의 약한 수군으로는 그것을 막아내기가 어렵고 또 군량을 대기도 어려울 것이므로, 이것이 자나 깨나 신이 걱정하는 바이옵니다.

신의 어리석은 생각으로는, 수군의 관할 하에 있는 연해안 각 고을의 여러 종류 장정군(壯丁軍)들을 모두 수군에 소속케 하고 군량도 또 그렇게 하여 전선을 곱절이나 더 만들게 한다면 전라좌도 다섯 고을 다섯 포구에는 60척을 정비할 수 있고, 우도 열다섯 고을 열두 포구에는 90척을 정비할 수 있습니다. 경상우도에는 난리를 치른 후라 조처할 길이 없다고는 하더라도 그래도 40여 척은 정비할 수 있고, 충청도에서도 60척은 얻을 수 있을 것이므로 합하면 250여 척은 될 것입니다.

적이 비록 많다고 해도 그 배는 물 위에 있는 것이니 우리 배가 맞버티면 적들도 이를 꺼려 마음대로 상륙하지 못할 것입니다. 원컨대 조정에서는 충분히 헤아리시어, 이 일에 있어서만은 연해안 여러 고을의 장정군들과 군량 등을 다른 곳으로 옮기지 말고 모두 수군에 소속시켜 주시고, 수군 장정들의 인사 또한 이동시키지 말기를 바라옵니다.」

-〈조진수륙전사장〉(93. 9. 10.)-

부산포해전 때는 판옥선 94척, 이듬해인 견내량 막아서기 작전 때는 '100여 척'이었기에 250척이면 두 배가 된다. 이 정도면 5백~1천여 척의 왜선단에 대적할 수 있고, 부산 앞바다의 제해권도 완전히 확보할 수 있으므로, 보급로가 끊긴 왜 육군은 큰 걱정거리가 되지 않는다고 했다. 250여 척이면 약 4만의 해군력인데, 세종대왕 시대의 해군력이 4만 정도였다는 점을 감안한다면, 조정의 의지에 따라 실천할 수 있는 사안이었다.

둔전 經·營

「군사들의 양식이 가장 급선무입니다. 호남 방면이 명색으로는 보전되었다고 하지만 모든 물자가 고갈되어 조달할 길이 없습니다. 신의 생각에는 본도의 순천·흥양 등지 같은 곳은 넓고 비어 있는 목장(牧場)과 농사지을만한 섬들이 많이 있사오니, 혹은 관청 경영(經營)으로 경작하든지, 혹은 민간에 주어서 소작을 시키든지, 혹은 순천·흥양의 수비군들로 하여금 전력하여 농사짓게 하다가 사변이 생길 적에는 나가 싸우게 한다면 싸움에나 지킴에나 방해됨이 없고 군량에도 유익할 것입니다.
　이것은 조(趙)나라 이목(李牧)과 한(漢)나라 조충국(趙充國)이 일찍이 경험한 방책입니다. 다른 도에도 이 같은 예로 명년 봄부터 시작하여 농사를 짓게 하는 것이 좋을 듯합니다.」
　　　　　　　　　　　　　　　-〈조진수륙전사장〉(93. 9. 10.)-

둔전 經·營으로 해군력 배가에 필요한 재원을 마련할 수 있다고 건의했다.

전군(全軍)의 대포는 수군으로

「전선(戰船)을 두 배이나 더 만든다면 지자·현자총들을 갑자기 마련하기가 어려울 것이오니 육지 각 고을에 있는 총통들을 급속히 수군으로 옮겨 보내 주어야 하겠습니다.」
─〈조진수륙전사장〉(93. 9. 10.)─

왜군이 남해안으로 물러났고, 조선 수군은 그 왜군들과의 대결을 앞두고 있었기에 전국 각 고을의 대포를 수군 쪽으로 모아 달라고 요청했다. 그러나 전시 행정체제를 구축해 놓지 못한 조정의 형편으로는 쉽게 실천할 수 있는 사안이 아니었다.

수사(水使)에 대한 권한 강화

「수사(水使)는 수군의 대장으로서 무릇 호령을 내려도 각 고을 수령들은 관할이 아니라고 핑계를 대면서 전혀 시행치 않고 있습니다. 심지어 군사상 중대한 일까지도 내버려 두는 일이 많아 일마다 늦어지게 되는바, 이런 큰 난리를 당하여 도저히 일을 처리해 갈 수 없사오니 사변이 평정될 때까지는 감사와 병사의 예에 의하여 수령을 아울러 지휘할 수 있도록 해주실 것을 바라옵니다.」   ─〈조진수륙전사장〉(93. 9. 10.)─

전라도에는 육군 병마사(兵馬使) 직이 2개 있었는데, 그 중 1개는 전라감사가 겸직하고 있었다. 또 병마사들은 도 내에 있고, 수사들은 한산도에 나와 있었기에 후방 고을 수령들은 수사보다는 병마사들의 명령에 더 귀를 기울였다.

아무튼 이상에서 살펴본 6개의 해군력 증강계획안은 이순신 經·營의 '6대 원칙'이자 실용적 방안이었다. 그러나 시문놀이 체질의 조정에서는 그 실용성을 이해하지 못하고 여러 가지 시행착오를 빚었으며, 그 결과 임진왜란의 조기 수습은 계속 멀어져 갔다.

2. 經·營의 史學으로 본 충무공의 조총 제작

아래의 장계 역시 1593년 8월 10일자 것이다.

화포를 봉해 올리는 장계(封進火砲狀)

「삼가 올려 보내는 일로 아뢰나이다.

신이 여러 번 큰 전쟁을 통해 왜인의 조총을 얻은 것이 많습니다. 항상 눈앞에 두고 그 묘한 이치를 시험하였던바, 몸체가 길므로 총 구멍이 깊고, 또 깊기 때문에 기운이 세어 맞기만 하면 부서지는데, 우리나라의 승자(勝字)나 쌍혈(雙穴) 등은 총통이 몸체가 짧고 총구멍이 얕아서 그 소리도 크지 못하므로, 신은 항상 조총을 만들고자 하였습니다.

그러던 중 신의 군관 정사준(鄭思竣)이 묘한 법을 알아내어 대장장이 낙안 수군 이필종(李必從), 순천 사삿집 종 안성(安成), 피난하여 본영에 와 사는 김해 절 종(寺奴) 동지(同志), 거제 절종 언복(彦福) 등을 데리고 정철(正鐵)을 두들겨 만들었는데 그 체제도 잘 되었고 총알 나가는 힘도 조총과 꼭 같습니다.

그 구멍에 불을 붙이는 기구가 좀 다른 것 같으나 며칠 안으로 다 마쳐질 것이며, 또한 만드는 것도 그리 어렵지 않으므로 수군 소속 각 고을과 포구에서 우선 같은 모양으로 만들게 함과 동시에 한 자루는 전 순찰사 권율에게 보내어 각 고을에서도 일제히 제조하도록 하였습니다.

오늘에 있어 적을 제어하는 무기는 이것보다 나은 것이 없으므로 정철로 만든 조총 다섯 자루를 봉하여 올려 보내오니, 엎드려 원컨대, 조정에서도 각 도와 각 고을에 명령하여 모두 다 만들게 하시기를 바라옵니다.

감독해 만든 군관 정사준과 대장장이 이필종 등에게는 각별히 상을 내리시어 감격하여 열심히 일을 하게 하시고, 또 모두들 서로 다투어 본떠서 만들어 내도록 하심이 좋을 듯합니다.」 　　　　　　　　　　－〈봉진화포장〉(1593. 8. 10.)－

'항상 눈앞에 두고 그 묘한 이치를 시험' 하였다는 말에서, 이치는 격물·치지에서 말하는 이치이다.

충무공의 군관과 대장간 천민들이 격물·치지 사상을 동도(東道: 동양사상)로 삼고 서기(西器: Science)의 산물인 조총을 제작했기에 민족사적으로 보면 동도서기(東道西器: 조선의 정신을 바탕으로 서양의 과학문물을 수용·접목한다는 대한제국의 세계화 이념)를 실천한 효시적 사례이다.

1627년, 네덜란드 상인인 박연(朴淵: 벨테브레. Weltevree, J. J.)이 풍랑으로 전라도 해안에 상륙하자 훈련도감에서는 그로 하여금 서양식 총포를 제작케 했다. 이 역시 동도서기(東道西器)론의 적용

사례이다.

　1636년에 병자호란이 있었고 볼모로 잡혀갔던 소현세자와 봉림대군(孝宗)이 북경에서 돌아오면서 서양 과학의 산물인 천문, 지리, 역법, 대포, 천리경, 자명종 등을 가져왔다. 1653년 네덜란드의 하멜 등이 표류해 왔을 때 조정은 그들로 하여금 훈련도감에서 총포를 만들게 했다. 1654년 효종 때는 이렇게 제작된 총포류로 무장한 조선군이 청군과 함께 만주 송화강 북쪽에서 러시아 군을 격파했는데 이것이 나선(羅禪: Russia) 정벌이다.

　정부 차원의 제도적 학문적 동도서기 접목론의 효시는 영조 때의 『동국문헌비고(東國文獻備考)』(1770년)이다. 이 시기에 다산(茶山) 정약용(丁若鏞)은 실사구시(實事求是)를 經으로 삼아 소현세자가 가지고 온 『기기도설(器機圖說)』에 있는 거중기(擧重機)의 원리를 西器로 삼고 수원성을 축성했다. 이것이 다산의 수원성 축성 經·營이다.

　동도서기는 조선이 광무(光武)개혁(1897~1907) 때 내건 세계화 이념(이론)이다. 당시(고종황제 때) 조선은 서기(西器)의 창구를 러시아로 삼았는데 이것이 러·일 전쟁의 단초가 되었다. 러·일 전쟁에서 승리한 일본은 조선에 을사조약을 강요하면서 '조선은 동도서기를 자주적으로 한답시고 외세를 끌어들이지 말 것' 이라는 조치가 담긴 을사조약을 맺게 했다.

　그 대신 화혼서용(和魂西用: 일본의 정신으로 서양의 과학문물을 수용·접목한다는 일본제국의 세계화 이념), 화혼화용(和魂和用)의 보호를 받으라고 강요했다. 그러나 이승만·김구·안창호 등의 선각자들은 해외에서, 그리고 김성수·유일한·이병철 등 조선의 기업인들은 국내에서 기업 내부적으로나마 동도서기를 실천했다.

근대 한·일의 세계화 추진 및 변천사

한 반 도	일 본
1864년 대원군 舊體舊用(구체구용)	1868년 西道西器 (후쿠자와
1882년 임오군란	유기치의 '탈아입구' 론)
1884년 김옥균 등 일본의 힘을	
빌린 東道西器	1890년 명치교육칙어(和魂和用)
1895년 을미사변(명성황후 시해사건)	시부사와 에이치의 화혼
1897년 광무개혁 시작. 대한제국의	서용론에 바탕한 일본형
東道西器	'유교자본주의 정신' 정립
1905년 러일전쟁·을사조약	
1907년 일본에 의해 광무개혁 중단	1910년 한일병합. 조선인에게
1920년 경성방직, 삼양사, 유한양행	화혼서용, 화혼화용 강요
등 기업들에 의한 東道西器	
1930년 삼성, LG, 현대 등에 의한	
東道西器	

임진왜란 50년 전, 일본의 대장간에서는 격물·치지를 화혼(和魂)으로 삼고, 서용(西用)의 산물인 조총을 제작해서 임진왜란을 일으켰다. 이와 비슷한 시기에 명나라는 격물·치지를 중체(中體)로 삼고, 西用의 산물인 불랑기포(佛郞機砲: 유럽제 대포)를 제작해서 임진왜란 때 사용했다.

정리해 보면, 임진왜란을 계기로 동서양의 문물은 무기류를 통해 먼저 접목되었고, 다음으로 안경·자명종·천리경·지구의 등에서 동서가 접목되어 온 것이 임진왜란 후 '광해군→소현세자→정다산→최한기' 등에 이르는 실학자들에 의한 서양과학의 연구·수용사이다.

그 후 19세기 말 메이지(明治) 유신(1868) 때의 화혼서용(和魂西

用), 청의 양무운동(洋務運動: 1866년) 때의 중체서용(中體西用), 조선의 광무개혁(1897년) 때의 동도서기(東道西器)가 국가 사회 모든 분야에서 전개된 동서양 접목론(接木論)이자 동양의 세계화 이론으로 내걸어졌다. 그 후 오늘날에 이르기까지 큰 틀에서는 여전히 같은 틀이다.

오늘날 추석 때 성묘를 가는 마음은 동도(東道: 동양사상)이고, 타고 가는 자동차는 서기(西器)라는 시각으로 보면 이해가 쉽다.

90년대에 와서 세계화 시대를 맞아 '우리 것을 지키고 외래의 것을 수용하자'는 학술회의가 많이 열렸는데, 그 핵심이 바로 동도서기(東道西器) 이론이다. 그러나 동양 전통의 經·營 學이 실종되어 있기에 제대로 조명되지 못해 왔다.

3. 히데요시의 군영 經·營

다음은 1593년 9월 4일자 장계인데, 장계의 제목은 〈포로로 잡혀갔던 사람에게서 들은 왜의 정황을 보고하는 장계(登聞 被擄人所告倭情狀)〉이다. 내용은 히데요시의 나고야 사령부에 대한 군영 經·營 관계이다. 중요한 내용이었기에 이순신·이억기·정걸 등 세 수사가 연명으로 장계를 올렸는데 원균은 연명에서 빠졌다. 이 점도 관심 있게 살펴보자.

「삼가 왜의 정황에 관한 일로 아뢰나이다.

경상도 고성에 사는 훈련봉사 제만춘(諸萬春)이 일본국으로 사로잡혀 갔다가 도망쳐 돌아와서 지난 8월 15일 진중에 이르렀는데, 그를 심문한 내용은 이러합니다.

"경상우수사(원균)의 군관으로 작년 9월 휴가를 얻어 집에 갔다가 돌아올 때, 웅천에 있는 적의 형세를 탐색하여 보고하려고 작은 배를 타고 웅포 앞바다에 이르렀습니다. 거기서 왜의 큰 배 16척이 각각 작은 배를 거느리고 김해강에서 웅천을 향하는 것을 망보고 돌아오다가 왜의 중간 배 6척이 웅포 선창에서부터 영등포 앞바다까지 쫓아와서 붙잡혔습니다.

왜군들은 격군 10명과 함께 결박하여 배에 싣고 웅천성 안의 협판중서(脇坂中書: 와키자카 야스하루)라고 부르는 왜장 앞에 잡아다 놓고 소인에게는 목에 칼을 씌우고 발에 족쇄를 걸고서 여러 왜들이 수직(감시)을 섰으며, 다른 격군들은 여러 왜인에게 나누어 주었습니다.

11월 13일, 소인은 창원에서 붙잡혀 포로가 된 소년 포로들과 함께 도망갈 꾀를 몰래 의논하다가 일이 탄로나서 소년들의 목은 베어졌습니다.

12월 19일, 또 웅천 소년들과 비밀리에 약속을 하였는데 그 소년들이 왜의 말을 하는 사람을 통하여 왜의 통역군에게 고자질을 하는 바람에 그 뒤로는 수직(감시)을 배나 엄하게 서므로 도망쳐 나올 도리가 없어서 그대로 겨울을 지냈습니다.

금년 2월에 우리나라 수군이 여러 번 웅천 앞바다를 공격하였는데 왜의 장수 하나가 나무화살(木箭)을 맞아 죽었고, 그 달 22일 우리 수군이 한편으로는 육지로 올라가고 한편으로는 적의 배가 정박해 있는 곳을 돌격하니, 성 안의 왜인들은 거의 다 늙고 병든 자들이라 성을 지킬 계책이 없어 허둥지둥 어쩔 줄을 몰랐으며, 또 왜장 12명은 바다에 빠져 자살하려고까지 했습니다.

그러는 중 우리나라 판옥선 2척이 서로 부딪혀 엎어지자 왜의 부장(副將)이란 자가 우리 배에 뛰어 올랐는데 우리 배의 군사가 긴 창으로 그 자의 가슴을 찔러 즉사시켰습니다.」

-〈피로인소고왜정장(被擄人所告倭情狀)〉(93. 9. 4.)-

제만춘은 원균의 군관으로 임진년 9월 부산포해전 이후 휴가를 갔다가 귀영길에 영등포 앞바다에서 포로가 되었다. 왜장은 협판안치(脇坂安治: 와키자카 야스하루)이다. 이듬해 2월의 웅천포해전과 판옥선(통선) 2척이 전복된 사건 등도 기록되어 있다.

「그달 26일, 왜장은 소인을 패전한 배의 장수로서 하인 8백명을 부리는 높은 벼슬아치인 양 문서를 꾸며가지고 배에 실어 평수길(平秀吉: 히데요시)이 있는 궁으로 들여보냈습니다. 3월 5일 수길이 머물러 있는 낭고야(郞古也)에 도착하니, 수길이 처음에는 소인을 태워 죽이려다가 소인이 글을 안다는 소문을 듣고는 그의 서기로 있는 왜인 반개(木下半介吉勝)한테 내맡겨 반개의 집에서 5~6일을 지낸 다음 소인의 머리를 깎고 왜인의 옷을 입혔습니다.」   -〈피로인소고왜정장〉(93. 9. 4.)-

'글을 안다는 소문을 듣고' 라고 했는데, 일종의 특기자로 인정받은 것이다. 그리고 보면 제만춘은 문무를 겸비한 엘리트 군관이었던 것 같다. 왜 원균 수사는 이 같은 엘리트가, 더욱이 이전에 자신의 부하 군관이었던 자가, 적국에서 보고 들은 것에 대해 보고하는 자리에 빠지고, 그리고 장계에도 그의 서명이 빠졌을까?

「그 뒤 소인이 풍습증(風濕症)으로 전신이 부은 것을 반개가 의원인 중에게 부탁하여 여러 가지 약으로 치료하도록 해서 그 병이 낫게 되었습니다. 몸이 남의 나라에 있어 새장 속의 새 같으니 고향 그리운 정회를 금할 길이 없어 기어코 동지들과 함께 도망쳐 돌아올 것만 생각하고 조선 사람이 사로잡혀와 있는 곳을 찾아보았더니 큰 집에는 20여 명, 보통 집에는 8~9명, 작은 집에는 3~4명씩 없는 집이 없었습니다.

그래서 가만히 함께 도망갈 뜻을 물어본즉, 혹은 성심껏 승낙하는 자도 있었고 혹은 가정을 이루고 있어 돌아갈 뜻이 없는 자도 있었는데, 만리타국에서 비밀한 계획이 누설될까 두려워 마음에 간직만하고 말은 못했습니다.」

-〈피로인소고왜정장〉(93. 9. 4.)-

결혼해서 가정을 이룬 조선인도 있었는데, 이들은 일정한 기술을 보유한 특기자들이다. 정유재란 때 끌려간 도공들도 특기자 대접을 받았다. 역사를 소급해 보면 일본의 외래인 특기자 우대는 고구려·백제·신라인들에게도 적용되었었다.

「4월 초부터는 김해, 창원, 울산 등지의 고을에서 사로잡혀 온 사람과 창원(昌原) 교생(校生) 허영명(許泳溟) 등과 혹 편지로 의논을 통해도 보고 또 사람을 통해서 가만히 떠 보기도 했으나 자주 만나지도 못하고 계획이 서로 어긋나서 끝내 뜻을 이루지 못했습니다.

7월 초에 와서 동래에 사는 성돌(成突), 사노 망련(望連), 봉수군 박검손(朴檢孫), 목자(牧子) 박검실(朴檢實), 사노 김국(金國), 김헌산(金軒山), 종 돌이(突伊), 사노 윤춘(允春), 양산 사는 강은억(姜銀億), 박은옥(朴銀玉), 김해 사는 갑장(甲匠: 갑옷 만드는 공인) 김달망(金達望), 사노 인상(仁尙) 등 12명이 밤낮으로 오가며 의논한 뒤, 7월 24일 밤중에 소인을 포함하여 모두 13명이 배 1척을 훔쳐 타고 노를 재촉하여 육기도(六歧島: 一歧島)까지 이르러 밤을 지냈습니다.

25일 순풍에 돛을 달고 떠났는데 왜적의 군량 실은 배 3백 척을 만나 간신히 피해서 육기도로 되돌아가 정박했습니다.」
－〈피로인소고왜정장〉(93. 9. 4.)－

보고 내용이 아주 자세하다. 무리를 이끌고 도망쳐 오는 솜씨 등을 보면 역시 문무를 겸비한 엘리트 군관답고, 또 충성스런 백성이다.

「그러나 양식이 떨어져서 입고 있던 왜의 속옷 한 벌과 겉옷 한 벌을 팔아 쌀 27되(말)와 중간 크기의 솥 한 개를 샀습니다. 그리고 8월 3일에 경상좌수영(동래군 남면) 앞바다로 와서 상륙하여 모든 사람들은 각기 제 집으로 돌아가고 소인은 그 동네 사는 황을걸(黃乙傑)의 집에서 머물렀습니다.」
－〈피로인소고왜정장〉(93. 9. 4.)－

옷을 팔아서 양식을 보충했다. 그렇다면 조선에 건너 온 왜군 도망병이나 패잔병들도 약탈한 전리품을 밀매해서 그 돈으로 고향으로 밀입국하고 있었을 것이다.

「그곳에는 우리나라 사람들이 수많이 살면서 적들과 사귀어 왕래하기를 조금도 꺼려하지 않았는데, 소인은 이틀 동안 머물다가 양산 땅 사대도(蛇代島: 김해군 대저면)에 사는 사람들이 배를 가지고 지나가므로 그 편에 사대도에 이르러본즉, 천성 가덕의 수비하던 수군들이 무려 4백여 호나 살면서 왜적 20여 명을 추장이라 일컬으며 농사짓기와 추수 하기를 평상시와 같이 하는 것이었습니다. 소인은 8월 10일 웅천 땅 적항역(赤項驛: 김해군 장유면) 앞을 지나 상륙하여 13일에 본가로 돌아왔습니다.」   -〈피로인소고왜정장〉(93. 9. 4.)-

하층민들이 왜인들을 추장으로 '모시고' 전쟁을 그럭저럭 넘기고 있다. 양쪽이 그렇게 섞여서 살고 있었기에 제만춘은 눈치를 보아가며 빠져 나올 수 있었다.

「그런데 대개 평수길은 보통 태합(太閤)이라 부르고 큰아들은 관백(關白)이라 부릅니다. 수길이 머물러 있는 낭고야(나고야)는 일본과 연접된 땅으로 일본 서쪽에 있으며 육로로는 21일 길이요, 수로로는 12일 길이며, 대마도까지는 3일 길입니다.

작년 5월 수길이 20만 군사를 거느리고 낭고야에 주둔하면서 그곳에 세 겹으로 성을 쌓고 6층 누각을 지었습니다. 6층 누각은 내성 한가운데 있고 수길은 항상 그 위에 기거하였으며, 세 겹으로 된 성 머리에는 모두 층계로 된 사대(射臺)를 설치했는데, 그 총 쏘는 기계와 방어하는 시설은 이루 다 말할 수 없습니다. 성 안에는 다만 창고와 관사만이 있고 성 밖에는 백성의 살림집이 즐비하게 있었습니다.

지난 5월 명나라 사신 두 사람(사용재, 서일관)이 낭고야에 이르렀는데 처음에는 성 바깥 민가에 있다가 3일을 머문 뒤에 수길이 보좌하는 중 두 사람을 시켜서 혹은 글로써 묻고 혹 통역으로 물으며 또 다시 며칠이 지난 다음에 명나라 사신을 중성(中城) 안으로 들어오게 하였습니다.

수길은 그대로 내성 안 6층 누각 위에 있었고 그 부하들을 시켜서 명나라 사신을 접대하는 것이었습니다. 그때 왜인들은 6칸이나 되는 정결한 누각을 높이 짓고 붉은 비단으로 휘장을 두르고 그 안에 금물을 뿌린 병풍을 치고 앉았습니다. 명나라 사신은 낮은 곳에 초가 두 칸을 짓고 사방으로 발을 드리운 속에 긴 상을 놓고 앉았는데 그 사이 간격이 십여 걸음이나 되었으며, 밖으로는 구경꾼들이 저자처럼 모였습니다.

먼저 일단 술을 부어 돌리고 접대하는 잔치가 시작되었으나 아직 수길과는 만나지 못하고 다만 왜인들이 뜰 앞에 가득 모여 광대놀이를 하고 피리소리만 들려올 뿐이더니, 예를 마친 다음에야 비로소 명나라 사신을 내성 안 서쪽 객실로 청해 들이는 것이었습니다.」　―〈피로인소고왜정장〉(93. 9. 4.)―

경략 송응창(宋應昌)은 강화회담을 성사시키기 위해 명나라 황제의 도장(印)을 새겨서 가짜 칙서를 만들었다. 그리고 그것을 사용재(謝用梓)와 서일관(徐一貫)에게 주어 보내면서 조선 조정에는 진짜 칙서라고 속였다.

그러자 선조는 명나라를 더욱 불신하게 되었고 조선의 수륙군 장수들에게 출전을 독려했다. 이에 조·명 간에는 군사적 마찰이 빚어졌으며, 다른 한편으로는 '선조-김응서-요시라-고니시의 대화'가 진행되었는데, 훗날 칠천량 패전을 초래한 반간계(反間計)의 시작이었다.

「소인을 맡은 왜인 반개는 수길 밑에서 서역(書役: 글 쓰는 일)을 하는 왜인으로서 명나라 사신들 앞에서 문답의 글을 기록하는 일을 담당하였는데, 그것들을 소인에게 보여주기에, 만약 다행히도 도망쳐 돌아갈 수 있다면 보고서를 작성하여 올리고 싶은 생각에, 종이에 가득 옮겨 적었습니다. 그런데 배를 훔쳐 도망해 올 때 모조리 잃어버리고 목숨만 살아 왔습니다.

 오늘에 와서는 정신이 흐려 자세히 기억하지는 못하오나 대강만 추려서 말씀드린다면, 명나라 사신이 수길에게 글을 주어 이렇게 말하였습니다.

 '조선국에서 전라 경상도의 길을 먼저 트고 왜병을 끌어들인 다음 길을 차단했으니 이는 조선이 거짓으로 속인 것입니다. 조선이 대 명나라에 사실대로 말하지 않았으니 조선 국왕에게 어찌 죄를 주지 않을 수 있겠습니까.

 태합께서는 명나라에 정성을 다하는 신하이고, 두 사신도 천자에게 충성스러운 신하인데, 만약 두 사신의 말을 믿을 수 없다면 청컨대 보검을 빌려서 배를 갈라 보이겠으며, 죽어도 후회가 없습니다.

 두 나라가 화친을 맺는 것은 천만 년의 아름다운 일입니다. 태합께서 보낸 삼성(石田三成: 이시다 미쓰나리), 양사(增田長盛兩司: 구로다 나가마사), 길계(大谷吉繼: 오타니 요시쓰구), 행장(小西行長: 고니시 유키나가) 네 사람의 말을 들어보면 한 입에서 나온 것처럼 한결같으니, 화친하는 일은 태합께서 스스로 결단한 후 명나라와 관백에게 사신을 보내어 알리도록 해야 할 것입니다.'

 명나라 사신이 또 수길에게 글을 한 장 더 써 주었는데, 그

글에서 말한 내용은 이러하였습니다.
 '일본의 무장들은 중국 땅을 넘보고 있는데, 이것은 마치 모기 발로 바다를 건너가려고 하는 것과 같은지라, 참으로 멀리 헤아리지 못하는 사람들입니다.'
 그리고 나서 명나라 사신이 말했습니다.
 '요즘에는 백 번 싸워 백 번 이겼으니 한 번만 참으면 천만 가지 일들이 다 안정될 것이라고 하였는데, 이 글은 명나라 황제께서 조선 임금에게 보낸 글입니다.'
 그리고 두 나라 사신이 나올 적에 수길이 군대의 위엄을 장하게 하고 배 위에서 서로 만나 칼과 창 열 자루와 은 30근을 선물로 주어 보냈습니다.

 처음에 소인이 사로잡혀 웅천에 있을 때에 왜장 협판중서(脇坂中書)가 소인에게 묻기를 '작년 7월 한산도 전쟁 때 너도 응당 그 배에 있었을 텐데 일본의 총과 칼과 갑주 같은 것들을 얼마나 얻었느냐?'고 하기에, 모른다고 대답한 일이 있었습니다. 소인이 반개의 집에 반년간 있는 동안 군량 조달하는 문서를 모두 상고해 보았던바, 협판중서의 이름이 그 속에 있었습니다. 그 아래에는 '처음 군사 1만 명을 거느리고 나갔다가 거의 다 패하고 지금은 1천여 명이 남았다'고 적혀 있었습니다.」　　　　　　　－〈피로인소고왜정장〉(93. 9. 4.)－

 한산도해전에서 조선 수군이 벤 왜군의 수급은 3백 개 정도이다. 제만춘이 와키자카의 기록에서 확인했다는 인명 손실 수자와는 큰 차이가 있다. 해전 때 왜선들이 육지에 다가간 시점에서 왜군들은 필사적으로 헤엄쳐서 육지로 올라갔을 것이기 때문에 인명 손실은 기록에서처럼 크지 않았을 것이다.

와키자카가 보름 간 행방불명 상태였고, 부하 장수들이 할복자살한 경우가 있었을 만큼 왜군 수뇌부는 궤멸 상태였다. 또 소속 함대가 연합 함대였고, 그 가운데 와키자카의 직할 병력은 수천 명을 넘지 않았다. 이런 상황이라면 육지에 오른 왜군들은 뿔뿔이 흩어져 갑옷이나 무기 또는 약탈품을 팔아 고향으로 도망쳤을 가능성이 크다.

이는 제만춘이 왜국에서 도망쳐 올 때 옷가지를 팔아 뱃삯을 지불했다는 점에서 유추해 볼 수 있다. 나고야는 조선 원정을 위해 급조된 도시로 100만의 인구가 저자거리에서처럼 복잡하게 얽혀 살았고, 몸을 파는 여자와 밀항자들도 많았다.

아래는 한국일보 〈임란 4백년 특집〉(1991. 12. 16.) 기사에서이다.

「조선침략의 본거지였던 규슈(九州)의 나고야성은 규모로는 오사카(大阪) 다음인 일본 제2의 거성이다. 그러나 도요토미 히데요시가 1년간 머물러 있으면서 직접 침략전쟁을 지휘했던 본성 이외에 1백 60여 개 지방영주들이 제각기 출진 병사들을 모아 대기시켰던 부속 성까지 합치면 세계에 유례없는 거대한 성군(城群)을 형성했었다. 출정 병사가 한창 많을 때는 10만이 넘는 인구를 포용했던 성곽도시였던 것이다.

기록에 의하면, 본성의 총면적은 144,000㎡가 넘었다. 5층 구조의 천수각이 있던 혼마루(本丸)를 중심으로 6개의 성루로 구성됐던 나고야성의 연면적은 4,333㎡였다. 제3의 성루였던 산노마루(三之丸)의 규모가 동서 34칸, 남북 62칸이었다는 안내판으로 미루어 그 규모를 짐작할 수 있다.

이 거대한 본성을 중심으로 사방 3km 안에 1백 60개 부속 성이 자리 잡았다. 최근 발굴조사로 그 중 1백 20여 개는 주춧돌 등이 드러나 위치가 확인되었다. 이 가운데 고니시 유키나가, 가토 기요마사 등 왜장 15명의 진적(陣跡)은 특별사적으로 지정되어 있다.

무엇보다 놀라운 일은 이 거대한 성군이 불과 5개월 사이에 완성되었다는 점이다. 이 거대한 급조 군사도시의 좌진(座陣) 병력은 10만 2천여 명. 이곳에서 조선으로 출정한 병력은 연 20만 5천 5백 70명이었다. 이 군사도시는 난리가 끝난 뒤 도쿠가와 이에야스에 의해 철저히 파괴되어 역사의 갈피 속으로 묻혀버렸다.

역사의 현장을 소중히 보존하자는 움직임은 1976년에 태동했다. 진제이 정(町)은 나고야 성터 안에까지 침입한 민가와 사유지가 된 부속 성들의 터를 사들여 옛 모습을 되살릴 계획을 수립, 연차사업에 착수했다.」

〈나고야성 평면도〉

「평수길이 낭고야에 있는 것은 군사 소집과 작전 지휘를 위해서인데 진주와 호남 등지를 다시 치기 위해 정예군사 3만을 뽑아 보냈다고 합니다.」   -〈피로인소고왜정장〉(93. 9. 4.)-

'진수와 호남 등지를 다시 치기 위해서…'는 제2차 진주성 공격과 견내량 돌파 작전 때 나고야에서 3만의 정예병을 추가로 보냈음이다. 그래서 당시의 왜군은 '16만+3만=19만' 이었다.

「진주성을 무너뜨린 뒤에 왜장들이 진주와 전라도 장흥을 분탕질한 일을 급히 보고하면서 진주목사(서예원)와 판관(성수경), 병사(최경회) 등의 머리를 들여보낸 것을 보고, 수길은 말하기를 '이제는 더 할 일이 없다!'고 하면서 대판(大坂: 오사까)으로 돌아가려고 8월 15일과 21일을 택일하고는 그 맏아들 관백(秀次)을 명년 3월부터 낭고야로 보내 주둔케 한다고 하였습니다.」   -〈피로인소고왜정장〉(93. 9. 4.)-

진주성 함락 후 일부의 왜군들이 게릴라전으로 구례 지역까지 일시 진출했던 적이 있는데, 히데요시는 이를 왜군 주력의 전라도 진출로 알았던 것 같다.

「조선에 진을 치고 있는 왜적들은 기장· 울산· 부산· 동래· 양산·김해 및 웅천 세 곳, 거제 세 곳, 당포 세 곳에 성을 쌓고 집을 지은 뒤에 반은 성을 지키고 반은 들어왔는데, 성을 지키는 왜들은 명년 3월에 교대병을 내보낸 뒤에 들어온다고 하더이다. 그리고 소인이 지나온 (경상)좌수영은 적의 수효와 적선의 수효는 많지 않고 부산포에는 곳곳에 가득 차 있었으며, 배들도 바다 위에 가득하여 얼마인지 모르겠는데 우리나라 사람들이 같이 섞여 살고 있었습니다.

　수길은 그 성질이 교만하고 사나워서 왜국 사람들이 '언제나 망할 것인가?' 하고 탄식할뿐더러, 왜인들은 모두 말하기를 '사람으로서 어느 누가 부모처자가 없을 것인가. 여러 해를 남의 나라에 나가 있어 오래도록 고향에 돌아오지 못하니 이것이 모두 수길 때문인데, 수길의 나이 올해 예순 셋이라 죽을 날도 임박했거니와, 만일 죽는다면 어찌 조선 사람들만이 기뻐할 뿐이겠느냐. 우리들도 걱정이 없어질 것이다.' 라고들 하는 것이었습니다."」　　　　　-〈피로인소고왜정장〉(93. 9. 4.)-

왜국 백성들도 히데요시를 몹시 원망하고 있었다.

「그런데 제만춘은 무과 출신 사람으로 나라의 후한 은혜를 받았으며 용맹이 뛰어나고 무예도 훌륭하여 용렬한 무리와는 다르므로 당연히 힘껏 적을 쏘아 죽임으로써 나라의 은혜를 갚아야 할 터인데, 반항도 하지 않고 사로 잡혀가서 도리어 왜놈의 심부름꾼이 되었습니다. 그리고 그대로 일본에까지 가서 반개와 함께 문서 맡는 소임을 같이 하였으니 신하된 의리와 절개는 땅에 떨어졌습니다.

　그러나 글을 잘 알고 사리를 아는 사람이어서 수길에게 반년이나 머물러 있으면서 간사한 적들의 책모를 자세히 정탐하지 않은 것이 없어 마치 간첩으로 보낸 사람 같았습니다. 또 본국으로 돌아오고 싶어하는 격군 12명을 데리고 죽을힘을 다해 도망쳐 돌아왔습니다. 그 정상이 가련할 뿐더러 공초한 바를 참작해 보니 다른 포로가 되었던 자들이 돌아와서 아뢰는 공초와 거의 다름이 없사옵니다. 나머지 미진한 일들은 제만춘의 장계와 같이 올려 보내오며 경상좌수사 원균에게도 알렸습니다.」
-〈피로인소고왜정장〉(93. 9. 4.)-

 이 장계에 대한 〈난중일기〉의 기록은 앞에서(1593년 8월 15일) 살펴보았다. 원균 수사에게는 사후 통보하였는데, 이 무렵 원균은 이순신이 3도수군통제사에 제수되었다는 소식을 듣고는 심기가 불편해서 자신의 군관이었던 제만춘의 심문장에도 나오지 않았던 것 같다.
 한편, 이 때는 이순신을 3도수군통제사에 제수한다는 교지를 아직 받지 못했기에 세 수사가 연명으로 장계한 것이다.

「*제만춘(諸萬春): 고성(固城) 출신. 처음에 영남우수영에 소속된 군관으로서 힘이 세고 활을 잘 쏘는 것으로 이름이 났다. 임진년에 왜적이 쳐들어오자 9월에 우수사 원균의 명령을 받아 작은 배를 타고 노 젓는 군사 10여 명과 함께 웅천으로 가서 적의 형세를 탐지하고 영등포로 돌아오다가 왜의 병선 6척을 만나 같은 배에 탔던 사람들이 모두 사로잡혀 묶여 갔는데, 왜의 장수 협판(脇板)이란 자가 있어 제만춘을 따로 가둬두었다.
 계사년(1593) 9월 24일 밤중에 제만춘이 성우동, 박검손 등 20명과 함께 왜선을 훔쳐 타고 노를 재촉하여 육기도에 이르러 순풍을 만나 동래 수영 아래 배를 대고 8월 13일 본가로 돌아왔다. 15일에 삼도의 네 수사가 합진(合陣)하고 있는 곳으로 왔는데, 그 때 이순신은 전라좌수사의 직책으로서 사실상 모든 군사를 관할하였는데, 제만춘의 신하로서의 절개 없음을 성내어 처음에는 베어 죽이려고 했으나, 그가 죽음을 무릅쓰고 도망쳐 돌아온 것을 불쌍히 여겨 장계를 올리려 가는 인편을 따라 서울로 올라가서 왜적의 정황을 보고하게 하였던바, 조정에서는 그를 풀어주고 다시 충무의 군중으로 돌려보냈다.
　그때 남방에서는 싸움을 겪은 세월이 벌써 2년이나 되었으나 아직도 왜적의 내정과 기제(機制)의 우수성 여부도 모르고 있었던 것이다. 이순신은 제만춘을 얻은 것을 몹시 기뻐한 나머지 마침내 자청하여 데리고 다니는 군관으로 삼으니, 제만춘 역시 의기를 떨쳐 힘껏 도와 마침내 이순신이 공로를 이루게 하였다.
　무술년(1597) 노량 싸움에서 송희립의 무리와 함께 앞을 나서 적을 쏘아 명중된 자는 다 거꾸러졌다. 그 뒤에 군관의 한 자리를 종신직으로 얻어 늙어 죽도록 통영에서 관직을 맡았다.」
-〈제만춘전〉-

왜국의 임나 經·營론을 승계한 히데요시와 이토 히로부미

아래는 주간한국(2005. 10. 11)에서 황영식 논설위원의 〈임나일본부〉라는 제목의 글이다.

「＊임나일본부에 대한 일본측 통설의 출발점은 8세기에 편찬된 〈일본서기〉와 〈고사기〉에 실려 있는 진구(神功) 황후의 전설이다. 진구 황후를 역사 인물로는 보기 어렵고, 관련 내용 전체가 일본열도 남부의 통일왕권 수립과정에 대한 설화적 묘사로 이해되고 있다. 그러나 이상하게도 '80척의 배를 거느리고 바다를 건너 한반도 남부의 7국과 4읍을 점령했다'는 내용만은 연대까지 369년으로 비정(比定)하는 등 일본 측에서 집착을 보였다. 또 『일본서기』의 긴메이기(欽明紀) 등은 임나에 '일본부'가 존재했다는 점은 물론 그 관료들의 이름이나 활동 상황에 대해서도 자세히 적고 있다. 한편으로 해석 논쟁이 아직까지 분분한 광개토대왕비문의 신묘년(辛卯年, 391년) 기사를 '왜가 바다를 건너와 백제와 임나, 신라 등을 격파하고 신민으로 삼았다'고 해석하면서 결정적 증거라고 내세우고 있기도 하다.

지금은 내용이 많이 축소되고 해석 방향도 다양해졌지만, 일본 식민사관의 중심을 이룬 임나일본부설의 골격은 1720년에 완성된 『대일본사』에서 이미 갖춰졌다. '진구황후 때 삼한과 가야를 평정하여 임나에 일본부를 두고 삼한을 통제했다'고 적었다. 이런 일본의 인식은 1949년 쓰에마쓰 야스카즈(末松保和)의 『임나흥망사』에 의해 완성되었다. 왜가 진구황후 섭정 49년(369년)에 가야 지역을 군사 정벌하여 그 지배 아래 임나를 성립시킨 후 설치한 임나일본부를 중심으로 약 200년간 한반도 남부를 경영하다가 긴메이 천황 23년(532년) 신라에게 빼앗겼다는 내용이다. 고대 일본의 이른바 '남선경영론(南鮮經營論)', 또는 '출선기관(出先機關:출장소)론'의 골자이다.」

히데요시 막부의 조선 침략이 신공(神功) 황후의 임나 經·營 설을 따랐던 면은 없을까? 아무튼 일제 때 총독부는 임나의 한반도 經·營론을 내세워 한일병합을 정당화시키고자 했다.

아래는 『안창호 평전』(청포도 2004)에서 인용한 것이다.

「*이토와 회견하였던(1908년 피터 F.드러커가 태어나기 1년 전: 필자들 주) 도산의 후일의 기억은 대강 이러하였다.

이토는 일본의 동양 제패의 야심을 교묘한 말로 표시하였다. 자기의 평생의 이상은 셋 있는데, 하나는 일본을 열강과 각축할 만한 현대국가로 만드는 것이고, 둘째는 한국을 그렇게 만드는 것이며, 셋째는 청국을 그렇게 만드는 것이라고 한 후, 일본에 대해서는 이미 목적을 거의 달성하였으나 일본만으로는 도저히 서양

세력이 아시아에 침입하는 것을 막을 도리가 없으므로, 한국과 청
국도 일본만한 역량을 가진 국가가 되도록 해서 선린(善隣)이 되
어야 한다고 하였다. 그러므로 자기는 지금 한국의 재건에 전심전
력을 경주하고 있는데, 이것이 완성되고 나면 자기는 청국으로 가
겠노라고 하였다. 이렇게 말하고 나서 이토는 넌지시 도산의 손을
잡으면서 그대가 나와 같이 이 대업을 經營하지 않겠느냐면서 공
감을 구하였다.

그리고 이토는 도산에게, 자기가 청국에 갈 때에는 그대도 같
이 가자고, 그래서 삼국의 정치가가 힘을 합하여 동양의 영원한
평화를 확립하자고, 이렇게 매우 음흉하게 말하였다.

이에 대하여 도산은, 삼국이 정립(鼎立)하여 친선을 유지하는 것
이 동양 평화의 기초라는 데에는 동감한다. 또 그대가 그대의 조국
일본을 혁신한 것은 치하한다. 또 한국을 귀국과 같이 사랑하여 도
우려는 호의에 대하여는 깊이 감사한다. 그러나 그대가 한국을 가
장 잘 돕는 방법이 있는데, 그대는 그 방법을 아는가? 하고 이토에
게 물었다. 이토는 정색하고 그것이 무엇이냐고 반문하였다.

도산은 일본을 잘 만든 것이 일본인인 그대인 것처럼, 한국은
한국 사람으로 하여금 혁신케 하라. 만일 명치유신(明治維新)을
미국이 와서 시켜서 하였다면, 그대는 어떻게 생각하겠는가. 명치
유신은 안 되었을 것이라고 믿는다.」   -『안창호 평전』에서-

'대업을 經·營하지 않겠느냐?' 고 하였다는데, 이때는 을사조약이
체결되어 있었기 때문에 조선에는 동도서기(東道西器)가 중단되고,
화혼서용(和魂西用)을 강요받던 때였다. 이토가 제의한 것은 화혼서
용 형의 식민지 經·營론이며, 신공 황후의 임나부 經·營론을 제의
한 것이었다.

'만일 명치유신을 미국이 와서' 라고 한 것은, 미국이 일본에 와서

화혼서용의 일본식 국가 經·營을 해낼 수는 없다는 의미이다. 그 후 일제는 조선과 만주에서 식민지형 經·營에 들어갔다.

4. 3도수군통제사가 되다

아래의 장계는 이순신이 통제사의 교지를 받고 본영으로 돌아와서 올린 〈본영으로 돌아왔음을 보고하는 장계(還營狀)〉이다.

「삼가 상고하올 일로 아뢰나이다.
　오래된 적들이 아직도 변경에 웅거하고 있어 그 흉한 계교를 측량키 어렵습니다. 그 때문에 명년 봄 해상 방비는 전보다 백 배나 더 애써야 할 터인데도 한 해가 다 가도록 바다에 진을 치고 있어 굶주린 군졸들이 병들어 극도로 파리해져 겨우 사람 형상으로 목숨만 붙어 있고 또 죽은 자도 거의 절반이나 되었으나 구원할 길이 없습니다.
　당장 날씨가 추워져서 귀신같이 참혹한 몰골을 차마 눈으로 볼 수 없으니 어찌 모두 죽지 않기를 기약할 수 있을 것이며 장차 어떻게 활을 당기며 배를 부리오리까. 이런 생각을 하니 마음 아픈 것이 살을 베는 듯하옵니다.
　뜻밖에 이번 3도통제사를 겸하라는 명령을 변변치 않은 신에게 내리시니 놀랍고 황송하여 마치 깊은 골에 떨어지는 듯합니다. 신과 같은 용렬한 재목으로는 도저히 감당치 못할 것이 분명한지라, 신의 애타고 답답함이 이 때문에 더하옵니다.」
　　　　　　　　　　　－〈환영장(還營狀)〉(93. 윤11. 17.)－

대치하고 있는 왜군은 돌아갈 기미도 없고, 군량미가 부족해서 제대로 먹지 못한 군사들은 '극도로 파리해져서 겨우 사람의 형상'을 하고 있었다. 이 같은 상황에 10월 9일 3도수군통제사에 제수한다는 교지와 함께 장졸들을 교대로 휴가 보내라는 명령서가 내려왔다.

「지난 10월 9일에 받은 분부 중에 '경(卿)이 통제사로서 책임을 지고 3도의 장령과 군졸을 두 패로 나누어서 집에 돌아가 번갈아 휴양하게 하고 겸하여 의복과 식량까지 마련해 주라'는 명령이 계셨습니다. 경상도는 분탕질을 당한 후여서 선부(船夫)와 격군이 더욱 엉성하지만, 진을 친 곳이 바로 자기 도 안이니 틈을 보아 오가며 수시로 번갈아 쉬게 할 수 있습니다.
　전라좌도 역시 그리 멀지 않으므로 계속하여 번갈아 보낼 수 있습니다. 그러나 전라우도는 물길이 멀리 떨어져 있기 때문에 당장 바람 세찬 날씨에 험한 파도를 헤치고 가기가 쉽지 않습니다. 또 왕복할 경우 자칫하면 달포나 걸리므로 그 도의 수사 이억기를 시켜서 전선 31척을 거느리고 이미 지난 11월 1일에 앞서 띄워 보냈습니다.
그래서 지난 11월 1일에 이미 전라우도 수사 이억기에게 전선 31척을 거느리고 먼저 출발하게 하면서, 연말 안으로 전쟁기구도 수리하고, 또 군사들도 쉬게 하고, 전선도 더 만들고, 격군과 수군 및 힘센 군사들을 더 징발하고, 매사를 일일이 점검하여 미리 정비해 있다가 내년 정월 보름 전으로 한 사람도 빠짐없이 진으로 돌아오도록 하되, 전선 50여 척은 사변에 항시 대비하고 있어야 한다고 지시하였습니다.
　그러나 각 고을의 수졸(水卒)들 중에 도망간 자들이 십중팔구나 되고, 자기 차례에 수자리 살려고 나오는 자는 열에 한 둘도 안 됩니다. 게다가 민가나 마을들은 텅텅 비었고 굴뚝에서는 연기조차 나지 않아 쓸쓸하기만 합니다.

이런 상황에서는, 도망병이 생길 경우 일가와 이웃에서 대신 징발하여 충당하려는 대책 또한 기대할 바가 못 되므로, 가장 먼저 배를 탄 군졸들조차 교대시켜 주지 못하고 오래도록 바다 위에 머물러 있게 함으로써 굶주림과 추위로 내몰고 있으며, 게다가 돌림병은 지난 봄철이나 여름철보다 더욱 심하여 무고한 군사들과 백성들이 잇달아 죽어 넘어짐으로써 군사들의 수가 나날이 줄어들어 병력(兵力)이 약해지고 있는 형편인데, 참으로 앞으로의 일이 더욱 걱정됩니다.

무지한 군졸들이 다만 일시의 편한 것만 생각하고 원망하는 말들이 자자하기에 신은, "명나라 군사들은 만 리 밖으로 원정 와서 풍상에 시달리면서도 오히려 근심하지 않고 진심으로 적을 토벌하고자 죽기로써 기약하는데, 본국 사람이 적의 해독을 아침저녁으로 입으면서도 분풀이할 생각은 하지 않고 그저 편안할 꾀만 내니 너희들의 생각은 너무도 어이가 없다. 더구나 위에서 수군들의 고생하는 것을 걱정하시어 특별상으로 베 12동(1동은 50필)을 내려 보내시니 그 은혜는 만 번 죽어도 갚기 어려울 것이다"고 타이르며, 포목은 재단하여 골고루 나누어 주었습니다.」 －〈환영장〉(93. 윤11. 17.)－

조정의 명령에 따라 교대로 귀향시켜 쉬게 했다. '베 12동'은 전라감영에서 왕명을 받아 보낸 것이지 의주에서 온 것은 아니다.

「신의 소속 전라좌도 연해안 다섯 고을 다섯 포구에는 전선을 더 만들고 괄군(括軍: 징병 대상자)을 점검하고 군량을 검열하며 차례차례 나갈 군대를 미리 편성해 두는 일이 제일 긴급한 일이옵니다.

그런데 요즘 추위가 한결 더하고 소굴 속에 있는 적은 무찌르기 어려우므로 경상우수사 원균과 전라좌도 쪽 중위장 순천부사 권준, 우도 쪽 중위장 가리포 첨사 이응표(李應彪) 등에게 부하 여러 장령을 검칙하여 파수하고 사변에 대비할 것을 지시해 두었습니다. 또 군졸 중에 특히 오래되어 병든 자들을 교대시켜서 우선 본 도로 데리고 돌아갔다가 검칙하고 진으로 돌아올 계획입니다.」 −〈환영장〉(93. 윤11. 17.)−

남해안 왜군들의 군영 經·營

앞에서 본 장계와 같은 1593년 윤11월 17일자의 것인데, 장계의 명칭은 〈사로잡은 왜군 포로로부터 듣게 된 왜군의 정황(登聞 擒倭所告倭情狀)〉이다.

「삼가 상고하올 일로 아뢰나이다.

남아 있는 흉악한 적들이 연해안으로 물러나와 웅거하고 있는데 오래 묵을 작정인 듯합니다. 또 도망갈 기색도 없으니 그 하는 꼴을 보면 흉악한 꾀를 헤아리기 어렵습니다.

거제의 적들은 늘면 늘었지 줄지는 않았고 소굴도 더 만들고 포구 깊숙이 배를 대고 수시로 드나드니, 경우에 따라서는 쳐들어 올 걱정도 없지 않습니다. 견내량 길목으로 장수를 정하여 복병시켰사온데, 지난 11월 3일 복병장 신의 군관 주부(主薄) 나대용이 정탐하고 있던 왜인 한 명을 사로잡아 결박을 지어 신에게 보냈기에 심문하였던바, 그 공초 내용은 이러합니다.」   -〈금왜소고왜정장〉(93. 윤11. 17.)-

나대용이 '거북선+판옥선단'으로 견내량에 복병하고 있다가 왜군 정찰병 한 명을 잡아왔다.

「"이름은 망고토시(亡古叱之: 孫七)이고, 나이는 25살입니다. 작년 12월 중에 조선으로 나온 왜장이 거느린 군사 3천여 명이 패하자 군사 6백 명을 더 뽑아 보낼 때 사수로 뽑혔습니다. 금년 11월 2일 사국(四國: 시코쿠)에서 배를 타고 배 8척이 한 떼가 되어 그달 28일 웅천 앞바다에 상륙하여 양산에 이르러 두서너 달 동안 머물렀습니다.

그러던 중 날짜는 기억나지 않지만 6월 중에 양산, 마산, 밀양 등지의 배 5백여 척이 거제 땅 영등포·장문포·원포 등지로 옮겨 정박했습니다. 왜장은 여섯 사람인데 각각 군사 1천여 명을 거느리고 영등포의 산 위와 성 안, 그리고 장문포와 원포 등에 성을 쌓고 진을 쳤습니다.

그리고 중간 배 100여 척이 11월 4일 병든 왜인을 실어가지고 본국으로 돌아갔는데, 그때 왜장은 안질(眼疾) 때문에 잘 보지 못하고 또한 왜장은 국왕의 조카이므로 그 배를 타고 돌아갔습니다. 또 100여 척은 군량을 실어올 일로 그달 27일에 부산포로 갔는데 군량은 본국으로부터 연속해서 실어다가 30여 칸 곳간에 채우고도 남았으나 쓰지 않았습니다. 왜의 졸병들은 곳간 밖에 있는 곡식을 형편에 따라 공급하고 있습니다.

사로잡혀온 조선 사람 중에 여인은 차례로 들여보내고 남자는 혹은 배를 태워 고기를 잡게 하고 혹은 부산 등지로 드나들며 장사를 해서 살게 하고 선부(船夫)로도 보충하였습니다.
 소인은 부하 졸병으로 다른 일은 자세히 모르고 활은 좀 쏠 줄 알기 때문에 처음 본국에서 뽑혀 올 때 조선 싸움에서 공로를 세우면 종노릇을 면할 수 있고 또 금은과 보물을 상으로 준다고 하였습니다. 하지만 이곳에 와서는 먹는 것은 적었고 일은 번거로워 괴로움을 감당할 수 없었습니다. 그래서 같은 왜인인 미삼랑(彌三郎)과 서로 몰래 약속하기를, 여기서 이렇게 굶주리며 일하는 것은 조선에 항복하는 것만 못하겠다고 말하고 지난 11월 1일 같이 도망하여 풀숲에 엎드려 있었는데, 그 진에 있는 왜인이 발자취를 찾아 쫓아와서 미삼랑은 붙잡히고 말았습니다.
 소인은 도망쳐 바로 강변으로 갔다가 마침 굴을 캐고 있던 여인 세 사람을 만났는데, 그 여인들이 소인을 붙잡고 소리치자 조선 전선이 뜻밖에 달려와서 결박하여 실려 온 것입니다."」   -〈금왜소고왜정장〉(93. 윤11. 17.)-

 세 여인이 여자의 몸으로 최일선 지역에서 굴을 캔 것이나 왜병을 포로로 잡은 것이나 대단히 용맹스럽다.

 「"부산 등지의 각 진영 왜장들의 이름은 낱낱이 외우지 못하지만 부산포의 왜장은 종의지(宗義智)이고, 웅포는 조천장정(早川長政), 김해·양산은 과도승무(過島勝茂)가 주둔하고 있습니다"고 하였습니다.
 그리고 거제 사는 정병 김은금, 양가집 여인 세금, 금대, 덕지 등이 왜를 만나 붙잡았던 절차를 심문하여 진술받은 내용은 이러했습니다.

"우리는 피난민들로서 지난 윤11월 3일 간도(통영군 용남면 해간도) 근처 해변에서 굴을 캐고 있었는데 저 왜놈이 조양역(거제군 사등면 조양리) 쪽에서 달려 나와 섰다 앉았다 하며 주춤거리고 가지 않으므로 우리들이 합력하여 붙잡아놓고 복병선을 소리쳐 부르자, 복병했던 사람들이 노를 재촉하여 달려와서 결박하여 배에 실었습니다"고 하였습니다.

간사한 왜놈이 감히 비밀한 꾀를 내어 수풀 속으로 출몰하면서 우리 편 허실을 정탐하던 형적이 완연한데, 이미 사로잡혔고 제 스스로도 살지 못할 줄은 알므로 우리나라에 항복하려 한다는 말을 핑계하는 것이니 더욱 흉측스러워 잠시도 목숨을 늦추어 줄 것은 아니지만, 참이고 거짓이고 간에, 적들의 형편을 대강 문초하였고 더 추궁하여 물어 볼 것이 있을 것도 같아서 목을 매어 도원수 권율에게 압송했습니다.

거제의 양가집 여인 세금 등 3명은 피난 중에 굶주리고 피곤한 여인들의 몸으로서 적을 보고 피하지 않고 힘을 합하여 적을 붙잡아 복병장을 불러서 결박하게 하였으니, 저 소문만 듣고 도망가는 사람들과는 천 번 만 번 다르므로 각별히 타이르고 아울러 양식을 줌으로써 모든 사람들의 귀감이 되게 하였습니다.」　　　　　　　−〈금왜소고왜정장〉(93. 윤11. 17.)−

세 여인의 용맹함을 치하하면서 '소문만 듣고 도망가는 사람들과는 천 번 만 번 다르다'고 하였는데, 비변사에서는 이 장계를 읽고 속으로는 느끼는 바가 있었을 것이나 겉으로는 파안대소했을 것이다.

온갖 것을 經·營해 온 것이 허사가 될 형편

다음은 이순신이 1593년 윤11월 17일에 經·營자의 입장에서 올린 〈연해안의 군사와 양곡과 병기들을 전부 수군에 소속시켜 주기를 청하는 장계(請沿海軍兵糧器全屬舟師狀)〉인데, 그 동안은 經·史의 史學이 실종되어 왔기에 조명되지 못했던 내용이다.

「삼가 상고하올 일로 아뢰나이다.

신이 전날에, 3도에 영을 내리시어 전함을 더 만들게 하고 또 연해안의 각 고을에서 징발한 장정들과 군량과 병기들을 모두 수군에 소속시켜 주시기를 청하면서, 그 사연들을 적어서 이미 장계하였습니다.

지금 한창 전선을 건조하는 일을 독촉하여 연말 안에 다 만들려고 합니다. 그리하여 정월 중에는 전선들을 한 곳에 모아 바다를 뒤덮듯이 진을 치고는 곧바로 부산으로 나아가 적들이 도망갈 길을 끊어 막고 북소리 한 번 크게 울려 모조리 무찌르고자 합니다. 그리고 이미 3도 수사들에게는 이 기회를 놓치지 말도록 하라고 두 번 세 번 거듭 다짐해 두었습니다.

그런데 소위 3도 연해안 고을에서 긁어내듯 징발해낸 장정 (壯丁)들은, 비록 명부에는 그 이름이 올라 있어도 노약자와 사고로 징발 불가능한 자들이 절반이나 섞여 있기 때문에, 실제의 숫자는 얼마 되지 못합니다. 뭍에서 싸우는 장수들은 바다에서의 싸움은 돌아보지도 않고, 또 전하의 분부 가운데 군사를 함부로 (수륙 간에) 이동시키지 말라는 지시가 있었다는 것도 생각지 않고, 계속 공문을 돌려 시도 때도 없이 수군 병사들을 징발해 가는데, 혹은 명나라 군사들과 손발을 맞춘다는 이유로 징발해 가고, 혹은 복병시키고 파수 보게 한다는 이유로 징발해 가고, 혹은 의병군과 교대시킨다는 이유로 징발해 가기를 전날보다 배나 더하는 실정입니다.

또한 군량으로 말씀드리자면, 사변이 일어난 초기부터 계속 실어내 가고, 또 명나라 군사들을 뒤치다꺼리 하느라 약간 저축해 놓았던 것까지 거의 다 없어진데다가 뭍에서 싸우는 크고 작은 여러 진영에서 끊임없이 실어내 가다보니, 연해안 일대의 백성들은 뭍으로 바다로 서로 바삐 오가느라 이도 저도 견디기 어려워서 아예 처자와 가솔들을 이끌고 다른 지역으로 이사가는 자들이 길 위에 이어져 있으니 참으로 걱정되옵니다.

전라도 연해안의 각 고을이라 해도 좌도에 다섯 고을, 우도에 열네 고을이 있을 뿐인데, 관찰사 이정암(李廷馣)이 군대 편성을 개정하면서 좌도에는 광양, 순천, 낙안, 흥양, 보성을, 그리고 우도에는 장흥, 강진, 해남, 영암, 진도 등 각각 다섯 고을씩만 해군에 소속시키고 그 밖의 다른 고을은 전부 육군 장수들에게 전속시켰습니다. 그런데도 좌도와 우도의 각각 다섯 고을의 군량을 각처에서 그처럼 징발해 가고 있는 실정입니다.

지금 좌도와 우도에서 더 만들고 있는 전선이 모두 150척이며, 탐색선과 협선이 150척입니다. 여기에 필요한 사부와 격군의 수만 해도 모두 무려 2만 9천여 명이나 되는데, 그 수자를 채울 길이 없어 참으로 답답하고 걱정되옵니다.」

―〈청연해군병양기전속주사장〉(93. 윤11. 17.)―

통제사의 벼슬에 올랐지만 수군 소속 9개 고을이 육군에 편입되었기에 해군력 증강정책의 추진은 진척되기 어려웠다.

o **전라좌도 수군 소속**: 광양, 순천, 낙안, 보성, 흥양 등 5개 고을
o **전라우도 수군 소속**: 진도, 해남, 강진, 장흥, 영암, 무안, 나주, 함평, 영광, 장성(이상 10개 고을 수군 소속), 고창, 광주, 화순, 구례(이상 4개 고을은 육군과 수군으로 양분되어 소속).

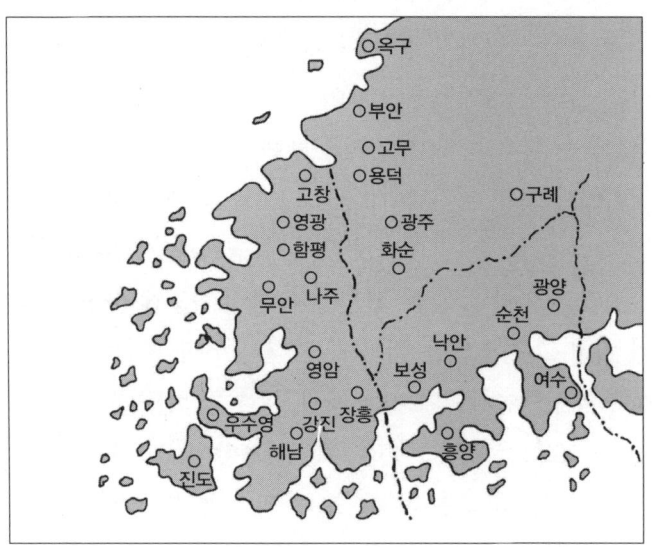

「경상우도 연해안 여러 고을은 거의 몽땅 거덜이 나서 군사를 뽑아 채우고 군량을 조달해낼 길이 없습니다. 그런 중에서도 조금 보전되었다고 할 만한 곳은 남해 한 고을뿐인데, 그곳마저 수군과 육군에서 연달아 징발해 가니 겨우 한둘 남아 있는 백성들로서는 지탱해 나갈 길이 없습니다.

고성, 사천, 곤양, 하동 등의 고을들은 난리를 치른 뒤로 모

두들 도망가서 숨고, 그 나머지 백성들은 나물 캐고 고기 잡아 겨우 연명해 가고 있는 형편인데, 그들마저 수군에서는 사부나 격군이나 심부름꾼으로 뽑아가고, 또 육군에서도 인원수를 정하여 서로 징발해 가고 있습니다. 이 도에서 더 만들고 있는 전선은 모두 40여 척이고 탐색선과 협선이 40여 척인데, 여기에 필요한 사부와 격군의 수만 해도 무려 6천여 명이나 되는데 그 수를 채울 길이 없습니다.

충청도는 우도 연해안 고을들에 적들이 침범하지 못하여 전(前) 수사 정걸(丁傑)이 혼자 내려와서 신의 진영에 같이 있으면서 전선을 밤낮 가리지 말고 급히 보내라고 그 도의 우후(虞侯)와 여러 고을에 두 번 세 번 거듭 전령을 보내어 독촉했으나 끝내 오지 않았습니다.

정걸이 갈린 뒤에 새로 부임한 수사 구사직(具思稷)에게 전선 60척을 더 만들고, 탐색선 60척을 기한 내에 독촉하여 만들어 군량과 전쟁무기 등을 넉넉히 준비해 가지고 정월 안으로 일제히 달려오라고 두 번 세 번 거듭 공문을 보냈으며, 심지어 신의 군관인 부장(部將) 방응원(方應元)을 직접 보내어 공문의 내용을 설명해주도록까지 하였지만, 길이 먼 데다 여러 가지 조치와 준비가 덜 되어서인지 아직도 회답이 없습니다.

배와 노가 아무리 많아도 격군이 모자란다면 무슨 수로 배를 운행할 수 있을 것이며, 또 격군은 채워지더라도 군량이 떨어진다면 무엇으로 군사를 먹이겠습니까. 이 두 가지 중 어느 한 가지도 빠질 수 없는 것인데도 군사의 징발과 군량의 조달이 모두 이런 지경에 이르렀으니, 연해안 변방 백성들의 괴로움이 내지 백성들보다 배나 될 뿐 아니라, 그보다도 당장 배를 움직이고 군사들을 먹이는 문제를 어떻게도 해결할 수 없는 것이 더 한층 답답하고 걱정됩니다.

　이처럼 지극히 긴요하고 시급한 일을 주선하고 조처하는 일이야말로 하루가 급한데도 신은 영남에 있고 또 각 도의 순찰사들도 멀리 떨어져 있어서 쉽게 만나 의논하지 못하고 다만 문서로만 왕복하며 서로 묻고 있으니, 그 사이에 누설되는 바 또한 많을 뿐 아니라 올해도 이미 저물고 봄철 방비가 바로 눈 앞에 닥쳤는데 하는 일은 뜻대로 안 되어 어찌할 바를 모르겠습니다.」　　-〈청연해군병양기전속주사장〉(93. 윤11. 17.)-

이순신이 '어찌할 바를 모르겠다'고 했다. 참으로 어려웠던 것 같다.

　「그런데 수륙으로 적을 토벌함에 있어서는 동시에 함께 하는 것이 급무인데도 요즘 와서는 논의가 분분하여 수군에 대한 온갖 방책 중 열에 한 가지도 실시되는 것이 없습니다. 이에 난리가 일어난 지 수년 동안 온갖 것을 경영하며 한결같이 품었던 소원이 그만 허사가 될 형편입니다(變生數載, 百爾經營, 終始如一之願, 反歸虛地).
　신과 같이 노둔하고 모자라는 자야 만 번 죽어도 아까울 게 없지만, 이제 나라를 다시 일으켜 세워야 할 이 때에 매사를 임시땜질식으로 처리하다가 또다시 지금과 같은 지경에 이르게 된다면 뒷날에 가서 아무리 후회해도 결단코 되돌리기 어려울 것입니다. 그러나 자나 깨나 생각하지만 정작 어떻게 해야 좋을지 몰라서 답답하기 그지없습니다.

부디 앞으로는 3도 수군에 소속된 연해안 각 고을에서 징집하는 장정들과 군량과 병기들은 모두 함부로 육군 소속으로 이동시키지 말고 수군에만 전속시키도록 도원수와 3도 순찰사들 모두에게 다시 한 번 각별히 신칙해 주시기를 엎드려 바라옵니다.」 -〈청연해군병양기전속주사장〉(93. 윤11. 17.)

신이 해를 두고 經·營해 오던 뜻을 모두 잃게 되었으니…

위의 장계를 올린 후 이순신은 1593년 12월 29일, 經·營 者의 입장에서 다시 수군 소속의 인원과 물자를 육군으로 차출해 감으로써 수군을 약화시켜서는 안 된다는 내용의〈연해안 군병과 군량과 무기 등을 다른 곳으로 옮기지 말도록 명령해 주기를 청하는 장계(請沿海軍兵粮器勿令遞移狀)〉를 올린다.

「삼가 상고하올 일로 아뢰나이다.
　작년에는 다행히 종묘사직의 신령이 돌보아 주신 덕택으로 여러 번 해전에서 승첩했던 것이오나 금년에 와서는 흉악한 적들이 든든히 자리를 잡고 곳곳의 소굴 속에 들어 앉아 무서워 항전하지 아니하므로 해가 다 되도록 적의 길을 끊고 파수를 보았건만 아직도 공을 이루지 못하여 통분하기 그지없습니다.
　매번 여러 장수들과 함께 계책을 토론하여 훌륭한 의견을 채택하고, 전선을 두 배나 더 만들고, 연해안 장정들을 남김없이 징발하여 사부와 격군을 온전히 갖추어 명년 정월부터 합세하여 편대를 나누어 곧바로 부산으로 나아가 물길을 끊어 막고 죽기를 각오하고 한 판 크게 붙어 싸우겠다는 사연을 낱낱이 들어 장계하였습니다.

그런데 요즘 와서 의논이 일치되지 않아서, 수군에 소속된 여러 하급 관리들과 군사들과 군량과 무기들을 육지에서 싸우는 여러 곳에서 계속 옮겨가고 있습니다.

연해안 백성들은 수군과 육군들의 침탈을 번갈아 받게 되니 이리 저리 바삐 뛰어다니며 어찌할 줄 모르다가 길 위에서 흘러 다니기 때문에 열 집 가운데 아홉 집은 텅텅 비어 있는 실정입니다.

전라우도 수군에 소속된 연해안 열 네 고을 중에서 장흥, 해남, 강진, 진도, 영암 등 다섯 고을은 그대로 수군에 소속되게 하였으나 그 나머지 아홉 고을은 육군으로 옮겨 소속시켰기 때문에 전선을 더 만들던 일을 중지할 수밖에 없게 되었는바, 국가의 위험이 극도에 이른 이때 해전에 관한 일은 방책을 세울 길이 없게 되어, 위로는 전함을 더 많이 만들라는 전하의 명령을 어기게 되고, 또 아래로는 미천한 신이 여러 해를 두고 경영해오던 뜻을 모두 잃어버리게 되었습니다(失微臣終歲經營之志).

그리고 수군들은 변란이 일어난 뒤로 교묘하게 병역을 피하기 위하여 서로 옮겨 다니며 사는데도 나쁜 수령들은 도망갔다고 핑계대고 끝내 잡아내려 하지 않습니다.

변란이 일어난 후로 저 남원 같은 고을들의 수군은 부족한 숫자가 천 명이 넘고, 옥과(玉果), 남평(南平), 창평(昌平), 능성(綾城), 광주(光州) 같은 고을들은 혹은 칠팔백여 명 혹은 삼사백여 명이나 되는 형편이어서, 새로 만드는 전선에 쓸 사부나 격군은 고사하고, 원래 있던 전선의 사부와 격군 중에서 죽은 숫자조차 채울 인원이 없어서 비록 수백 척의 전선이 있다 하더라도 적을 무찌를 도리가 없으니, 참으로 답답하고 걱정스럽습니다.

 이후로는 연해안 고을의 군사와 군량과 무기들은 수군에 전속시키고 다른 곳으로 옮기지 말라고 지시하는 글을 내려주시고, 또 아울러 전라우도의 연해안 고을들도 다시 수군으로 돌려주시고, 수령들에게 지시하여 병역을 기피한 수군들을 빠짐없이 붙잡아 오도록 하라고 충청(尹承勳), 전라(李廷馣), 경상(韓孝純) 3도의 순찰사들에게 각별히 신칙해 주시기를 청하는 바입니다.」　　-〈청연해군병량기물령체이장〉(93. 12. 29.)-

둔전(屯田) 經·營의 허락을 청하는 장계(請設屯田狀)

「삼가 상고하올 일로 아뢰나이다.
 여러 섬들에 있는 비어 있는 목장에 명년 봄부터 농사를 짓되 농군은 순천, 흥양의 유방군(留防軍: 방위군)들을 동원하고 그들이 전시에는 나가 싸우고 평소에는 들어와서 농사를 짓게 하자는 내용으로 이미 장계를 올렸으며, 또 그것을 승낙해 주신 말씀을 하나하나 들어 감사와 병사에게 공문을 띠웠습니다.
 그런데 순천부의 유방군은, 순찰사 이정암(李廷馣)의 장계에 의하면, 광양 땅 두치(豆峙: 다압면 섬진리)에 새로 설치되는 첨사진으로 옮겨다 방비시킬 계획이라고 하니, 돌산도(突山島)에 들어가 농사지을 농군을 조달할 길이 없습니다.」
　　　　　　　　　　-〈청설둔전장〉(93. 윤11. 17.)-

이정암 감사가 순천의 유방군을 두치의 첨사진으로 옮기려 하자, 그렇게 하면 돌산도의 둔전 농사를 지을 수 없다고 반대하고 있다. 이순신은 두치에 첨사진 하나를 더 구축하는 것보다는 한산도의 군량미와 피난민의 생활 안정을 더 중요시했기 때문이다. 정유재란 때 한산도가 무너지자 10만의 왜군이 전라도 쪽으로 몰려왔고 두치의 첨사진에서는 싸워보지도 않고 도망을 갔다.

후에(1597년 12월) 울돌목 승첩으로 정유재란의 위기를 벗어나자 조정에서는 그때서야 수군 육성의 중요성을 깨닫고 9개의 후방 고을을 수군 쪽으로 돌려주었다.

(1597년) 12월 25일. 눈이 내렸다. 하오 6시경 순찰사 황신(黃愼)이 진중에 와서 군사에 관한 일을 함께 의논하였고, 연해(沿海) 19개 읍을 수군에 전속시키도록 했다. 저녁에 방으로 들어가 조용히 이야기하였다. ―〈난중일기〉(1597. 12. 25.)―

하지만, 돌려주기는 했지만 이순신의 해군력 증강 계획에 큰 차질이 빚어진 후였기에 또 하나의 '소 잃고 외양간 고치기'였다. 經·營학의 시각에서 보면 이정암의 첨사진 구축 계획은 애초부터 잘못된 전략이었다.

「그러므로 신의 생각에는 난리를 피하여 각 도로 떠돌아 옮겨 다니는 사람들은 한 군데 붙어 살 곳도 없고 또 먹고 살 생업도 없어서 보기에 처참한데, 이런 사람들을 이 섬으로 불러들여 살게 하면서 힘을 합쳐 농사를 지어 그 절반을 나누어 갖도록 한다면(나머지 절반은 나라에 바치고), 공(公)과 사(私) 양쪽에 다 좋을 것 같습니다.

그리고 흥양현의 유방군은 도양(道陽: 고흥군 도양면) 목장으로 들어가서 농사짓게 하고, 그밖에 남은 빈 땅은 백성들에게 나눠주어 병작(並作)케 하면서 그곳의 말들은 절이도(折爾島: 고흥군 금산면 거금도)로 옮겨 모은다면, 말을 기르는 데에도 손해될 것이 없고 군량 조달에도 도움이 될 것입니다.」
-〈청설둔전장〉(93. 윤11. 17.)-

원균의 칠천량 패전 후, 이순신은 조정에서조차 가망이 없다고 판단했던 수군 재건에 나섰다. 이순신이 육지의 백성들을 남서해의 섬으로 옮기고 둔전 經·營으로 전란을 수습해 가자 붓글씨 쓰기와 시문놀이밖에 모르던 조정은 그때서야 수군 經·營의 중요성을 깨닫고 9개 고을을 수군 쪽으로 돌려주게 된다.

「전라우도의 강진(康津) 땅 고이도(古爾島: 완도군 고금면 古今島)와 남해 땅 황원(黃原: 해남군 황산면) 목장은 땅도 기름진데다 또 농사지을 만한 땅도 무려 1천여 섬의 종자를 뿌릴 만한 면적이니, 갈고 씨 뿌리기를 철만 맞추어 한다면 그 소득이 무궁할 것입니다. 그러나 농군을 동원할 길이 없으니 백성들에게 나누어 주어 병작하게 하고 관에서는 그 반만 거두어들이더라도 군량에 큰 도움이 될 것입니다. 군량 공급 문제만 해결되면 앞날에 닥칠 큰일을 치름에 있어서 군량이 떨어져서 다급해지는 일은 없을 것이니, 이야말로 시무(時務)에 맞는 일이라 하겠습니다.
그러나 유방군에게 농사일을 시키는 것은 신이 멋대로 할 수 있는 일이 아니고 감사와 병사들이 스스로 나서서 때맞추어 해야 할 일입니다. 그러나 봄 농사철은 멀지 않았는데 아직도 이에 대한 아무런 소식이 없으니 참으로 답답하고 걱정스럽습니다.

부디 조정에서는 본 도 순찰사와 병사(宜居怡)에게 다시금 그렇게 하라는 분부를 거듭 밝혀 주시기를 엎드려 청하나이다.

그리고 돌산도에 있는 국가 소유의 둔전은 묵어 있은 지 벌써 오래된 곳인데, 그곳을 경작하여 군량에 보태야겠다는 뜻으로 장계를 올렸습니다. 그리고 농군은, 각처에서 본영에 들어와 수자리 사는 군사들 중에서 적당히 헤아려 뽑아내어 들어가서 농사짓게 하려고 하였으나, 곳곳이 수비하기에 바빠서 뽑아낼 사람이 없어 끝내 경작하지 못하고 그냥 그대로 묵어 있는 형편입니다.

그리고 20섬의 종자를 뿌릴 만한 면적의 본영 소유 둔전에 늙은 군사들을 뽑아내어 경작시켜 그 토질을 시험해 보았더니, 수확한 것이 정조(正租)로 5백 섬이나 되었습니다. 앞으로 종자로 쓰려고 본영 성내 순천 창고에 받아들여 놓았습니다.」

-〈청설둔전장〉(93. 윤11. 17.)-

이순신은 10살 때부터 아산에 살면서 농사를 지었다. 또 32세 군관 시절부터 둔전 經·營을 실천하였는데, 이 분야에 관해서는 전문가였으며, 영·정조 시대의 실학자인 홍대용, 박지원, 정약용에 앞선 실학적 經·營자였다.

「비변사에서 건의하였다.

"옛적에는 싸움이 일어났을 때 반드시 먼저 둔전책(屯田策)을 강구하였습니다. 이는 일정한 수확 이 외에서 곡식을 얻으려 했던 조처인 것입니다. 전에 이미 이순신의 장계에 따라서 병사

(兵使)와 수사(水使)에게 둔전을 경영하라고 각 도에 공문으로 지시하였습니다. 각 진보(鎭堡)의 첨사·만호와 각 고을의 수령들은 광활한 목장이나 관개(灌漑)할 수 있는 곳을 가려내어 둔전을 만들고 형편대로 농사를 짓게 하되, 그 중에 곡식을 가장 많이 수확한 사람을 도(道) 마다 각 1인씩 선발하여 승진 등용하기도 하고 포상하기도 한다면, 사람들이 모두 다투어 권면하게 되어 번거롭게 하지 않고도 일이 잘 될 것입니다.

이런 뜻으로 8도의 감사에게 알려서 즉시 시행하게 하되, 각 고을과 각 진(鎭)의 둔전을 경영할 장소를 기록해서 보고하게 함으로써 뒷날 상고할 수 있게 하는 것이 어떻겠습니까?"

임금이 대답하였다.

"뜻은 좋지만 우리나라의 사정은 중국과는 다른데 농사지을 백성이 어디에서 나오겠는가. 백성들 또한 침해를 입게 될 것이다. 그리고 포상하는 일에는 반드시 황당하게 거짓을 꾸미는 일이 있게 될 것이니 다시 살펴서 하도록 하라."

-〈선조실록〉(1593. 10. 18.)-

이순신이 둔전을 經·營해 보고 조정에 보고해서 전국적으로 확산시킬 것을 주청한 내용이다. 그러나 선조는 '우리나라의 사정은 중국과 다르다' 면서 둔전에 대해 부정적이었다. '백성들 또한 침해를 입게 될 것' 이라고 하였는데, 농사를 짓고 있으면 왜군들이 들이닥쳐 약탈할 것이기에 그 같은 경우를 우려한 것 같다.

그런데 선조가 우려했던 1593년 10월 18일 무렵은 왜군들이 부산·김해·가덕도·거제도 북단에 주둔해 있었고, 조정은 한성으로 복귀한지 일주일 만이며, 그 위에 명·왜 간에 강화회담이 본격화 되고 있던 때였다. 그래서 8도에서 둔전을 시행하더라도 왜군들이 침해할 수 없었다.

'거짓 꾸미는 일이 있게 될 것'이라고 했는데, 둔전 經·營에서 행정은 종사관(이순신의 종사관은 정경달)이 맡아서 하면 되는데도 선조는 대책 없이 걱정만 했다.

종사관의 임명을 청하는 장계(請以文臣差從事官狀)

「신이 이미 통제사의 책임을 겸하여 3도 수군의 장령들이 모두 휘하에 있게 되었으므로 감독하고 지휘해야 할 일이 한두 가지가 아니옵니다. 신은 영남 바다에 있으면서 글로써만 먼 길에 연락하기 때문에 많은 사무가 신속히 실행되지 못하옵니다. 그리고 또 도원수, 순찰사가 머무는 곳에도 결재를 받아야 할 일이 역시 많은데, 거리가 서로 멀어서 더러 기한에 미치지 못하여 일일이 어긋나게 되므로 못내 염려하고 있습니다.

신의 어리석은 생각으로는, 문관 한 사람을 순찰사의 준례대로 종사관(從事官)이라 부르고 왕래하며 의논을 통할 수 있게 해주시면 좋겠습니다. 종사관이 소속 연해안 여러 고을을 두루 다니며 감독 처리도 하고 사부와 격군과 군량을 계속해서 마련할 수 있도록 한다면 앞으로 닥쳐오는 큰일을 만 분의 하나라도 치러낼 수 있을 것입니다.

그리고 여러 섬들에 있는 목장 가운데 땅이 비어 있어 농사를 지을만한 곳이 있는지도 조사해 보아야 하겠으므로 감히 이에 품의 올립니다. 조정에서는 충분히 헤아리시어 만일 사리(事理)와 조정의 체면에 무방하다면, 장흥 사는 전 부사 정경달(丁景達)이 현재 자기 집에 있다고 하니 특별히 임명하여 주시

기를 바라옵니다.」   -〈이문신차종사관장〉(93. 윤11. 17.)-

통제영에도 종사관이 필요하다고 건의했는데, 이 역시 3도수군통제영 창업 작업의 일환이다.

어영담을 조방장으로 요청하는 장계(請以魚泳潭爲助防將狀)

「지난 11월 5일에 도착한 광양 가관(光陽假官) 김극성(金克惺)의 공문에 의하면, "좌의정(윤두수), 도원수(권율)가 같이 의논하고 써 보낸 공문에 '광양 현감을 장계하여 파직하고 그 대신 가관(假官)으로 임명하였으니 도장과 문서를 인계하여 공사를 시행하도록 하라. 또 두치 길목을 파수 방비하는 일을 경솔히 하지 말고 검칙하여 사변에 대비하라.'고 하였기에, 지난 11월 2일 이 고을에 부임하였으나 현감은 이미 해전에 출정하고 없어서 도장과 문서를 인계할 수 없었습니다. 그래서 다만 관청의 창고를 봉쇄한 후 공무를 시행하고 있습니다."고 하였습니다.

그런데 전 현감 어영담은 이미 파직되었지만, 그는 바닷가에서 자라나서 배질에 익숙하고 영남과 호남의 물길 사정과 섬들의 지형을 자세히 알고 있습니다. 또 적을 토벌하는 일에 힘과 정성을 다하므로 작년 전쟁하던 날에도 매번 선봉장으로 나서서 여러 번 큰 공을 이루어 다른 사람에 비해서는 내세울만한 인재입니다.

비록 파직되었지만, 어영담을 수군의 조방장(助防將)으로 다시 임명하여 끝까지 계획하고 방책을 세워 큰일을 성취하도록 하는 것이 어떻겠습니까.」

-〈어영담위조방장장〉(93. 윤11. 17.)-

앞서 보았듯이, 이순신은 광양 고을에 대한 관리가 부실했다는 이유로 파면된 어영담의 유임을 탄원해서 복직시킨 바 있다. 그런데 윤두수가 이를 재론해서 또다시 파면되었다. 그러자 이순신은 다시 파면된 어영담을 조방장으로 임명해 주기를 건의했다. 이순신의 건의는 곧 받아들여졌고, 어영담은 제2차 당항포해전 때 조방장으로 출전하여 승첩한다.

이순신과 어영담의 관계는 지금까지는 큰 관심의 대상이 되지 못해 왔다. 그러나 이순신의 經·營을 탐구하기 위해서는 어영담은 중요한 연구 모델이다.

쇠와 유황을 청하는 장계(請下納鐵公文兼賜硫黃狀)

「이번에 더 만드는 전선에 쓸 지자·현자 총통은 만들 길이 없어서 마련할 방책을 조목조목 진술하여 장계하였던바, 회답 중에 쓰여 있는 사연들을 낱낱이 들어 겸 순찰사 이정암에게 벌써 공문을 띄웠습니다. 지자총통 한 자루의 무게가 250여 근이나 되며 현자총통 한 자루의 무게 역시 50여 근이나 되는 바, 이 같이 물자와 힘이 고갈된 오늘날에 있어서는 비록 관청의 힘으로도 손쉽게 변통하기가 어려운 실정인지라, 배 짓는 일은 거의 다 끝났으나 거기에 쓰일 기구가 한꺼번에 되지 않아 참으로 걱정되옵니다.

그래서 신이 중들을 모아 따로 화주(化主)라고 부르고 권유

하는 글을 지어 주어 마을 곳곳에 두루 다니며 쇠붙이를 구하
여 만 분의 일이나마 보태고자 하였으나, 백성들은 곤궁하고
재정은 다 떨어져 그 역시 쉽게 되지 않아 밤낮으로 생각하되
어찌할 바를 모르겠습니다.

그런데 한편으로 들으니, 원근(遠近)의 여러 고을들에는 간
혹 쇠를 바치고 신역(身役)을 면제받고 싶어하는 자들이 있다
는데, 아래에 있는 사람으로서 함부로 할 수 없는 일이므로 이
에 감히 품의를 올리오니, 혹시 바치는 철물의 무게에 따라 상
으로 직함을 주기도 하고, 벼슬길을 틔워 주기도 하고, 병역을
면제해 주고, 천한 신분을 면하게 해준다는 내용의 공문을 만
들어 내려 보내주신다면, 쇠를 거두어 모아 대포를 만들어 군
사상 중요한 일을 치러낼 수 있을 것입니다.

전쟁이 일어난 뒤로 염초는 자체적으로 넉넉히 끓여 만들어
내었으나 거기 넣을 석류황(石硫黃)은 달리 구할 데가 없으므
로, 옛 창고에 있는 유황 200여 근 쯤 꺼내어 내려 보내주시기
를 청하옵니다.」　　 -〈하납철겸사유황장〉(93. 윤11. 17.)-

그간 이 같은 기록들에 대해서도 많이 조명해 왔다. 그런데 經·營
학의 시각에서 보면 화약무기 분야의 군영 經·營을 챙기고 있음이
다.

수군에 소속된 고을에서는 육군을 배정, 징발하지 말도록 청하는 장계(請舟師所屬邑勿定陸軍狀)

「삼가 상의드릴 일로 아뢰나이다.

수군에 소속된 연해안 여러 고을의 군사들과 군량을 육군의 여러 진영에서 이리저리 징발해 가고 있다는 사연은 이미 다른 장계에서 대강 아뢰었습니다.

지난 11월 17일에 도착한 겸 순찰사 이정암(李廷馣)의 공문의 내용은 이러했습니다. "총병(摠兵)의 지시에 따라 도원수가 내려 보낸 공문에서 조선 병사 3만 명의 징발을 전부 본 도에다 배정한 다음 지금 징발을 독려하고 있는 중인데, 소속된 고을들을 3개 위(衛)로 나누어 방어사와 병사에게 각각 5천 명, 또 좌우수사에게 각각 2천 명씩 나누어 배정하고, 또 소속된 각 고을의 포구에도 나누어 배정한 후, 속히 정제(整齊)하여 원수의 명령을 기다리도록 하라고 독촉하였다."

연해안 사부와 장정들을 계속 징발해 가는 일도 오히려 답답하고 걱정되는데, 좌우도의 수군에서까지 정예병 4천 명을 배정하여 그대로 징발하도록 독촉한다고 하는바, 수군의 사부들을 남김없이 뽑아내더라도 4천이란 숫자를 채우지 못할 것입니다.

대개 방어사나 병사들은 육지에서 싸우는 대장들로서 언제나 육지에 주둔하고 있기 때문에 각각 5천 명의 군사를 갖춘다는 것이 이치상 당연하다고 하겠지만, 수군으로 말하자면, 바닷길을 끊어 막고 있으면서 방비하는 것이 육지와는 서로 다른데, 바다를 떠나서 육지로 올라오라는 것은 실로 좋은 계책이 아니라 하겠습니다.

요즘 적의 정세를 보면 육지 쪽 웅천 등지의 적들은 거제로 왕래하면서 수시로 모였다 흩어졌다 하는바, 적들의 흉측한 꾀와 비밀스런 계책은 헤아리기가 어렵습니다.

수군에 소속된 정예 병사 하나가 왜적 1백 명을 당해 낼 수 있기 때문에 결코 뽑아 보낼 수 없다는 이유로 사리를 들어 설명하여 우선 회답을 써 보냈습니다. 그러니 조정에서도 순찰사 이정암과 도원수(권율)에게 각별히 신칙해 주시기 바랍니다.

그리고 수군 징발 문제가 이처럼 혼란스럽게 거론되면 신이 거느리고 있는 수군들을 통솔해 나갈 길이 전혀 없어지고 바다를 방비하는 일에 있어서도 전혀 손을 쓸 수 없게 됩니다. 그리하여 수군의 형세가 나날이 약해진다면 해상으로 덤벼드는 적을 막아내기가 어려워질 것이므로, 신은 밤낮 없이 근심하고 있사옵니다.」 －〈주사소속읍물정육군장〉(93. 윤11. 21.)－

이여송의 3만 5천군이 귀국하게 되자 조선군 3만 명으로 자주국방을 하려고 했던 것이 위 사건의 발단이다.

3만 명을 '모두 전라도에 배정한 것'이 1차적인 문제점이고, 또 이로 인해 수군력 2배 증강계획과 충돌하게 된 것이 2차적인 문제점이다.

정유재란 때 10만여 명의 왜군이 대거 건너와 남해안에 주둔하고 있었지만, 왜군들은 조선 수군이 한산도에 건재해 있는 동안에는 어찌하지를 못했다. 그러나 칠천량에서 조선 함대를 궤멸시킨 후에는 한산도→전라도→충청도로 북상해 갔다.

그 후 조선 수군이 울돌목(鳴梁)을 막아내자 충청도까지 북상했던 왜군들은 다시 남해안으로 퇴각해 내려갔다. 유추해 보면, 이 무렵 해군력 증강 계획에 지장을 초래한 조정과 전라감영의 시책에는 수군의 중요성을 간과하고 취해진 것들이 많았음을 알 수 있다.

진중에서 과거 보는 일을 청하는 장계(請於陣中試才狀)

「삼가 품의드릴 일로 아뢰나이다.

지난 11월 23일 도착한 겸 순찰사 이정암(李廷馣)이 보낸 공문의 내용은 이러하였습니다.

"무군사(撫軍司)의 공문에 의하면, '세자(광해군)께서 전주로 내려와 머무시면서 하삼도(下三道: 경상우도, 전라좌·우도) 무사들에게 과거시험장을 설치하여 선발하려고 하는데, 평상시의 예에 따르면 초시(初試)·회시(會試)·전시(殿試) 등 세 번 시험을 보아야 하지만, 평안도에서의 예에 따라 1차로 초시만 치른 후 곧바로 전시를 시행하려고 하며, 사람은 넉넉히 뽑을 계획이고, 과거시험 날자는 길일(吉日)인 12월 27일로 하려는 계획이지만 아직 확정짓지는 않았다.'고 하였다. 그러나 기일이 매우 박두하였고 또 사람을 넉넉히 뽑으려 한다고 하니 이런 취지를 급히 널리 알려서 뛰어난 인재가 빠지는 일이 없도록 하라."

난리가 일어난 지 2년 동안 남도(南道)의 무사들은 오랫동안 진중에 있었지만 그들을 위로하여 기쁘게 해줄 길이 없었는데, 이제 들으니 세자께서 완산(完山: 全州)으로 내려와 머무시게 되어 대소 신민(臣民)들로 감격하지 않는 이가 없다고 합니다. 또 들으니 12월 27일에는 전주부(全州府)에다 과거시험장을 열도록 명령하셨다고 하니, 바다 위 진중에 있는 모든 군사들이 기쁜 마음으로 달려가고 싶어합니다.

그러나 물길이 멀고 또 기일 내에 도착하기도 어려운데다가 왜적과 대치해 있는 상황에서 뜻밖의 일이 일어날 수도 있기 때문에 정예 용사들을 한꺼번에 내보낼 수가 없습니다.

　그러므로 수군에 소속된 군사들의 경우에는, 경상도에서의 예에 따라, 진중에서 시험을 볼 수 있게 해줌으로써 그들의 소원을 풀어주시고, 또 시험과목 중에는 말을 달리면서 활을 쏘는 것이 있는데, 먼 바다 위 외딴 섬에는 말을 달릴 만한 땅도 없습니다. 따라서 말 달리기 대신에 편전(片箭) 쏘는 것으로 시험 쳐서 뽑는다면 편리할 것 같습니다. 엎드려 조정의 선처를 바라나이다.」　　　　－〈진중시재장〉(93. 12. 29.)－

'위로하여 기쁘게 해 줄 길' 이라고 하였는바, 과거를 통하여 진급하게 되는 군사들에게는 큰 경사가 된다. '뜻밖의 일'은 왜군들의 기습이나 과거를 보러 간 병사가 도망병이 될 가능성을 말한 것이다. 사실 수군에게는 말을 탈 일이 별로 없다. 그래서 말 달리기 대신에 편전 쏘는 것을 시험과목으로 삼자고 건의하였다. 관례에 얽매이지 않고 현실적으로 중요한 것을 채택하려는 실사구시(實事求是)의 자세를 읽을 수 있다.

〈이상 제3권〉

【필진 프로필】

정광수
1937년생, 대졸
기업 연수원 강사

이병노
1967년생, 대졸
현 회사원

윤수자
1941년생, 대졸

황치영
1966년생, 대졸
현 교사

정신한
1968년생, 대졸
현 회사원

정민정
1967년생, 대졸
현 교사

강경희
1972년생, 대졸 /현 학원강사

이순신과 임진왜란 · 3
- 우리 땅에서 왜적을 토벌치 않고서 통분하옵니다. -

초판 1쇄 발행 | 2006년 5월 10일
초판 6쇄 발행 | 2014년 7월 15일

저　자 | 이순신역사연구회
펴낸이 | 박기봉
펴낸곳 | **비봉출판사**
주　소 | 서울 금천구 가산디지털2로 98. 2-808(가산동, IT캐슬)
전　화 | (02)2082-7444
팩　스 | (02)2082-7449
E-mail | bbongbooks@hanmail.net
등록번호 | 2007-43 (1980년 5월 23일)
ISBN | 978-89-376-0334-1 04900
　　　　 978-89-376-0331-0 04900 (전 4권)

값 13,000원

ⓒ 이 책의 한국어판 판권은 본사에 있습니다.
본사의 허락 없이 이 책의 복사, 일부 무단전제, 전자책 제작 유통 등
저작권 침해 행위는 금지됩니다.

(파본이나 결함 있는 책은 우송해 주시면 교환해 드립니다.)